TEORIA DA ELEGIBILIDADE

Ruy Nestor Bastos Mello

TEORIA DA ELEGIBILIDADE

2022

EDITORA JusPODIVM

www.editorajuspodivm.com.br

EDITORA *Jus*PODIVM
www.editorajuspodivm.com.br

Rua Canuto Saraiva, 131 – Mooca – CEP: 03113-010 – São Paulo – São Paulo
Tel: (11) 3582.5757
• Contato: https://www.editorajuspodivm.com.br/sac

Capa e diagramação: Maitê Coelho e Cendi Coelho *(cendicoelho@gmail.com)*

M527t Mello, Ruy Nestor Bastos
Teoria da Elegibilidade / Mello, Ruy Nestor Bastos – São Paulo: Editora Juspodivm, 2022.

320 p.

978-85-442-3838-7
1. Direito Eleitoral. I. Mello, Ruy Nestor Bastos. II. Título.

CDD 341.28

Para Cristiane, Ruy Filho
e Rafaela, minha amada família.

Aos meus pais Ruy Mello e Zilda,
pelo apoio e amor incondicionais.

A Deus, sempre.

APRESENTAÇÃO

O Direito Eleitoral, como sabido, constitui um subsistema jurídico de elevada importância em razão de sua essencialidade ao funcionamento do regime democrático, à organização das eleições e à plena efetivação dos direitos políticos. Essa relevância é percebida pela extensa disciplina normativa prevista na Constituição da República Federativa do Brasil de 1988 (CF/88), no Código Eleitoral (CE – Lei n.º 4.737/1965), e nas diversas leis que regulam, detalhadamente, o alistamento, as eleições, os partidos políticos, as hipóteses de inelegibilidade, a estrutura e funcionamento dos órgãos da Justiça Eleitoral, entre outros aspectos.

No âmbito da doutrina eleitoral, mostra-se bastante rica e variada a produção sobre a temática atinente às causas de inelegibilidade, isto é, os fatores que impedem o exercício da elegibilidade, o que se explica, principalmente, pelo advento da inovadora e polêmica Lei Complementar (LC) n.º 135/2010, a conhecida Lei da Ficha Limpa, que alterou profundamente a LC n.º 64/1990, sobretudo para acrescentar novas causas de inelegibilidade, aumentar o período dos impedimentos e estabelecer a decisão condenatória judicial colegiada como o momento inicial para incidência de algumas de suas hipóteses legais, sendo desnecessário aguardar-se o trânsito em julgado da condenação.

Todavia, ressente-se a comunidade jurídica da ausência de uma obra que aborde, de modo abrangente, a teoria geral do direito à elegibilidade – que faz parte do conjunto de direitos políticos –, buscando definir, com base na interpretação do ordenamento jurídico vigente, os elementos constitutivos do direito de ser votado e os diferenciando das inelegibilidades e dos requisitos formais do processo de registro de candidatura. Também pouco se tem produzido sobre os aspectos processuais relacionados ao pedido de registro de candidatura e à impugnação da elegibilidade, sendo imprescindível um estudo jurídico fundamentado que enfrente as questões processuais polêmicas, solucionando-as com justificação sólida e perene.

Nesse sentido, verifica-se no cenário jurídico atual do Direito Eleitoral no Brasil que a jurisprudência, principalmente a produzida pelo TSE, vem se revelando a fonte primordial para moldar a estrutura dos institutos jurídicos eleitorais vinculados à elegibilidade. Sucede que, em razão da característica de sazonalidade dos membros que integram a Justiça Eleitoral, porquanto os Juízes singulares e os integrantes dos Tribunais eleitorais exercem a judicatura eleitoral, em regra, por mandatos temporários de 2 (dois) anos, vivencia-se com preocupação as constantes mudanças de entendimentos jurídicos sobre temas sensíveis da jurisdição eleitoral, situação que milita contra os postulados da previsibilidade e segurança jurídica em prol dos cidadãos.

A par disso, outra dificuldade encontrada para compreensão e fixação de conceitos teóricos precisos sobre os institutos do Direito Eleitoral decorre das diversas e frequentes modificações na legislação eleitoral. Não há, nesse ramo jurídico, estabilidade nas normas de regramento das condutas dos atores do processo eleitoral, sendo comum a alteração, a cada novo período de eleições, que ocorrem a cada 2 (dois) anos, dos diversos atos normativos que disciplinam os processos de escolha de candidatos nos pleitos eleitorais.

Não se ignora que a jurisprudência e a lei têm funções importantes na construção e definição do direito à elegibilidade. Todavia, é imprescindível que a doutrina exerça o seu papel de fonte igualmente relevante do Direito Eleitoral, através da consistente produção de estudos científicos sobre as regras, valores e princípios jurídicos do ordenamento positivo eleitoral, para que possam servir como paradigma de avaliação das decisões judiciais. É com este escopo que este livro se apresenta, visando a discutir criticamente a teoria da elegibilidade e apresentar sua estrutura dogmática adequada, coerente e compatível com o direito posto, bem assim com a apresentação de críticas e novas ideias para compreensão e aperfeiçoamento dos institutos jurídicos relacionados à elegibilidade.

A obra, advirta-se, não é pautada por prejulgamentos ou definições apriorísticas sobre a elegibilidade, pois a doutrina deve (tentar) ser sempre isenta, técnica e científica, independentemente da atividade profissional exercida pelo jurista. Neste livro, não se faz digressão a uma suposta ordem jurídica ideal na visão do intérprete, ao contrário, o trabalho é fundado na legislação eleitoral em vigor, que é, inclusive, mais adequada e sistemática do que a lei de outrora, sem embargo de se fazer a crítica sobre a atecnia de algumas das normas vigentes e de apresentar considerações sobre o regramento pretérito dos institutos eleitorais.

De modo específico, o trabalho ratifica os principais conceitos teóricos defendidos pela teoria clássica ou tradicional da elegibilidade, que compreende o direito de ser votado como o direito abstrato e geral atribuível ao cidadão que cumprir os requisitos ou condições de elegibilidade e não incidir nas causas de inelegibilidade. Neste propósito, serão confrontados os contundentes argumentos de teses doutrinárias que buscam estabelecer diferente conotação desse direito, especialmente a posição que, com base na teoria do fato jurídico, define a elegibilidade como o efeito jurídico decorrente do deferimento do registro de candidatura.

A opção entre uma ou outra teoria da elegibilidade é fundamental para o descortino e aplicação dos diversos institutos jurídicos eleitorais vinculados à configuração e ao exercício do direito de ser votado. Trata-se de definir o suporte teórico básico para entender temas como a estipulação formal e incidência concreta das hipóteses de inelegibilidade; a natureza jurídica sancionatória ou não da inelegibilidade; a possibilidade de sua aplicação retroativa; a eventual infringência ao princípio da presunção de inocência na definição do momento inicial de fruição da inelegibilidade; e os reflexos que podem acarretar à elegibilidade as situações de cassação ou cancelamento do registro, diploma ou mandato pela prática de atos ilícitos eleitorais.

De antemão, pode-se dizer que os conceitos semânticos de elegibilidade e inelegibilidade são de fácil assimilação: elegível é quem pode ser eleito e inelegível é o contrário, aquele que não pode ser eleito. Contudo, no rigor da apreciação técnico-jurídica, com base na análise da Constituição Federal e das leis infraconstitucionais, a distinção não é tão simplória, encerrando os referidos institutos, conteúdos, naturezas e campos de aplicação diversos, podendo-se adiantar que a elegibilidade é o direito e a inelegibilidade, uma das possibilidades de restrição desse direito, mas não a única.

Esse debate é intensamente rico em virtude da qualidade da doutrina produzida a favor de uma ou de outra concepção teórica, sendo objetivo do trabalho renovar a convicção da teoria tradicional acerca da natureza jurídica da elegibilidade e dos elementos que a caracterizam e limitam o seu exercício, sem prejuízo de, quando necessário, demonstrar os equívocos da posição clássica sobre certas temáticas que precisam ser mais bem debatidas e acertadas, o que não prejudica o contexto geral dessa teoria.

A par do escopo principal, não se pode elaborar uma teoria da elegibilidade sem voltar os olhos para a forma como se configura e materializa esse direito. Por essa razão, o outro objeto do livro é exatamente o estudo de aspectos processuais concernentes à apreciação do pedido de registro de candidatura, no qual se define a aplicação concreta da elegibilidade, e às formas, prazos e modelos de impugnação da elegibilidade, com a apresentação dos elementos teóricos necessários para avaliação da correção das decisões dos Tribunais eleitorais. O que se pretende é tratar, de forma conjunta, do direito material e do direito processual, cuidando de todos os aspectos relevantes do direito à elegibilidade no Brasil.

Por fim, importante registrar que o livro é resultado direto dos estudos realizados no curso de Mestrado em Direito, especialidade Ciências Jurídico-Políticas, da Faculdade de Direito da Universidade de Lisboa, concluído em março de 2021 com a defesa da dissertação "Teoria geral da elegibilidade e da inelegibilidade no Brasil", elaborada sob a orientação do Professor Doutor Vitalino José Ferreira Prova Canas, a quem se agradece enfaticamente pelo acompanhamento e pelas anotações de incentivo e críticas bem fundamentadas que permitiram a melhoria de aspectos essenciais do trabalho. A dissertação foi submetida à avaliação do júri composto pelos Professores Doutores Pedro Miguel Martins Gonçalves Caridade de Freitas (vogal), Luis Pedro Dias Pereira Coutinho (presidente) e Jaime Rui Drummond Leitão Valle (arguente), com recomendação de publicação da obra, sendo também relevante mencionar a valorosa contribuição do arguente na discussão da tese, o que permitiu o aperfeiçoamento de partes importantes no livro que ora é apresentado.

Em razão dessa origem dos estudos, e em que pese o livro não aborde a teoria da elegibilidade de outros Estados nacionais além do Brasil[1], mas considerando a similitude do tratamento dispensado a certos aspectos do tema de fundo, serão anotados alguns apontamentos comparativos com relação ao ordenamento jurídico português, trazendo contribuições valorosas da doutrina lusitana sobre os temas centrais tratados nesse estudo, relacionados aos direitos políticos, democracia e elegibilidade[2].

---

1. Sobre o tratamento da inelegibilidade no direito comparado, cfr. ALVIM, Frederico Franco. A elegibilidade e seus impedimentos no Direito Comparado e nos pactos internacionais. In: FUX, Luiz *et al.* (coord.), *Elegibilidade e inelegibilidades*. Tratado de Direito Eleitoral, vol. 3, Belo Horizonte, Fórum, 2018, pp. 35-88.

2. Não se verifica em Portugal – como ocorre no Brasil – uma fundada controvérsia sobre a elegibilidade, havendo apenas a discussão e definição de questões pontuais nos processos eleitorais, especialmente com relação à fase da habilitação dos candidatos. Ademais, como explica Jorge Miranda (*Direito Eleitoral*. Coimbra: Edições Almedina, 2018, pp. 17-18), inexiste na doutrina portuguesa uma produção de porte sobre o Direito Eleitoral, apenas se encontrando referências ao tema em obras de Direito Constitucional, além de não haver um Código Eleitoral específico, cuja elaboração é considerada pelo autor um "imperativo democrático de cidadania" (*Ibidem*, p. 81) para permitir o adequado conhecimento da matéria e fomentar a participação política dos cidadãos.

No tocante à legislação eleitoral, a obra está atualizada com o normativo em vigor à época de sua publicação, a exemplo das Emendas Constitucionais (ECs) n.os 111/2021 e 117/2022 e da Lei Complementar n.º 184/2021, bem assim das Resoluções emitidas pelo TSE com o fim de regular o processo eleitoral relativo às eleições de 2022.

Em conclusão, o trabalho que ora se apresenta tem o sincero e humilde objetivo de servir de subsídio doutrinário para aperfeiçoamento crítico da teoria clássica da elegibilidade, discutindo-se as questões relevantes sobre a existência e usufruto desse direito pelos cidadãos e a incidência de inelegibilidades e, ainda, os assuntos mais importantes relacionados ao processo judicial que regula o pedido de registro de candidatura e o de impugnação da elegibilidade. Almeja-se que, ao final, seja propiciado ao leitor a compreensão adequada da teoria da elegibilidade, o que permitirá o aprofundamento dos estudos e discussões jurídicas acerca desse importante tema no Direito Eleitoral no Brasil.

SUMÁRIO

4

DISCUSSÕES RELEVANTES SOBRE A INELEGIBILIDADE 151

5

IMPUGNAÇÃO DA ELEGIBILIDADE: MOMENTOS, FORMAS E JULGAMENTO 231

6

CONCLUSÕES 289

BIBLIOGRAFIA 309

SIGLAS E ABREVIATURAS

ADC, ADCs	– Ação(ões) Declaratória(s) de Constitucionalidade
ADI, ADIs	– Ação(ões) Direta(s) de Inconstitucionalidade
ADPF	– Ação de Descumprimento de Preceito Fundamental
AgR	– Agravo Regimental
AI	– Agravo de Instrumento
AIJE	– Ação de Investigação Judicial Eleitoral
AIME	– Ação de Impugnação de Mandato Eletivo
AIRC	– Ação de Impugnação de Registro de Candidatura
ampl.	– ampliado(a)
art., arts.	– artigo, artigos
atual.	– atualizado(a)
CE	– Código Eleitoral
CF/88	– Constituição da República Federativa do Brasil de 1988
Cfr.	– confira, confronte
cit.	– citado(a), cite-se, citação
coord.	– coordenador(a)(es)
CPP	– Código de Processo Penal
CRP	– Constituição da República Portuguesa
Cta	– Consulta

DJ, DJe – Diário da Justiça, Diário da Justiça eletrônico
DRAP – Demonstrativo de Regularidade dos Atos Partidários
EC – Emenda Constitucional
ED – Embargos de Declaração
ed. – edição, editora
et al. – *et alii* (e outros)
etc. – *et cetera* (e o restante)
j. – julgado(a) em, julgamento em
LE – Lei das Eleições
LPP – Lei dos Partidos Políticos
Min. – Ministro(a)
MPE – Ministério Público Eleitoral
MS – Mandado de Segurança
n.º, n.os – número, números
org. – organizador(a)(es), organização
p., pp. – página, páginas
PA – Processo Administrativo
pss. – publicado em sessão
RCED – Recurso contra Expedição de Diploma
RE – Recurso Extraordinário
Rel. – Relator(a)
REspe – Recurso Especial Eleitoral
rev. – revisto(a), revisado(a)
RMS – Recurso ordinário em Mandado de Segurança
RO – Recurso Ordinário
RRC – Requerimento de Registro de Candidatura
ss. – e seguintes
STF – Supremo Tribunal Federal
trad. – traduzido(a), tradução
TRE, TREs – Tribunal(is) Regional(is) Eleitoral(is)
TSE – Tribunal Superior Eleitoral
v. g. – *verbi gratia*
vol. – volume

1

DIREITOS POLÍTICOS

1.1 DEMOCRACIA, SOBERANIA POPULAR E OS DIREITOS POLÍTICOS

A compreensão do que significa *democracia* nos Estados contemporâneos envolve a análise de dois aspectos essenciais e indissociáveis: a forma de acesso ao poder estatal e o conteúdo material das relações travadas entre o Estado e os cidadãos.

Sob a análise instrumental, é democrático o Estado que garante aos cidadãos um processo de eleições regulares para ocupação dos cargos públicos eletivos, consagrando e protegendo os direitos políticos com vistas a permitir que a maior parte de seu povo – grupo de pessoas com vínculo de nacionalidade – possa exercer o direito de votar e de ser votado nos pleitos eleitorais, participando direta e formalmente do governo estatal.

Não basta, contudo, legitimar o acesso ao exercício do poder público[1]. A democracia exige também a devida observância dos

1. Adverte sabiamente Jorge Miranda que, mesmo em alguns dos atuais sistemas políticos totalitários, são mantidas as eleições como forma de legitimação do poder,

valores e princípios inerentes aos direitos individuais e coletivos estabelecidos na Constituição Federal, porquanto "não há direitos humanos sem democracia, tampouco democracia sem direitos humanos"[2]. Um regime de governo, para que possa ser considerado efetivamente democrático, deve reunir permanentemente certos elementos e características essenciais, como a separação e interdependência dos poderes, a proteção da dignidade da pessoa humana e dos direitos fundamentais e o respeito, entre outros, aos princípios da legalidade, responsabilização estatal, liberdade e igualdade das pessoas[3].

Nos termos da CF/88, a República Federativa do Brasil constitui-se em Estado Democrático de Direito, o que implica afirmar que, além das características substanciais da democracia, impõe-se às estruturas governamentais, e ao povo, o dever de obediência ao Direito posto, escudo de proteção e definição de regras para regulação da vida em sociedade. Ao lado do princípio democrático, é também marca do Estado brasileiro o princípio republicano, notadamente pela previsão na Carta Magna da periodicidade das eleições populares e da temporalidade dos mandatos políticos, evitando a vitaliciedade do usufruto do poder estatal.

Um outro elemento essencial da democracia é a concepção de que o povo tem o direito soberano de se autogovernar, mediante a participação direta ou indireta na tomada de decisões políticas do Estado. Desse modo, assume como relevante o conceito da democracia política ou representativa, em que se avulta a importância de compreender a forma pela qual se erigem as relações estatais de poder e como são eleitos os representantes políticos do povo, mediante a maior participação popular possível.

---

concluindo que, em tais casos, "a eleição é eleição em sentido formal, não em sentido material, não resulta de competição plural" (*Direito Eleitoral* ..., cit., p. 41).

2. PIOVESAN, Flávia. Direitos sociais, econômicos e culturais e direitos civis e políticos. *SUR – Revista Internacional de Direitos Humanos*, ano 1, n.º 1, São Paulo, 2004, p. 26. Disponível em: <http://sur.conectas.org/home/edicao-01/>, acesso em: 21/5/2019.

3. Cfr. SARLET, Ingo *et al.*, *Curso de Direito Constitucional.* 3ª ed., rev., atual. e ampl., São Paulo: Revista dos Tribunais, 2014, p. 662.

Assim, analisando-se as espécies de democracia com base na intensidade da participação popular, vige atualmente nas sociedades contemporâneas, inclusive no Brasil, o modelo de democracia semidireta, na qual os cidadãos escolhem seus representantes para administrar os interesses do Estado e também exercem diretamente parcelas específicas do poder político, especialmente nos casos em que são chamados a opinar através de plebiscitos, referendos e consultas populares e, ainda, na iniciativa para apresentação de projetos de lei[4].

A soberania popular é, nessa ordem de ideias, o princípio jurídico que dá sustentação ao ordenamento positivo do Estado Democrático, explicitando o respeito aos interesses da maioria da população na escolha de seus representantes políticos[5], sem descurar da observância dos direitos fundamentais[6] e da preservação das minorias[7]. A Constituição Federal brasileira, não sem motivo, erige a soberania (interna e externa) como o primeiro

---

4. Sobre as diversas formas de exercício da democracia, cfr. FERREIRA FILHO, Manoel Gonçalves. *Curso de direito constitucional.* 36ª ed., rev. e atual., São Paulo: Saraiva, 2010, pp. 108-125.

5. Para CARLOS BLANCO DE MORAIS, "a Democracia como regime político pressupõe que a legitimidade do modelo de organização do Estado e do exercício do poder político radique na vontade livre, plural e soberana do povo manifestada através do critério da maioria, expressa na eleição dos seus representantes e, extraordinariamente, em atos referendários ou plebiscitários" (*O Sistema Político.* Coimbra: Almedina, 2017, p. 68).

6. JOSÉ AFONSO DA SILVA destaca que, pelo princípio democrático, "há de constituir uma democracia representativa e participativa, pluralista, e que seja a garantia geral da vigência e eficácia dos direitos fundamentais" (*Curso de direito constitucional positivo.* 42ª ed., rev. e atual., São Paulo: Malheiros, 2019, p. 124).

7. Sobre a preservação dos direitos das minorias, aponta RODRIGO TENÓRIO: "A democracia não se confunde com a ditadura da maioria. Essa não detém com exclusividade as rédeas condutoras do poder. Impõe o pluralismo político a necessidade de respeito às mais diversas posições. Qualquer Estado democrático deve buscar a compatibilização dos interesses de todos os componentes da sociedade, mesmo os dos que formam os grupos minoritários, nos mais diversos campos: religioso, político, filosófico etc. Não por outra razão a CF/88 elege o pluralismo como um de seus fundamentos (art. 1º) e busca assegurar meios que protejam a diversidade de opiniões." (*Direito Eleitoral.* São Paulo: Método, 2014, p. 6). Em igual sentido, cfr. SAMPAIO, José Adércio Leite. *A Constituição reinventada pela jurisdição constitucional.* Belo Horizonte: Del Rey, 2002, pp. 550-561.

dos fundamentos da República (art. 1º, I, CF/88), além de prever que "Todo o poder emana do povo, que o exerce por meio de representantes eleitos ou diretamente, nos termos desta Constituição" (art. 1º, parágrafo único, CF/88). Em suma, o povo brasileiro é soberano e o detentor, em última instância, do poder do Estado, cuja forma de exercício é estabelecida na própria Constituição.

É também em razão direta do princípio da soberania popular que são instituídos os direitos políticos, que consistem nos direitos fundamentais dos cidadãos de participarem das decisões estatais, ativa ou passivamente, conforme expressamente registrado no art. 14, *caput*, CF/88, que dispõe que a "soberania popular será exercida pelo sufrágio universal e pelo voto direto e secreto, com valor igual para todos"[8].

Os direitos políticos, pela sua natural e destacada importância para o Estado de Direito, possuem reconhecimento em diversos atos jurídicos normativos internacionais, podendo ser citados, entre outros, a Declaração Universal dos Direitos Humanos (art. 21); o Pacto Internacional dos Direitos Civis e Políticos (art. 25); Declaração Americana dos Direitos e Deveres do Homem (art. 20); e a Convenção Americana sobre Direitos Humanos - Pacto de San José da Costa Rica - (art. 23).

O direito de sufrágio, por sua vez, constitui o núcleo essencial dos direitos políticos e corresponde, em resumo, às prerrogativas asseguradas aos cidadãos de elegerem seus representantes políticos no Estado e de serem eleitos para cargo público eletivo[9].

---

8. Sobre a natureza de direitos fundamentais dos direitos políticos, cfr. SARLET, Ingo *et al.*, *Curso de Direito Constitucional* ..., cit., pp. 665-670; e GUEDES, Néviton. Comentários aos artigos 14 a 16 da Constituição Federal. In: CANOTILHO, José Joaquim Gomes *et al.* (coord.). *Comentários à Constituição do Brasil.* São Paulo: Saraiva/Almedina/IDP, 2013, pp. 659-661. Defende igualmente Jorge Miranda que "os direitos políticos são direitos fundamentais e com natureza de direitos, liberdades e garantias" (*Direito Eleitoral* ..., cit., p. 102).

9. Cfr. GOMES, José Jairo. *Direito Eleitoral.* 14ª ed., rev., atual. e ampl., São Paulo: Atlas, 2018, p. 72; e MORAES, Alexandre de. *Direito Constitucional.* 31ª ed., São Paulo: Atlas, 2015, p. 242. No âmbito do direito português, em semelhante sentido, cfr. CANOTILHO, José Joaquim Gomes; e MOREIRA, Vital. *Constituição da República Portuguesa Anotada,* vol. I, 4ª ed., rev., Coimbra: Coimbra Editora, 2007, p. 669.

Esse direito não é assegurado a todos os nacionais, mas somente àqueles que atendem certas exigências legais e não incidem em determinadas situações que impedem o gozo dos direitos políticos[10].

Destarte, para usufruir dos direitos políticos, é necessário inicialmente que o brasileiro se qualifique como cidadão, o que pressupõe o ato administrativo de alistamento no corpo de eleitores do Estado. A partir de então, o nacional passa a exercer a cidadania, que também é um dos fundamentos da República brasileira e pode ser conceituada, em sentido técnico jurídico, como o plexo de direitos e deveres do eleitor para com o Estado, especialmente os relacionados com a sua qualificação política para participar das decisões estatais[11].

Efetuada a inscrição do indivíduo no quadro de eleitores, tarefa cuja organização compete à Justiça Eleitoral, lhe será permitido o exercício do direito de sufrágio em sua dimensão ativa, podendo escolher os candidatos em eleição através do voto. Já com relação à *capacidade eleitoral passiva*, que é o direito de o cidadão

---

Saliente-se, conforme anotam os autores portugueses, que, nos estritos termos dos arts. 49º e 50º da Constituição da República Portuguesa (CRP), o sufrágio designa apenas o direito de votar e de participar em eleições, decorrendo a capacidade eleitoral passiva da previsão constitucional do direito de acesso a cargos públicos.

10. Cfr. CARVALHO, Volgane Oliveira. *Manual das inelegibilidades:* condições de elegibilidade e causas de inelegibilidade na jurisprudência atual do TSE. Curitiba: Juruá, 2016, p. 22.

11. Manoel Gonçalves Ferreira Filho define a cidadania como "o *status* de nacional acrescido dos direitos políticos", concluindo que "a nacionalidade – no Direito brasileiro – é condição necessária mas não suficiente da cidadania" (*Curso de direito constitucional* ..., cit., p. 142, grifos do autor). De modo semelhante, a lição de Olivar Augusto Roberti Coneglian: "Não se confunde cidadania com nacionalidade. Esta última é o vínculo que o sujeito tem com o território do Estado, e que se estabelece tanto por nascimento como por naturalização. Já aquela é um atributo jurídico-político decorrente do direito de participar do governo pela representação política, que no Brasil se expressa em geral pelo ato de votar e/ou ser votado." (*Inelegibilidade:* inelegibilidade e proporcionalidade, inelegibilidade e abuso de poder. Curitiba: Juruá, 2008, p. 39). Observe-se, ainda, que também é possível conceituar a cidadania em sentido mais amplo, abarcando outros direitos que não apenas os políticos, tais como o exercício dos direitos sociais e econômicos (cfr. PINTO, Djalma; PETERSEN, Elke Braid, *Comentários à lei da ficha limpa*. São Paulo: Atlas, 2014, p. 191).

ter seu nome submetido ao escrutínio eleitoral, o ordenamento jurídico prevê uma série de outras exigências, condições e fatores de impedimentos para o seu exercício, que serão objeto de estudo pormenorizado nesse trabalho.

A dimensão passiva dos direitos políticos encerra o conceito de elegibilidade, fator que legitima a obtenção popular de cargos públicos e a direção, pelo povo, de seu destino político. A elegibilidade é, junto com o direito de votar, uma das maiores conquistas da sociedade contemporânea e seu estudo teórico adequado se revela fundamental para compreender e fiscalizar o grau de obediência e respeito do Estado aos direitos políticos de seus cidadãos e, em última essência, à própria sobrevivência da democracia como regime de governo estatal.

1.2 CONTEÚDO DOS DIREITOS POLÍTICOS

De modo semelhante ao signo democracia, a expressão *direitos políticos* apresenta diversas acepções e conteúdos jurídicos[12].

Em caráter amplo, os direitos políticos alcançam "as prerrogativas e os deveres inerentes à cidadania"[13], abrangendo o direito de o cidadão participar do governo, da administração e do funcionamento do Estado, através de diversos instrumentos, como o exercício do voto em eleições, referendos, plebiscitos e consultas populares, a ocupação de cargos públicos (eletivos ou não), a apresentação de projetos de lei de iniciativa popular, a participação em partidos políticos, a postulação judicial de mandados de segurança, *habeas corpus* e ação popular (art. 5º, LXVIII, LXIX e

12. Advirta-se que não é incomum perceber, em alguns doutrinadores, uma certa conotação emocional na apreciação do tema, o que é justificado em virtude das lutas históricas populares em prol de um regime que preste a deferência à vontade do povo na escolha periódica de seus representantes. Não obstante, o enfoque doutrinário sobre o assunto deve se apartar desse fator metajurídico, sob pena de inadequada apreciação das especificidades de seu tratamento no contexto do ordenamento jurídico brasileiro.

13. GOMES, José Jairo. *Direito Eleitoral* ..., cit., p. 5.

LXXIII, CF/88), entre outros atos e técnicas de concretização da cidadania[14].

Já em sentido restrito, que se aproxima do conceito do direito de sufrágio, os direitos políticos vinculam-se juridicamente apenas aos direitos de votar (dimensão ativa) e de ser votado (dimensão passiva), constituindo a prerrogativa garantida ao cidadão de, através da eleição, escolher seus representantes políticos e de ser votado e, eventualmente, eleito.

O conceito amplo de direitos políticos é obtido a partir da análise e interpretação sistemática de toda a Constituição Federal, que, realmente, garante ao cidadão brasileiro, bem assim ao estrangeiro[15], as formas gerais de participação e controle da atividade estatal, inclusive a atuação em partidos políticos[16]. Sucede que, ao se apreciar as específicas normas da CF/88 sobre os direitos políticos, nos seus arts. 14 a 16, percebe-se que o foco central do

---

14. Para José Afonso da Silva, estas prerrogativas constituem os direitos políticos positivos (*Curso de direito constitucional* ..., cit., p. 352), havendo, de outro lado, os *direitos políticos negativos*, que seriam compostos "das regras que *privam* o cidadão, pela perda definitiva ou temporária (suspensão), da totalidade dos direitos políticos de votar e ser votado, bem como daquelas regras que determinam restrições à elegibilidade do cidadão, em certas circunstâncias: as *inelegibilidades*" (*Ibidem*, p. 384, grifos do autor).

15. O estrangeiro, em que pese não exerça os direitos políticos de votar e ser votado em razão do resguardo da soberania nacional, é beneficiário dos direitos e garantias fundamentais contidos no art. 5º da CF/88 e, nessa condição, lhe é permitido o exercício de certas atividades políticas, como as prerrogativas de se manifestar livremente, se reunir e se associar com outras pessoas. Também é possível ao estrangeiro se filiar a partidos políticos, conquanto inexistente vedação no art. 17 da Carta Magna ou nas Leis n.os 9.096/1995 e 13.445/2017.

16. Paulo Thadeu Gomes da Silva, aludindo ao conceito amplo de direitos políticos, afirma, com razão, que "a localização topográfico-formal dos direitos políticos nos arts. 14 a 16 da Constituição não pode impedir a inclusão, em seu rol exemplificativo, do disposto no art. 17 do mesmo texto e que tem por título *Dos Partidos Políticos*" ("Inclusão eleitoral e efetivação dos direitos políticos", in RAMOS, André de Carvalho (coord.), *Temas de Direito Eleitoral no Século XXI*, Brasília, Escola Superior do Ministério Público da União, 2012, p. 42, grifos do autor. Disponível em: <http://escola.mpu.mp.br/publicacoes/obras-avulsas/e-books/temas-de-direito-eleitoral-no-seculo-xxi>, acesso em: 8/8/2019), asseverando ao final que, "entre os direitos políticos, há aqueles atinentes à instituição de e ao pertencimento a determinado partido político" (*Ibidem*, p. 42).

regramento constitucional diz respeito apenas aos direitos de votar e ser votado, aos mecanismos de consulta direta à população e à iniciativa do povo no processo legislativo.

Nesta senda, com base na disciplina constitucional brasileira, adota-se no presente estudo a conceituação de direitos políticos em sentido estrito, que engloba, em seu conteúdo, três segmentos essenciais[17]: (i) o *direito de votar* para fins de ocupação de cargos eletivos (em eleições) e de consulta ou aprovação dos atos legislativos ou administrativos (plebiscitos, referendos e consultas populares); (ii) *o direito de ser votado* em eleições; e (iii) a *iniciativa popular* como forma de participação do povo no processo legislativo[18].

1.2.1 Direito de votar

Direito de sufrágio e direito de votar são conceitos distintos.

O sufrágio, como dito, consiste no direito público subjetivo atribuído ao cidadão, que abrange o direito de votar e a prerrogativa de ser votado. Já o direito de votar se refere apenas à concretização de uma parcela do direito de sufrágio, concernente ao exercício do voto a candidatos a cargos eletivos, para o fim de escolher as pessoas que irão administrar os interesses da população, ou em referendos, plebiscitos e consultas populares[19].

17. De acordo com essa classificação, cfr. SARLET, Ingo *et al.*; *Curso de Direito Constitucional* ..., cit., p. 670.

18. Ensina Paulo Thadeu Gomes da Silva que o sentido de sufrágio, geralmente associado à *escolha* através do voto, deve englobar os significados de aprovação e concordância (expressões pertinentes ao plebiscito e referendo), o que torna válido o destaque à iniciativa popular como uma categoria semântica distinta da alusiva aos direitos de votar e de ser votado (cfr. "Inclusão eleitoral e efetivação dos direitos políticos" ..., cit., p. 44).

19. Nesse sentido, afirma Pinto Ferreira: "Sufrágio, voto e escrutínio têm significados técnicos diferentes. O *sufrágio* é um direito público subjetivo democrático, o *voto* é o exercício do direito, o *escrutínio* é o modo do exercício." (*Comentários à Constituição Brasileira.* vol. 1. São Paulo: Saraiva, 1989, p. 290, grifos do autor). Flávio Cheim Jorge *et al.* entendem, diversamente, que o sufrágio corresponde apenas ao direito de votar, alcançando, nessa conceituação, as manifestações do plebiscito, referendo e iniciativa popular (*Curso de direito eleitoral.* 3ª ed., rev.,

O direito de votar é concedido ao indivíduo inscrito no alistamento eleitoral, isto é, o procedimento administrativo que confere ao nacional a situação jurídica de cidadão, integrando-o aos eleitores do Estado. Mais adiante, será explicitado sobre o alistamento eleitoral, seus requisitos e sua previsão normativa como condição de elegibilidade.

Tanto no que concerne às eleições em geral, como para votação nos instrumentos de consulta popular, o direito de votar encerra qualidades especiais que evoluíram ao longo do tempo, em virtude da resistência popular em favor da derrocada de regimes políticos monárquicos ou ditatoriais e pela ascensão do povo ao poder. De forma didática, serão apontadas a seguir algumas dessas características quanto ao direito de votar nas eleições para ocupação de cargos eletivos, bem assim serão anotadas as peculiaridades, condições de fruição e objetivos distintos da votação nos plebiscitos, referendos e consultas populares.

1.2.1.1 *Direito de votar em eleições*

Na quadra atual dos Estados civilizados, neles incluído o Brasil, a marca essencial do sufrágio é a *universalidade* de seus titulares. O direito de votar deve ser atribuído à maior parcela possível da população, somente se admitindo restrições proporcionais e razoáveis, notadamente àqueles que não têm condições de exercer a cidadania (os menores de idade, os estrangeiros etc.) ou nas situações de não atendimentos a requisitos gerais[20].

---

ampl. e atual., Salvador: Ed. Juspodivm, 2020, pp. 87-88). Já LUIZ CARLOS DOS SANTOS GONÇALVES, embora admita essa última distinção técnica, anota que "a comparação entre o art. 14, *caput*, que fala em 'sufrágio universal', e o art. 60, § 4º, II, da Constituição, que fala em 'voto universal', autoriza, porém, o uso das duas palavras como sinônimas" (*Direito Eleitoral*. 3ª ed., rev., atual. e ampl., São Paulo: Atlas, 2018, p. 54).

20. Não era o que ocorria na Constituição imperial de 1824, em que vigorava o modelo de sufrágio censitário, pelo qual "O direito ao voto era concedido somente aos homens livres e proprietários, de acordo com seu nível de renda, fixado na quantia líquida anual de cem mil réis por bens de raiz, indústria, comércio ou empregos. Para ser eleito, o cidadão também tinha que comprovar renda mínima proporcional ao cargo pretendido." (Fonte: <http://www.senado.gov.br/noticias/especiais/

O voto deve ser *direto*, ou seja, os cidadãos escolhem seus candidatos sem intermediários. O voto é um ato de vontade pessoal e individual, direcionado diretamente a candidato e, no caso de eleição pelo sistema proporcional de votos, também a partido político.

Há, porém, duas situações de votação indireta na legislação brasileira: (i) de acordo com o art. 81 da CF/88, no caso de vacância dos cargos de Presidente e Vice-Presidente da República nos últimos dois anos do mandato, a eleição será feita pelos membros do Congresso Nacional, no prazo de 30 (trinta) dias, e os eleitos completarão o período do mandato de seus antecessores; e (ii) pelo art. 224, § 4º, II, CE, será indireta a nova eleição para cargo majoritário, resultante de decisão judicial de indeferimento do registro, cassação do diploma ou mandato do candidato eleito, se a vacância do cargo ocorrer a menos de 6 (seis) meses do final do mandato.

Ao direito de votar também se atribui o caráter de *personalíssimo*, isto é, cabe a cada eleitor exercer pessoalmente o voto, não podendo a atividade ser delegada a terceiro. Em razão disso, exige-se a identificação do eleitor no momento de realizar o voto, constituindo infração penal a prática de votar em nome de outrem (art. 309, CE).

Para proteção do aspecto pessoal do voto e da liberdade de consciência para o seu exercício, deve-se garantir que o ato de votar seja *secreto*, impondo-se ao Estado a adoção das medidas necessárias para evitar que terceiros conheçam a opção do eleitor depositada nas urnas[21]. No Brasil, a votação ocorre através de urnas eletrônicas e há um regramento legal que visa a resguardar o

---

constituicao25anos/historia-das-constituicoes.htm>, acesso em 21/2/2019). Sobre outros aspectos históricos dos direitos políticos no Brasil e, consequentemente, do direito de votar, cfr. CUNHA, André Luiz Nogueira da. *Direitos políticos:* representatividade, capacidade eleitoral e inelegibilidades. São Paulo: Editora Juarez de Oliveira, 2004, pp. 37-51.

21. Jorge Miranda, com assaz precisão, aduz que "o voto secreto, insista-se, é uma garantia básica de liberdade" (*Direito Eleitoral* ..., cit., p. 90).

anonimato do eleitor, sob pena de ensejar a nulidade da votação na seção ou urna onde ocorreu a falha. O caráter secreto do voto é apenas mitigado em benefício da pessoa com deficiência, permitindo-se que ela seja auxiliada na votação por alguém de sua escolha[22].

Apesar de consolidado o processamento eletrônico da votação, é discussão recorrente o tema da impressão do voto emitido na urna eletrônica, providência defendida por aqueles que não confiam na segurança do processo atual de votação e apuração dos votos. Todavia, em duas oportunidades, o STF acertadamente declarou inconstitucionais dispositivos legais que buscavam estabelecer essa prática, no âmbito das Ações Diretas de Inconstitucionalidade (ADIs) n.º 4.543[23] e n.º 5.889[24], apontando, entre outros argumentos, os riscos à proteção do sigilo do voto e os retrocessos que as normas poderiam ocasionar ao regime democrático.

O princípio da igualdade também integra o direito de sufrágio, posto que todos os votos têm o mesmo valor, independentemente das características pessoais, sociais e econômicas de quem vota. O sufrágio *igual* é uma conquista relevante ao permitir que todas as parcelas da população tenham voz ativa e possam ser ouvidas pelos mandatários políticos. Ninguém é superior ao outro na qualidade ou quantidade de votos, o que contribui fortemente para entronizar na sociedade os sentimentos de orgulho e respeito à dignidade do cidadão, sabedor que sua opção de voto tem valor para influenciar as eleições.

Outrossim, o voto no Brasil é *obrigatório*, imposto aos maiores de 18 (dezoito) anos e até 70 (setenta) anos de idade, excetuando-se os analfabetos. O voto encerra, ao mesmo tempo, um

22. Vide art. 76, § 1º, IV, da Lei n.º 13.146/2015 (Estatuto da Pessoa com Deficiência).

23. Julgamento em 6/11/2013, DJe de 13/10/2014, no qual foi reconhecida a inconstitucionalidade do art. 5º da Lei n.º 12.034/2009, que pretendia criar o voto impresso a partir das eleições de 2014.

24. Em sessão virtual de 4 a 14/9/2020, DJe de 5/10/2020, foi julgado inconstitucional o art. 59-A e parágrafo único da Lei n.º 9.504/1997, incluído pela Lei n.º 13.165/2015, que estabelecia a impressão do voto do eleitor.

direito e um dever, cívico e jurídico[25], com base na compreensão do legislador de que o eleitorado brasileiro seria imaturo politicamente e a compulsoriedade do voto garantiria uma maior e efetiva participação do povo na vida política[26]. A obrigação do cidadão não é, efetivamente, de registrar seu voto num candidato ou partido político, uma vez que o eleitor pode votar em branco ou anular o voto, como legítima medida de protesto político; o que a lei exige é o comparecimento do eleitor na seção eleitoral, sob pena de aplicação de penalidades e impedimentos para prática de atos da vida civil, conforme dispõe o art. 7º, § 1º, CE.

O direito de sufrágio há de ser exercido periodicamente, isto é, em eleições designadas pública e previamente. A *periodicidade* das escolhas eleitorais é resultado da aplicação do princípio republicano, que busca a renovação e consequente (re)legitimação dos postos de representação político-estatal, visando a evitar os regimes de poder perenes e vitalícios[27]. Explica Rodrigo Tenório que, na República brasileira, a periodicidade das eleições é verificada pelo tempo de mandato fixado aos ocupantes dos cargos eletivos, a saber: "a) o mandato de presidente, governador, prefeitos, deputados e vereadores tem duração de quatro anos; b) o mandato de senador, de oito anos"[28].

O voto também deve ser *livre*, fruto da consciente e legítima vontade do eleitor, devidamente protegida contra a influência de atos ilícitos na campanha eleitoral. O eleitor deve votar apenas

---

25. Em Portugal, ao contrário, "a Constituição não caracteriza o voto como um *dever jurídico*, como uma obrigação susceptível de sanção" (CANOTILHO, José Joaquim Gomes; e MOREIRA, Vital. *Constituição da República* ..., cit., pp. 671-672, grifos do autor), mas apenas como um dever cívico, nos termos do art. 49º, n.º 2, da CRP.

26. Expressando forte crítica sobre a obrigatoriedade do voto, cfr. RODRIGUES, Cibele. *Da obrigatoriedade e da facultatividade do direito de voto*. Tese de Doutorado em Direito, sob orientação do Professor Doutor Sérgio Rezende de Barros, apresentada à Universidade de São Paulo, São Paulo, 2016. Disponível em: <https://sucupira.capes.gov.br/sucupira/public/consultas/coleta/trabalhoConclusao/viewTrabalhoConclusao.jsf?popup=true&id_trabalho=4002944>, acesso em: 21/2/2019.

27. Cfr. MENDES, Antônio Carlos. *Introdução à teoria das inelegibilidades*. São Paulo: Malheiros, 1994, p. 33.

28. *Direito Eleitoral* ..., cit., p. 21.

com respeito a sua própria consciência política, visão de mundo e conhecimento sobre as propostas dos candidatos. A prática de abuso de poder pelos mandatários ou candidatos, tais como a captação ilícita de sufrágio (compra de votos) ou a propaganda ilegal, deve ser vedada para permitir a plena liberdade do eleitor na escolha de seus candidatos.

Por fim, assumindo todas essas características, o direito de sufrágio é tratado na CF/88 como *cláusula pétrea*, na forma do seu art. 60, § 4º, II e IV, o que demonstra sua essencialidade para a conformação do ordenamento brasileiro constitucional, não podendo esse direito ser suprimido pelo legislador constituinte derivado.

1.2.1.2 Direito de votar em plebiscitos, referendos e consultas populares

Não há, a rigor, peculiaridades distintas quanto à natureza e o exercício do voto em eleições para ocupação de cargos eletivos em comparação com a votação nos plebiscitos, referendos e consultas populares: o regramento é o mesmo, quem pode – e deve – votar nos candidatos nas eleições, também tem a prerrogativa e o dever de exercer o voto nesses mecanismos de consulta popular. Assim, os apontamentos aludidos anteriormente acerca das condições e características para a consagração do direito de votar em eleições em geral servem também para os plebiscitos, referendos e consultas populares.

Sem embargo, é importante traçar algumas informações sobre os objetos, limites e escopos desses instrumentos de participação direta do povo nas decisões estatais.

O plebiscito é o instituto que "permite que os cidadãos aprovem, pelo voto, opções políticas que demandem tanto providências de natureza constitucional quanto legislativa"[29], ressalvada a ratificação de atos legislativos, tarefa a ser exercida através do referendo. Pelo plebiscito, se busca obter o escrutínio popular

29. MENDES, Antônio Carlos. *Introdução à teoria das inelegibilidades* ..., cit., p. 28.

previamente à tomada de decisão pelo legislador ou administrador público, sem o qual o ato do Estado não pode ser praticado.

A CF/88 aduz que compete ao Congresso Nacional a convocação de plebiscito e determina que as temáticas em torno da incorporação, fusão, divisão, desmembramento, anexação e formação de novos Estados e Municípios devem ser submetidas a essa modalidade de consulta popular (art. 18, §§ 2º e 3º, CF/88). Além disso, estabeleceu-se no art. 2º do Ato das Disposições Constitucionais Transitórias da CF/88 uma data específica para que o eleitorado definisse, por plebiscito, "a forma (república ou monarquia constitucional) e o sistema de governo (parlamentarismo ou presidencialismo) que devem vigorar no País"[30].

Já o referendo significa a obtenção da manifestação popular sobre a concordância ou não de uma medida de natureza legislativa adotada pelo Parlamento, para que ela possa surtir efeitos jurídicos. Diferentemente do plebiscito, "o *referendo* consiste em uma consulta posterior sobre determinado ato governamental para ratificá-lo, ou no sentido de conceder-lhe eficácia (condição suspensiva), ou, ainda, para retirar-lhe a eficácia (condição resolutiva)"[31].

A Carta Magna brasileira não prevê nenhum tema ou questão específica para submissão a referendo, mas, como exemplo, pode-se citar o ocorrido em 23 de outubro de 2005, no qual a população brasileira foi consultada sobre a aprovação do art. 35 da Lei n.º 10.826/2003 (Estatuto do Desarmamento), cuja redação proibia, como regra geral, "a comercialização de arma de fogo e munição em todo o território nacional", vindo o eleitorado a discordar do teor da disposição normativa, de modo a manter o referido comércio na forma da lei de regência.

30. O plebiscito foi realizado em 21/4/1993 e o eleitorado brasileiro consolidou a república e o presidencialismo como forma e sistema de governo, respectivamente, a viger no Brasil.

31. MORAES, Alexandre de. *Direito Constitucional* ..., cit., p. 248, grifos do autor.

Por fim, as consultas populares consistem num instituto jurídico novo, instituído formalmente pela EC n.º 111/2021, que incluiu os §§ 12 e 13 ao art. 14 da CF/88, para prever a possibilidade de apresentação, quando da realização das eleições municipais, de quesitos aos eleitores sobre questões locais aprovadas pelas Câmaras Municipais, prevendo-se ainda que as temáticas podem ser discutidas durante a campanha eleitoral, embora se proíba a utilização de propaganda gratuita no rádio e na televisão para essa finalidade. Diferentemente dos plebiscitos e referendos, a opinião do povo externada nestas consultas populares, a princípio, dada a ausência de previsão específica, não obriga os Vereadores a cumprirem o resultado das escolhas, tratando-se apenas da obtenção da opinião popular a respeito de certos temas relevantes de interesse local, para posterior deliberação política.

1.2.2 Direito de ser votado

O conteúdo do direito de ser votado indica a possibilidade de o cidadão tornar-se candidato e receber votos numa eleição para a disputa de determinado cargo eletivo, sendo tal direito configurado mediante o cumprimento das chamadas condições de elegibilidade e pela não incidência em causas de inelegibilidade.

Algumas das características anotadas a respeito da capacidade eleitoral ativa também se aplicam ao direito de ser votado, especialmente as relativas à igualdade, sigilo e pessoalidade do voto e a periodicidade das eleições. A universalidade dos titulares do direito de ser votado, todavia, não tem a mesma amplitude com relação àqueles que exercem o direito de votar, sendo necessário o cumprimento de outros requisitos além da mera inscrição no alistamento.

O foco desta obra se atém ao específico direito de ser votado e busca analisar os seus principais componentes, os fatores que impedem a sua fruição e os aspectos controvertidos sobre sua configuração jurídica e concretização no mundo real. Por ora, apenas se fixa a premissa da vinculação conceitual do *direito de ser votado* às expressões *elegibilidade* e *capacidade eleitoral passiva*, todas elas a apontar a um mesmo significado, no sentido de permissão para o cidadão disputar cargo eletivo em eleições[32].

Em posição diversa, contudo, Djalma Pinto anota que "a elegibilidade não se confunde com o direito de ser votado"[33], representando apenas o *estágio inicial* que se deve percorrer para o exercício deste direito pelo cidadão. No ponto de vista do autor, a elegibilidade – que precede ao direito de ser votado – se configura através do "preenchimento dos requisitos enumerados no art. 14, § 3º, CF, a exibição de vida pregressa compatível com a representação popular (art. 14, § 9º), a não incidência em incompatibilidade e tampouco nas hipóteses de inelegibilidade"[34], complementando que o *estágio seguinte* seria a obtenção de autorização judicial para o registro de candidatura, num processo que se aferirá o preenchimento dos requisitos de elegibilidade e a não configuração de causas de inelegibilidade. Assim, somente se poderia falar em direito de ser votado quando configurados todos os seus componentes, que seriam a elegibilidade e o registro de candidatura.

O assunto será aprofundado, mas importa dizer, de logo, que o citado doutrinador apenas diferencia a elegibilidade (que é o direito em abstrato de ser votado) da efetiva concretização de seu exercício, o que ocorrerá a partir do deferimento do pedido de registro de candidatura pela Justiça Eleitoral. Sucede que o autor se equivoca ao apresentar o conceito de elegibilidade apenas como o "credenciamento do cidadão para postulação do registro de candidatura a cargo eletivo"[35], exposição que nada informa sobre a natureza jurídica da elegibilidade e reduz seu valor jurídico, uma vez que esse instituto não significa apenas o cumprimento de um conjunto de requisitos normativos, mas, sim, o próprio direito de o cidadão ser votado na eleição.

32. Cfr. ZILIO, Rodrigo López. *Direito Eleitoral.* 6ª ed., Porto Alegre: Verbo Jurídico, 2018, p. 167.

33. *Elegibilidade no direito brasileiro.* São Paulo: Atlas, 2008, p. 5.

34. *Ibidem*, p. 6.

35. *Ibidem*, p. 5.

1.2.3 Iniciativa popular

O instituto jurídico da iniciativa popular para a edição de leis também integra o conteúdo dos direitos políticos, pois possibilita que o cidadão participe diretamente do processo legislativo de elaboração de normas que irão reger as condutas dos indivíduos na sociedade.

Sob o regime constitucional brasileiro, a iniciativa popular alcança a elaboração de projetos de leis complementares e ordinárias, não se permitindo ao povo deflagrar o processo de modificação das normas da Constituição Federal. Para execução desse direito, exige-se um *quórum* de cidadãos para subscrição do projeto de lei, que deve conter "no mínimo, um por cento do eleitorado nacional, distribuído pelo menos por cinco Estados, com não menos de três décimos por cento dos eleitores de cada um deles" (art. 61, § 2º, CF/88).

A iniciativa popular deve ser exercida através da apresentação de um projeto de lei específico ao Poder Legislativo, não se tratando, simplesmente, da elaboração de sugestões ou ideias aos parlamentares para que eles proponham ou não as leis em seus nomes. O projeto de lei de iniciativa popular deve ser um texto acabado e completo, elaborado numa razoável técnica de produção legislativa para permitir sua tramitação no Congresso Nacional.

No âmbito eleitoral, exemplo clássico e comumente citado de projeto de lei aprovado por iniciativa popular é o da LC n.º 135/2010, a Lei da Ficha Limpa. Na realidade, contudo, não obstante tenha existido um forte movimento popular para aprovação do projeto de lei da Ficha Limpa, que contou com cerca de 1,3 (um vírgula três) milhão de subscrições, por causa de supostas dificuldades na conferência das assinaturas para tramitação no Congresso Nacional, o conteúdo do projeto de iniciativa popular foi aproveitado a um outro já em trâmite no Parlamento, no qual se deu seguimento ao processo legislativo[36].

36. Fonte: <http://www.camara.gov.br/proposicoesWeb/fichadetramitacao?idProposicao=21571>, acesso em: 1º/7/2019. Para outras informações e detalhes sobre a origem

Cabe apontar que a participação popular deve se limitar, de acordo com o regramento constitucional, à deflagração inicial do processo legislativo[37], cabendo então aos congressistas "inteira discrição constitucional"[38] para dar seguimento ao projeto ou para arquivá-lo.

No entanto, os parlamentares não detêm a autonomia plena para alterar a proposta, consoante explicitou o Ministro (Min.) Luiz Fux, do STF, na decisão liminar no Mandado de Segurança (MS) n.º 34.530, j. 14/12/2016, DJe de 19/12/2016, que suspendeu a tramitação do Projeto de Lei n.º 4.850/2016, oriundo de iniciativa popular e que tinha por objetivo estabelecer medidas de combate à corrupção.

No caso, apontou o julgador que um dos vícios no processamento do projeto de lei consistiu na apropriação de sua autoria por parlamentar, o que modificou significativamente o seu rito de tramitação na Câmara dos Deputados, situação que "amesquinha a magnitude democrática e constitucional da iniciativa popular, subjugando um exercício por excelência da soberania pelos seus titulares aos meandros legislativos nem sempre permeáveis às vozes das ruas"[39]. Também se anotou uma outra irregularidade,

---

da Lei da Ficha Limpa, cfr. SILVA, Paulo Thadeu Gomes da; VARGAS, Marco Antonio Martin. Aspectos históricos da Lei Complementar 135/2010. In: CAGGIANO, Monica Herman (org.). *Ficha limpa: impacto nos tribunais:* tensões e confrontos. São Paulo: Revista dos Tribunais, 2014, pp. 57-71; e REIS, Márlon Jacinto. O princípio constitucional da proteção e a definição legal da inelegibilidades. In: REIS, Márlon Jacinto; CASTRO, Edson de Resende; OLIVEIRA, Marcelo Roseno de (coord.). *Ficha Limpa:* Lei complementar n.º 135, de 4.6.2010 – interpretada por juristas e responsáveis pela iniciativa popular. Bauru: Edipro, 2010, pp. 23-28.

37. Por essa razão, Fávila Ribeiro critica a inclusão da iniciativa popular no rol de instrumentos da soberania popular, visto não encerrar, propriamente, uma deliberação efetiva do povo, tratando-se apenas do exercício coletivo do direito de petição ao Parlamento, que terá autonomia para decidir a respeito da proposta (cfr. *Direito Eleitoral,* 5ª ed., Rio de Janeiro, Forense, 2000, p. 61). De modo parecido, afirma Luiz Carlos dos Santos Gonçalves que "a iniciativa popular se mostra menos uma forma de exercer o poder e mais uma forma de pressão política sobre os senadores e deputados" (*Direito Eleitoral* ..., cit., pp. 47-48).

38. MENDES, Antônio Carlos. *Introdução à teoria das inelegibilidades* ..., cit., p. 32.

39. Trecho da decisão liminar do Min. Luiz Fux no MS n.º 34.530, sendo que, posteriormente, o processo judicial foi extinto monocraticamente, sem resolução do

de caráter mais grave, que consistiu na desfiguração da proposta original, com a inclusão de dispositivos que objetivavam punir Magistrados e membros do Ministério Público por crimes de abuso de autoridade, revelando o propósito parlamentar contrário ao interesse demonstrado no projeto original popular.

Os fundamentos apontados pelo Min. LUIZ FUX são irretocáveis. A iniciativa popular de projetos de lei constitui um direito consagrado na CF/88 que concebeu a prevalência da democracia semidireta, mediante a participação direta do povo na elaboração das normas. A apresentação de um projeto de lei exige, sempre, um enorme esforço público de convencimento e coleta de assinaturas, demonstrando a preocupação de parcela relevante da população sobre temática a ser objeto de regulação normativa. A desvirtuação da proposta, através da assunção de sua autoria ou inclusão de regras que desvirtuem sua essência, não deve ser admitida em razão da ofensa direta ao princípio democrático insculpido na Constituição Federal[40].

1.3 PERDA E SUSPENSÃO DOS DIREITOS POLÍTICOS

A Constituição Federal prevê, em seu art. 15, as situações de perda e suspensão dos direitos políticos, vedando-se a cassação. Na hipótese de *perda*, priva-se a pessoa do exercício desses direitos de modo permanente, por um prazo indeterminado, sendo, porém, possível a sua reaquisição a requerimento do interessado e uma vez findo o motivo que lhe deu causa. A *suspensão* implica a ideia de temporalidade, permitindo-se o retorno ao gozo dos

mérito, por ter havido "o cumprimento da ordem liminar e o atendimento da pretensão do impetrante", conforme decisão de 17/2/2017, DJe de 22/2/2017.

40. Registre-se que, na apreciação da ADI n.º 4.578 e ADCs n.ºs 29 e 30, j. 16/2/2012, DJe de 29/6/2012, em que o STF declarou a constitucionalidade da LC n.º 135/2010, não se apontou nem se discutiu esse vício formal de apropriação do projeto de iniciativa popular. Sem embargo, entende-se que essa falha formal não seria motivo suficiente para acarretar a inconstitucionalidade da norma, considerando que não houve desvirtuação da proposta original e que o resultado obtido (a Lei da Ficha Limpa) atendeu aos propósitos almejados pela população.

direitos políticos após decorrido o prazo estipulado ou superada a sua causa determinante[41].

A *cassação* de direitos políticos, por sua vez, remete aos períodos de ausência de ambiente democrático no Brasil, em que o ordenamento jurídico previa expressamente a possibilidade de cassação de mandatos legislativos "no interesse da paz e da honra nacional"[42], impedindo inclusive a apreciação judicial desses atos ditatoriais. A expressão *cassação de direitos políticos* causa aversão e ojeriza ao Estado Democrático e, por essa razão, foi textualmente vedada a sua prática na CF/88, que não admite que se perpetue uma situação de ausência de direitos políticos do indivíduo[43].

Nas situações referidas no art. 15 da CF/88, o cidadão que tiver seus direitos políticos suspensos ou perdidos, além de não cumprir uma condição de elegibilidade (a do pleno exercício de direitos políticos), acarretando a incapacidade de receber votos, fica privado também do direito de votar, de exercer sua capacidade eleitoral ativa. O indivíduo poderá ainda sofrer outras sérias consequências jurídicas, tais como a perda do mandato eletivo

---

41. Para Volgane Oliveira Carvalho, a distinção entre perda e suspensão não se atrela ao fator temporal, eis que a limitação é sempre temporária, e sim ao tratamento das situações no cadastro eleitoral: na suspensão, apenas é anotada tal circunstância e preservada a inscrição eleitoral; na perda, cancela-se a inscrição (*Manual das inelegibilidades* ..., cit., pp. 28-29). Com a devida vênia, o autor interpreta erroneamente a Constituição através da Lei, sendo certo que a diferença entre a perda e a suspensão dos direitos políticos tem a ver com a definição do período de ausência de gozo desses direitos: na suspensão, veda-se o exercício dos direitos políticos por um período certo e determinado; na perda, ao contrário, a restrição ocorre por um período indeterminado. Nesse sentido, cfr. SILVEIRA, Vladmir Oliveira da; COUTO, Mônica Bonetti. Perda e suspensão dos direitos políticos: breves reflexões em torno do art. 15, III, da CF/1988. In: GUILHERME, Walter de Almeida *et al.* (coord.). *Direito eleitoral e processual eleitoral:* temas fundamentais. São Paulo: Revista dos Tribunais, 2012, p. 136.

42. Art. 10 do Ato Institucional n.º 1, de 1964. Vide também o art. 4º do Ato Institucional n.º 5, de 1968.

43. Néviton Guedes explica que a cassação, por ato de autoridade, objetiva diretamente a eliminação dos direitos políticos em si mesmos, enquanto a perda diz respeito à supressão de um dos pressupostos necessários ao exercício dos direitos políticos, citando, como exemplo, a decretação da perda da nacionalidade brasileira ("Comentários aos artigos 14 a 16 da Constituição Federal" ..., cit., p. 685).

(art. 55, II, CF/88), o cancelamento da filiação partidária (art. 22, II, da Lei n.º 9.096/1995, a Lei dos Partidos Políticos - LPP), a impossibilidade de exercer ou a perda de cargo ou função pública[44] e a inaptidão para o exercício de instrumentos da democracia direta que exijam a condição de cidadão, como a iniciativa de projetos de lei e o ajuizamento de ação popular.

Observe-se ainda que, na incidência em inelegibilidade, ataca-se apenas a capacidade eleitoral passiva do cidadão, isto é, a elegibilidade, continuando ele a exercer a sua cidadania e podendo votar nas eleições. Já os casos de perda ou suspensão de direitos políticos são distintos e mais gravosos, eis que jubilam totalmente a pessoa do direito de participar, ativa ou passivamente, da formação da vontade estatal.

Assim, mostra-se importante o estudo, ainda que sintético, das hipóteses de suspensão e perda dos direitos políticos.

1.3.1 Cancelamento da naturalização e aquisição de outra nacionalidade

A naturalização consiste no procedimento de aquisição da nacionalidade brasileira pelo estrangeiro[45]. O cancelamento da naturalização encerra, logicamente, uma hipótese de perda dos direitos políticos, uma vez que "traduz o rompimento do vínculo jurídico existente entre o indivíduo e o Estado"[46], reassumindo o cidadão o *status* de estrangeiro e, nesta situação, ele é considerando inalistável, não podendo votar nem receber votos.

A CF/88 estabelece, em seu art. 12, § 4º, duas hipóteses que ensejam a perda da nacionalidade do brasileiro, nato ou naturalizado, a saber: (i) o cancelamento da naturalização, através de

44. Considerando, *v. g.*, o art. 5º, II, da Lei n.º 8.112/1990, que estabelece o "gozo dos direitos políticos" como requisito básico para investidura em cargo público federal.

45. A obtenção da naturalização é adotada por ato administrativo do Poder Executivo brasileiro, através do Ministro da Justiça, nos termos dos arts. 64 a 72 da Lei n.º 13.445/2017.

46. GOMES, José Jairo. *Direito Eleitoral*, cit., p. 13.

sentença judicial, em razão de atividade nociva ao interesse nacional (inciso I)[47]; e (ii) a aquisição de outra nacionalidade, salvo nas situações de reconhecimento de nacionalidade originária pela lei estrangeira ou de imposição de naturalização, pela norma estrangeira, ao brasileiro residente em estado estrangeiro, como condição para permanência em seu território ou para o exercício de direitos civis (inciso II).

No entanto, com relação especificamente à perda dos direitos políticos, a Carta Magna apenas prevê, no art. 15, I, a hipótese de "cancelamento da naturalização por sentença transitada em julgado", havendo aparente omissão normativa quanto a dois aspectos relevantes para compreensão da temática: (i) não exige o art. 15 da CF/88, para a perda dos direitos políticos, que o cancelamento da naturalização tenha ocorrido por atividade nociva ao interesse nacional; e (ii) não estabelece a CF/88, nos arts. 12 ou 15, a consequência jurídica que a aquisição de outra nacionalidade pode acarretar ao exercício dos direitos políticos.

A resolução da primeira questão é extraída da interpretação sistemática das normas constitucionais, que permite perceber que o art. 12, § 4º, I, e o art. 15, I, em vez de conflitantes, são complementares. Para o primeiro dispositivo, o cancelamento da naturalização, que acarreta a perda da nacionalidade, deve ser objeto de apreciação pelo Poder Judiciário e somente é cabível pela prática de atividades nocivas ao interesse nacional; já o art. 15, I, apenas acrescenta que o início da situação de perda dos direitos políticos será a partir do trânsito em julgado da sentença que cancelar a naturalização[48]. Conclui-se assim, inicialmente, pela estrita disciplina da CF/88, que a perda dos direitos políticos, em caso de cancelamento da naturalização, somente se configura quando o fundamento do cancelamento for a prática de atividade nociva

47. O conceito de atividade nociva não é definido pela legislação constitucional ou infraconstitucional, devendo sua configuração ser avaliada no caso concreto, em ação judicial intentada pelo Ministério Público Federal perante a Justiça Federal, nos termos do art. 109, X, CF/88.

48. Cfr. JORGE, Flávio Cheim *et al. Curso de direito eleitoral* ..., cit., p. 186.

ao interesse nacional e apenas surtirá efeitos a partir da sentença transitada em julgado.

De outro vértice, contudo, há que se ponderar sobre a possibilidade de a sentença que invalidar a naturalização ser justificada pela ocorrência de outro tipo de vício, que não a prática de atividade nociva ao interesse nacional, como, por exemplo, a apresentação de documentos falsos pelo estrangeiro para instrução de seu requerimento administrativo. Nessa hipótese, será declarada a nulidade de todo o procedimento que resultou na naturalização, a qual será tornada sem efeito, regressando o naturalizado a sua situação jurídica anterior, de estrangeiro, a quem é vedado o exercício de direitos políticos[49].

De modo semelhante, na apreciação do segundo questionamento, apesar de não contida expressamente no rol do art. 15 da CF/88, a aquisição de outra nacionalidade pelo brasileiro nato ou naturalizado, ressalvadas as hipóteses de obtenção de nacionalidade originária no estrangeiro ou de determinação de naturalização como condição para permanência ou gozo de direitos civis em território alienígena, também priva o indivíduo do exercício de seus direitos políticos, porquanto, em tal situação, há evidente perda do vínculo da nacionalidade, tornando-se inclusive impossível a realização do alistamento eleitoral[50].

Desta forma, o que importa verificar é se houve ou não a perda da nacionalidade do brasileiro nato ou naturalizado, independentemente da motivação que lhe deu causa. Apesar do art. 15, I, CF/88 apenas se referir ao "cancelamento da naturalização" e ser

49. Cfr. MORAES, Alexandre de. *Direito Constitucional* ..., cit., p. 275.

50. Cfr. ROLLO, Artur Luis Mendonça. Condições de elegibilidade. In: ROLLO, Alberto (org.). *Elegibilidade e inelegibilidade:* visão doutrinária e jurisprudencial atualizada. Caxias do Sul: Plenum, 2008, p. 57; CONEGLIAN, Olivar Augusto Roberti. *Inelegibilidade* ..., cit., p. 44; e CARVALHO, Volgane Oliveira. *Manual das inelegibilidades* ..., cit., p. 28. Aponte-se que a aquisição voluntária de outra nacionalidade "necessita de um procedimento administrativo no Ministério da Justiça e, após, é oficializada por Decreto do Presidente da República" (ZILIO, Rodrigo López. *Direito Eleitoral* ..., cit., p. 174), não se exigindo sentença judicial transitada em julgado para acarretar a perda da nacionalidade.

complementado pelo art. 12, § 4º, I, CF/88, que exige a ocorrência de "atividade nociva ao interesse nacional" como motivo para se cancelar a naturalização, a rigor, basta que ocorra a perda da nacionalidade para se impor, como consequência jurídica inafastável, a privação dos direitos políticos à pessoa que se tornou, ou voltou a ser, estrangeiro e, portanto, é inalistável e inelegível.

Perdidos os direitos políticos, somente será possível reavê-los através do ajuizamento de ação rescisória contra o julgado que cancelou a naturalização do estrangeiro ou, para aquele que adquiriu outra nacionalidade, mediante a apresentação de pedido de reaquisição da nacionalidade brasileira, na forma do art. 76 da Lei n.º 13.445/2017.

1.3.2 Incapacidade civil absoluta

De acordo com o art. 3º do Código Civil (Lei n.º 10.406/2002), alterado pela Lei n.º 13.146/2015 (Estatuto da Pessoa com Deficiência), a incapacidade civil absoluta atinge tão somente os menores de 16 (dezesseis) anos. Nesta situação, em verdade, é inadequado falar-se em perda ou suspensão de direitos políticos porque o menor ainda não os adquiriu, eis que não alcançou a idade mínima para que possa exercer certos atos da vida civil e se habilitar ao usufruto dos direitos políticos. A hipótese em exame, tecnicamente, é de impedimento para o gozo dos direitos políticos, que será superado quando do implemento da idade exigida na lei.

Em que pese a inequívoca dicção da Constituição Federal, pela qual somente a incapacidade civil absoluta implica a suspensão dos direitos políticos, José Jairo Gomes salienta que a incapacidade civil relativa também pode, excepcionalmente, impedir o gozo desses direitos, quando se verificar a impossibilidade, temporária ou definitiva, de o indivíduo exprimir sua própria vontade[51]. Para o autor, verificando esta situação, caberá ao Juiz do processo cível comunicar o fato à Justiça Eleitoral visando à

51. Cfr. *Direito Eleitoral* ..., cit., pp. 14-17.

instauração de procedimento para cancelar o alistamento, na forma do art. 71, II, CE.

Concorda-se, em termos, com essa posição. Primeiro, deve-se deixar assentado que a incapacidade em cogitação não é a que decorre de limitação física, já que a pessoa com essa espécie de deficiência é plenamente capaz de exercer os seus direitos políticos, cabendo ao Estado proporcionar os meios necessários para assegurar a fruição desses direitos[52], garantindo a acessibilidade e os espaços físicos adequados para votação[53], bem assim a permissão para eventual auxílio de terceiros no momento do voto[54].

A situação de incapacidade relativa em análise é aquela que, independentemente de sua origem física ou psíquica, impede o exercício da vontade pelo indivíduo, devendo ser reconhecida pelo Judiciário através de um processo de interdição, em que se definirá o curador dos interesses da pessoa[55]. A curatela, porém, afetará apenas os "atos relacionados aos direitos de natureza patrimonial e negocial", não alcançando o "direito ao próprio corpo, à sexualidade, ao matrimônio, à privacidade, à educação, à saúde, ao trabalho e ao voto", consoante preveem, respectivamente, o *caput* e o § 1º, do art. 85, da Lei n.º 13.146/2015[56].

---

52. Nesse sentido, a Convenção sobre os Direitos das Pessoas com Deficiência, assinada em Nova York/EUA em 30 de março de 2007 e incorporada ao ordenamento jurídico brasileiro (aprovada pelo Decreto Legislativo n.º 186/2008 e promulgada pelo Decreto n.º 6.949/2009) impõe, em seu art. 29, que os Estados assegurem "que as pessoas com deficiência possam participar efetiva e plenamente na vida política e pública, em igualdade de oportunidades com as demais pessoas, diretamente ou por meio de representantes livremente escolhidos, incluindo o direito e a oportunidade de votarem e serem votadas".

53. Vide art. 135, § 6º-A, CE.

54. Vide art. 76, IV, da Lei n.º 13.146/2015. Conforme ensina Jaime Barreiros Neto, a necessidade do auxílio ao deficiente deve ser avaliada no caso concreto, sob pena de violação indevida ao sigilo do voto, e somente ocorrerá em caso de manifestação de interesse inequívoca da pessoa deficiente (*Direito eleitoral*, 10ª ed., rev., atual. e ampl., Salvador: Ed. Juspodivm, 2020, p. 166).

55. Os casos de incapacidade relativa estão previstos no art. 4º do Código Civil.

56. Sobre o tema, cfr. GAGLIANO, Pablo Stolze; PAMPLONA FILHO, Rodolfo, *Manual de Direito Civil*. vol. único, São Paulo: Saraiva, 2017, pp. 48-53. Para os autores, "a curatela, em sua figura básica, visa a proteger a pessoa maior, padecente de alguma

O curatelado permanece, portanto, no pleno gozo dos direitos políticos, a despeito de, a depender do grau de sua deficiência, deixe ocasionalmente de exercê-los, o que não significa a renúncia ou mesmo a suspensão desses direitos. Ademais, em tais situações, o TSE tem flexibilizado a imposição de sanções aos deficientes que demonstrem ser oneroso ou impossível realizar o alistamento ou o ato de votar, conforme Resolução n.º 21.920/2004.

Em suma, a pessoa que incide numa causa de incapacidade relativa, interditada ou não, ainda é titular de seus direitos políticos, não se podendo admitir sua exclusão do conjunto de eleitores brasileiros, eis que a CF/88 foi bastante clara ao impor a suspensão desses direitos apenas nos casos de incapacidade civil absoluta, não cabendo ao intérprete ampliar o sentido do texto constitucional, que não admite interpretação restritiva dos direitos políticos[57].

Com relação aos índios, eles foram qualificados pelo art. 6º, IV e parágrafo único, do Código Civil anterior (Lei n.º 3.071/1916) como relativamente incapazes, sujeitando-se ao regime tutelar do Estado, sendo que a situação cessaria à medida que se tornassem adaptados à sociedade[58]. Sobreveio a Lei n.º 6.001/1973, que garantiu "aos índios o pleno exercício dos direitos civis e políticos que em face da legislação lhes couberem" (art. 2º, X), cujo exercício "depende da verificação das condições especiais estabelecidas nesta Lei e na legislação pertinente" (art. 5º, parágrafo único), prevendo-se ainda, nos arts. 7º ss., o regime tutelar aplicável aos "índios e as comunidades indígenas ainda não integrados à comunhão nacional".

---

incapacidade ou de certa circunstância que impeça a sua livre e consciente manifestação de vontade, resguardando-se, com isso, também, o seu patrimônio" (*Ibidem*, p. 1421).

57. Cfr. GONÇALVES, Luiz Carlos dos Santos. *Direito Eleitoral* ..., cit., pp. 71-72; e GUEDES, Néviton, "Comentários aos artigos 14 a 16 da Constituição Federal" ..., cit., pp. 672-673.

58. Cfr. SILVA, José Afonso da. *Curso de direito constitucional* ..., cit., pp. 870-880.

O Código Civil de 2002 alterou essa disciplina, apartando os índios da categoria dos relativamente incapazes e estabelecendo que a "capacidade dos indígenas será regulada por legislação especial" (art. 4º, parágrafo único), ainda não editada, de forma que, a princípio, não há distinção de tratamento com relação aos direitos políticos dos índios, cujo regramento a se observar é o mesmo do estabelecido a todos os brasileiros[59]. Porém, no entendimento atual do TSE, a ordem jurídica constitucional assegurou os direitos políticos "em caráter facultativo, a todos os indígenas, independentemente da categorização estabelecida na legislação especial infraconstitucional anterior, observadas as exigências de natureza constitucional e eleitoral pertinentes à matéria, como a nacionalidade brasileira e a idade mínima"[60].

1.3.3 Condenação criminal transitada em julgado

A Constituição Federal impõe a suspensão dos direitos políticos àquele que for condenado criminalmente por sentença transitada em julgado, enquanto durarem os efeitos da condenação. Trata-se de norma constitucional autoaplicável e a suspensão dos direitos políticos constitui um efeito secundário da condenação, não se exigindo que o Juiz criminal expressamente a determine na sentença, cabendo-lhe apenas comunicar a Justiça Eleitoral após a confirmação do trânsito em julgado da condenação criminal[61].

---

59. Roberto Moreira de Almeida avaliza essa posição e acrescenta que "eventual lei especial deve ser editada no sentido de proteção de tais povos, jamais como forma de restringir o exercício de direitos." (Alistabilidade e elegibilidade dos indígenas no ordenamento jurídico brasileiro. In: RAMOS, André de Carvalho (coord.). *Temas de Direito Eleitoral* ..., cit., p. 74).

60. Trecho de decisão no Processo Administrativo (PA) n.º 1806-81, j. 6/12/2011, DJe de 8/3/2012, valendo registrar que o TSE já decidira em sentido diverso, apontando que "São aplicáveis aos indígenas integrados, reconhecidos no pleno exercício dos direitos civis, nos termos da legislação especial (Estatuto do Índio), as exigências impostas para o alistamento eleitoral, inclusive a quitação do serviço militar obrigatório ou de cumprimento de prestação alternativa." (PA n.º 18.391, j. 15/5/2001, DJ de 24/8/2001).

61. Cfr. STF, AgR-RMS n.º 22.470, j. 11/6/1996, DJ de 27/9/1996. Em posição diversa, cfr. NOGUEIRA, Alexandre de Castro. A incompatibilidade da autoaplicabilidade

Considerando que a Carta Magna não estabelece nenhuma distinção, a suspensão pode ocorrer nos casos de condenação criminal pela prática de infração penal ou contravenção, em crime doloso ou culposo, e mesmo na aplicação de penas de detenção, reclusão, multa ou restritivas de direitos[62]. Em todas as situações, houve uma condenação criminal que será executada por um período determinado, no qual estarão suspensos os direitos políticos, impedindo o cidadão de votar e ser votado, bem assim de exercer as faculdades que exijam a condição de eleitor regularmente inscrito no alistamento eleitoral.

Não incide, todavia, a suspensão dos direitos políticos nos casos de aplicação dos institutos jurídicos de autocomposição de penalidades, como a transação penal e a suspensão condicional do processo, previstos na Lei n.º 9.099/1995, ou o acordo de não persecução penal, regido no art. 28-A do Código de Processo Penal - CPP (Decreto-Lei n.º 3.689/1941). Nestes casos, não há que se falar em condenação criminal, mas apenas o cumprimento de medidas despenalizadoras pelo autor do fato visando a obter a extinção de sua punibilidade.

Um aspecto relevante do tema para a teoria da elegibilidade se refere à distinção entre a suspensão dos direitos políticos decorrente de condenação criminal transitada em julgado e a incidência da causa de inelegibilidade prevista no art. 1º, I, "e", da LC n.º 64/1990, originada de condenação judicial pela prática dos crimes especificados no dispositivo legal.

---

do art. 15, III, da Constituição Federal com a plenitude do gozo dos direitos políticos: uma releitura hermenêutica da jurisprudência. In: FUX, Luiz *et al.* (coord.). *Elegibilidade e inelegibilidades* ..., cit., pp. 175-195.

62. Cfr. JORGE, Flávio Cheim *et al. Curso de direito eleitoral* ..., cit., p. 188; e SILVEIRA, Vladmir Oliveira da; COUTO, Mônica Bonetti. Perda e suspensão dos direitos políticos ..., cit., pp. 141-142. De outro lado, e em que pese a opinião contrária de Marcos Ramayana (*Direito Eleitoral.* 16ª ed., Rio de Janeiro: Impetus, 2018, p. 311), não haverá suspensão dos direitos políticos em caso de aplicação de medida de segurança de internação ou tratamento ambulatorial, dada a inimputabilidade do autor do fato, situação que não equivale, tecnicamente, a uma condenação criminal (cfr. GONÇALVES, Luiz Carlos dos Santos. *Direito Eleitoral* ..., cit., p. 75).

A primeira diferença consiste na repercussão que as situações acarretam à fruição de parcela ou da integralidade dos direitos políticos pelo cidadão. Determinada a suspensão dos direitos políticos com base no art. 15, III, CF/88, o indivíduo perde temporariamente as capacidades de votar e de ser votado, sendo ainda alijado totalmente do exercício de sua cidadania; já na configuração da inelegibilidade, apenas a prerrogativa de ser votado é que será afetada, podendo o cidadão regularmente exercer o seu direito de votar[63].

Outro aspecto diferenciador diz respeito aos termos iniciais e finais da suspensão dos direitos políticos e da inelegibilidade. Na primeira situação, o cidadão terá seus direitos políticos suspensos somente após o trânsito em julgado da condenação e durante o mesmo prazo da condenação criminal. Na inelegibilidade, o início do impedimento prescinde do trânsito em julgado, podendo ocorrer, em tese, em momento anterior, a partir da decisão de órgão judicial colegiado, e perdurará por mais 8 (anos) após o cumprimento da condenação, superando, assim, o prazo da suspensão dos direitos políticos[64].

Também há diferenças com relação aos tipos penais que podem ensejar uma ou outra restrição. A suspensão dos direitos políticos, como dito, será aplicada em caso de condenação criminal transitada em julgado pela prática de todo e qualquer delito, com dolo ou culpa, e mesmo nas contravenções penais. A causa de inelegibilidade, porém, é restrita ao rol de crimes especificados na alínea "e" do art. 1º, I, da LC n.º 64/1990, além de não se aplicar

63. Cfr. PAZZAGLINI FILHO, Marino. *Lei de inelegibilidade comentada:* legislação e jurisprudência atualizadas, leis da ficha limpa e da minirreforma eleitoral. São Paulo: Atlas, 2014, p. 14.

64. Conforme será explicado adiante, o STF iniciou a discussão, na ADI n.º 6.630, sobre a possibilidade de detração do período de inelegibilidade decorrido entre a condenação por órgão colegiado até o seu trânsito em julgado ou o término do cumprimento da pena criminal. Todavia, em sessão de julgamento ocorrida em 9/3/2022, o STF, por maioria, não conheceu da referida ação direta de inconstitucionalidade.

às infrações culposas ou de menor potencial ofensivo e aos crimes de ação penal privada.

Por fim, merece análise a consequência que a suspensão dos direitos políticos em decorrência da condenação criminal transitada em julgado acarreta à continuidade do exercício de mandatos eletivos. Condenado criminalmente, com trânsito em julgado, e suspensos os direitos políticos, o titular de cargo eletivo perde ou não o seu mandato?

A princípio, parece ilógico que alguém possa permanecer no exercício do cargo eletivo se estiver com os seus direitos políticos perdidos ou suspensos. Em tal situação, o indivíduo, além de não poder votar e ser votado, não pode integrar ou permanecer filiado a partido político e será excluído do alistamento eleitoral, perdendo o *status* de cidadão, o que torna difícil conciliar juridicamente essas restrições com a plenitude do exercício de um mandato político.

Destarte, a solução natural da questão é sim a perda do cargo eletivo exercido por aquele que foi condenado criminalmente com trânsito em julgado, sendo pacífico o entendimento doutrinário e jurisprudencial sobre a aplicação dessa posição para os ocupantes dos cargos de Chefes do Poder Executivo[65] e Vereadores[66]. Nestas hipóteses, a perda do mandato decorre tão somente da condenação criminal transitada em julgado, cabendo à correspondente Casa Legislativa apenas dar cumprimento à decisão judicial.

No tocante aos Deputados Federais e Senadores e, por simetria constitucional (art. 27, § 1º, CF/88), aos Deputados Estaduais e Distritais[67], a disciplina da CF/88 apresenta nuances que mere-

---

65. Cfr. STF, RE n.º 418.876, j. 30/3/2004, DJ de 4/6/2004; e STF, RE n.º 225.019, j. 8/9/1999, DJ de 26/11/1999.

66. No referido RE n.º 225.019, constou no voto do Min. Rel. Nelson Jobim a assertiva de que "Vereador, condenado criminalmente, perde o mandato, independentemente de deliberação da Câmara, como consequência da suspensão de seus direitos políticos".

67. Nas ADIs n.ºs 5.823, 5.824 e 5.825, o STF indeferiu, em 8/5/2019, DJe de 16/11/2020, pedidos cautelares que buscavam suspender normas que estendiam as

cem análise mais detida. Com efeito, o art. 55 da CF/88 distingue as situações de perda do mandato dos congressistas em relação àquele "que perder ou tiver suspensos os direitos políticos" (inciso IV) e para quem "sofrer condenação criminal em sentença transitada em julgado" (inciso VI), acrescentando que, na primeira hipótese, "a perda será declarada pela Mesa da Casa respectiva" (§ 3º), e, na outra, "a perda do mandato será decidida" (§ 2º) por decisão da maioria absoluta da Câmara dos Deputados ou do Senado Federal.

Observa-se um aparente conflito normativo, eis que, pelo citado § 2º, se houver condenação criminal, caberá ao Parlamento *decidir* sobre a perda do mandato, enquanto o § 3º dispõe que, no caso de suspensão dos direitos políticos, a única função da Casa Legislativa é *declarar* a perda do cargo eletivo. Ora, se a condenação criminal também enseja a suspensão dos direitos políticos, qual norma deve ser aplicada, a do § 2º ou do § 3º do art. 55 da CF/88?

Da interpretação conjunta das normas, mostra-se mais adequada a incidência das previsões do inciso IV e do § 3º do art. 55 da CF/88, pelos quais basta a suspensão dos direitos políticos para que, automaticamente, seja imposto ao Poder Legislativo o dever de declarar a perda do mandato político. Isso porque, independentemente de constar ou não na sentença condenatória criminal a determinação de perda do cargo eletivo[68], o trânsito em julgado da condenação implicará sempre a suspensão dos direitos políticos do cidadão que for apenado, enquanto perdurar os efeitos da execução penal, período em que não se admitirá o exercício de mandato eletivo, sendo exatamente nesse sentido que decidiu o STF na Ação Penal n.º 470, j. 17/12/2012, DJe de 22/4/2013[69].

---

imunidades formais dos Membros do Congresso Nacional a Deputados estaduais, justificando que essa extensão de imunidades não afronta a CF/88.

68. O art. 92 do Código Penal (Decreto-Lei n.º 2.848/1940) também estabelece a perda do mandato eletivo como efeito da condenação criminal, em certas situações, devendo essa deliberação constar expressamente na sentença.

69. Consignou-se que compete ao Legislativo dar execução à decisão judicial que decretou a perda do mandato, pois "repugna à nossa Constituição o exercício do

Contudo, o entendimento que predomina no STF é em sentido diverso, pela aplicação aos parlamentares do disposto no art. 55, VI e § 2º, da CF/88, conforme decidido na Ação Penal n.º 565, j. 8/8/2013, DJe de 23/5/2014[70]. Não obstante, há uma posição intermediária da 1ª Turma do STF, que determina a prevalência da decisão judicial para impor a perda do mandato "quando a condenação impõe o cumprimento da pena em regime fechado, e não viável o trabalho externo diante da impossibilidade de cumprimento da fração mínima de 1/6 da pena para a obtenção do benefício durante o mandato e antes de consumada a ausência do Congressista a 1/3 das sessões ordinárias da Casa Legislativa da qual faça parte"[71].

1.3.4 Recusa de cumprir obrigação a todos imposta ou prestação alternativa

A redação normativa dessa hipótese faz referência expressa ao art. 5º, VIII, CF/88, que dispõe que "ninguém será privado de direitos por motivo de crença religiosa ou de convicção filosófica ou política, salvo se as invocar para eximir-se de obrigação legal a todos imposta e recusar-se a cumprir prestação alternativa, fixada em lei". Cuida-se da denominada escusa de consciência, que tem por base geralmente convicções de ordem filosófica ou religiosa e serve como justificativa para o não cumprimento de encargos cívicos.

---

mandato parlamentar quando recaia, sobre o seu titular, a reprovação penal definitiva do Estado, suspendendo-lhe o exercício de direitos políticos e decretando-lhe a perda do mandato eletivo". No mesmo entendimento, cfr. STF, Ação Penal n.º 396, j. 26/6/2013, DJe de 4/10/2013.

70. Vide também a Ação Penal n.º 996, 2ª turma, j. 29/5/2018, DJe de 8/2/2019. No âmbito doutrinário, Alexandre de Moraes defende que o inciso VI e o § 2º do art. 55 da CF/88 visam a "garantir ao Congresso Nacional a durabilidade dos mandatos de seus membros (deputados federais e senadores da República), com a finalidade de preservar a independência do Legislativo perante os demais poderes" (*Direito Constitucional* ..., cit., p. 279).

71. Trecho da ementa da decisão do STF na Ação Penal n.º 694, 1ª turma, j. 2/5/2017, DJe de 31/8/2017. Em igual sentido, cfr. STF, Ação Penal n.º 863, 1ª turma, j. 23/5/2017, DJe de 29/8/2017.

A CF/88 assegura ao cidadão, assim, o direito de não cumprir a obrigação que é imposta a todos os brasileiros, mas lhe exige que preste um serviço alternativo e, na hipótese de recusa dessa prestação, perderá ele os direitos políticos por tempo indeterminado[72]. São pressupostos dessa espécie de restrição "a previsão em lei de obrigação a todos imposta, a omissão no seu cumprimento, bem como a recusa em satisfazer prestação alternativa, exigida de quem não se dispôs a cumprir exigência formulada às pessoas indistintamente"[73].

A título de deveres cívicos e encargos obrigatórios, a legislação prevê, entre outras hipóteses, o exercício do voto (art. 14, § 1º, I, CF/88), a função de jurado nos processos do Tribunal do Júri (art. 436 do CPP) e a prestação do serviço militar (art. 143, CF/88)[74].

Sobre o voto, em caso de descumprimento desse dever, cabe ao cidadão apresentar a devida justificativa para apreciação da Justiça Eleitoral ou pagar uma multa. Se não cumprida a prestação alternativa, entre outras consequências, haverá o cancelamento da inscrição eleitoral do indivíduo, na forma do art. 7º, § 3º, CE, concretizando a perda dos direitos políticos. No caso da função de jurado, o art. 438 do CPP aduz que "A recusa ao serviço do júri fundada em convicção religiosa, filosófica ou política importará no dever de prestar serviço alternativo, sob pena de suspensão dos

72. Há quem defenda que a escusa de consciência acarrete a suspensão dos direitos políticos (cfr. TENÓRIO, Rodrigo. *Direito Eleitoral* ..., cit., p. 99; e GOMES, José Jairo. *Direito Eleitoral* ..., cit., p. 11), mas, tecnicamente, é caso de perda, pois não há prazo certo para reaver esses direitos, o que dependerá de se e quando for cumprida a prestação alternativa e de eventual requerimento do interessado (cfr. MORAES, Alexandre de, *Direito Constitucional* ..., cit., p. 274; SILVEIRA, Vladmir Oliveira da; COUTO, Mônica Bonetti. "Perda e suspensão dos direitos políticos ..." ..., cit., p. 137; e ZILIO, Rodrigo López. *Direito Eleitoral* ..., cit., p. 184-185).

73. PINTO, Djalma. *Elegibilidade* ..., cit., p. 150.

74. Apesar de o alistamento também ser um dever obrigatório (art. 14, § 1º, I, CF/88) e o seu descumprimento ensejar a aplicação de multa eleitoral (art. 8º, CE), não se pode dizer que haverá a perda dos direitos políticos em caso de não pagamento da multa, porque, uma vez não alistado, os direitos políticos do indivíduo sequer nasceram.

direitos políticos, enquanto não prestar o serviço imposto", cabendo ao Juiz Criminal fixar o período e a forma de cumprimento.

Já o serviço alternativo ao serviço militar obrigatório é regulado pela Lei n.º 8.239/1991, compreendendo "o exercício de atividades de caráter administrativo, assistencial, filantrópico ou mesmo produtivo, em substituição às atividades de caráter essencialmente militar" e "será prestado em organizações militares da ativa e em órgãos de formação de reservas das Forças Armadas ou em órgãos subordinados aos Ministérios Civis" (art. 2º, §§ 2º e 3º, da referida Lei).

Por fim, para reaver os direitos políticos, em quaisquer das hipóteses apontadas, o indivíduo deverá comprovar o cumprimento da prestação alternativa, mesmo a destempo, e pleitear uma nova inscrição no alistamento eleitoral, nos termos do art. 81, CE[75].

1.3.5 Improbidade administrativa

A redação típica dessa espécie de restrição aos direitos políticos remete ao § 4º do art. 37, CF/88, que informa que "Os atos de improbidade administrativa importarão a suspensão dos direitos políticos, a perda da função pública, a indisponibilidade dos bens e o ressarcimento ao erário, na forma e gradação previstas em lei, sem prejuízo da ação penal cabível".

A probidade administrativa consiste, em síntese, no agir do funcionário público de acordo com as regras e princípios que regem a Administração Pública, sendo passível de configuração como ato de improbidade a conduta que contrariar esses ditames, desde que tipificada especialmente na Lei n.º 8.429/1992, que prevê uma série de sanções, de natureza cível, ao servidor público e ao particular responsáveis pelo ilícito. A avaliação da prática do ato de improbidade e da sanção a ser aplicada são tarefas que competem ao Poder Judiciário num específico processo

75. Cfr. JORGE, Flávio Cheim *et al. Curso de direito eleitoral* ..., cit., pp. 186-187.

judicial, no qual serão respeitadas as garantias do devido processo legal[76].

Diferentemente da hipótese da condenação criminal, a pena de suspensão dos direitos políticos pela prática de ato de improbidade administrativa não é um efeito automático da condenação, devendo ser determinada expressamente na sentença, até porque as penalidades previstas no art. 12 da Lei n.º 8.429/1992 podem ser aplicadas de forma isolada ou cumulativa, sendo uma delas a suspensão dos direitos políticos do condenado[77]. É necessário ainda que ocorra o trânsito em julgado da condenação para que se possa suspender os direitos políticos do agente público ou particular apenados, conforme prevê o art. 20 da Lei n.º 8.429/1992.

Em decorrência da prática de ato de improbidade, o indivíduo poderá incidir ainda na causa de inelegibilidade da alínea "l" do art. 1º, I, da LC n.º 64/1990, que se refere aos "condenados à suspensão dos direitos políticos, em decisão transitada em julgado ou proferida por órgão judicial colegiado, por ato doloso de improbidade administrativa que importe lesão ao patrimônio público e enriquecimento ilícito", e estabelece, como termos iniciais e finais do impedimento, "desde a condenação [proferida por órgão judicial colegiado] ou o trânsito em julgado até o transcurso do prazo de 8 (oito) anos após o cumprimento da pena".

A anotação sobre as diferenças entre a suspensão dos direitos políticos e a incidência de inelegibilidade referente à condenação criminal também se mostra válida com relação à inelegibilidade da condenação por ato de improbidade administrativa, sendo

76. Sobre a temática alusiva aos atos de improbidade administrativa, cfr., por todos, GARCIA, Emerson; ALVES, Rogerio Pacheco, *Improbidade administrativa*, 9ª ed., São Paulo: Saraiva, 2017.

77. Na defesa da não incidência obrigatória de todas as sanções da Lei n.º 8.429/1992, cfr. MELLO, Ruy Nestor Bastos. Aplicação e dosimetria das sanções da Lei de Improbidade Administrativa. In: DOBROWOLSKI, Samantha Chantal (org.). *Questões práticas sobre improbidade administrativa*. Brasília: Escola Superior do Ministério Público da União, 2011, pp. 184-212. Disponível em: <http://escola.mpu.mp.br/publicacoes/obras-avulsas/e-books/questoes-praticas-sobre-improbidade-administrativa>, acesso em: 7/8/2019.

certo que os referidos institutos jurídicos contêm objetos, efeitos e prazos distintos, não se podendo cogitar em similitude conceitual no ordenamento jurídico[78].

Por fim, de modo distinto com relação à condenação criminal, a suspensão dos direitos políticos decretada pela prática de ato de improbidade administrativa, por sentença transitada em julgado, enseja automaticamente a perda do mandato eletivo, inclusive para os Deputados Federais e Senadores, com fulcro no art. 55, IV e § 3º, CF/88, não se admitindo a postergação do cumprimento da ordem judicial pelo Parlamento[79].

1.3.6 Prestação do serviço militar obrigatório

A Constituição Federal dispõe que o alistamento eleitoral é facultativo às pessoas a partir dos 16 (dezesseis anos), sendo vedado, contudo, ao estrangeiro e, durante o período do serviço militar obrigatório, aos conscritos (art. 14, § 2º, CF/88)[80].

---

78. Em síntese, explica Nicolao Dino: "É importante não confundir a inelegibilidade que decorre da condenação por ato de improbidade administrativa com a sanção de suspensão de direitos políticos, prevista nos diversos incisos do art. 12 da Lei n.º 8.429/1992. Conforme já foi afirmado, a suspensão de direitos políticos suprime, por período determinado, a *dimensão cidadã*, visto que o indivíduo fica privado de votar e ser votado, bem como de exercer qualquer função pública. Já a inelegibilidade fulmina a faceta passiva do poder de sufrágio, ou seja, implica apenas restrição à capacidade eleitoral passiva." ("A inelegibilidade como efeito da condenação por ato de improbidade administrativa: aspectos controvertidos." In: 5ª Câmara de Coordenação e Revisão do Ministério Público Federal. *Coletânea de artigos: avanços e desafios no combate à corrupção após 25 anos de vigência da Lei de Improbidade Administrativa*, 2018, p. 113, grifos do autor. Disponível em: <http://www.mpf.mp.br/atuacao-tematica/ccr5/publicacoes/05_18_coletanea_de_artigos.pdf>, acesso em: 6/8/2019.

79. Cfr. CASTRO, Edson de Resende. *Curso de Direito Eleitoral*. 8ª ed., rev. e atual., Belo Horizonte: Del Rey, 2016, p. 91. No STF, cfr. o MS n.º 25.461, j. 29/6/2006, DJ de 22/9/2006; e o AgR-RE n.º 640.466, sessão virtual de 14 a 21/08/2020, DJe de 2/9/2020.

80. Sobre o fundamento dessa restrição, Rodrigo López Zilio esclarece que "a proibição do alistamento ao conscrito visa a evitar eventual influência político-partidária na ordem militar – que é lastreada na hierarquia e na disciplina" (*Direito Eleitoral* ..., cit., p. 159). Todavia, em concordância com a lição de José Rubens Rezek, essa justificativa não se mostra plausível no contexto democrático da CF/88,

Importante aduzir que os conscritos não são, a rigor, militares, na forma exposta na CF/88, mas apenas os jovens que prestam o serviço militar obrigatório, de acordo com o regramento da Lei n.º 4.375/1964. Ademais, conforme orientação do TSE na Consulta (Cta) n.º 104-71, j. 3/11/1989, DJ de 21/11/1989, "os médicos, dentistas, farmacêuticos e veterinários", enquanto alunos para formação de reserva, também são considerados conscritos.

Considerando que não se permite o alistamento ao conscrito, e em que pese esta situação não esteja prevista formalmente no rol do art. 15 da CF/88, é perceptível que o indivíduo, no período em que estiver prestando o serviço militar obrigatório, também estará com seus direitos políticos suspensos, já que o impedimento de o conscrito se alistar acarreta necessariamente a impossibilidade de votar e ser votado.

Com relação ao conscrito que já havia se alistado anteriormente ao ingresso no serviço militar obrigatório, ele não poderá exercer a elegibilidade (direito de ser votado), eis que somente é elegível o "militar alistável" (art. 14, § 8º, CF) e, além disso, mesmo já inscrito no alistamento, o conscrito não pode ser considerado como alistável, em virtude da vedação do mencionado § 2º do art. 14 da CF/88.

No que toca à capacidade eleitoral ativa, o conscrito já alistado deve também ser impedido do exercício do voto, porquanto "se a Constituição vetou o próprio alistamento eleitoral (§ 2º, art. 14), quis seguramente proibir o exercício do direito ao voto, finalidade precípua da inscrição do cidadão no corpo eleitoral"[81]. Assim, ele terá mantida sua inscrição eleitoral, mas não poderá votar nas eleições em razão de sua situação de conscrito[82].

---

principalmente, por violar o princípio da igualdade, já que não há impedimento ao voto para os militares em geral (cfr. "A proibição de alistamento eleitoral dos conscritos e o princípio da plenitude do gozo dos direitos políticos". *Revista Jus Navigandi*, ano 15, n.º 2484, Teresina, 2010. Disponível em: <https://jus.com.br/artigos/14720>, acesso em: 4/11/2019).

81. PINTO, Djalma. *Elegibilidade* ..., cit., p. 35.

82. Cfr. JORGE, Flávio Cheim *et al.*, *Curso de direito eleitoral* ..., cit., p. 101.

Não se pode, de outro lado, utilizar como argumento para permitir o exercício do voto ao conscrito o disposto no art. 6º, II, "c", CE, pelo qual se permite o voto ao militar desde que não haja impossibilidade do serviço. O militar referido pela norma não é o conscrito, mas apenas o integrante das Forças Armadas ou o membro das Polícias Militares e Corpos de Bombeiros Militares (arts. 42 e 142, CF/88), além de não ser possível interpretar a CF/88 através da Lei, sendo a Norma Maior clara em estabelecer que ao conscrito é vedado o alistamento e, portanto, o exercício de quaisquer direitos políticos.

1.3.7 Exercício dos direitos políticos por brasileiros em Portugal

Com fundamento no art. 12, § 1º, da CF/88, as Repúblicas do Brasil e de Portugal firmaram, em 22 de abril de 2000, o Tratado da Amizade, Cooperação e Consulta para regular as situações jurídicas de reciprocidade de direitos atribuídos aos cidadãos brasileiros e portugueses residentes fora de seu Estado de nacionalidade, notadamente as prerrogativas de votar e ser votado, com as ressalvas definidas nas Constituições de cada Estado[83].

De acordo com os termos do Tratado, os brasileiros com residência permanente em Portugal podem desfrutar dos direitos políticos neste Estado e almejar uma candidatura eleitoral, sem que se submetam a um processo de naturalização portuguesa.

Todavia, o art. 17, item 3, do ato normativo internacional, prescreve que "o gozo de direitos políticos no Estado de residência importa na suspensão do exercício dos mesmos direitos no Estado da nacionalidade", não obstante, a rigor, se tratar de causa de perda dos direitos políticos, já que não há prazo definido para sua reativação[84]. Caberá, portanto, ao brasileiro ou ao português

83. O Tratado foi aprovado pelo Congresso Nacional brasileiro através do Decreto Legislativo n.º 165/2001 e promulgado pelo Decreto n.º 3.927/2001.

84. No âmbito interno brasileiro, o art. 51, § 4º, da Resolução TSE n.º 21.538/2003 incide no mesmo equívoco técnico ao dispor que a "outorga a brasileiros do gozo

escolher onde exercerá os seus direitos políticos, no Estado onde reside ou naquele do qual é nacional e, caso efetue a opção pelo Estado de residência, não mais poderá exercer os direitos políticos onde tem o vínculo da nacionalidade[85].

Essa específica previsão normativa de perda dos direitos políticos não está contida no rol do art. 15 da CF/88 e, por essa razão, é apontada como inconstitucional por ROGÉRIO CARLOS BORN, sob a alegação de que "o Tratado acrescentou mais uma restrição ao rol taxativo de restrições de direitos políticos o que está reservado apenas ao constituinte reformador"[86]. Já o autor português JOSÉ DE OLIVEIRA ASCENSÃO, embora admita que "são perfeitamente compreensíveis as precauções que estão na origem desta regra, e que provavelmente nunca poderão ser de todo afastadas"[87], afirma ser possível "que se façam avanços, através da discriminação de situações"[88], porquanto "há sectores ou aspectos em que o exercício de direitos políticos pelos nacionais do outro país não parece incompatível com o exercício dos mesmos direitos no país de origem"[89].

Sem embargo, como esclarece ALEXANDRE DE MORAES, as causas de suspensão e perda de direitos políticos não estão apenas contidas no art. 15 da CF/88, mas podem ser extraídas de outras disposições constitucionais[90]. Nesse sentido, o Tratado da Amizade não criou nova causa de perda dos direitos políticos, apenas

---

dos direitos políticos em Portugal, devidamente comunicada ao Tribunal Superior Eleitoral, importará suspensão desses mesmos direitos no Brasil".

85. Cfr. CASTRO, Edson de Resende. *Curso de Direito Eleitoral* ..., cit., pp. 92-93.

86. "O transconstitucionalismo dos direitos políticos entre os países de língua portuguesa". *Revista Ius Gentium*, vol. 3, n.º 2, Curitiba, 2011, p. 83. Disponível em: <https://www.uninter.com/iusgentium/index.php/iusgentium/issue/view/6>, acesso em: 7/8/2019.

87. "Direitos humanos: uma lacuna no tratado de amizade luso-brasileiro?" *Revista da Faculdade de Direito da Universidade de Lisboa*, vol. 43, n.º 1, Coimbra: Coimbra Editora, 2002, p. 30.

88. *Ibidem*, p. 30.

89. *Ibidem*, p. 30.

90. Cfr. *Direito Constitucional* ..., cit., p. 275.

regulamentou a previsão do art. 12, § 1º, CF/88, atribuindo a consequência natural da impossibilidade fática e jurídica do exercício concomitante de direitos políticos em mais de um Estado, mostrando-se plenamente justificada a privação desses direitos ao brasileiro que optou por exercê-los em Portugal[91].

Aponte-se que essa situação de perda dos direitos políticos não se aplica para os portugueses e brasileiros com dupla nacionalidade, pois eles "mantêm intacto os direitos políticos, tanto no Estado da nacionalidade como o de residência, haja vista que não deixam de ser nacional daqueles"[92], podendo votar e serem votados em ambos os países.

Por fim, também é possível ao brasileiro readquirir os seus direitos políticos, bastando apresentar à Justiça Eleitoral a "comunicação do Ministério da Justiça ou de repartição consular ou missão diplomática competente, a respeito da cessação do gozo de direitos políticos em Portugal, na forma da lei" (art. 53, II, "c", da Resolução TSE n.º 21.538/2003).

---

91. Sufragando essa posição, defende Jorge Miranda que "a ideia de igualdade de direitos políticos entre portugueses e brasileiros parece assentar numa alternativa que lhes é posta: ou usufruem de direitos políticos num país ou usufruem noutro, não em ambos ao mesmo tempo" (*Direito Eleitoral* ..., cit., p. 109).

92. BORN, Rogério Carlos. "O transconstitucionalismo ..." ..., cit., p. 83.

2

ELEGIBILIDADE E INELEGIBILIDADE

2.1 CONCEITO E NATUREZA JURÍDICA DA ELEGIBILIDADE

A elegibilidade constitui, ao lado do direito de votar, um dos institutos jurídicos primordiais do Direito Eleitoral, sendo exatamente em razão dos direitos políticos que todo o ordenamento jurídico eleitoral se estrutura e tem sua razão de existir[1]. A elegibilidade ou a capacidade eleitoral passiva, consiste, em essência, no *direito de o cidadão ser votado*, de se lançar na disputa por um cargo público eletivo e obter os votos dos eleitores.

Trata-se de um direito fundamental porque a elegibilidade, inserida no conjunto dos direitos políticos, permite que o cidadão possa ocupar os cargos de representação política no Estado,

1. Cfr. AMARAL, Roberto; CUNHA, Sérgio Sérvulo da. *Manual das eleições*, 4ª. ed., rev. e atual., São Paulo: Saraiva, 2010, p. 617.

traduzindo o direito do povo de se autogovernar e de evitar a perpetuação de estratos sociais no poder, em detrimento dos princípios republicano e democrático[2]. Decerto, o livre exercício dos direitos políticos é o fundamento básico e racional de um regime político que se queira entender como democrático, a merecer especial atenção e deferência entre os direitos fundamentais dos cidadãos, revelando-se essencial a garantia da elegibilidade ao maior número de pessoas do Estado, com ressalvas apenas para situações específicas previstas em Lei, devidamente justificadas pelos interesses e valores constitucionais, ou na própria CF/88[3].

A questão fundamental é saber a partir de que instante se configura a elegibilidade, isto é, quando são reunidos os elementos necessários para que o cidadão possa usufruir dos efeitos desse direito, para que ele possa efetivamente ser objeto de votação e escolha pelos eleitores.

Para obter essa resposta, é preciso compreender, como premissa inafastável, que a elegibilidade não se trata de um conceito abstrato e artificial, mas, ao contrário, "tem a forma e o conteúdo que lhe empresta o direito, posto que constrói as hipóteses ou estabelece os requisitos indispensáveis à caracterização do 'ius honorum'"[4]. Desta forma, é a partir da isenta e correta análise

---

2. Para Richard Pae Kim, "ao contrário dos direitos individuais, consistentes em direitos de defesa, e dos direitos sociais, que são direitos a prestações positivas, os direitos políticos são direitos de participação (*status activus*) decorrentes do princípio democrático de direito, conforme as definições dadas por Jellinek no final do século XIX e utilizadas pela doutrina contemporânea." ("Elegibilidade, condições de elegibilidade, inelegibilidade e a Lei da Ficha Limpa: fundamentalidade dos direitos políticos e a moldura constitucional". In: GUILHERME, Walter de Almeida *et al.* (coord.). *Direito eleitoral e processual eleitoral* ..., cit., p. 102, grifos do autor).

3. Sobre a natureza de direitos fundamentais dos direitos políticos, cfr. MELLO, Ruy Nestor Bastos. O princípio da proporcionalidade como instrumento de controle das restrições normativas à elegibilidade nos sistemas jurídicos do Brasil e de Portugal. In: Tribunal Regional Eleitoral da Bahia, *Revista Populus*, vol. 6, Salvador, 2019, pp. 214-216. Disponível em: <http://eje.tre-ba.jus.br/course/view.php?id=58>, acesso em: 18/1/2022.

4. MENDES, Antônio Carlos. *Introdução à teoria das inelegibilidades* ..., cit., p. 101.

do ordenamento jurídico positivo que se obterão os elementos essenciais da elegibilidade e o momento de sua concretização e se fará a crítica a certas construções legislativas que vão de encontro a um sistema científico normativo, traduzindo soluções jurídicas de afogadilho que desnaturam, por vezes, a compreensão da teoria da elegibilidade.

Nesse contexto, imprescindível a análise das principais posições doutrinárias que abordam o estudo sistemático da elegibilidade, procedendo-se, após, à demonstração das críticas e conclusões sobre aquela que melhor define a natureza jurídica da elegibilidade.

2.1.1 A teoria clássica: elegibilidade como direito subjetivo do cidadão

A teoria tradicional ou clássica do Direito Eleitoral conceitua a elegibilidade como o direito público subjetivo de ser votado para fins de ocupação de cargo eletivo, que é atribuído aos cidadãos e estará configurado desde que: (i) sejam preenchidas as condições de elegibilidade (requisito positivo); e (ii) não haja incidência de causas de inelegibilidade (requisito negativo)[5]. Além dessas exigências, acrescenta-se a necessidade de o cumprimento dos mencionados pressupostos ser declarado num específico processo judicial de pedido de registro de candidatura, de competência da Justiça Eleitoral, no âmbito do qual devem ser atendidas certas obrigações de natureza formal[6].

Para fins de categorização didática – e abordagem na sequência dessa obra –, os dois primeiros requisitos, de natureza material, serão denominados de *pressupostos gerais da elegibilidade*; e

5. Corroborando essa definição, entre outros, cfr. SILVA, José Afonso da. *Curso de direito constitucional* ..., cit., p. 370; GOMES, José Jairo. *Direito Eleitoral* ..., cit., pp. 209-210; PAZZAGLINI FILHO, Marino. *Lei de inelegibilidade comentada* ..., cit., p. 6; JORGE, Flávio Cheim *et al.*, *Curso de direito eleitoral* ..., cit., pp. 105-106; DECOMAIN, Pedro Roberto. *Elegibilidade e inelegibilidades.* 2ª ed., São Paulo: Dialética, 2004, pp. 9-11; e TENÓRIO, Rodrigo. *Direito Eleitoral* ..., cit., p. 95.

6. Cfr. GOMES, José Jairo. *Direito Eleitoral* ..., cit., p. 385.

o terceiro, o deferimento do pedido de registro de candidatura, o requisito formal ou procedimental da elegibilidade[7].

Para a doutrina clássica, portanto, a elegibilidade é um direito de todos os cidadãos brasileiros que preencham condições específicas e não incidam em situações que impedem o gozo desse direito, conforme regras da Constituição Federal e das leis infraconstitucionais[8]. Daí decorre o entendimento consagrado de que "a elegibilidade é a regra, a inelegibilidade é a exceção"[9]: na primeira expressão, vê-se o direito, submetido ao cumprimento de requisitos a todos aplicáveis; na segunda, uma das causas, entre outras, de impedimento à fruição do direito de ser votado, que deve vir taxativamente prevista no ordenamento jurídico.

A teoria clássica da elegibilidade, apesar de plenamente defendida na doutrina e jurisprudência[10], não é imune a críticas, porquanto alguns de seus desdobramentos teóricos não se

---

7. Tecnicamente, conforme ensina FREDIE DIDIER JR., "pressuposto é aquilo que precede ao ato e se coloca como elemento indispensável para a sua existência jurídica; requisito é tudo quanto integra a estrutura do ato e diz respeito à sua validade" (*Curso de direito processual civil:* introdução ao direito processual civil, parte geral e processo do conhecimento. 22ª ed., Salvador: Ed. Juspodivm, 2020, p. 404). Todavia, considerando o escopo desse trabalho, as expressões requisitos e pressupostos serão adotadas indistintamente, sem o rigor técnico apontado.

8. De modo um pouco distinto, em que pese concordar que a "elegibilidade significa o direito de ser votado", ANTÔNIO CARLOS MENDES aduz que "a elegibilidade, porém, é uma *aptidão jurídica*", porquanto nem todo eleitor é elegível, mas somente aquele que reunir "todas as condições jurídicas que o qualificam candidato, isto é, apto a concorrer a um cargo eletivo" (*Introdução à teoria das inelegibilidades* ..., cit., p. 102, grifos do autor).

9. PAZZAGLINI FILHO, Marino. *Lei de inelegibilidade comentada* ..., cit., p. 1. Em igual posição, já anotara JOSAPHAT MARINHO, ao comentar sobre as inelegibilidades instituídas na Constituição brasileira de 1946, que "O poder constituinte originário adotou, pois, o critério predominante, assim na doutrina como na legislação, segundo o qual, no regime representativo democrático, as inelegibilidades são exceção e a elegibilidade a regra." ("Inelegibilidades no Direito Brasileiro". *Revista de Informação Legislativa*, vol. 2, n.º 6, Brasília, 1965, p. 4. Disponível em: <http://www2.senado.leg.br/bdsf/item/id/180750>, acesso em: 14/5/2020).

10. Cfr. TSE, AgR-RO n.º 0602595-61, pss. de 19/12/2018.

mostram adequados à escorreita interpretação da norma constitucional e dos institutos do Direito Eleitoral, conforme adiante se explicará.

2.1.2 A elegibilidade como efeito jurídico do registro de candidatura

Parcela da doutrina eleitoral brasileira, a despeito de também entender a elegibilidade como o direito de ser votado, aponta um suposto erro da teoria clássica quanto à identificação da origem e do conteúdo da elegibilidade, que não seria condizente com o direito positivo. Com base especialmente nas lições de ADRIANO SOARES DA COSTA[11], que faz um combate frontal à teoria tradicional, propugna-se que a elegibilidade deve ser entendida como o efeito que decorre do fato jurídico[12] do deferimento do pedido de registro de candidatura[13].

Nesse sentido, expõe a teoria divergente ou crítica que a elegibilidade não existe antes da concessão do pedido de registro de candidatura, uma vez que, sem a chancela judicial, nenhum cidadão pode se considerar apto a disputar uma eleição e a receber votos. Nas palavras de ADRIANO SOARES DA COSTA, *"o direito de*

---

11. O advogado eleitoralista ADRIANO SOARES DA COSTA é um dos principais expoentes dessa teoria crítica, possuindo vasta e densa produção acadêmica em torno da elegibilidade e da inelegibilidade, com uma concepção própria dos contornos teóricos dos institutos essenciais do direito eleitoral. Nesse estudo, serão debatidas as ideias gerais do autor que estão reunidas na obra *Instituições de Direito Eleitoral: Teoria da Inelegibilidade – Direito Processual Eleitoral.* 10ª ed., rev. e ampl., Belo Horizonte: Fórum, 2016.

12. Consoante lição sedimentada, "todo acontecimento, natural ou humano, que determine a ocorrência de efeitos constitutivos, modificativos ou extintivos de direitos e obrigações, na órbita do direito, denomina-se fato jurídico" (GAGLIANO, Pablo Stolze; PAMPLONA FILHO, Rodolfo. *Manual de Direito Civil* ..., cit., p. 130). Ainda sobre o tema, cfr. PONTES DE MIRANDA, Francisco Cavalcanti. *Tratado de Direito Privado.* Tomo I, atualizado por MARTINS-COSTA, Judith *et al.*, São Paulo: Revista dos Tribunais, 2012, pp. 59-93; e MELLO, Marcos Bernardes de. *Teoria do fato jurídico:* plano da existência. 17ª ed., São Paulo: Saraiva, 2011, pp. 33-140.

13. RODRIGO LÓPEZ ZILIO denomina esse pensamento sobre a elegibilidade de teoria do fato jurídico (*Direito Eleitoral* ..., cit., p. 210), nomenclatura que não é utilizada de modo geral pelos demais doutrinadores.

ser votado (ius honorum) apenas surge a partir do registro de candidatura do cidadão perante a Justiça Eleitoral"[14], constituindo-se, a partir de então, uma relação jurídica entre o titular da elegibilidade e os demais cidadãos, como sujeitos passivos, que não devem opor embaraços ao exercício desse direito[15].

O autor não descarta a necessidade de preenchimento dos requisitos constitucionais e infraconstitucionais da elegibilidade e, outrossim, que não ocorram situações de impedimentos ao exercício desse direito, na forma indicada pela teoria clássica. Entretanto, sustenta que, mesmo que uma pessoa reúna em tese as condições de elegibilidade e não incida em inelegibilidade, não se pode dizer que ela exerce a elegibilidade antes da concessão efetiva do registro de sua candidatura, já que ainda não pode concretamente receber votos.

Nesta senda, para Adriano Soares da Costa, as condições de elegibilidade são encargos para obtenção do registro de candidatura, porquanto somente a homologação judicial do pedido de registro é que fará surgir o direito à elegibilidade e a possibilidade de o cidadão ser votado. As condições de elegibilidade, nesta ótica, não limitam a elegibilidade porque o direito de ser votado ainda não nasceu, podendo apenas considerá-las como restrições ao "suporte fático que origina o fato jurídico do registro de candidatura"[16] e, por essa razão, a constitucionalidade de uma condição de elegibilidade deve ser apreciada não com referência ao direito à elegibilidade ou aos direitos políticos, mas em cotejo com o princípio democrático.

---

14. *Instituições de Direito Eleitoral* ..., cit., p. 47, grifos do autor.

15. Nessa específica relação jurídica, a elegibilidade tem a natureza de direito potestativo, isto é, "o poder jurídico conferido a alguém de submeter outrem à alteração, criação ou extinção de situações jurídicas" (DIDIER JR., Fredie. *Curso de direito processual civil* ..., cit., p. 383), inclusive contra o Estado. Ademais, diferentemente do direito privado, em que o "sujeito passivo de tais direitos nada deve; não há conduta que precise ser prestada para que o direito potestativo seja efetivado" (*Ibidem*, p. 343), por se tratar a elegibilidade de direito político, compete ao Estado adotar as prestações necessárias para sua efetivação, notadamente a organização das eleições.

16. *Instituições de Direito Eleitoral* ..., cit., p. 60.

Na visão do eleitoralista, em acréscimo, a elegibilidade não pode ser entendida como um direito público subjetivo de disputa de cargos eletivos em geral, porque, na realidade, o direito de ser votado estará sempre vinculado a um único e determinado cargo eletivo. O cidadão é elegível para o cargo público que deseja ser eleito e, para tanto, deve cumprir os específicos requisitos exigidos na legislação para o correspondente posto eletivo.

Já com relação à *inelegibilidade*, ADRIANO SOARES DA COSTA a define como a face oposta da elegibilidade: se o cidadão não é elegível, por quaisquer que sejam os motivos, deve ele ser considerado inelegível. Sintetiza que "a inelegibilidade é a ausência ou perda da elegibilidade"[17] e, em razão disso, "*inelegível é aquele que não possui elegibilidade*, ou porque nunca a teve (inelegibilidade inata) ou porque veio a perdê-la ou ficou impedido de obtê-la como efeito de algum fato jurídico ilícito (inelegibilidade cominada simples ou potenciada)"[18]. O conceito de inelegibilidade engloba, para o autor: (i) o não atendimento às condições de elegibilidade e a ocorrência de situações restritivas da elegibilidade decorrentes de condutas *lícitas*, por ele classificadas como inelegibilidades inatas ou originais; e (ii) a incidência em causas obstativas da elegibilidade surgidas pela prática de atos *ilícitos*, entendidas como inelegibilidades cominadas[19].

Por fim, assevera ADRIANO SOARES DA COSTA que a doutrina clássica se equivoca ao estabelecer a inelegibilidade como uma situação excepcional que impede o exercício da elegibilidade,

---

17. *Ibidem*, p. 48.

18. *Ibidem*, pp. 47-48, grifos do autor.

19. De forma expressa, ADRIANO SOARES DA COSTA afirma que "a ausência de elegibilidade está no plano da licitude, enquanto a perda ou o impedimento à obtenção da elegibilidade está no plano da ilicitude" (*Ibidem*, cit., p. 51), sendo acompanhado pela doutrina de JORGE, Flávio Cheim *et al.*, *Curso de direito eleitoral ...*, cit., pp. 106-108. Ainda no mesmo sentido, afirma ALEXANDRE DE CASTRO NOGUEIRA que "A inelegibilidade é um estado jurídico em que se deixa de ser elegível por descumprir alguma das condições de elegibilidade ou por algum fato ilícito definido na Lei Complementar, no caso a 64/90, a Lei das Inelegibilidades." (*Decisão judicial na justiça eleitoral: lei de inelegibilidades e interpretação teleológica*. Curitiba: Juruá, 2015, p. 62).

desqualificando, assim, o entendimento comum de que a elegibilidade é a regra geral. Anota que os doutrinadores e juízes que sufragam essa posição não agiriam com o rigor técnico científico adequado, mas sim movidos por uma forte carga emotiva e política, porquanto, na sua visão, a perspectiva conceitual a ser adotada é diversa, concluindo que *"o estado de inelegibilidade é a regra; a elegibilidade, a exceção"*[20], tendo em vista que o cidadão não detém o direito de ser votado antes de obter a decisão judicial que conceda o seu requerimento de registro da candidatura para o cargo eletivo pleiteado.

2.1.3 Análise crítica das teorias e prevalência da posição clássica

De partida, diferentemente do que se possa imaginar da descrição apontada anteriormente, ambas as teorias da elegibilidade em estudo utilizam as ideias básicas sobre a estrutura dos atos e fatos jurídicos e dos efeitos que deles decorrem. A posição clássica compreende a origem do direito à elegibilidade a partir da produção sequencial de um conjunto de atos e fatos específicos, que são o atendimento a cada uma das condições de elegibilidade (nacionalidade, alistamento, filiação partidária, idade mínima etc.) e a verificação da não incidência em causas de inelegibilidade, o que acarretará, ao final, o surgimento do direito à elegibilidade. Para Adriano Soares da Costa, também será necessário o atendimento a uma série de requisitos, mas a diferença essencial é que, na sua concepção, basta que haja o deferimento do pedido de registro de candidatura para surgir a elegibilidade[21].

---

20. *Instituições de Direito Eleitoral* ..., cit., p. 50, grifos do autor.

21. Olivar Augusto Roberti Coneglian pondera, inclusive, pela ausência de um conflito real entre as referidas teorias da elegibilidade, que seriam, em verdade, complementares, argumentando que há outros momentos de aferição da elegibilidade ou inelegibilidade do cidadão, anteriores ao registro de candidatura, como os da filiação partidária, desincompatibilização e da escolha do candidato em convenção partidária ("Inelegibilidade – o conflito de teorias". In: Tribunal Regional Eleitoral do Paraná, *DIREITO ELEITORAL CONTEMPORÂNEO – 70 Anos da Redemocratização Pós-Ditadura Vargas e da Reinstalação da Justiça Eleitoral*, Curitiba,

No escopo de estabelecer uma doutrina coerente do Direito Eleitoral, exigência tão imprescindível no contexto de mudanças infindáveis da legislação e das decisões dos Tribunais eleitorais, e em que pese bem fundamentada a posição divergente, a teoria tradicional da elegibilidade é a que traduz com maior rigor técnico-científico os institutos jurídicos eleitorais relativos à elegibilidade, sem embargo da necessidade de ajustes dogmáticos.

Nesse propósito, importante deixar assentado que o direito à elegibilidade, que é geral e, a princípio, pertence a todos os cidadãos do Estado brasileiro, deve ser avaliado e direcionado de forma específica ao cargo para o qual se pleiteou a candidatura, até porque é vedado concorrer a mais de um cargo na eleição (art. 88, CE). Nessa parte, concorda-se com a posição da teoria crítica de que a elegibilidade há de ser apreciada objetivamente no processo de registro de candidatura, que avaliará se o cidadão reúne as condições necessárias para fruição do direito de ser votado considerando o cargo eletivo que se almeja na eleição[22].

Esse aspecto é fundamental para divisar as diferenças entre a elegibilidade-direito, atribuível a todo o cidadão como marca essencial da própria cidadania; e a elegibilidade-candidatura, que será concedida apenas àquele que atender as exigências específicas da postulação ao cargo eletivo que busca concorrer[23].

2016, pp. 223-249). Sucede que a mera existência de marcos temporais diversos do registro de candidatura, que podem ser adotados como paradigma para verificar o atendimento das condições de elegibilidade, não demonstra, por si só, a similitude das teorias, além de não serem abordadas pelo autor as divergências marcantes dos pensamentos teóricos sobre a natureza jurídica da decisão que defere o registro de candidatura e a abrangência do conceito de inelegibilidade.

22. É certo, ademais, que "não há direito adquirido a regime jurídico de elegibilidade, que é objeto de investigação e declaração, em cada eleição, no ato do registro de candidatura, segundo as normas eleitorais vigentes no momento da formalização do pedido" (PAZZAGLINI FILHO, Marino. *Lei de inelegibilidade comentada* ..., cit., p. 71).

23. De forma parecida, aponta Olivar Augusto Roberti Coneglian que o direito à elegibilidade não se confunde com o seu efetivo exercício, que será concretizado quando da apresentação do candidato para disputa na eleição e dependerá "do preenchimento de determinados requisitos que, por convenção legal, denominam-se *condições de elegibilidade*" (*Inelegibilidade* ..., cit., p. 60, grifos do autor).

Nessa linha, também é possível aceitar, com certas reservas, a ideia de que, em geral, o exercício da elegibilidade somente ocorre após o deferimento do pedido de registro do candidato, o que não implica, porém, no acerto da tese que vincula diretamente a elegibilidade à autorização judicial do registro de candidatura.

Com efeito, a decisão judicial que defere o requerimento de registro apenas certifica que o candidato atendeu aos pressupostos estabelecidos e não incidiu em situações de impedimento, sendo, em princípio, a partir dela que o cidadão poderá receber votos numa eleição. No entanto, o ato judicial, isoladamente, é apenas o instrumento concebido formalmente pelo ordenamento positivo para viabilizar o exercício da elegibilidade, mas não se confunde com o direito de ser votado, até porque podem ocorrer situações que não foram objeto da análise judicial, de modo que esse ato jurídico nem sempre traduzirá plenamente a configuração da elegibilidade.

Nesses termos, a decisão judicial pode se encontrar viciada ou equivocada no seu conteúdo, uma vez que, por falha da Justiça Eleitoral ou por inércia das partes interessadas, se deixou de constatar o descumprimento de uma condição de elegibilidade ou a presença de causa de inelegibilidade. Por exemplo, um cidadão com 33 (trinta e três) anos de idade pode pleitear e obter o registro de candidatura ao cargo de Presidente da República caso não seja detectado o descumprimento da condição de elegibilidade da idade mínima exigida, que é de 35 (trinta e cinco) anos (art. 14, VI, "a", CF/88). Em tal situação, será possível afirmar que o candidato é elegível apenas porque obteve uma decisão favorável ao pedido de registro de candidatura? Certamente que não. O candidato em questão pode ter sido (erroneamente) declarado apto a participar daquela específica eleição, mas é certo que ele não atendeu às condições estabelecidas na legislação para gozo do direito à elegibilidade relativo ao cargo postulado.

Djalma Pinto também faz semelhante crítica ao apontar que a coisa julgada definida no processo judicial não pode alterar a realidade dos fatos, sintetizando que "aquele que a Constituição afirma ser inelegível não se transforma em elegível porque uma decisão deferiu o registro de sua candidatura, credenciando-lhe ao recebimento do voto"[24].

De outro vértice, o exercício do direito à elegibilidade pode ocorrer mesmo nos casos de indeferimento do pedido de registro ainda sem o trânsito em julgado (candidato *sub judice*[25]), com base no art. 16-A, *caput*, da Lei das Eleições (LE – Lei n.º 9.504/1997) ou, ainda, na pendência de apreciação do pedido pelo Juízo competente (art. 16-B, LE). Em tais situações, seja com a decisão negativa do pedido de registro não definitiva, seja com a ausência de julgamento, o ordenamento jurídico eleitoral trata o requerente como se fosse candidato, que pode exercer concretamente o direito à elegibilidade, praticando atos de campanha eleitoral[26], além de ser votado na eleição, realidade (fática e jurídica) que infirma a teoria que busca equiparar a existência da elegibilidade ao deferimento do registro de candidatura.

Adriano Soares da Costa, sobre a situação do *sub judice*, apenas anota criticamente que "causa espécie a fórmula empregada pelo TSE, segundo a qual pode o cidadão sem registro deferido concorrer, por sua conta e risco, como se fosse candidato"[27],

---

24. *Elegibilidade* ..., cit., p. 41.

25. Embora possa parecer, à primeira vista, que a expressão *sub judice* indique a situação do candidato que, na eleição, se encontre com o pedido de registro pendente de julgamento conclusivo, mas deferido ou indeferido originariamente (cfr. GOMES, José Jairo, *Direito Eleitoral* ..., cit., p. 939), em verdade, para melhor compreensão da norma, deve-se entender como *sub judice* apenas a situação do candidato que, no dia da eleição, *"tenha decisão que INDEFERE o seu registro"* (CERQUEIRA, Thales Tácito Pontes Luz de Pádua; CERQUEIRA, Camila Albuquerque. *Reformas eleitorais comentadas:* lei n. 12.034/2009. São Paulo: Saraiva, 2010, p. 563, grifos dos autores). Em igual posição, cfr. CASTRO, Edson de Resende, *Curso de Direito Eleitoral* ..., cit., p. 129.

26. O art. 16-A, LE, não estabelece o termo final para exercício da campanha eleitoral pelo *sub judice*, devendo-se compreender a sua extensão até o trânsito em julgado da decisão que resultar no indeferimento da candidatura, conforme tese fixada pelo TSE no RO n.º 0600919-68, pss. de 9/10/2018: "A condição de candidato sub judice, para fins de incidência do art. 16-A da Lei n.º 9.504/97, nas eleições gerais, cessa (i) com o trânsito em julgado da decisão de indeferimento do registro ou (ii) com a decisão de indeferimento do registro proferida pelo Tribunal Superior Eleitoral".

27. *Instituições de Direito Eleitoral* ..., cit., p. 92.

porquanto "juridicamente, nunca foi ele candidato"[28], já que somente com o registro definitivo da candidatura é que se alcançará a elegibilidade, sob pena de nulidade dos votos recebidos[29]. De outro lado, o autor sequer aborda o aspecto da ausência de julgamento do requerimento de registro antes da eleição, hipótese em que se permite que o candidato dispute a eleição – e exerça a elegibilidade –, mesmo sem a prévia decisão judicial autorizativa.

Nessa ótica de pensamento, fica difícil argumentar que tão somente o deferimento do registro é que possibilita o exercício do direito de ser votado, uma vez que, conforme apontado, há casos previstos em Lei e Resoluções do TSE em que a elegibilidade pode ser exercida antes mesmo do julgamento do registro ou na situação provisória de pedido indeferido (*sub judice*). A teoria crítica, portanto, não demonstra a sua necessária aplicação prática correspondente, sendo inadequado afirmar a impossibilidade de o cidadão exercer a elegibilidade apenas em razão da decisão inicial negativa do pedido de candidatura ou na ausência de apreciação judicial, uma vez que o direito positivo permite o exercício da candidatura nessas situações[30].

Observe-se que Adriano Soares da Costa também assevera, de modo correto, destarte, que o direito à elegibilidade se encerra com o recebimento dos votos na eleição e a consequente proclamação dos resultados, quando, a partir de então, outros direitos poderão surgir, como o de ser diplomado ou empossado no

28. *Ibidem*, p. 92.

29. Cfr. *Ibidem*, pp. 52-53.

30. Poderia Adriano Soares da Costa, no particular, se valer de sua própria crítica à teoria clássica da elegibilidade, quando afirma que ela está embasada em conceitos jurídicos "construídos aprioristicamente pela doutrina, sem qualquer relação com o ordenamento jurídico positivo" e que, embora possam ser manejados por "um discurso coerente e logicamente fundado", se mostram, quando de sua aplicação prática, "inconciliáveis com a realidade normada", concluindo o eleitoralista que "o conceito de inelegibilidade tem sido vítima desse descompromisso entre a sua definição e a sua testabilidade na base empírica do Direito" (*Ibidem*, p. 183).

cargo eletivo[31]. Sendo assim, na situação em que o candidato concorre no pleito eleitoral mesmo sem haver decisão judicial sobre o pedido de registro, mostra-se incongruente afirmar que, de um lado, o direito à elegibilidade não nasceu, pois ausente o deferimento do registro; e, de outro, encerrada a eleição, esse mesmo direito deixou de existir. Ora, o candidato participou da campanha eleitoral e efetivamente concorreu na eleição, recebendo votos, e ainda assim, a elegibilidade não existiu?

RODRIGO LÓPEZ ZILIO apresenta uma outra observação que também enfraquece os conceitos da teoria divergente. Partindo do pressuposto de que a elegibilidade é um direito subjetivo de natureza fundamental e, por isso, irrenunciável[32], argumenta o autor que a tese da vinculação direta entre a elegibilidade e o registro de candidatura não se harmoniza com a possibilidade legal de renúncia ao registro de candidato (art. 13, LE), já que, nesta situação, tomando por base os ensinamentos da teoria crítica, se estaria renunciando à própria elegibilidade surgida a partir do deferimento da candidatura[33]. Conclui RODRIGO LÓPEZ ZILIO que é no âmbito da teoria clássica que se obtém a melhor solução jurídica para essa questão, aduzindo que "a renúncia afasta apenas a figura do candidato, e não afeta o direito subjetivo público da elegibilidade, tanto que, em uma situação hipotética, é possível a um candidato renunciar a um determinado cargo para, em substituição a outrem, postular outro mandato eletivo na mesma eleição"[34].

O que se percebe é que o direito à elegibilidade não deve, jamais, ser entendido como um simples efeito do deferimento do

31. Cfr. *Instituições de Direito Eleitoral* ..., cit., p. 91. Em geral, considerando a rapidez na apuração dos votos pelo sistema eletrônico (arts. 59 ss., LE), a divulgação dos resultados ocorre ao final do próprio dia da eleição.

32. Nesse sentido, vide lição de JOSÉ AFONSO DA SILVA: "Não se renunciam direitos fundamentais. Alguns deles podem até não ser exercidos, pode-se deixar de exercê-los, mas não se admite sejam renunciados." (*Curso de direito constitucional* ..., cit., p. 183).

33. Cfr. ZILIO, Rodrigo López, *Direito Eleitoral* ..., cit., pp. 212-213.

34. *Ibidem*, p. 215.

registro de candidatura, tratando-se, ao contrário, de um direito subjetivo que pode potencialmente ser exercido por aqueles que satisfaçam certas condições previstas no ordenamento. A apreciação do atendimento desses requisitos, que ocorre através de um processo judicial, constitui apenas o foro instrumental para declarar a existência do direito à elegibilidade e obter a permissão de fruição das prerrogativas que dele decorrem.

Exatamente nesse sentido é que se deve compreender a posição de DJALMA PINTO, referida no início do livro, de que o direito de ser votado será efetivamente exercido quando for concedido o registro de candidatura ao candidato[35]. De fato, não se confundem a elegibilidade e o exercício do direito de ser votado: primeiro, há o direito subjetivo, que é avaliado de forma abstrata e de acordo com as exigências específicas do ordenamento jurídico; em segundo plano, está a sua concretização, o seu exercício, cujos requisitos específicos para deflagração dos seus efeitos naturais não limitam nem definem o direito do qual se originam.

Mostra-se acertada, portanto, a visão clássica de conceber o registro de candidatura como um mero pressuposto de natureza formal para o exercício da elegibilidade e não o seu fato gerador primordial[36]. Em verdade, o que o processo de pedido de registro de candidatura faz é constituir a candidatura, demonstrando precisamente a separação conceitual que existe entre a elegibilidade (o direito) e a candidatura (o seu exercício), que é exigível a

---

35. *Elegibilidade* ..., cit., pp. 5-6.

36. PEDRO ROBERTO DECOMAIN, em posição distinta, afirma que o registro de candidatura é uma condição de elegibilidade infraconstitucional (*Elegibilidade* ..., cit., pp. 109-110), o que é tecnicamente incorreto porque confunde os requisitos positivos da elegibilidade (as condições de elegibilidade) com o instrumento jurídico-processual para sua declaração, o processo de pedido de registro de candidatura. Melhor compreensão sobre o tema é apresentada por ROBERTO AMARAL e SÉRGIO SÉRVULO DA CUNHA: "O *registro de candidatura* – embora não mencionado na Constituição – é um desses *pressupostos formais de elegibilidade*. Não há eleição sem candidatura – apresentação do candidato perante o colégio eleitoral – e o registro é o ato formal que confere existência jurídica à candidatura." (*Manual das eleições* ..., cit., p. 621, grifos dos autores).

partir do deferimento do pedido de registro para o postulante a candidato[37].

Desta forma, uma das diferenças essenciais entre a teoria clássica e a esboçada por ADRIANO SOARES DA COSTA se refere à natureza jurídica da decisão que defere o pedido de registro de candidatura: na posição tradicional, a decisão judicial é meramente declaratória do atendimento dos pressupostos gerais de elegibilidade e da existência da própria elegibilidade; na versão divergente, o comando judicial, por si só, constitui o direito à elegibilidade.

A querela passa então a ser analisada sob a perspectiva do direito processual, visando saber se a sentença judicial declara um direito preexistente ou se é constitutiva do direito almejado. Para tanto, importante relembrar que "a ação constitutiva é a demanda que tem o objetivo de obter a certificação e efetivação de um direito potestativo"[38], sendo que, mesmo na decisão constitutiva, há um componente declarativo, isto é, se reconhece a existência de um direito para, então, criar, modificar ou extinguir uma relação ou situação jurídica[39].

---

37. Nesse sentido, afirma PEDRO HENRIQUE TÁVORA NIESS que, "com o registro de candidato nasce a candidatura, não a elegibilidade", uma vez que o registro de candidato é apenas o ato jurídico-eleitoral que certifica a situação de *elegível* do candidato e que "transporta a elegibilidade potencial ao plano da participação concreta em determinada eleição" (*Direitos Políticos:* Elegibilidade, Inelegibilidade e Ações Eleitorais. 2ª ed., rev. e atual., Bauru: Edipro, 2000, p. 27). Em posição distinta, ADRIANO SOARES DA COSTA afirma que "elegibilidade, direito de ser votado e candidatura são expressões sinônimas" (*Instituições de Direito Eleitoral* ..., cit., p. 92).

38. DIDIER JR., Fredie. *Curso de direito processual civil* ..., cit., p. 383.

39. Acerca do tema, explicam FLÁVIO CHEIM JORGE *et al.*: "É preciso lembrar então que sentença declaratória é aquela que tem por finalidade trazer uma certeza jurídica. Isso significa que se declara a certeza da existência ou inexistência de uma relação jurídica e aí se esgota a função jurisdicional. Já a sentença constitutiva, como toda e qualquer sentença, expressa uma declaração de que existe o direito de alterar a situação jurídica demandada em juízo. Porém, nesse caso, em si está conjugada, também, a criação de uma situação jurídica nova, distinta, portanto, da anterior. É por isso que se diz que tal sentença cria, modifica ou extingue uma situação jurídica preexistente." (*Curso de direito eleitoral* ..., cit., p. 612).

Estabelecida essa premissa processual, é evidente que a decisão judicial que defere o pedido de registro declara a existência do direito à elegibilidade, configurado quando do preenchimento de seus pressupostos gerais (cumprimento das condições de elegibilidade e ausência de inelegibilidade), e constitui uma nova situação jurídica ao requerente, que se torna candidato[40]. Trata-se, portanto, de uma sentença de natureza constitutiva, mas o que é constituído não é a elegibilidade, e sim a candidatura, isto é, a situação jurídica de candidato devidamente autorizado a pleitear e receber votos[41].

Em arremate, o que se assevera é que a elegibilidade é o direito geral e abstrato atribuído aos cidadãos de, mediante o atendimento de certos requisitos, poderem receber votos nas eleições e disputarem cargos eletivos. Esse direito será concretizado através da análise do processo judicial de registro de candidatura, quando então serão aferidos o cumprimento dos pressupostos gerais da elegibilidade e o atendimento dos requisitos formais, deferindo-se o registro do candidato para a disputa eleitoral[42].

De outro vértice, com relação à *inelegibilidade*, a diferença básica entre a teoria clássica e a divergente é que, para a primeira, as causas de inelegibilidade são apenas as situações específicas previstas na Constituição Federal ou em lei complementar que impedem o exercício da elegibilidade; para a segunda, no âmbito da inelegibilidade estão contidas quaisquer situações fáticas ou jurídicas que obstam ou implicam na ausência ou perda do direito

---

40. Com efeito, leciona Peter Panutto que, "a despeito das condições de elegibilidade serem comprovadas no registro de candidatura, a existência da elegibilidade é anterior ao registro de candidatura." (*Inelegibilidades: um estudo dos direitos políticos diante da lei da ficha limpa*, 1ª ed., São Paulo: Editora Verbatim, 2013, p. 50).

41. No mesmo sentido, cfr. JORGE, Flávio Cheim *et al.*, *Curso de direito eleitoral* ..., cit., pp. 580-584; e AGRA, Walber de Moura. Requisitos de registrabilidade. In: FUX, Luiz *et al.* (coord.). *Elegibilidade e inelegibilidades* ..., cit., p. 244.

42. Nesse sentido, Lourival Serejo, depois de conceituar a elegibilidade como "o direito conferido ao cidadão de candidatar-se ao exercício de um mandato eletivo", acentua que "a elegibilidade se concretiza no momento do seu reconhecimento judicial, para deferimento da candidatura de alguém que postula um mandato" (*Direito eleitoral:* atualizado. Belo Horizonte: Del Rey, 2016, p. 57).

de ser votado, inclusive o descumprimento das condições de elegibilidade.

Nesse contexto, ADRIANO SOARES DA COSTA alude à classificação entre as inelegibilidades inatas e cominadas, para distinguir as situações impeditivas da elegibilidade de acordo com a conformidade jurídica do ato que lhe deu causa, buscando extrair consequências jurídicas distintas para cada uma das situações. Baseado nessa concepção, o eleitoralista critica a doutrina e jurisprudência tradicionais que, no seu entender, fazem tábula rasa da natureza jurídica da elegibilidade e permitem o surgimento inconstitucional de (supostas) novas causas de inelegibilidade através de lei ordinária – como as regras dos arts. 41-A e 73, LE, que preveem a sanção de cassação do registro –, já que a CF/88 é expressa em afirmar a necessidade de lei complementar, que exige *quórum* qualificado de aprovação[43].

Mais adiante, será tratado com vagar a natureza das penalidades de cassação do registro de candidatura e do diploma, estabelecidas como consequências às infrações descritas nos arts. 41-A e 73 da LE, e em outros dispositivos legais, valendo adiantar que a diferenciação esboçada pelo doutrinador tem a utilidade de identificar causas de inelegibilidade que têm na sua origem (mediata ou imediata) uma prática ou situação conforme a lei e outras que resultam de um ato ilegal. Sucede que essa categorização doutrinária não pode servir como fonte jurídica para definir as consequências e efeitos jurídicos de cada situação, porquanto não albergadas as soluções pretendidas pelo ordenamento positivo, que decorrem tão somente da construção teórica de uma ordem jurídica idealizada pelo citado autor.

43. Cfr. *Instituições de Direito Eleitoral* ..., cit., pp. 198-199. Sobre a distinção entre as espécies de atos normativos, explica ALEXANDRE DE MORAES que "enquanto o *quórum* para aprovação da lei ordinária é de maioria simples (art. 47), o *quórum* para aprovação de lei complementar é de maioria absoluta (art. 69), ou seja, o primeiro número inteiro subsequente à divisão dos membros da Casa Legislativa por dois" (*Direito Constitucional* ..., cit., p. 698).

A referida classificação, ademais, tem sido acolhida parcialmente por outros eleitoralistas, mesmo os alinhados à uma postura crítica à teoria clássica, que não adotam todas as premissas conceituais de Adriano Soares da Costa, especialmente a inclusão, no âmbito das inelegibilidades inatas, do descumprimento das condições de elegibilidade[44]. De igual modo, há pouca concordância com a estipulação do autor de uma subcategoria nominada de *condições de elegibilidade impróprias*[45], na qual estariam incluídas as situações das pessoas que não são analfabetas e os casos de desincompatibilização, hipóteses que sempre foram consideradas, pela doutrina tradicional, como as causas de inelegibilidade relativas ao analfabetismo e às incompatibilidades previstas na CF/88 e na LC n.º 64/1990.

Em razão disso, a classificação entre inelegibilidades inatas e cominadas passa a ser direcionada, pelos demais autores, apenas para o contexto das específicas causas de inelegibilidade, na forma como são identificadas pela doutrina clássica, inclusive com a compreensão de que as incompatibilidades são espécies de inelegibilidade[46]. Com isso, essa categorização deixa de ser aplicada conceitualmente na apreciação das condições de elegibilidade e dos requisitos formais do processo de registro de candidatura, o que acarreta um afastamento da teoria de Adriano Soares da Costa, que perde sentido e força persuasiva.

Enfim, proclama-se a correção da teoria clássica na compreensão dos alicerces conceituais do direito à elegibilidade, seus pressupostos gerais e o momento de exercício, sem embargo do necessário aprofundamento e aperfeiçoamento teórico de outras questões relevantes a respeito do tema, que serão tratadas no decorrer do trabalho.

---

44. Cfr. ALVIM, Frederico Franco. "A elegibilidade e seus impedimentos ..." ..., cit., p. 43.

45. Cfr. *Instituições de Direito Eleitoral* ..., cit., pp. 135-143.

46. Cfr. PAZZAGLINI FILHO, Marino. *Lei de inelegibilidade comentada* ..., cit., pp. 15-16.

2.2 DEFINIÇÃO DA INELEGIBILIDADE

O estudo sobre a inelegibilidade no Direito Eleitoral brasileiro apresenta seus primeiros apontamentos relevantes quando Pinto Ferreira, em artigo publicado no ano de 1959, conceituou a inelegibilidade como "um impedimento ao direito do cidadão de ser eleito para um cargo político"[47], que tem por objetivo "a moralização do voto e o interesse social, amparando consequentemente a dita ordem pública"[48].

Esse entendimento foi reverberado ao longo do tempo no seio da doutrina tradicional, como se percebe na definição apontada por Pedro Henrique Távora Niess, de que a inelegibilidade é "o obstáculo posto pela Constituição Federal ou por lei complementar ao exercício da cidadania passiva, por certas pessoas, em razão de sua condição ou em face de certas circunstâncias"[49] ou por José Jairo Gomes, que define a inelegibilidade como o impedimento ao exercício da cidadania passiva "provocado pela ocorrência de determinados fatos previstos na Constituição ou em lei complementar"[50].

Dessas definições, extraem-se dois significados importantes: o primeiro traduz o aspecto nuclear ou essencial da inelegibilidade, que consiste no impedimento ao exercício do direito de ser votado[51]; o outro identifica a característica que distingue a inelegibilidade dos demais óbices à elegibilidade, enquadrando em seu conceito apenas as hipóteses explicitamente definidas como tal pelo ordenamento positivo (ou seja, como inelegibilidades), através da CF/88 ou de lei complementar, e que são instituídas com a finalidade de proteção ao eleitor, à regularidade das eleições e ao exercício do cargo eletivo.

47. "O problema da inelegibilidade". *Revista Forense*, vol. 186, ano 56, Rio de Janeiro, 1959, p. 20.

48. *Ibidem*, p. 20.

49. *Direitos Políticos* ..., cit., p. 23.

50. *Direito Eleitoral* ..., cit., p. 227.

51. Cfr. ZILIO, Rodrigo López. *Direito Eleitoral* ..., cit., p. 208.

Não há reparo a esse posicionamento clássico da doutrina eleitoral, que apresenta o conteúdo jurídico da inelegibilidade de forma restrita, delimitado às situações indicadas pela legislação eleitoral como necessárias e relevantes para impedir o exercício da capacidade eleitoral passiva, em obediência ao postulado da tipicidade e justificada por específicos valores constitucionais[52]. Por conseguinte, são equivocadas as posições doutrinárias que buscam ampliar indevidamente o sentido da inelegibilidade, com base em construções pré-concebidas em interpretações linguísticas sem amparo jurídico e para se obter consequências jurídicas favoráveis a certos interesses, sendo dever da ciência jurídica se afastar da utilização e generalização de conceitos que não podem ser justificados, explicita ou implicitamente, no ordenamento jurídico objeto de exame.

2.2.1 Tipicidade estrita das causas de inelegibilidade

A Constituição Federal estabelece, nos §§ 4º a 8º do seu art. 14, as hipóteses expressas de inelegibilidades constitucionais, que dizem respeito aos casos de inalistabilidade; analfabetismo; irreelegibilidade para o terceiro mandato consecutivo como Chefe do Poder Executivo; incompatibilidade de mandatários do Executivo para concorrer a outros cargos; vedação a parentes de Chefes do Executivo de disputarem cargos eletivos no território da circunscrição eleitoral do titular; e regras específicas para os militares[53].

---

52. A propósito, não é tecnicamente adequado conceituar ou tratar a inelegibilidade como uma *condição jurídica* (negativa e temporária) ao exercício da elegibilidade (cfr. REIS, Márlon Jacinto. Inelegibilidades restauradas, 2012. Disponível em: <https://congressoemfoco.uol.com.br/reportagem/inelegibilidades-restauradas/>, acesso em: 15/1/2022). A inelegibilidade impede o exercício da elegibilidade e, por isso, não é condição para fruição do direito, mas apenas o estado jurídico que encerra um requisito negativo para obtenção da elegibilidade, ou, em outros termos, a não incidência numa causa de inelegibilidade é um dos pressupostos gerais da elegibilidade.

53. Em geral, a doutrina não aponta as regras de elegibilidade dos militares, previstas no art. 14, § 8º, CF/88, como causas de inelegibilidade. Porém, é certo que, ao disciplinar a necessidade do afastamento do militar para deferimento do pedido de registro de candidatura, a CF/88 regulou situações típicas de incompatibilidade,

Já no âmbito infraconstitucional, é a LC n.º 64/1990, alterada pela Lei da Ficha Limpa (LC n.º 135/2010), que estabelece, na forma do art. 14, § 9º da CF/88, os casos de inelegibilidade legais[54].

Ocorre que, antes do surgimento da LC n.º 135/2010, vicejou profunda e séria discussão sobre a possibilidade de a Justiça Eleitoral indeferir pedidos de registros de candidatos cuja vida pregressa demonstrasse a inaptidão para o exercício do mandato, mesmo em situações não previstas na LC n.º 64/1990. O eleitoralista Djalma Pinto era um dos defensores dessa ideia ao apontar que a inércia proposital do Legislativo em não editar uma nova lei complementar não poderia impedir que o Juiz Eleitoral verificasse, no caso concreto, uma situação moral impeditiva da disputa e assunção de cargo eletivo, exemplificando os casos de criminosos comprovadamente condenados[55].

Sobre o tema, foi proposta no STF, em 26/6/2008, a Ação de Descumprimento de Preceito Fundamental (ADPF) n.º 144 pela Associação dos Magistrados Brasileiros (AMB), com o objetivo de reconhecer a autoaplicabilidade do § 9º do art. 14 da CF/88, para que fosse permitido à Justiça Eleitoral a negativa de requerimentos de candidatura de cidadãos réus em processos judiciais ou com condenações não definitivas, uma vez que, nas disposições da então vigente LC n.º 64/1990, somente se previa a inelegibilidade para os casos de condenações com o trânsito em julgado, entre outras hipóteses.

Na apreciação da ADPF n.º 144 (j. 6/8/2008, DJe de 26/2/2010), todavia, restou decidido pela Corte Suprema, considerando

---

que são inelegibilidades especiais decorrentes do exercício pelo cidadão de cargo, emprego ou função.

54. José Jairo Gomes sustenta a possibilidade de tratados internacionais preverem ou suprimirem causas de inelegibilidade: "Se é certo que tratado e convenção internacionais sobre direitos humanos e também sobre direitos e garantias fundamentais possuem *status* constitucional, é de se concluir que podem igualmente veicular causa de inelegibilidade." (*Direito Eleitoral* ..., cit., p. 230, grifos do autor). Não se conhece, porém, exemplo concreto de inelegibilidade criada ou extinta por tratado internacional firmado pelo Brasil.

55. Cfr. *Elegibilidade* ..., cit., p. 121.

especialmente a aplicação do princípio da presunção de inocência, que a Justiça Eleitoral não poderia indeferir os pedidos de registros de candidatos apenas pela circunstância de responderem a processo judicial, criminal ou por ato de improbidade administrativa, sem que houvesse uma condenação transitada em julgado[56].

Concorda-se com o dispositivo do julgado, mas não com o principal argumento utilizado pelos Ministros do STF. Isso porque, conforme será esclarecido adiante, o princípio da presunção de inocência ou da não culpabilidade penal, pelo qual se arvora a exigência do trânsito em julgado da condenação criminal para certificar a situação de culpado e dar início à execução da pena, não tem a amplitude destacada no julgamento da ADPF, não se podendo admitir sua extensão integral ao Direito Eleitoral.

O STF, porém, acertou na conclusão do *decisum* porque, malgrado seja razoável o argumento defendido na ADPF, de que a vida pregressa consiste em conceito mais abrangente do que aquele estabelecido na LC n.º 64/1990, pois encerra o princípio jurídico fundamental para criação de inelegibilidades, é impossível não admitir que foi a própria CF/88 que declinou expressamente à legislação complementar a fixação de outros casos de inelegibilidade, não se deixando espaço, portanto, para a criação de inelegibilidade pela vida judicial[57].

---

56. Nesse sentido, Pedro Roberto Decomain aponta que o § 9º do art. 14 da CF/88 não constitui, por si só, uma causa de inelegibilidade e, por essa razão, não é autoaplicável (*Elegibilidade*..., cit., p. 150). Em posição contrária, Nilo Ferreira Pinto Júnior, mesmo depois da Lei da Ficha Limpa, e desconsiderando a decisão do STF na ADPF n.º 144, defende a possibilidade de a Justiça Eleitoral avaliar a vida pregressa do candidato como se fosse uma cláusula aberta para aferir a moralidade para a candidatura na eleição (cfr. *Direito eleitoral e moralidade:* a vida pregressa do candidato como condição autônoma de elegibilidade. Curitiba: Juruá, 2014, pp. 107-116).

57. Em razão da clareza da norma do § 9º do art. 14 da CF/88, a alegada inércia do Legislativo deveria ter sido discutida através de Ação Direta de Inconstitucionalidade por Omissão, no escopo de instar o Parlamento a criar novas causas de inelegibilidade, e não através de ADPF, com o fim de obter permissão para a Justiça Eleitoral avaliar a ocorrência de situações incompatíveis com a moralidade para o exercício do mandato.

É preciso, assim, que se observe o princípio da tipicidade, não exclusivo do Direito Penal, no sentido de que somente a configuração da conduta descrita previamente na norma pode acarretar consequências jurídicas negativas à elegibilidade do cidadão[58]. Isso também se traduz na exigência de segurança jurídica para o indivíduo, que não pode ser tolhido de seu direito de concorrer a cargo eletivo por descumprimento de normativo inexistente à época da eleição, apenas sob a alegação de que sua vida pregressa, aos olhos da autoridade judicial – incompetente para essa valoração –, seria incompatível ao exercício do mandato[59].

A aplicação do princípio da tipicidade estrita acarreta a necessária observância de duas regras interpretativas para verificar a incidência de inelegibilidade. A primeira é a de que toda exegese com este propósito deve ser restritiva, isto é, "há o modelo legal e só havendo adequação exata com a situação fática, é que se deve aceitar a inelegibilidade no caso concreto"[60]. A outra, que resulta daquela, consiste em se vedar a interpretação por analogia para configuração da inelegibilidade, uma vez que "o que não

---

58. Sobre a tipicidade, ensina ANTÔNIO CARLOS MENDES: "Em virtude dos postulados constitucionais atinentes à *segurança e certeza* jurídicas, a lei complementar deve adotar a técnica de elaboração do *modelo de fato* ('facti species') e a *estatuição* (necessidade de uma conduta estipulando-lhe a relevância temporal). Os preceitos da lei complementar deverão ser, a exemplos das hipóteses constitucionais de inelegibilidades, *exaustivos e taxativos*." (*Introdução à teoria das inelegibilidades* ..., cit., pp. 132-133, grifos do autor). Para LOURIVAL SEREJO, em semelhante sentido: "As inelegibilidades são subordinadas ao princípio da legalidade. Não há inelegibilidade sem previsão legal." (*Direito eleitoral* ..., cit., p. 68).

59. Salienta PETER PANUTTO que "a possibilidade da análise pelo Juiz Eleitoral da moralidade considerada a vida pregressa do candidato, para além das hipóteses tipificadas pela Lei da Ficha Limpa, ensejaria em um subjetivismo por parte do juiz, o que poderia acarretar em insegurança jurídica e no consequente desrespeito aos direitos políticos do cidadão." (*Inelegibilidades* ..., cit., p. 116). Em igual posição, cfr. CARVALHO, João Fernando Lopes de. "Inelegibilidades constitucionais". In: ROLLO, Alberto (org.). *Elegibilidade e inelegibilidade* ..., cit., p. 142; PAZZAGLINI FILHO, Marino. *Lei de inelegibilidade comentada* ..., cit., pp. 1-2; e SCARPINO JR., Luiz Eugênio. *Moralidade eleitoral e juristrocacia: análise crítica da Lei da ficha limpa:* Lei complementar n. 135/10. Rio de Janeiro: Lumen Juris, 2016, pp. 116-119.

60. NASCIMENTO, Tupinambá Miguel Castro do. *Lineamentos de Direito Eleitoral*: comentários e legislação. Porto Alegre: Síntese, 1996, p. 66.

ingressou no preceito positivo, mesmo que análogo, entende-se como fora da normatividade"[61].

Em suma, não se pode aludir à *vida pregressa* como se fosse um instituto jurídico eleitoral do qual resultariam diretamente repercussões negativas à elegibilidade dos cidadãos. A análise da vida pregressa dos candidatos se restringe à verificação da incidência ou não de causas típicas de inelegibilidade, notadamente aquelas de natureza infraconstitucional que foram criadas justamente com amparo na previsão do art. 14, § 9º da CF/88, visando a escrutinar situações ou fatos da vida do candidato que possam macular os interesses de uma eleição legítima e sem a prática de condutas abusivas.

Em conclusão, é defeso ao Juiz Eleitoral indeferir o registro de candidatura com base numa situação eventualmente reprovável moralmente que o candidato incida, caso não esteja contemplada como inelegibilidade na CF/88 ou na LC n.º 64/1990. As causas de inelegibilidade são apenas as previstas expressamente em atos normativos formais, que se verificam, na ordem jurídica brasileira atual, nas seguintes disposições: *(i)* os §§ 4º a 8º do art. 14 da CF/88; *(ii)* os incisos I a VII do art. 1º da LC n.º 64/1990; e *(iii)* o inciso XIV do art. 22 da LC n.º 64/1990, que prevê a apenação ao indivíduo da *sanção de inelegibilidade*, encerrando também uma causa de inelegibilidade, embora com formatação jurídica distinta das anteriores.

Registre-se, em complemento, que a discussão sobre a fluidez do conceito de vida pregressa adequada para o exercício de mandato – e do possível impedimento à candidatura –, foi minorada a partir da edição da Lei da Ficha Limpa, que enquadrou diversas situações moralmente irregulares e afrontosas para com a sociedade como hipóteses de inelegibilidade, acolhendo os anseios populares que deram origem ao novo marco normativo[62].

61. *Ibidem*, p. 66. Em igual posição, quanto à exigência de interpretação restritiva na inelegibilidade e vedação do uso da analogia, cfr. AMARAL, Roberto; CUNHA, Sérgio Sérvulo da. *Manual das eleições* ..., cit., pp. 640-641.

62. Cfr. CARVALHO, Volgane Oliveira. *Manual das inelegibilidades* ..., cit., p. 83.

2.2.2 Fundamentos justificantes da inelegibilidade

O § 9º do art. 14 da CF/88 é a norma principal que regula a instituição de causas de inelegibilidade, que somente poderão ser criadas "a fim de proteger a probidade administrativa, a moralidade para exercício de mandato considerada vida pregressa do candidato, e a normalidade e legitimidade das eleições contra a influência do poder econômico ou o abuso do exercício de função, cargo ou emprego na administração direta ou indireta"[63].

Tanto as inelegibilidades de natureza constitucional como as que vierem a ser estabelecidas em lei complementar devem estar fundadas em um dos interesses e valores estabelecidos na norma transcrita[64], que visam a proteger o regime democrático[65], considerando que a concessão dos direitos políticos deve ser amparada no senso de responsabilidade e comprometimento dos próprios cidadãos para com a sociedade[66].

Assim, o objetivo precípuo de se criar uma causa de inelegibilidade é o de evitar a participação nas eleições de candidatos cuja vida pregressa revelem situações objetivas de potencial mácula à regularidade do pleito eleitoral ou ao exercício do cargo eletivo[67]. Se o direito de votar deve ser o mais universal possível, o mesmo

---

63. O dispositivo teve sua redação alterada pela EC de Revisão n.º 4/1994, que incluiu as expressões "a probidade administrativa" e "a moralidade para o exercício do mandato, considerada vida pregressa do candidato".

64. Ensina JOÃO FERNANDO LOPES DE CARVALHO que "a norma destacada delimita os objetivos, ou finalidades, de todo o sistema de inelegibilidades, previsto no ordenamento jurídico a partir da própria Constituição, estabelecendo verdadeiras condições para a imposição das restrições de direitos políticos ligadas à imputação de inelegibilidade" ("Inelegibilidades constitucionais" ..., cit., p. 140).

65. Cfr. FERREIRA, Pinto. *Comentários à Constituição Brasileira* ..., cit., p. 313.

66. É o que explica DJALMA PINTO: "A finalidade, pois, da outorga de direitos políticos ao cidadão para que possa ser investido no comando de um município ou de um país não deve ser distorcida. Não pode o beneficiário desse direito dele utilizar-se para chegar ao poder e dizimar o patrimônio público. A liberação do acesso aos cargos da Administração à pessoa comprovadamente desonesta atenta contra a própria sobrevivência do Estado enquanto veículo de realização dos interesses coletivos." (*Elegibilidade* ..., cit., pp. 3-4).

67. Cfr. PANUTTO, Peter. *Inelegibilidades* ..., cit., p. 70.

não se pode dizer da elegibilidade, sendo necessária a existência de regras que, de logo, impeçam os malfeitores de participarem das eleições e de serem eleitos para representar os interesses do povo.

O primeiro dos fundamentos é a *defesa da probidade administrativa*, que aborda a submissão da conduta das pessoas às normas e princípios reguladores da atividade administrativa do Estado. Admite-se, assim, a possibilidade de serem instituídas causas de inelegibilidade que visem a promover e defender esse destacado valor constitucional, para evitar que pessoas de passado caracterizado pela marca da improbidade administrativa possam ocupar cargos de representação política na sociedade.

O segundo objeto de proteção da norma é a *defesa da moralidade para o exercício do mandato, considerada vida pregressa do candidato*. O legislador constituinte entendeu que o escrutínio sobre a vida dos pretendentes a ocupar a cargos públicos eletivos, tanto na sua esfera pública como privada, deve servir de base para a instituição de causas de inelegibilidade, como forma de defender a moralidade no exercício do mandato. A necessidade de vida pregressa compatível com as regras morais que se espera para o exercício do cargo eletivo constitui um relevante princípio jurídico constitucional a vincular o intérprete e aplicador da norma, sendo certo que "a clareza do Texto constitucional bem atesta a repulsa do Direito à investidura, na representação popular, daqueles sem reputação ilibada"[68].

A vida pregressa, contudo, não é um conceito jurídico determinado, abrangendo, ao contrário, um contexto fluido que envolve a análise dos atos praticados pelo indivíduo e sua comparação com as práticas morais geralmente aceitas na sociedade e as infrações cíveis e penais. Não obstante, como afirmado, para que eventual conduta ou prática irregular constitua impedimento para se concorrer na eleição, é necessário que a situação seja definida expressamente pelo legislador como espécie de inelegibilidade, na

68. PINTO, Djalma. *Elegibilidade* ..., cit., p. 88.

Constituição Federal ou em lei complementar, inclusive com a fixação de prazo de duração do impedimento.

Também podem ser criadas causas de inelegibilidade em *defesa da normalidade e legitimidade das eleições*. Em tal situação, tutela-se, como expressão máxima da soberania popular e da democracia, a ideia de que os detentores do poder político devem ser eleitos de acordo com as normas legais estatuídas, para o fim de legitimar a conquista do poder estatal. Impõe-se ainda o compromisso de realização das eleições com plena justiça e igualdade entre os candidatos e mediante a plena participação consciente dos eleitores.

As inelegibilidades devem ainda ter, como foco de atenção permanente, o combate à *influência do poder econômico ou o abuso do exercício de função, cargo ou emprego na administração direta ou indireta*[69]. Nesse sentido, permite-se a criação de hipóteses de inelegibilidade que busquem impedir a prática do abuso de poder, compreendido como "o mau uso de direito, situação ou posição jurídicas com vistas a se exercer indevida e ilegítima influência em dada eleição"[70], notadamente de natureza política ou econômica. Protege-se, em suma, a própria democracia ao vedar que pessoas já maculadas por práticas abusivas em detrimento dos eleitores possam participar dos pleitos eleitorais.

Ainda sobre o tema, outra importante discussão diz respeito a um possível conflito normativo entre o conteúdo da norma do § 9º do art. 14, CF/88, e o quanto previsto na Convenção Americana sobre Direitos Humanos (Pacto de San José da Costa Rica)[71]. Isso porque, enquanto a CF/88 permite a instituição de inelegibilidades – e a consequente restrição da elegibilidade – de forma

69. Sobre os elementos constitutivos do abuso de poder e sua disseminação no âmbito eleitoral, cfr. RIBEIRO, Fávila. *Abuso de poder no direito eleitoral*. 2ª ed., rev., atual. e ampl., Rio de Janeiro: Forense, 1993, pp. 21-78.

70. GOMES, José Jairo. *Direito Eleitoral* ..., cit., p. 365.

71. A Convenção Americana sobre Direitos Humanos foi assinada em San José, Costa Rica, em 22/11/1969. No Brasil, a convenção foi aprovada pelo Decreto Legislativo n.º 27/1992 e promulgada pelo Decreto n.º 678/1992.

abrangente, desde que atendidos os motivos lá determinados, o art. 23, n.º 2, da Convenção, estabelece que a regulação dos direitos políticos por lei somente pode ocorrer "por motivos de idade, nacionalidade, residência, idioma, instrução, capacidade civil ou mental, ou condenação, por Juiz competente, em processo penal".

Sobre a questão, defende MARCELO RAMOS PEREGRINO FERREIRA que "todas as inelegibilidades fundadas em critérios outros que esses listados pelo documento convencional violam o devido processo convencional, porquanto, restringem um direito de modo e forma não autorizados pela Convenção Americana"[72].

Sem razão, contudo. A inteligência do disposto nos §§ 2º e 3º do art. 5º da CF/88 aponta que os tratados sobre direitos humanos anteriores à EC n.º 45/2004, ou os posteriores que não foram internalizados na forma do § 3º, ostentam caráter de *supralegalidade*, sendo, assim, superiores hierarquicamente à legislação ordinária, mas inferiores às normas constitucionais[73], de modo que não há que se cogitar em prevalência da Convenção Americana perante a Constituição Federal brasileira[74].

Ademais, sem embargo desse importante argumento de cunho formal constitucional, mesmo na hipótese de se entender que a Convenção Americana e o § 9º do art. 14 da CF/88 sejam normas de igual hierarquia, é preciso atentar para a necessidade de interpretação conjunta das regras visando a permitir uma convivência harmônica e sem antinomias. Por essa razão, considerando

72. *O controle de convencionalidade da lei da ficha limpa:* direitos políticos e inelegibilidades. 2ª ed., Rio de Janeiro: Lumen Juris, 2016, p. 306.

73. Cfr. SARMENTO, Daniel; SOUZA NETO, Cláudio Pereira de. *Direito Constitucional:* Teoria, história e métodos de trabalho. 2ª ed., Belo Horizonte: Fórum, 2017, pp. 47-53; e SARLET, Ingo *et al.*, *Curso de Direito Constitucional ...*, cit., p. 214. No STF, vejam-se os REs n.os 349.703 e 466.343, ambos julgados em 3/12/2008, DJe de 5/6/2009. Em sentido contrário, entendendo que os tratados internacionais de direitos humanos incorporados ao direito brasileiro constituem normas materialmente constitucionais, cfr. PIOVESAN, Flávia. *Temas de direitos humanos.* 9ª ed., rev., ampl. e atual., São Paulo: Saraiva, 2016, p. 69.

74. Cfr. decisões do TSE no REspe n.º 430-16, j. 12/3/2013, DJe de 23/5/2013; e no REspe n.º 231-84, j. 1º/2/2018, DJe de 12/3/2018.

especialmente o propósito específico do § 9º do art. 14 da CF/88, que visa à verificação da vida pregressa do cidadão, as inelegibilidades estabelecidas em lei complementar, desde que devidamente fundadas na motivação constitucional, podem ir além dos casos especificados na Convenção Americana[75].

Acresça-se, conforme adverte Frederico Franco Alvim, que a jurisprudência da Corte Interamericana de Direitos Humanos admite a existência de "limitações internas legítimas fora do catálogo pretensamente fechado do Pacto de San José"[76], desde que não sejam desproporcionais ou irrazoáveis, exemplificando "o caso Castañeda Gutman *versus* México (2005), no qual a CIDH considerou justa como condição de elegibilidade a exigência de filiação partidária"[77]. No caso brasileiro, conforme assentado pelo STF no julgamento de constitucionalidade da LC n.º 135/2010 (Lei da Ficha Limpa), no âmbito da ADI n.º 4.578 e das Ações Declaratórias de Constitucionalidade (ADCs) n.ºs 29 e 30[78], julgadas em 16/2/2012, DJe de 29/6/2012, é certo que as causas de inelegibilidade previstas na LC n.º 64/1990, com base no art. 14, § 9º, CF/88, atendem com sobras os postulados da proporcionalidade[79] e razoabilidade, além de não afrontarem o núcleo essencial dos direitos políticos[80].

75. Também não verificando incompatibilidade entre a LC n.º 64/1990 e a Convenção Americana sobre Direitos Humanos, cfr. GONÇALVES, Luiz Carlos dos Santos. *Direito Eleitoral* ..., cit., pp. 143-147.

76. "A elegibilidade e seus impedimentos ..." ..., cit., p. 59.

77. *Ibidem*, p. 59.

78. A ADI n.º 4.578 foi ajuizada pela Confederação Nacional das Profissões Liberais (CNPL) e as ADCs n.ºs 29 e 30, pelo Partido Popular Socialista (PPS) e pela Ordem dos Advogados do Brasil (OAB), respectivamente.

79. Sobre a aplicação do princípio da proporcionalidade no julgamento de constitucionalidade da Lei da Ficha Limpa, cfr. MELLO, Ruy Nestor Bastos, "O princípio da proporcionalidade ..." ..., cit., pp. 227-236.

80. Nesse sentido, na decisão que indeferiu o registro do ex-Presidente da República do Brasil, Luiz Inácio Lula da Silva, para as eleições de 2018 (registro de candidatura n.º 0600903-50, pss. de 1º/9/2018), o TSE, ao afastar a aplicação de medida cautelar concedida pelo Comitê de Direitos Humanos da Organização das Nações Unidas que solicitara ao Estado brasileiro assegurar a referida candidatura até o trânsito em julgado da decisão condenatória que ensejou a inelegibilidade da alínea "e" do

2.2.3 Prazos da inelegibilidade

Conforme expressa dicção do art. 14, § 9º, CF/88, as inelegibilidades devem ser estabelecidas com prazos definidos para sua cessação, sendo que a quase totalidade das hipóteses da LC n.º 64/1990 preveem marcos para o término do óbice à elegibilidade, cumprindo a obrigação constitucional. Excetuam-se apenas, no art. 1º, I, da LC n.º 64/1990, a alínea "a", que repete a regra do art. 14, § 4º, CF/88, pela qual são inelegíveis "os inalistáveis e os analfabetos"; e a alínea "i"[81], referente ao exercício de cargo em instituição financeira liquidanda, sendo que estas hipóteses não foram alteradas pela LC n.º 135/2010.

De modo geral, nas causas de inelegibilidade previstas na LC n.º 64/1990, o legislador fixou o prazo comum de 8 (oito) anos de duração do impedimento, configurando, como forma de proteção à sociedade, um lapso de tempo razoável durante o qual o cidadão inelegível não poderá disputar cargos eletivos. Os prazos são contados a partir de determinados marcos temporais, podendo-se citar, como exemplo: (i) o término do mandato ou da legislatura (alíneas "b", "c" e "k" do art. 1º, I); (ii) a data da eleição (alíneas "d", "h" e "j" do art. 1º, I, e o art. 22, XIV); (iii) o cumprimento da pena (alíneas "e" e "l" do art. 1º, I); e (iii) a decisão administrativa, política ou de órgão de classe (alíneas "f", "g", "i", "m", "o", "q" do art. 1º, I); e (iv) data da condenação judicial colegiada ou do trânsito

art. 1º, I, da LC n.º 64/1990, apontou, entre outros argumentos, o seguinte: "Do ponto de vista material, tampouco há razão para acatar a recomendação. O Comitê concedeu a medida cautelar por entender que havia risco iminente de dano irreparável ao direito previsto no art. 25 do Pacto Internacional sobre Direitos Civis e Políticos, que proíbe restrições infundadas ao direito de se eleger. Porém, a inelegibilidade, neste caso, decorre da Lei da Ficha Limpa, que, por haver sido declarada constitucional pelo Supremo Tribunal Federal e ter se incorporado à cultura brasileira, não pode ser considerada uma limitação infundada ao direito à elegibilidade do requerente".

81. A alínea "i" do art. 1º, I, da LC n.º 64/1990 foi considerada constitucional para o TSE (REspe n.º 22.739, pss. de 1º/10/2004), restando assentado que o término da inelegibilidade depende do reconhecimento, pelo órgão competente, da ausência de responsabilidade do diretor, administrador ou representante da entidade que foi objeto de processo de liquidação judicial ou extrajudicial.

em julgado (alíneas "n" e "p" do art. 1º, I). No que concerne às inelegibilidades dos incisos II a VII do art. 1º, I da LC n.º 64/1990, referente aos casos de desincompatibilização, há prazos diversos para afastamento prévio do exercício de funções públicas ou particulares, variando entre 3 (três) a 6 (seis) meses antes da eleição.

Vale salientar, porém, que são desproporcionais os termos finais previstos nas alíneas "e" e "l" do art. 1º, I, LC n.º 64/1990, uma vez que, nestas situações, a fixação do prazo de 8 (oito) anos de inelegibilidade que se inicia somente após o cumprimento da pena pode gerar situações ampliadas de restrição à elegibilidade que se assemelhariam à uma cassação de direitos políticos, o que é vedado pela Constituição Federal. Em síntese, sob a ótica do princípio da proporcionalidade, o estabelecimento desses prazos específicos não satisfaz o requisito da *necessidade*, porquanto há alternativas menos lesivas e com a mesma intensidade de satisfação dos interesses e valores defendidos no art. 14, § 9º, CF/88, bastando ver a fixação comum do prazo de 8 (oito) anos nas demais alíneas do artigo 1º, inciso I, da LC n.º 64/90, com o seu exaurimento relacionado a um termo inicial certo e definido, em geral, a data da condenação, e não a partir do cumprimento do prazo da penalidade criminal ou da pena fixada pela improbidade administrativa.

Em que pese vencido nessa parte do julgamento, a melhor solução foi sugerida pelo Min. Rel. LUIZ FUX (ADI n.º 4.578 e das ADCs n.os 29 e 30), de se "proceder a uma interpretação conforme a Constituição, para que, tanto na hipótese da alínea 'e' como da alínea 'l' do art. 1º, I, da Lei Complementar n.º 64/90, seja possível abater, do prazo de inelegibilidade de 8 (oito) anos posterior ao cumprimento da pena, o período de inelegibilidade já decorrido entre a condenação não definitiva e o respectivo trânsito em julgado".

Ainda a propósito do tema, em decisão liminar na ADI n.º 6.630, proferida em 19/12/2020, o Min. Rel. KÁSSIO NUNES MARQUES suspendeu a expressão "após o cumprimento da pena" contida na alínea "e" do art. 1º, I, LC n.º 64/1990, exatamente por considerar que "a ausência da previsão de detração, a que aludem as razões iniciais, faz protrair por prazo indeterminado os efeitos do dispositivo impugnado, em desprestígio ao princípio da proporcionalidade e com sério comprometimento do devido processo legal". Em seu voto de mérito, o Relator atribuiu interpretação ao art. 1º, I, alínea "e" e "l" da LC n.º 64/1990 para que, "do prazo de inelegibilidade de oito anos 'posteriores ao cumprimento da pena', seja deduzido o período de inelegibilidade decorrido entre a condenação por órgão colegiado, ou transitada em julgado, e o fim do cumprimento da pena criminal, de tal modo que a correspondente inelegibilidade não supere os 8 (oito) anos desde o início da sua eficácia"[82].

Já o Min. Luís Roberto Barroso apresentou voto parcialmente divergente, propugnando a dedução, do prazo de inelegibilidade, do período transcorrido entre a condenação por órgão colegiado e o efetivo início do cumprimento da pena[83], de forma parecida ao que fora defendido pelo Min. Luiz Fux no julgamento da ADI n.º 4.578 e das ADCs n.os 29 e 30. Todavia, a discussão do tema foi encerrada na sessão de julgamento de 9/3/2022, quando os Ministros do STF, por maioria, não conheceram da ADI n.º 6.630, nos termos do voto do Min. Alexandre de Moraes, porquanto se entendeu que a demanda constituiria uma verdadeira ação rescisória da ADI n.º 4.578 e das ADCs n.os 29 e 30, nas quais a temática já havia sido apreciada e julgada em definitivo pelo STF[84].

---

82. O Min. Nunes Marques acrescentou que "em caso da detração acima referida implicar o fim da inelegibilidade em data anterior ao término do cumprimento da pena criminal, o condenado não fica isento da aplicação da norma suspensiva dos direitos políticos a que alude o art. 15, III, da Constituição Federal (condição de elegibilidade)".

83. O Min. Luís Roberto Barroso, no seu voto inicial, propugnou a detração do "período de inelegibilidade transcorrido entre a condenação por órgão colegiado e o trânsito em julgado", mas reajustou seu voto na sessão de 9/3/2022, para consignar o "início do cumprimento da pena" como termo final do prazo de inelegibilidade a ser detraído, ressalvadas as situações de retardamento do início da execução por culpa do condenado. Com a devida vênia, essa alteração técnica não se justifica, uma vez que a partir do trânsito em julgado já começam os efeitos da suspensão dos direitos políticos, independentemente do início efetivo da execução da pena.

84. O Min. Alexandre de Moraes explicou que somente seria possível ao STF rever a Lei da Ficha Limpa em caso de alteração da legislação, de paradigmas

Não obstante o não conhecimento da ADI n.º 6.630, vale dizer que a posição sustentada originariamente pelo Min. LUIZ FUX (na ADI n.º 4.578 e ADCs n.os 29 e 30) é, sem dúvidas, a mais razoável porque considera, corretamente, que o tempo decorrido entre o trânsito em julgado da condenação até o efetivo cumprimento da pena não pode ser considerado como de inelegibilidade, já que se trata, em verdade, de período de suspensão dos direitos políticos, na forma do art. 15, III, CF/88. No mesmo sentido, RODRIGO LÓPEZ ZILIO afirma, com propriedade, que "... a detração da inelegibilidade somente pode ocorrer no desconto do período cumprido entre o julgamento colegiado e o trânsito em julgado. Jamais pode ser admitido qualquer tipo de dedução de período de inelegibilidade cumprida em conjunto com a suspensão dos direitos políticos, fundamentalmente porque inelegibilidade e suspensão dos direitos políticos são regimes de restrição ao *ius honorum* que não se confundem."[85].

2.2.4 Classificação das espécies de inelegibilidade

Há várias formas e possibilidades de classificar as causas de inelegibilidade, que variam, por exemplo, em razão da natureza do ato normativo que as instituiu, da abrangência do cargo eletivo em disputa, da área territorial alcançada, do momento de sua configuração etc. A maior parte das categorizações tem apenas a utilidade didática de facilitar a compreensão das diferenças entre as inelegibilidades, mas outras são relevantes pela própria distinção de tratamento das situações no ordenamento jurídico, o que torna importante o conhecimento das principais classificações apontadas pela doutrina.

---

constitucionais ou de modificações fáticas que ensejassem uma mutação constitucional, situações que não estariam configuradas quando do ajuizamento da ADI n.º 6.630.

85. "Detração da inelegibilidade: entre a raposa e o porco-espinho". *Revista do TRE-RS*, ano 25, n.º 49, julho/dezembro de 2020, p. 39. Disponível em: <https://bibliotecadigital.tse.jus.br/xmlui/handle/bdtse/8252>, acesso em: 15/11/2021.

A primeira diferenciação se dá entre as inelegibilidades *absolutas* e *relativas*, em virtude da abrangência dos impedimentos. As absolutas obstam o exercício da capacidade eleitoral passiva para todos os cargos eletivos, em quaisquer circunscrições eleitorais, sendo exemplo as contidas no art. 1º, I, da LC n.º 64/1990. As inelegibilidades relativas são aquelas que vedam a elegibilidade para alguns cargos eletivos ou em razão de algumas circunstâncias específicas (art. 1º, II a VII, da LC n.º 64/1990), permitindo-se a candidatura do cidadão a outros cargos ou que se afastem os obstáculos à elegibilidade através da desincompatibilização[86].

Com relação a um critério de natureza espacial ou territorial, as causas de inelegibilidade podem ser *nacionais* (abrangem todo o território brasileiro), *estaduais* (alcançam os Estados e o Distrito Federal) e *municipais* (se limitam aos Municípios), a depender da incidência específica das hipóteses do art. 1º, II a VII, da LC n.º 64/1990 aos cargos em disputa.

No tocante ao momento de surgimento, existem as inelegibilidades *originárias ou preexistentes*, que são configuradas desde antes ou na época do pedido de registro de candidato nas eleições; e as inelegibilidades *supervenientes*, aquelas que incidem depois do registro de candidatura e até a data da eleição[87]. Essa classificação traz reflexos quanto às formas e prazos para impugnação da elegibilidade: as primeiras espécies de inelegibilidade devem ser apontadas logo após o pedido de habilitação dos candidatos, através do

86. Marcos Ramayana aponta, em específico sobre a desincompatibilização, que "dentro da teorização das inelegibilidades, fala-se ainda em **autodesincompatibilização** (*quando é o próprio titular do mandato que se afasta temporária ou definitivamente)* e **heterodesincompatibilização**, na hipótese de afastamento do titular do mandato eletivo para não atingir (*contaminar a elegibilidade)* de um parente, cônjuge e das pessoas referidas no § 7º do art. 14 da Lei Maior" (*Direito Eleitoral* ..., cit., p. 351, grifos do autor).

87. Registre-se que o § 2º do art. 262, CE, instituído pela Lei n.º 13.877/2019, estabeleceu um conceito diverso de inelegibilidade superveniente, limitando o seu surgimento "até a data fixada para que os partidos políticos e as coligações apresentem os seus requerimentos de registros de candidatos", que é o dia 15 de agosto do ano de eleição. Esse dispositivo, porém, se revela inconstitucional e será tratado mais amiúde na parte final do livro.

ajuizamento da Ação de Impugnação de Registro de Candidatura (AIRC)[88] ou da apresentação da notícia de inelegibilidade[89]; já as inelegibilidades supervenientes somente poderão ser imputadas no Recurso contra Expedição de Diploma (RCED)[90], como regra[91].

Embora sem muita repercussão na doutrina, alguns eleitoralistas diferenciam as inelegibilidades em *processuais* (ou provisórias) e *definitivas*, considerando o termo inicial de incidência concreta do impedimento. As primeiras são aquelas contidas na Lei da Ficha Limpa que começam a surtir efeitos a partir da decisão condenatória colegiada judicial; as demais são as que só podem produzir efeitos a partir de uma situação definitiva de condenação[92].

---

88. A AIRC é a ação judicial em que se aponta a ocorrência de causa preexistente ao pedido de registro de candidatura que impede o exercício da elegibilidade, como o não atendimento às condições de elegibilidade ou a incidência de inelegibilidade. Referida ação, regulada pelos arts. 2º a 16 da LC n.º 64/1990, deve ser proposta no prazo de 5 (cinco) dias após a publicação do edital com a relação dos nomes dos candidatos que requereram a candidatura (art. 97, CE), o qual é divulgado após o término do prazo final para o registro (art. 11, LE).

89. Consiste na comunicação prestada pelo cidadão à Justiça Eleitoral, durante o processamento do registro de candidatura, contendo informações e/ou documentos que visem a demonstrar que o candidato tem contra si um obstáculo para a obtenção da candidatura. Tem como fundamentos normativos o art. 97, § 3º, CE, e as Resoluções editadas pelo TSE para regular as eleições, *v. g.*, o art. 44 da Resolução TSE n.º 23.609/2019.

90. Em que pese o *nomen juris*, o RCED não se trata de um recurso ou meio de impugnação de decisão judicial e, sim, de ação judicial de natureza eleitoral que tem por objeto a desconstituição do diploma outorgado ao eleito. Sua base é o art. 262, CE, alterado pela Lei n.º 13.877/2019, que taxativamente indica o cabimento do RCED aos "casos de inelegibilidade superveniente ou de natureza constitucional e de falta de condição de elegibilidade", devendo a ação ser ajuizada em 3 (três) dias após a diplomação dos eleitos (art. 262, § 3º, CE), última etapa do processo eleitoral, que ocorre no mês de dezembro do ano da eleição, conforme calendário fixado pelo TSE.

91. Conforme interpretação do TSE sobre o art. 10, § 11, LE, o que será explicado posteriormente, admite-se a discussão, no processo de registro de candidatura, de um fato superveniente que afete negativamente a elegibilidade, bem assim pode o Juiz Eleitoral conhecer de ofício, na fase de registro de candidatura, das causas que impedem a elegibilidade, inclusive as supervenientes.

92. Marino Pazzaglini Filho alude a essa inovação da Lei da Ficha Limpa da seguinte forma: "Vale dizer, a LC n.º 135/10 instituiu duas espécies de inelegibilidade: **inelegibilidade provisória (ou processual) desde a decisão condenatória de órgão**

Diz-se ainda ser a inelegibilidade *direta* aquela que "causa o impedimento do próprio envolvido no fato que a desencadeia"[93], o que ocorre na maioria das causas de inelegibilidade. Já a inelegibilidade *indireta ou reflexa* é a que acarreta óbice à elegibilidade de terceiros que não estão vinculados ao fato gerador da hipótese de impedimento, sendo exemplo a situação de parentesco com o Chefe do Poder Executivo, prevista no art. 14, § 7º, CF/88.

Uma outra categorização considera as causas de inelegibilidade em *sentido amplo*, a envolver o descumprimento das condições de elegibilidade e a ocorrência de qualquer outro obstáculo ao exercício da elegibilidade (*v. g.*, as penas de cassação ou cancelamento do registro de candidatura, diploma ou mandato por atos ilícitos eleitorais e a inabilitação ao exercício de função pública); e as em *sentido estrito*, que são aquelas hipóteses típicas de inelegibilidade (art. 14, §§ 4º a 8º, da CF/88; e arts. 1º, I a VII, e 22, XIV, da LC n.º 64/1990). Como explicado, essa distinção é juridicamente equivocada, pois apenas podem ser consideradas inelegibilidades as causas expressamente indicadas na CF/88 ou na LC n.º 64/1990.

No que se refere à conformidade do fato gerador da inelegibilidade com o Direito, a doutrina se refere às inelegibilidades *inatas*, que têm por origem um fato ou situação jurídica regulares (*v. g.*, os analfabetos e os estrangeiros); e as *cominadas*, aquelas cujo substrato se vincula a uma situação de ilicitude, como algumas das listadas no inciso I do art. 1º, da LC n.º 64/1990. Aponte-se que não se cogita a inclusão do desatendimento às condições de elegibilidade como inelegibilidades inatas, por se tratar, conforme já aduzido, de uma categoria jurídica distinta das causas de inelegibilidade estabelecidas no ordenamento jurídico.

---

colegiado, enquanto durar o processo, e a inelegibilidade definitiva de oito anos após o trânsito em julgado da decisão." (*Lei de inelegibilidade comentada* ..., cit., p. 5, grifos do autor). Cfr. também COSTA, Adriano Soares da. *Instituições de Direito Eleitoral* ..., cit., p. 187.

93. GOMES, José Jairo. *Direito Eleitoral* ..., cit., p. 239.

A classificação mais relevante para a teoria da elegibilidade é a que diferencia as inelegibilidades em razão de sua origem normativa, já que o próprio ordenamento jurídico traz consequências diferenciadas para cada uma das situações, visualizando-se as inelegibilidades *constitucionais*, fixadas no art. 14, §§ 4º a 8º da CF/88, e as *legais*, aquelas previstas em lei complementar, *in casu*, nos arts. 1º, I a VII, e 22, XIV, da LC n.º 64/1990.

A inelegibilidade de natureza constitucional possui maior densidade normativa, até porque a sua alteração ou exclusão exige a edição de emenda constitucional, cujo processo legislativo é bem mais complexo do que o de alteração das leis complementares. Por essa razão, os impedimentos constitucionais podem ser objeto de arguição na fase do registro de candidatura, através de AIRC, notícia de inelegibilidade ou petição nos autos; e depois da diplomação, mediante o ajuizamento do RCED (art. 262, CE), não se sujeitando, portanto, à preclusão[94]. Já as inelegibilidades legais possuem regime de tratamento mais rígido: se forem preexistentes, devem ser apontadas logo na época do registro de candidatura; se supervenientes, poderão ser discutidas em momento posterior, especialmente no RCED.

2.3 ELEGIBILIDADE, INELEGIBILIDADE E NÃO ELEGIBILIDADE: DISTINÇÃO DOS CONCEITOS

Em que pese o conceito estrito de inelegibilidade, na forma apontada pela teoria clássica, não enfrente tanta resistência na doutrina, a situação se altera profundamente quando os

94. A relevância da matéria constitucional também encontra ressonância nos arts. 223, *caput* e § 3º, e 259, *caput* e parágrafo único, do CE, que preveem a preclusão dos prazos para interposição dos recursos, mas ressalvam quando neles se discutirem matéria constitucional ou nulidade com fundamento na CF/88, de modo que, mesmo perdido o prazo recursal, as temáticas poderão ser tratadas em outra fase do processo eleitoral. De modo semelhante, a Súmula n.º 11 do TSE afirma que "No processo de registro de candidatos, o partido que não o impugnou não tem legitimidade para recorrer da sentença que o deferiu, salvo se se cuidar de matéria constitucional".

estudiosos comparam semanticamente as expressões elegibilidade e inelegibilidade. Nessa atividade, mesmo os doutrinadores havidos por tradicionais terminam por ampliar, intencionalmente ou não, o alcance jurídico do termo *inelegibilidade* para considerá-lo, de modo geral, como o oposto da elegibilidade, o que resulta na (equivocada) ideia de que o indivíduo será considerado *inelegível* tanto se desatender as condições de elegibilidade como se incidir numa causa de inelegibilidade[95].

Seguindo esse entendimento, Adriano Soares da Costa faz referência à mencionada classificação das inelegibilidades em *inatas* e *cominadas*, que se diferenciam por causa da licitude ou ilicitude da conduta humana que a desencadeou, englobando, portanto, dentro do conceito de inelegibilidade, o não cumprimento das condições de elegibilidade e a configuração de causas de inelegibilidade. Para o autor, em ambas as situações, haverá o óbice à capacidade eleitoral passiva e, por essa razão, todas essas hipóteses ensejam a inelegibilidade do cidadão[96].

Essa conclusão encontra razoável suporte em dispositivos da legislação infraconstitucional, que tratam a inelegibilidade em sentido amplo. É o que se verifica, por exemplo, no art. 2º da LC n.º 64/1990, que diz competir à Justiça Eleitoral "conhecer e decidir as argüições de inelegibilidade", e no art. 15 da mesma norma,

---

95. É o que afirmam Flávio Cheim Jorge *et al.*: "Em nosso sentir, não há razões para negar a atribuição do adjetivo *inelegível* àqueles que *não preenchem as condições de elegibilidade*, pois, nossa Constituição, seguindo a tradição histórica, utiliza-se de técnica na qual se exige a conjugação de dois requisitos para obtenção da elegibilidade, quais sejam, o atendimento às condições de elegibilidade e a ausência das causas de inelegibilidade. Enfim, quem não preenche tais condições não cumpre um dos requisitos para ser elegível." (*Curso de direito eleitoral* ..., cit., p. 108, grifos dos autores). De modo parecido, afirma Lourival Serejo que "se o candidato não atender às condições de elegibilidade será considerado inelegível" (*Direito eleitoral* ..., cit., p. 58).

96. Compartilhando essa posição, cfr. CONEGLIAN, Olivar Augusto Roberti. *Inelegibilidade* ..., cit., pp. 76-77; NIESS, Pedro Henrique Távora. *Direitos Políticos* ..., cit., p. 27; STOCO, Rui; STOCO, Leandro de Oliveira. *Legislação eleitoral interpretada:* doutrina e jurisprudência. 6ª ed., rev., atual. e ampl., São Paulo: Revista dos Tribunais, 2016, p. 220.; e JARDIM, Torquato. *Direito Eleitoral Positivo:* conforme a nova lei eleitoral. 2ª ed., Brasília: Livraria e Editora Brasília Jurídica, 1998, p. 69.

que alude à decisão que "declarar a inelegibilidade", sendo pacífica a interpretação de que o signo *inelegibilidade* contido nessas regras alcança também a apreciação das alegações de descumprimento de condição de elegibilidade e dos requisitos formais do processo de registro de candidatura[97].

Em resumo, a expressão *inelegibilidade*, no entendimento de parte da doutrina e da exegese de certos dispositivos legais, significa tanto a incidência das estritas hipóteses de inelegibilidade (na versão defendida pela teoria clássica) como o não atendimento às condições de elegibilidade, conclusão que é assim sintetizada por ADRIANO SOARES DA COSTA: "A inelegibilidade, destarte, configura a proibição que impossibilita a candidatura do interessado. Noutros termos, são, elegibilidade e inelegibilidade, verso e reverso de uma mesma moeda."[98].

Com as vênias cabíveis, a classificação das inelegibilidades em inatas e cominadas não é adequada para a escorreita compreensão dos institutos jurídicos eleitorais, porquanto, como dito e vale repetir, a teoria da elegibilidade (e da inelegibilidade) deve ser extraída do direito posto e não apenas do sentido morfológico ou semântico das palavras que nomeiam tais institutos[99]. O caminho para construção doutrinária séria e coerente não deve se basear na simplicidade de afirmar que, por serem elegibilidade e inelegibilidade palavras de conteúdo literal antônimo (uma é a aptidão de ser eleito; a outra, inaptidão de ser eleito), todas as demais consequências jurídicas e os efeitos decorrentes das variadas e complexas questões eleitorais serão solucionadas apenas a partir dessa perspectiva inicial de avaliação[100].

---

97. Cfr. GOMES, José Jairo. *Direito Eleitoral* ..., cit., pp. 228 e 452.

98. *Instituições de Direito Eleitoral* ..., cit., p. 49.

99. Perceba-se que tanto se refuta a teoria clássica por, supostamente, buscar argumentos para embasar decisões políticas previamente adotadas – o que tornaria sem sentido os arranjos dogmáticos da teoria da elegibilidade –, que os doutrinadores críticos não percebem que eles cometem o mesmo equívoco, ao fundar suas conclusões em raciocínios que não encontram embasamento no ordenamento positivo.

100. É o que defende, com extrema precisão, ANTÔNIO CARLOS MENDES: "Entretanto, a interpretação literal implica equívocos conceituais que desnaturam esse instituto

Ao contrário do apontado, o que se tem como certo é que "a inelegibilidade não é o oposto da elegibilidade, ainda que aquela possa restringir o exercício desta"[101], uma vez que os dois institutos jurídicos estão situados em planos jurídicos diferentes. A elegibilidade é o direito público subjetivo de ser votado, que conta com requisitos específicos para sua configuração, sendo um deles a não incidência de inelegibilidade, cujo conceito, por sua vez, deve ser compreendido de forma restrita, alcançando apenas as situações assim definidas na Constituição Federal ou em lei complementar que impedem o exercício da elegibilidade[102].

Sobre o assunto, em festejado artigo publicado em 1976, o Min. do STF, José Carlos Moreira Alves, trouxe à tona a expressão *não elegibilidade*, para abranger "o resultado da não ocorrência de qualquer desses dois requisitos"[103], isto é, o preenchimento das condições de elegibilidade e a não incidência em inelegibilidade. Acrescentou o autor, em tom de crítica, que, apenas em razão de o descumprimento desses requisitos gerarem o mesmo efeito de impedir o direito de ser votado, "o substantivo *inelegibilidade* (e o mesmo sucede com o adjetivo inelegível) é

---

jurídico. A rigor, inelegibilidade não traduz a ausência do 'ius honorum'. Não se encarta, pois, no campo do reconhecimento pela ordem jurídica do direito público subjetivo de ser votado. A consequência material é idêntica: *a impossibilidade da apresentação da candidatura ao eleitorado.* Elegibilidade e inelegibilidade, porém, são institutos jurídicos distintos e não podem ser tomados, segundo o significado literal, como o verso e o reverso da mesma realidade normativa." (*Introdução à teoria das inelegibilidades* ..., cit., p. 108, grifos do autor).

101. CONEGLIAN, Olivar Augusto Roberti. *Inelegibilidade* ..., cit., p. 72.

102. Em posição semelhante, mas com foco no direito português, Jorge Miranda distingue os requisitos de elegibilidade ou capacidade eleitoral ativa, que "são sempre absolutos e de natureza institucional"; das inelegibilidades ou incapacidades passivas, as quais constituem "os factos ou atributos que em especial impedem o aceder à qualidade de destinatário do ato eletivo" (*Direito Eleitoral* ..., cit., p. 119).

103. "Pressupostos de Elegibilidade e Inelegibilidade". In: Tribunal Superior Eleitoral, *Estudos Eleitorais*, vol. 11, n.º 2, Brasília, 2016, p. 235. Disponível em: <http://bibliotecadigital.tse.jus.br/xmlui/handle/bdtse/4755>, acesso em: 28/8/2019. Artigo publicado originariamente em BUGARIN, Bento et al. (coord.). *Estudos de Direito Público em homenagem a Aliomar Baleeiro*. Brasília: Universidade de Brasília, 1976.

geralmente empregado para significar tanto os casos de ausência de pressuposto de elegibilidade quanto os impedimentos que obstam à elegibilidade"[104].

Embora não tenha aprofundado o exame do tema, o Min. MOREIRA ALVES apresentou uma categorização incipiente das situações que impedem o exercício da elegibilidade, utilizando a locução *não elegibilidade* como gênero, que compreenderia dois obstáculos autônomos à capacidade eleitoral passiva: (i) o não preenchimento das condições de elegibilidade; e (ii) a incidência de hipótese legal ou constitucional de inelegibilidade.

ADRIANO SOARES DA COSTA, ao comentar esses ensinamentos, aduziu ser "impróprio falar-se em não elegibilidade, como se fosse algo distinto da inelegibilidade, sobretudo porque o ordenamento jurídico – base empírica de qualquer teoria jurídica – não faz menção a essa situação jurídica, sacando-lhe consequências"[105]. Não obstante, a despeito da falta de previsão expressa na legislação eleitoral, circunstância que, por si só, não impede a sua utilização doutrinária, a expressão *não elegibilidade* e o adjetivo que dela resulta, *não elegível*, definem com maior exatidão técnica a situação jurídica da pessoa que, por diversos motivos, não pode exercer a capacidade eleitoral passiva.

Com efeito, dizer que uma pessoa é *inelegível* porque desatendeu a uma condição de elegibilidade, embora possa aparentar um sentido lógico e racional, não se coaduna com a técnica legislativa do Constituinte, que entendeu por bem separar conceitualmente o preenchimento dos requisitos positivos da elegibilidade da incidência das causas de inelegibilidade[106]. O adjetivo *inelegível*

104. *Ibidem*, p. 235, grifos do autor.

105. *Instituições de Direito Eleitoral*..., cit., p. 78.

106. TUPINAMBÁ MIGUEL CASTRO DO NASCIMENTO, depois de afirmar ser equivocada a noção de que "elegibilidade e inelegibilidade seriam as duas faces da mesma moeda" (*Lineamentos de Direito Eleitoral*..., cit., p. 65), refere-se ao signo não elegibilidade, em contraponto à inelegibilidade, e aduz que "mesmo os técnicos estão sujeitos à *gramaticalização* dos conceitos, usando genericamente o termo inelegível para as duas situações" (*Ibidem*, p. 66, grifos do autor). Ao final, sugere o autor, como "diferença didática para solução do problema ditado pela semântica gramatical"

somente pode ser utilizado para designar aquele que estiver sujeito à incidência de uma causa típica de inelegibilidade, jamais para o cidadão que desatendeu a uma condição de elegibilidade[107] ou a um requisito formal do registro de candidatura[108], o qual pode ser considerado apenas como *não elegível*, no estrito rigor da técnica jurídico-constitucional[109]. Ser inelegível, portanto, representa o *status* do indivíduo perante o Estado, que se vê impossibilitado de concorrer a um cargo eletivo por incidir numa causa específica de inelegibilidade regularmente prevista em ato normativo[110].

(*Ibidem*, p. 66), a classificação como inata ou de primeiro grau da inelegibilidade do art. 14, § 3º, CF/88, e de inelegibilidade de segundo grau, as demais causas que obstaculizam a elegibilidade.

107. Nesse sentido, Olivar Augusto Roberti Coneglian discorda, em razão de sua imprecisão técnica, da utilização do vocábulo *inelegível* para designar a pessoa que não preencheu as condições de elegibilidade, asseverando que "se fosse entendida qualquer impossibilidade de a pessoa concorrer em determinado pleito, como sendo uma inelegibilidade, todas as hipóteses teriam que ser reguladas por lei complementar" (*Inelegibilidade* ..., cit., p. 74). De igual modo, leciona Márlon Jacinto Reis: "Não é correto afirmar que toda e qualquer circunstância capaz de afastar do nacional o direito eleitoral passivo constitui obrigatoriamente uma inelegibilidade. Pode até sê-lo no plano fático, ou para o conhecimento vulgar, mas não em termos de Ciência do Direito Eleitoral." ("A Constitucionalidade do art. 41-A da Lei das Eleições". *Revista Paraná Eleitoral*, n.º 56, Curitiba, 2005, p. 115. Disponível em: <http://www.tre-pr.jus.br/o-tre/revista-parana-eleitoral/acervos-1/parana-eleitoral-acervo>, acesso em: 19/4/2020).

108. Vide ensinamento de Walber de Moura Agra: "Todavia, ainda que haja essas consequências no plano fático, é necessário atentar que o não cumprimento do processo formal não torna o pré-candidato inelegível, mas sua candidatura tão somente não é registrada, tornando-o não elegível. São duas questões diversas, na incidência da causa de inelegibilidade o pré-candidato não pode exercer seu direito de sufrágio passivo por faltar-lhe o *jus honorum*; na ausência dos requisitos de registrabilidade, por não ter produzido os documentos necessários, não há acinte algum a sua honorabilidade." ("Requisitos de registrabilidade" ..., cit., p. 244).

109. Edson de Resende Castro, embora aceite o uso genérico do signo inelegibilidade para designar a ausência de condições de elegibilidade ou a presença de inelegibilidade típica, aduz que "na verdade, e a rigor, causas de inelegibilidade são apenas aquelas previstas no art. 14, §§ 4º, 6º e 7º da CF, e as da Lei Complementar n. 64/90, ou seja, as que se convencionou chamar de inelegibilidades próprias" (*Curso de Direito Eleitoral* ..., cit., p. 148).

110. Rodrigo López Zilio sintetiza a questão: "Do exposto, adotada a concepção da Teoria Clássica, o não-elegível não encontra correspondência com o substantivo inelegibilidade, embora a similitude de efeitos. De fato, é considerado não-elegível

No propósito de distinguir tecnicamente os institutos jurídicos em exame, partindo-se da ideia esboçada por Moreira Alves, mas avançando um pouco mais, considerando notadamente a superveniência normativa de outras situações que afetam a elegibilidade, é possível consignar que a *não elegibilidade* é a situação jurídica de restrição da elegibilidade do cidadão pela ocorrência das seguintes hipóteses fáticas ou jurídicas:

i) descumprimento das condições de elegibilidade;

ii) não atendimento aos requisitos formais do pedido de registro de candidatura;

iii) incidência de uma específica causa de inelegibilidade, identificada como a situação de impedimento expressamente prevista na CF/88 ou na LC n.º 64/1990;

iv) cominação das penas de cassação ou cancelamento do registro de candidatura, diploma ou mandato em razão de atos ilícitos eleitorais na campanha eleitoral; e

v) aplicação da sanção de inabilitação para o exercício de função pública.

Estabelecido o conteúdo da situação de não elegibilidade, torna-se correto assentar, por outro lado, que a *elegibilidade* será verificada quando houver: (i) o atendimento às condições de

aquele que ainda não implementou as condições de elegibilidade, ao passo que somente é inelegível (em sentido estrito) aquele que, embora preenchidas as condições de elegibilidade, incidiu em uma das causas de inelegibilidade." (*Direito Eleitoral* ..., cit., p. 210). Em igual posição, Marcelo Roseno de Oliveira: "A inelegibilidade, com efeito, não pode ser tomada como mera ausência ou perda da elegibilidade, ou como similar à ausência do direito de ser votado. Este, como visto, é resultado da relação estabelecida entre requisitos (positivos ou negativos) de três categorias, das quais, é certo, podem decorrer efeitos que o afetarão. Em suma, as inelegibilidades conduzem à ausência do direito de ser votado, todavia a falta deste não corresponderá necessariamente à presença daquelas, pois tal pode decorrer da ausência de condições de elegibilidade ou mesmo do indeferimento ou cassação do registro de candidatura." ("As inelegibilidades decorrentes da prática de ilícitos eleitorais: reflexões sobre o perfil da nova alínea 'j', do art. 1º, inciso I, da Lei Complementar nº 64/1990". In: REIS, Márlon Jacinto *et al.* (coord.). *Ficha Limpa: Lei complementar n.º 135* ..., cit., p. 202).

elegibilidade; (ii) o cumprimento das exigências instrumentais do registro de candidatura; (iii) a inocorrência de causa de inelegibilidade; (iv) a não apenação do candidato na cassação do seu registro ou diploma por conta de ilicitudes durante o processo eleitoral[111]; e (v) a ausência de sanção de inabilitação para o exercício de função pública.

É certo que as situações jurídicas de inelegibilidade e as demais de não elegibilidade acarretam uma mesma consequência prática, consistente na impossibilidade de se registrar validamente a candidatura e de exercer a elegibilidade[112]. Contudo, a distinção técnica entre as referidas categorias é evidente, porque o termo *inelegibilidade* só deve ser utilizado para se referir às causas específicas identificadas no ordenamento positivo, de modo que as tentativas de tratar conceitualmente todas as situações apontadas como se fossem inelegibilidades têm o único intuito de confundir e embaralhar a teoria da elegibilidade, quiçá apenas para servir de referência teórica na tentativa de resolução de problemas jurídicos pontuais.

Ademais, conforme será explicado oportunamente, nas situações compreendidas como de não elegibilidade, à exceção das relativas ao descumprimento dos pressupostos materiais e formais da elegibilidade, não se faz a análise dos elementos atinentes à configuração do direito à elegibilidade, isto é, não há aferição da existência dos requisitos gerais para deferimento do registro de candidatura. Consistem tais hipóteses apenas em penalidades que são aplicadas em decorrência da prática de atos ilícitos (eleitorais

111. Para MARCELO ROSENO DE OLIVEIRA, o direito de ser votado será garantido ao cidadão que "c) requeira e obtenha o registro de candidatura, e se conduza de modo a mantê-lo durante todo o desenrolar da campanha eleitoral, evitando o cometimento dos diversos ilícitos atualmente previstos em legislação infraconstitucional, puníveis com a sua cassação." ("As inelegibilidades decorrentes da prática de ilícitos eleitorais ..." ..., cit., p. 201).

112. Cfr. COSTA, Adriano Soares da. *Instituições de Direito Eleitoral* ..., cit., p. 78; e CAVALCANTE, André Nogueira. *Ficha limpa e presunção de inocência: da inelegibilidade por condenação criminal não definitiva.* 1ª ed., São Paulo: Letras Jurídicas, 2016, p. 86.

ou não) e que acarretam efeitos jurídicos impeditivos ao exercício da elegibilidade e, em geral, incidem em momento posterior à definição das candidaturas ou da própria eleição.

Não se pode admitir, por fim, a referência isolada aos arts. 2º e 15 da LC n.º 64/1990 para compreensão da natureza jurídica da inelegibilidade, uma vez que há um maior apuro técnico em outros trechos da legislação eleitoral, em que se extrai das expressões *inelegibilidade* e *inelegível(is)* apenas a situação típica formal de impedimento à candidatura. De fato, essa melhor técnica legislativa é verificada em toda a Lei Complementar n.º 64/1990 e em vários dispositivos da Lei das Eleições (art. 11, *caput* e § 10, e art. 13) e do Código Eleitoral (arts. 22, I, "j"[113]; 97, § 3º; 175, §§ 3º e 4º; e 262), o que justifica a diferenciação técnico-jurídica entre a inelegibilidade e as demais situações impeditivas da candidatura.

Em conclusão, o oposto da *elegibilidade* (direito) é a *não elegibilidade*, conceito que abarca o gênero de situações que indicam a ausência ou perda da elegibilidade, no qual se incluem os casos de desatendimento às condições de elegibilidade e aos requisitos formais do processo de registro de candidatura, de incidência de *inelegibilidade* (impedimento legal ou constitucional à elegibilidade) e, eventualmente, de aplicação das penas de cassação ou cancelamento do registro de candidatura, diploma ou mandato por atos ilícitos eleitorais, ou de inabilitação para o exercício de função pública.

2.4 CONDIÇÕES DE ELEGIBILIDADE E CAUSAS DE INELEGIBILIDADE: DIFERENÇAS ESSENCIAIS

Um aspecto importante na teoria da elegibilidade consiste em compreender as diferenças conceituais entre as condições de elegibilidade e as causas de inelegibilidade. Nesse propósito,

113. Regra que prevê a competência do TSE para julgar "a ação rescisória, nos casos de inelegibilidade", conceito que abrange exclusivamente as hipóteses típicas de inelegibilidade, conforme apontado na Súmula n.º 33 do TSE ("Somente é cabível ação rescisória de decisões do Tribunal Superior Eleitoral que versem sobre a incidência de causa de inelegibilidade.").

busca-se identificar quais os parâmetros para definir se uma situação fática ou jurídica pode ser tratada, na legislação, como condição de elegibilidade ou inelegibilidade e, por consequência, avaliar se o legislador é livre para escolher a qualificação do fato jurídico como lhe convém ou se há elementos jurídicos que indiquem o caminho nessa construção normativa.

A primeira distinção é de natureza formal. As condições de elegibilidade são aquelas estabelecidas na Constituição Federal ou através de *lei ordinária*, que é uma das espécies de atos normativos infraconstitucionais previstos no art. 59 da CF/88, cuja aprovação se dá por maioria simples no Parlamento. As causas de inelegibilidade, por sua vez, devem estar consignadas também na Carta Magna ou por meio de *lei complementar*, ato normativo que exige a votação por maioria absoluta para aprovação no Congresso Nacional[114].

Com relação à questão de mérito, para a teoria tradicional da elegibilidade, a diferença principal entre os institutos é que as condições de elegibilidade são requisitos de ordem objetiva exigidos do indivíduo que pretende se lançar como candidato; já as hipóteses de inelegibilidade são pressupostos negativos, que não devem se manifestar no mundo concreto, para não impedir o exercício do direito de ser votado[115].

A base doutrinária dessa diferenciação vem da antiga e lapidar lição do Min. José Carlos Moreira Alves que, pela importância, merece ser transcrita[116]:

114. Nesse sentido, em decisão na Medida Cautelar na ADI n.º 1.063 (j. 18/5/1994, DJ de 27/4/2001), o STF assinalou que "Os requisitos de elegibilidade não se confundem, no plano jurídico-conceitual, com as hipóteses de inelegibilidade, cuja definição – além das situações já previstas diretamente pelo próprio texto constitucional (CF, art. 14, §§ 5º a 8º) – só pode derivar de norma inscrita em lei complementar (CF, art. 14, § 9º)".

115. Cfr. ROLLO, Artur Luis Mendonça. "Condições de elegibilidade" ..., cit., p. 44; e GUEDES, Néviton, "Comentários aos artigos 14 a 16 da Constituição Federal" ..., cit., p. 677.

116. "Pressupostos de Elegibilidade e Inelegibilidade" ..., cit., pp. 234-235, grifos do autor. Neste ensaio jurídico, ao analisar o § 3º do art. 67 da Lei n.º 5.682/1971

Não há que confundir, em face de nosso sistema constitucional, *pressupostos (ou condições) de elegibilidade e inelegibilidades*, embora a ausência de qualquer daqueles ou a incidência de qualquer destas impeça alguém de poder candidatar-se a eleições municipais, estaduais ou federais.

Pressupostos de elegibilidade são requisitos que se devem preencher para que se possa concorrer a eleições. Assim, estar no gozo de direitos políticos, ser alistado como eleitor, estar filiado a partido político, ter sido escolhido como candidato do partido a que se acha filiado, haver sido registrado, pela Justiça Eleitoral, como candidato por esse partido.

Já as *inelegibilidades* são impedimentos que, se não afastados por quem preencha os pressupostos de elegibilidade, lhe obstam concorrer a eleições, ou – se supervenientes ao registro ou se de natureza constitucional – servem de fundamento à impugnação de sua diplomação, se eleito. Não podem eleger-se, por exemplo, os que participam de organização cujo programa ou ação contraria o regime democrático; os declarados indignos do oficialato ou com ele incompatíveis; os que tiveram seus bens confiscados por enriquecimento ilícito.

Portanto, para que alguém possa ser eleito, precisa preencher pressupostos (requisito positivo) e não incidir em impedimentos (requisito negativo). Quem não reunir essas duas espécies de requisitos – o positivo (preenchimento de pressupostos) e o negativo (não incidência em impedimentos) – não pode concorrer a cargo eletivo.

("Desligado de um partido e filiado a outro, o eleitor só poderá candidatar-se a cargo eletivo após o decurso do prazo de 2 (dois) anos da data da nova filiação."), Moreira Alves concluiu se tratar a norma de uma condição de elegibilidade, por revelar um "requisito positivo (preenchimento de prazo de carência)" (*Ibidem*, p. 237), e, portanto, que foi editada sem vício formal de inconstitucionalidade. Igual conclusão foi externada por Carlos Eduardo Thompson Flores Lenz, no artigo "Inelegibilidade no Direito brasileiro". *Estudos Jurídicos*, vol. 20, n.º 48, 1987, pp. 80-81.

Sem embargo da excelência dos ensinamentos, a diferenciação entre as condições de elegibilidade e as causas de inelegibilidade não deve se pautar unicamente na perspectiva de verificar se a exigência contida na lei eleitoral envolve a adoção de uma atuação positiva ou negativa do cidadão. Tal *discrímen* serve como relevante ponto de partida para se entender a distinção entre as referidas categorias, mas deve ser complementado pela avaliação do conteúdo material da obrigação imposta na lei eleitoral e de sua pertinência temática e normativa com uma das espécies dos pressupostos gerais da elegibilidade.

Nesse sentido, ao se observar os fundamentos e objetivos dos institutos jurídicos, compreende-se que o conceito de inelegibilidade tem estrita relação com a necessidade de preservação do interesse público de moralidade e legitimidade das eleições, constituindo "uma medida destinada a defender a democracia contra possíveis e prováveis abusos"[117]. Todas as causas de inelegibilidade legais encerram (ou devem encerrar) a concretização dos valores constitucionais do art. 14, § 9º, CF/88, anunciados anteriormente.

Já as condições de elegibilidade são, em sua maioria, apenas critérios pessoais, básicos e objetivos, de qualificação do postulante a um cargo eletivo[118]. O fundamento que justifica a instituição de condições de elegibilidade diz respeito tão somente à necessidade de garantir o cumprimento de um plexo de obrigações legais visando a permitir a disputa nas eleições para todos, indistintamente[119]. São diversas as condições de elegibilidade, cada uma com justificação axiológica e objetivos específicos, mas todas elas

117. FERREIRA FILHO, Manoel Gonçalves. *Curso de direito constitucional* ..., cit., p. 144.

118. A mesma separação finalística se verifica no direito português entre os requisitos de elegibilidade e as inelegibilidades, consoante magistério de JORGE MIRANDA: "É patente a diferença no cotejo das incapacidades ativas. Estas visam apenas assegurar o sufrágio em condições de consciência e liberdade, ao passo que nas inelegibilidades se trata de salvaguarda do próprio Estado ou da salvaguarda contra abusos de poder que venham a ser cometidos." (*Direito Eleitoral* ..., cit., p. 120).

119. Cfr. AGRA, Walber de Moura. *Temas Polêmicos do Direito Eleitoral*. 2ª ed., rev., ampl. e atual., Belo Horizonte: Fórum, 2018, p. 185.

vinculadas ao mesmo propósito de fixação de encargos mínimos para avaliação inicial da existência do direito à elegibilidade.

Adriano Soares da Costa, em mais uma de suas classificações, refere-se às condições de elegibilidade como *próprias* e *impróprias*, asseverando que o desatendimento a tais requisitos implicaria na denominada inelegibilidade *inata*. As primeiras condições, de modo semelhante ao que aponta a teoria clássica, consistem naquelas do art. 14, § 3º da CF/88; já as impróprias seriam "a alfabetização (art. 14, § 4º, CF/88), as especiais para militares (art. 14, § 8º), a indicação pelo partido em convenção (art. 94, § 1º, I, CE) e a desincompatibilização (art. 14, §§ 6º e 7º, CF/88)"[120]. Conclui o autor que "as condições de elegibilidade próprias e impróprias não são apenas requisitos positivos, mas também negativos (não ser analfabeto, não estar incompatível, não estar com os direitos políticos suspensos etc.)"[121].

Do conjunto das condições de elegibilidade próprias e impróprias citadas pelo autor, apenas a indicação do candidato em convenção partidária e a referência à não suspensão dos direitos políticos é que podem ser compreendidas, de certo modo, dentro do conceito jurídico de condições de elegibilidade, mas não necessariamente se deve admitir uma conotação negativa do encargo legal, especialmente porque a legislação assim não estabeleceu.

Com relação à indicação em convenção partidária, trata-se, conforme será mais bem detalhado, de uma condição de elegibilidade em que se exige que o interessado demonstre ter sido escolhido em convenção específica para ser candidato na eleição. É, portanto, um dever positivo a ser atendido, sendo que sua única característica relevante, a merecer distinção, é a circunstância de estar prevista apenas em lei ordinária e não na CF/88, como ocorre com a maioria das condições de elegibilidade.

---

120. *Instituições de Direito Eleitoral* ..., cit., p. 83. Peter Panutto segue essa linha, enquadrando, nas condições de elegibilidade impróprias, o alfabetismo, a escolha em convenção partidária, a desincompatibilização e a quitação eleitoral (*Inelegibilidades* ..., cit., pp. 55-68).

121. *Instituições de Direito Eleitoral* ..., cit., p. 196.

No tocante à alusão aos direitos políticos, cuja plenitude de gozo constitui uma das condições de elegibilidade prevista no art. 14, § 3º, II, CF/88, até se admite, em tese, um possível tratamento legislativo da questão como um requisito de ordem negativa. De fato, a depender do ponto de vista de análise, a aludida condição de elegibilidade pode ser avaliada como a situação do indivíduo de se encontrar no gozo pleno dos direitos políticos (dever objetivo) ou de não ter os seus direitos políticos suspensos ou perdidos (aspecto negativo). Todavia, esse é um tratamento meramente interpretativo de fatos do mundo real, que podem ser apreciados pelo que são ou pelo que não são, mas não implica em alteração de suas naturezas jurídicas, para extrair consequências que o ordenamento jurídico não admite. No caso, com relação ao gozo dos direitos políticos, o certo é considerá-lo um requisito de ordem positiva, porquanto o que a CF/88 exige é que o cidadão esteja na fruição da plenitude de seus direitos políticos.

De outro vértice, no que se refere aos apontamentos de ADRIANO SOARES DA COSTA sobre as supostas exigências positivas do alfabetismo e da desincompatibilização (o que inclui as regras de elegibilidade dos militares), mostra-se indevido o enquadramento destas situações como condições de elegibilidade, buscando o autor, através de um jogo de palavras e conceitos semânticos, desvirtuar a norma constitucional que estabelece que são, em verdade, o analfabetismo e a incompatibilidade, as inelegibilidades estabelecidas na ordem jurídica.

Mostra-se importante, pois, a análise específica das situações discriminadas, bem assim a dos inalistáveis, com vistas à definição de suas conformações na teoria da elegibilidade.

2.4.1 Analfabetismo e alfabetização

O art. 14, § 4º, CF/88 estabelece que os analfabetos são inelegíveis e, portanto, não podem receber votos, permitindo-lhes, facultativamente, o alistamento eleitoral e o voto.

Exige-se, assim, que o candidato seja regularmente alfabetizado na língua portuguesa, que saiba minimamente ler e escrever, uma vez que, caso eleito, assumirá cargos de representação política no Estado e precisa compreender adequadamente o conteúdo da linguagem escrita, notadamente os que forem escolhidos para ocupar as casas legislativas, que têm como objeto principal a elaboração de atos normativos.

Sucede que, para fins eleitorais, o conceito de analfabetismo deve ser interpretado de modo restrito, alcançando apenas aquelas pessoas que não conseguem, efetivamente, ler nem escrever. Não se impõe ao candidato a cognição perfeita de um texto escrito ou a elaboração de frases ou sentenças de modo adequado, o que se afere é apenas a capacidade de ler frases singelas e entender as estruturas fundamentais da linguagem, para que se possa exercer satisfatória e honestamente as funções de homem público e representante do eleitorado.

A comprovação da alfabetização pode ser demonstrada por diversas formas. Nas Resoluções do TSE que disciplinam as eleições, exige-se geralmente a apresentação de comprovante de escolaridade ou, em caso de ausência, a confecção de declaração de próprio punho do candidato perante a autoridade judiciária[122]. Persistindo a dúvida sobre a condição de alfabetizado, permite-se que o Juiz Eleitoral realize teste específico para avaliar a capacidade de compreensão do candidato, o que deverá ser feito de forma reservada e individualmente, para não lhe acarretar nenhum constrangimento.

Sobre o tema de fundo, impõe afirmar que a CF/88 é cristalina em tratar os analfabetos como inelegíveis. ADRIANO SOARES DA COSTA, porém, invertendo o sentido lógico de percepção da norma, identifica a existência da suposta condição de elegibilidade consistente em ser o indivíduo alfabetizado ou, em suas palavras, "não ser analfabeto"[123]. Em certos termos, até se reco-

122. Vide art. 27, § 5º, da Resolução TSE n.º 23.609/2019. Ainda sobre o tema, o TSE editou as Súmulas n.º 15: "O exercício de mandato eletivo não é circunstância capaz, por si só, de comprovar a condição de alfabetizado do candidato."; e n.º 55: "A Carteira Nacional de Habilitação gera a presunção da escolaridade necessária ao deferimento do registro de candidatura".

123. Cfr. *Instituições de Direito Eleitoral* ..., cit., pp. 135-137.

nhece possível academicamente discutir sobre eventual equívoco técnico do legislador constituinte, que poderia ter enquadrado a situação fática de forma distinta, exigindo, por exemplo, a comprovação da escolaridade como uma condição de elegibilidade[124]. Todavia, não há como fugir da disposição constitucional vigente, que é inequívoca e demonstra claramente o tratamento da situação do analfabetismo como inelegibilidade.

A rigor, portanto, não há uma diferenciação significativa entre a situação do analfabetismo, enquadrada como inelegibilidade, e o dever de comprovar a alfabetização, que poderia ser uma condição de elegibilidade, se assim prevista na legislação eleitoral. O que diferencia uma situação da outra, no particular, é apenas a perspectiva do legislador constituinte que optou por enquadrar o fato jurídico como inelegibilidade, cuja opção deve ser seguida e respeitada pelos doutrinadores do Direito Eleitoral.

2.4.2 Incompatibilidades

A doutrina faz alusão ao signo *incompatibilidade*[125] para definir uma situação específica de impedimento à candidatura, isto é, uma causa especial de inelegibilidade caracterizada pelo não afastamento de cargo, emprego ou função titularizado pelo pretenso candidato, ou por seu parente, no prazo definido pela lei eleitoral, antes das eleições[126]. As incompatibilidades são "impedimentos

124. ANTÔNIO CARLOS MENDES já antecipara essa linha de raciocínio, ao aduzir que, "embora catalogado como inelegível pelo art. 14, § 4º da CF/88, saber 'ler e escrever' é condição subjetiva de 'elegibilidade' e, assim, a exemplo da idade mínima, o iletrado não incide em inelegibilidade. Rigorosamente, o analfabeto não possui um dos requisitos subjetivos de elegibilidade." (*Introdução à teoria das inelegibilidades* ..., cit., p. 121).

125. Há também referências ao vocábulo incompatibilidade nos arts. 3º e 97, § 3º, CE, bem como na redação original do art. 262, CE, que a estabelecia como hipótese de cabimento do RCED. Já nos §§ 6º a 8º do art. 14 da CF/88 e nos incisos II a VII do art. 1º da LC n.º 64/1990, são fixadas as regras sobre os prazos de desincompatibilização.

126. Cfr. TENÓRIO, Rodrigo. *Direito Eleitoral* ..., cit., p. 170; e GOMES, José Jairo. *Direito Eleitoral* ..., cit., p. 239, sendo que a incompatibilidade por razão de parentesco consta no § 7º do art. 14 da CF/88.

contornáveis que se não forem superados, barram a disputa para os cargos eletivos, desde o início, impedindo a obtenção do necessário registro de candidatura"[127].

A propósito, não se deve confundir a incompatibilidade, como espécie de inelegibilidade que impede previamente a participação do candidato na eleição, de um outro tipo de incompatibilidade, referente ao impedimento à efetiva assunção ou exercício de cargo eletivo em razão da ocupação de outro cargo, função ou de determinada situação jurídica[128]. Nesta última hipótese, estão as vedações do art. 54 da CF/88, dirigidas aos membros do Congresso Nacional desde a expedição do diploma ou a posse, ou seja, após a eleição[129], valendo dizer que, para esse tipo de incompatibilidade, cabe apenas ao Legislativo – e não ao Judiciário – apurar a sua ocorrência e decretar a perda do mandato eletivo, na forma do art. 55, I, CF/88[130].

---

127. ROLLO, Alberto Luis Mendonça. "Desincompatibilização", in ROLLO, Alberto (org.). *Elegibilidade e inelegibilidade* ..., cit., p. 219.

128. No direito português, Jorge Miranda expõe o seguinte sobre o tema: "Das inelegibilidades distinguem-se as incompatibilidades, as quais também podem ser absolutas ou relativas. As incompatibilidades absolutas, decorrentes da titularidade ou do exercício de certo cargo, impedem a eleição para outro cargo. As incompatibilidades relativas, essas, sem pôr em causa o processo designativo, apenas envolvem a necessidade de reconhecer a perda ou suspensão do mandato ou do exercício de um dos cargos ou atividades (ou, mais raramente, de ambos) e a nulidade dos atos jurídicos praticados no âmbito de uma das funções." (*Direito Eleitoral* ..., cit., pp. 119-120). Em semelhante posição, cfr. CANOTILHO, José Joaquim Gomes; MOREIRA, Vital. *Constituição da República* ..., cit., pp. 678-679; e MENDES, Maria de Fátima Abrantes; MIGUÉIS, Jorge. *Lei Eleitoral da Assembleia da República.* 4ª reedição, actualizada, anotada e comentada com os resultados eleitorais de 1976 a 2002. Torres Novas: Gráfica Almondina, 2005, p. 12.

129. José Afonso da Silva explica a diferença entre as inelegibilidades e as incompatibilidades do art. 54, CF/88, aduzindo que estas "São regras que impedem o congressista de exercer certas ocupações ou praticar certos atos cumulativamente com seu mandato. Constituem, pois, impedimentos referentes ao exercício do mandato. Referem-se ao eleito. Não interditam candidaturas, nem anulam a eleição de quem se encontre em situação eventualmente incompatível com o exercício do mandato." (*Curso de direito constitucional* ..., cit., p. 543).

130. Cfr. LENZ, Carlos Eduardo Thompson Flores. Pressupostos de elegibilidade e inelegibilidades no Direito Constitucional brasileiro. *Revista de Doutrina da 4ª Região,*

O fundamento da incompatibilidade (inelegibilidade) está relacionado diretamente ao princípio da isonomia dos candidatos na campanha eleitoral, com o fim de impedir a indevida influência que o exercício de cargo público ou de certas funções privadas pode exercer perante o eleitorado, comprometendo a legitimidade das eleições.

A superação da incompatibilidade ocorre através da desincompatibilização, que é o afastamento temporário ou definitivo do cargo, função ou vínculo mantido pelo candidato em entidade de natureza pública ou privada[131]. Esse afastamento deve ser realizado dentro de um prazo específico, contado em meses e que tem como parâmetro o dia da eleição. Por exemplo, se o período de incompatibilidade for de até 6 (seis) meses após o afastamento do cargo, o pretenso candidato deve contar esse prazo do *dia da eleição para trás* e procurar se afastar do cargo anteriormente à data-limite verificada[132].

Como dito, Adriano Soares da Costa inclui, entre as condições de elegibilidade, as regras de elegibilidade dos militares (art. 14, § 8º, CF/88) e as incompatibilidades, aduzindo que o

n.º 58, Porto Alegre, 2014. Disponível em: <https://bdjur.stj.jus.br/jspui/handle/2011/74208>, acesso em: 20/4/2020.

131. Segundo ensina José Alfredo Luiz Jorge, "desincompatibilizar ou tirar a incompatibilidade traz o entendimento de separar, apartar, de suspender ou interromper o exercício de um cargo, ofício ou função para vir a ser eleito, e, para isso, o cidadão candidato deve seguir à risca os mandamentos legais contidos na Lei Complementar n. 64/90, preceito que regula os casos de inelegibilidade" (*Direito eleitoral: causas legais de inelegibilidade:* ação de impugnação de registro: ausência de prova de desincompatibilização. Campinas: Millennium Editora, 2004, p. 69). Aponte-se que, da leitura do extenso rol de incompatibilidades previsto no art. 1º, II a VII, da LC n.º 64/1990, foram elencadas as situações de titulares de cargos específicos, com vínculo permanente (magistrados, membros dos Tribunais de Contas e do Ministério Público) ou de livre nomeação e exoneração, como os Ministros de Estado, Secretários, Comandantes das Forças Armadas, entre outros.

132. O TSE disponibiliza em seu sítio na *internet* o rol exemplificativo dos cargos, empregos e funções e os correspondentes prazos de desincompatibilização com relação às eleições gerais, estaduais e municipais (Fonte: <http://www.tse.jus.br/eleicoes/desincompatibilizacao/desincompatibilizacao>, acesso em: 30/4/2020). Vide tabelas com informações semelhantes em RAMAYANA, Marcos. *Direito Eleitoral* ..., cit., pp. 357-368.

dever objetivo imposto ao candidato é o de se desincompatibilizar no prazo legal. Afirma o autor que a doutrina clássica "não tem dúvidas em colocar a incompatibilidade como causa de inelegibilidade, no sentido de poda do direito de ser votado"[133], mas que, na sua concepção, deve-se entender o fenômeno fático apenas como uma situação de "não incompatibilidade"[134], que é "condição, pressuposto de registrabilidade"[135], sendo, portanto, "defeso classificar a incompatibilidade como espécie de *inelegibilidade cominada*"[136].

Ao contrário do sustentado, o instituto jurídico da incompatibilidade não é visto pela teoria clássica como uma situação de perda do direito à elegibilidade, mas sim como um estado jurídico que impede o seu exercício. Assim, analisar e tratar a incompatibilidade com o significado de dever de desincompatibilização consiste num mero brincar com as palavras, na tentativa de convencer o leitor de que se cuida de uma condição de elegibilidade, quando, na realidade, a legislação taxativamente indica se tratar de inelegibilidade. Ademais, a teoria tradicional não classifica a incompatibilidade como uma espécie de inelegibilidade cominada, até porque essa categorização é do próprio autor e, bem assim, porque a ilicitude não integra o contexto fático das hipóteses de incompatibilidades[137].

Desta forma, e diferentemente do que se anotou quanto ao analfabetismo, é inadmissível tratar a incompatibilidade - como causa de inelegibilidade que é -, sob o ângulo do encargo de desincompatibilização, de uma suposta condição de elegibilidade. A desincompatibilização significa apenas a possibilidade de o cidadão superar o impedimento à elegibilidade, decorrente da preexistente configuração de uma situação de incompatibilidade, ou

133. *Instituições de Direito Eleitoral* ..., cit., p. 195.

134. *Ibidem*, p. 195.

135. *Ibidem*, p. 195.

136. *Ibidem*, p. 195, grifos do autor.

137. Cfr. MENDES, Antônio Carlos. *Introdução à teoria das inelegibilidades* ..., cit., p. 114.

seja, de inelegibilidade[138], conforme leciona com precisão o Min. Celso de Mello, do STF: "A exigência de desincompatibilização, que se atende pelo afastamento do cargo ou função, só existe para aqueles que, por força do preceito constitucional ou legal, forem considerados inelegíveis. Inexistindo inelegibilidade, não há que se cogitar de desincompatibilização."[139].

Em suma, a circunstância de se exigir, quando for o caso, a comprovação da desincompatibilização no processo de registro de candidatura não a torna um requisito positivo ou condição de elegibilidade. O que está em análise é a verificação da incidência ou não do indivíduo numa situação de incompatibilidade, isto é, numa causa de inelegibilidade, cabendo ao candidato demonstrar, quando for o caso, que não está inelegível, através da prova de que se desincompatibilizou no prazo previsto na lei.

Por fim, a referência específica feita por Adriano Soares da Costa à categoria dos militares é desnecessária, porquanto as regras contidas no § 8º do art. 14 da CF/88 apontam apenas para a necessidade de afastamento do militar, isto é, de se desincompatibilizar para obtenção do registro de candidatura. As aludidas disposições normativas consistem, efetivamente, em causas de inelegibilidade da espécie incompatibilidade, uma vez que o militar precisa se afastar temporária ou definitivamente do seu cargo, a depender do tempo de serviço já prestado nas Forças Armadas, para poder se candidatar[140]. São, portanto, situações impeditivas

138. Na defesa de que a incompatibilidade é uma espécie de inelegibilidade, cfr. JORGE, Flávio Cheim *et al.*, *Curso de direito eleitoral* ..., cit., p. 111; DECOMAIN, Pedro Roberto. *Elegibilidade* ..., cit., p. 151; e NASCIMENTO, Tupinambá Miguel Castro do. *Lineamentos de Direito Eleitoral* ..., cit., p. 74.

139. MELLO FILHO, José Celso de. *Constituição Federal Anotada*. 2ª ed., São Paulo: Saraiva, 1986, p. 416.

140. Observe-se que, em sentido diverso ao que apregoa sobre a incompatibilidade ser uma condição de elegibilidade imprópria, Adriano Soares da Costa afirma também que "o militar que desejar sair candidato, cujo tempo de serviço seja de dez ou mais anos, deixará de exercer suas atribuições normais, sob pena de inelegibilidade por incompatibilização (art. 1º, II, letra 'l', da LC n.º 64/90)" (*Instituições de Direito Eleitoral* ..., cit., p. 138), tratando expressamente, desta feita, a situação de incompatibilidade do militar como espécie de inelegibilidade.

que podem ser superadas pelo candidato, através da desincompatibilização.

2.4.3 O alistamento eleitoral e os inalistáveis

O alistamento eleitoral constitui uma condição de elegibilidade prevista no art. 14, § 3º, III, CF/88, sem a qual se torna impossível garantir ao postulante o direito a ser votado. Porém, no § 4º do mesmo dispositivo, o Constituinte estabeleceu que o inalistável é inelegível, o que aparenta uma antinomia, porquanto se teria tratado uma mesma situação de forma distinta em mais de uma disposição normativa. Por essa razão, afirma a doutrina que "o inalistável não possui as condições necessárias de elegibilidade ao exercício dos direitos políticos, conforme art. 14, § 3º, da Constituição Federal, sendo desnecessária, desta forma, a tipificação expressa de sua inelegibilidade pelo art. 14, § 4º, da Constituição Federal"[141].

Mas haveria mesmo uma repetição desnecessária ou contradição de disposições na própria Carta Magna? Como conciliar então essas duas normas que, aparentemente, tutelam uma mesma situação fática, como inelegibilidade e condição de elegibilidade?

Relembre-se, inicialmente, o que foi dito com relação às diferenças essenciais entre as condições de elegibilidade e as causas de inelegibilidade. Na primeira situação, há a imposição de um requisito que deve ser preenchido pelo candidato, através de atuação comissiva; já a inelegibilidade se refere a uma situação que não deve incidir, sob pena de impedir o deferimento do registro de candidatura. Também se explicou, de modo geral, que a instituição de uma causa de inelegibilidade tem o propósito maior de

141. PANUTTO, Peter, *Inelegibilidades* ..., cit., p. 72. De igual modo, a crítica de Olivar Augusto Roberti Coneglian: "Ora, se para aquisição dos direitos políticos, é necessário ser cidadão e, para ser cidadão, é necessário ser alistado como eleitor, como é possível se pensar que alguém é inelegível (restrição ao exercício dos direitos políticos), se nem mesmo é detentor desses direitos? Tem-se, então, uma clara confusão entre uma condição para ser cidadão (alistabilidade) com uma das formas de restrição ao exercício da capacidade eleitoral passiva (inelegibilidade)." (*Inelegibilidade* ..., cit., p. 74).

preservar valores constitucionais relacionados à legitimidade das eleições e a moralidade para o exercício do cargo público.

Seguindo essa linha de ideias, não se verifica antinomia entre a norma que prevê o alistamento eleitoral como condição de elegibilidade e a outra que indica a situação do inalistável como causa de inelegibilidade. Com efeito, a exigência do alistamento eleitoral encerra uma condição de elegibilidade porque aponta para a necessidade de cumprimento de um requisito objetivo pelo indivíduo que pretende disputar cargo público eletivo. De outro vértice, há situações que inabilitam a pessoa de ingressar nesse conjunto de eleitores, vedando-se o exercício dos direitos políticos e configurando, portanto, hipóteses que limitam o exercício da elegibilidade. O inalistável é, pois, aquele sobre quem incide determinada situação fática ou jurídica que o torna impedido de disputar eleições.

Em outros termos, pode ocorrer de um indivíduo em tese alistável deixar de se inscrever no alistamento eleitoral ou mesmo ter o seu pedido de alistamento indeferido em razão de irregularidade formal ou não comprovação do domicílio. Nesta situação, a pessoa não cumpriu a condição de elegibilidade, mas não se pode dizer que ela é inelegível (inalistável), uma vez que não tem contra si nenhum impedimento para a efetiva realização do alistamento eleitoral.

Inelegíveis, na acepção em questão, serão apenas aquelas pessoas que estão impedidas juridicamente de realizar o alistamento eleitoral, por serem estrangeiros[142], conscritos ou menores de 16 (dezesseis) anos, conforme definido pela Constituição Federal. Já com relação aos analfabetos, os maiores de 70 (setenta) anos e os maiores de 16 (dezesseis) anos e menores de 18 (dezoito) anos, para quem o alistamento é facultativo, caso eventualmente não o tenham realizado, não são eles considerados, a rigor, inelegíveis,

142. Acrescenta José Jairo Gomes que "embora a Constituição não diga, os apátridas também não podem alistar-se" (*Direito Eleitoral* ..., cit., p. 197), já que não ostentam a nacionalidade brasileira.

porquanto lhes era permitido juridicamente a integração ao corpo de eleitores[143].

Um outro exemplo apresentado por Edson de Resende Castro que ilustra a utilidade do art. 14, § 4º, CF/88, é o caso do jovem já inscrito no alistamento eleitoral que presta o serviço militar obrigatório, tornando-se um conscrito, situação na qual "terá ele a condição de elegibilidade (alistamento eleitoral), mas incorrerá na causa de inelegibilidade aqui tratada"[144], a da inalistabilidade dos conscritos, o que impede o exercício da sua elegibilidade.

Em suma, o que se reconhece é que a CF/88 demonstra uma forte preocupação em impedir que o indivíduo que não exerce sequer a capacidade eleitoral ativa seja habilitado a receber votos, enquadrando a pessoa que está impedida de realizar o alistamento, ao mesmo tempo, numa situação de inelegibilidade e de não cumprimento de condição de elegibilidade[145]. Não há, contudo, que se falar em antinomia entre o § 3º, III, e o § 4º, do art. 14, CF/88, valendo resumir que: (i) é dever do candidato comprovar que procedeu ao alistamento eleitoral, como condição de elegibilidade, para que lhe seja deferido o registro de candidatura; e (ii) aqueles que não podem juridicamente se inscrever como eleitores são considerados inelegíveis.

---

143. Os menores de idade que se alistaram, em que pese não sejam inelegíveis no sentido estrito jurídico do termo, não atenderão à condição de elegibilidade da idade mínima, eis que a menor idade permitida é a de 18 (dezoito) anos para o cargo de vereador, que deverá ser comprovada na data do pedido de registro de candidatura.

144. *Curso de Direito Eleitoral* ..., cit., p. 156.

145. É o que explica João Fernando Lopes de Carvalho: "Pode-se afirmar que o constituinte foi bastante enfático na fixação da impossibilidade de candidatura para o não-eleitor. Seja como for, o constituinte pecou pelo excesso para deixar bem claro: apenas o eleitor devidamente alistado, no pleno gozo de seus direitos políticos é elegível. Se o interessado não ostentar essa condição, além de não portar título eleitoral e de não cumprir condição de elegibilidade, estará também inelegível." ("Inelegibilidades constitucionais" ..., cit., p. 86).

3

REQUISITOS POSITIVOS DA ELEGIBILIDADE

A elegibilidade é configurada, conforme esclarecido, mediante o atendimento de requisitos positivos e negativos, que são aferidos num processo judicial de análise do requerimento de registro da candidatura na eleição. De forma sintética, serão apresentados e debatidos neste capítulo os encargos positivos da elegibilidade, que são as condições de elegibilidade e os requisitos instrumentais do processo de registro de candidatura.

3.1 CONDIÇÕES DE ELEGIBILIDADE

Já foi anotado que condição de elegibilidade significa um requisito de ordem objetiva que o cidadão deve atender para usufruir do direito à elegibilidade. Trata-se de um dever imposto à pessoa que deseja ser candidato de demonstrar perante a Justiça Eleitoral que cumpre, positivamente, certas determinações exigidas para a candidatura.

Em geral, a doutrina eleitoral brasileira ensina que as condições de elegibilidade são apenas aquelas estatuídas no art. 14, § 3º,

CF/88, que podem ser reguladas por legislação infraconstitucional, mas sem discutir, com maior atenção, sobre a possibilidade de a própria lei ordinária criar condição de elegibilidade para a candidatura. Nesse sentido, OLIVAR AUGUSTO ROBERTI CONEGLIAN afirma que referidas condições são "as previstas no art. 14, § 3º, da Constituição, e que podem ser regulamentados por lei ordinária (CF, art. 22, I), mas não é possível que a legislação infraconstitucional crie novas modalidades"[1], posição compartilhada por JAIME BARREIROS NETO[2] e ARTUR LUIS MENDONÇA ROLLO[3], que defendem que a criação ou regulação de condições de elegibilidade por lei ordinária é inconstitucional, dada a matéria ser de reserva de lei complementar.

É consenso que a legislação infraconstitucional, em sua atividade regulatória autorizada pela CF/88, pode estabelecer requisitos formais para permitir ao Juízo Eleitoral analisar o cumprimento das condições de elegibilidade e verificar se o candidato incide numa causa de inelegibilidade. Por essa razão se exige que

1. *Inelegibilidade* ..., cit., p. 61. Em igual posição, cfr. AGRA, Walber de Moura; VELLOSO, Carlos Mário da Silva. *Elementos de Direito Eleitoral*. São Paulo: Saraiva, 2009, p. 51; e ZILIO, Rodrigo López. *Direito Eleitoral* ..., cit., p. 170.

2. Nesse sentido, apesar de reconhecer a prevalência da doutrina clássica na definição da elegibilidade, JAIME BARREIROS NETO aduz que "não procede a divergência apontada entre as condições de elegibilidade e as causas de inelegibilidade, as quais, efetivamente, são duas faces de uma mesma moeda" (*Direito eleitoral* ..., cit., p. 197) e conclui que "a forma mais restritiva de interpretação, que conduz a uma melhor salvaguarda dos direitos fundamentais, é a que aponta para a necessidade de lei complementar para disciplinar, no plano infraconstitucional, as condições de elegibilidade, assim como ocorre com as causas de inelegibilidade" (*Ibidem*, p. 198).

3. Ao tratar da exigência do pagamento de multas na certidão de quitação eleitoral, afirma ARTUR LUIS MENDONÇA ROLLO que "Como já colocado inicialmente, a falta das condições de elegibilidade configura inelegibilidade imprópria, sendo certo que a teor do disposto no § 9º do art. 14 da Constituição Federal, apenas a lei complementar pode prever casos de inelegibilidade. Tratando-se a Lei n.º 9.504/1997 de uma lei ordinária, não pode prever outros casos de inelegibilidade, sob pena de inconstitucionalidade." ("Condições de elegibilidade" ..., cit., p. 48). Diga-se de passagem, que, embora a assertiva esteja pautada na teoria de ADRIANO SOARES DA COSTA, este doutrinador, ao contrário, admite que "a lei pode criar novas condições de elegibilidade, desde que inspirada no sistema eleitoral constitucional e com o escopo de facilitar o pleno exercício da obtenção do direito de ser votado" (*Instituições de Direito Eleitoral* ..., cit., p. 61).

o cidadão apresente, junto com o pedido de registro de candidatura, entre outros, documentos de identificação pessoal e certidões de antecedentes criminais, que servirão para a análise dos pressupostos gerais para se autorizar a candidatura. Todas essas exigências não são novas condições de elegibilidade, mas apenas a regulação de aspectos formais dos aludidos pressupostos de elegibilidade estabelecidos na CF/88[4].

De igual forma, algumas das condições de elegibilidade constitucionais são consideradas, na clássica lição de José Afonso da Silva, como normas de eficácia contida, "que incidem imediatamente e produzem (ou podem produzir) todos os efeitos queridos, mas preveem meios ou conceitos que permitem manter sua eficácia contida em certos limites, dadas certas circunstâncias"[5]. Assim, quanto à condição do "domicílio eleitoral na circunscrição" (art. 14, § 3º, IV, CF/88), é a lei infraconstitucional que define o conceito e o prazo mínimo do domicílio para obtenção da candidatura, o mesmo ocorrendo quanto aos marcos temporais exigidos para a "filiação partidária" (art. 14, § 3º, V, CF/88) e os requisitos do "alistamento eleitoral" (art. 14, § 3º, III, CF/88). Nessa função limitadora da legislação, também não se pode dizer que há criação de uma nova condição de elegibilidade, mas apenas o complemento do texto constitucional pela lei ordinária[6].

A par dessas funções regulatórias e integrativas, a Constituição Federal não veda a possibilidade de a própria lei ordinária

4. Cfr. JORGE, Flávio Cheim *et al.*, *Curso de direito eleitoral...*, cit., pp. 115 e 590-591.

5. *Aplicabilidade das normas constitucionais*. 8ª ed., São Paulo: Malheiros, 2015, 2ª tiragem, p. 82. Ainda de acordo com o renomado jurista, as normas de eficácia contida são "*aquelas em que o legislador constituinte regulou suficientemente os interesses relativos a determinada matéria, mas deixou margem à atuação restritiva por parte da competência discricionária do Poder Público, nos termos que a lei estabelecer ou nos termos de conceitos gerais nelas enunciados*" (*Ibidem*, p. 114, grifos do autor).

6. O STF, a propósito do tema, no julgamento da Medida Cautelar na ADI n.º 1.063, j. 18/5/1994, DJ de 27/4/2001, assentou que "o domicílio eleitoral na circunscrição e a filiação partidária, constituindo condições de elegibilidade (CF, art. 14, § 3º), revelam-se passíveis de válida disciplinação mediante simples lei ordinária". Registre-se que este processo foi extinto sem julgamento de mérito, conforme decisão de 18/6/2001, DJ de 8/8/2001.

instituir outras condições de elegibilidade, desde que adequadas e compatíveis com a defesa dos valores jurídicos expressos na Lei Maior sobre o direito à elegibilidade[7]. A nova condição de elegibilidade deve, assim, guardar pertinência com o contexto de garantia de um *standard* mínimo de obrigações relacionadas à elegibilidade a serem cumpridas para que o indivíduo possa obter a candidatura.

De se observar que a permissão é para que a *lei* estabeleça uma nova condição de elegibilidade, o que implica dizer que o TSE, na sua função de regulamentar a legislação eleitoral (arts. 1º, parágrafo único, 23, IX e 23-A, do CE; art. 61, LPP; e art. 105, LE), não pode inovar nessa seara e estabelecer requisitos objetivos para a candidatura que não estejam previamente previstos na CF/88 ou em lei infraconstitucional, sob pena de usurpação da competência do Parlamento.

No ordenamento positivo, podem ser citadas três exigências previstas em lei que os cidadãos devem cumprir para viabilizar a candidatura, que são consideradas condições de elegibilidade autônomas daquelas previstas na CF/88, a saber: (i) o pagamento de certas multas aplicadas pela Justiça Eleitoral; (ii) a prestação de contas de campanha eleitoral, caso tenha sido candidato anteriormente; e (iii) a escolha do candidato em convenção partidária[8]. Adiante se analisarão esses encargos e se eles são compatíveis ou não com a Constituição Federal.

Passa-se, então, à apreciação das condições de elegibilidade previstas na CF/88 e daquelas instituídas pela legislação infraconstitucional.

---

7. No âmbito infraconstitucional, o art. 3º, CE faz referência expressa às "condições constitucionais e legais de elegibilidade" como exigências para a candidatura dos cidadãos.

8. A exigência de apresentação pelo candidato do "certificado de quitação do serviço militar" (art. 44, II, CE) não encerra propriamente uma condição de elegibilidade porque esse encargo é cumprido apenas por ocasião e para fins do alistamento eleitoral, e não a cada eleição.

3.1.1 Nacionalidade brasileira (e os portugueses em caso de reciprocidade de direitos aos brasileiros em Portugal)

A primeira condição de elegibilidade prevista na CF/88 é a nacionalidade brasileira, que consiste no vínculo que une o indivíduo ao território do Estado brasileiro, tornando-o parte do povo e submetendo-o a um plexo de direitos e obrigações para com o Estado e a sociedade. Os estrangeiros não têm, em regra, direito à elegibilidade, e não podem sequer constar no cadastro de eleitores brasileiros.

A nacionalidade brasileira, consoante regramento e conceitos expostos no art. 12 da CF/88, é adquirida de duas formas: originariamente, a partir do nascimento ou com base em critérios territoriais, sanguíneos ou funcionais; e de modo secundário, através da naturalização, que é o procedimento pelo qual a pessoa estrangeira, residente no país, requer e obtém, por vontade própria, a nacionalidade brasileira.

O naturalizado, em que pese possa ser votado para quase todos os cargos eletivos, não pode exercer a elegibilidade com relação aos cargos de Presidente e Vice-Presidente da República e também lhe é vedado assumir as funções privativas dos brasileiros natos (art. 12, § 3º, CF/88), nelas incluídas as que se encontram na linha sucessória do cargo de Presidente da República, como as de Presidente da Câmara dos Deputados ou do Senado Federal.

De outro lado, apesar de se exigir a nacionalidade brasileira como condição de elegibilidade, a Constituição Federal prevê a possibilidade de fruição aos portugueses que tenham residência permanente no país, desde que iguais direitos sejam reconhecidos aos brasileiros na mesma situação em Portugal, dos "direitos inerentes ao brasileiro, salvo os casos previstos nesta Constituição" (art. 12, § 1º, CF/88), neles incluídos – e sem ressalva expressa – os direitos políticos de votar e de ser votado.

Nesse sentido, as Repúblicas do Brasil e de Portugal firmaram o já mencionado Tratado da Amizade, em que se previu a possibilidade de o cidadão brasileiro ou português requererem a concessão do Estatuto de Igualdade de Direitos e Deveres, desde que cumpridos alguns requisitos, notadamente a residência por certo período no país onde se pleiteará o benefício[9]. Deferido o pedido pelo órgão competente em cada Estado, o cidadão português poderá exercer os direitos políticos no Brasil, e vice-versa, sem a necessidade de obtenção da naturalização.

A capacidade eleitoral passiva do estrangeiro português, no entanto, não alcança os cargos eletivos listados na CF/88 como privativos dos brasileiros natos. Em que pese a redação original do § 1º do art. 12 da CF/88 atribuía aos portugueses, nas condições especificadas, "os direitos inerentes ao brasileiro nato", a EC de Revisão n.º 3/1994 excluiu a palavra *nato*, tornando a disposição normativa mais harmônica com a regra do § 3º do mesmo art. 12 da Carta Magna, que estabelece os cargos eletivos privativos para os brasileiros natos, vedando-se sua ocupação inclusive por cidadão português[10]. Semelhante norma consta na Constituição da República Portuguesa (CRP), cujo art. 122º dispõe que são elegíveis para o cargo de Presidente da República apenas "os cidadãos eleitores, portugueses de origem, maiores de 35 anos"[11].

A condição de elegibilidade da nacionalidade brasileira é comprovada no alistamento eleitoral, pois é nesse procedimento que se verificará a nacionalidade do indivíduo que deseja integrar o eleitorado brasileiro. No caso dos portugueses, é preciso que demonstrem, também no curso do alistamento eleitoral, que

---

9. Explica Rogério Carlos Born que "O Tratado corporifica um caso de transconstitucionalidade de direitos, uma vez que constrói uma ponte entre *titularidade* dos direitos políticos do Estado da nacionalidade e o *exercício* destes direitos no Estado de residência." ("O transconstitucionalismo ..." ..., cit., p. 71, grifos do autor).

10. Cfr. PANUTTO, Peter. *Inelegibilidades* ..., cit., p. 51; e DECOMAIN, Pedro Roberto. *Elegibilidade* ..., cit., p. 30. Como afirma Roberto Moreira Almeida, havendo reciprocidade de direitos ao brasileiro em Portugal, "embora seja estrangeiro, o português residente no Brasil foi equiparado pelo texto constitucional a brasileiro naturalizado" (*Curso de direito eleitoral*, 10ª ed., rev., ampl. e atual., Salvador, Ed. Juspodivm, 2016, p. 88).

11. Cfr. MIRANDA, Jorge. *Direito Eleitoral* ..., cit., p. 116.

adquiriram o Estatuto da Igualdade, requisito específico e essencial para o exercício da capacidade eleitoral passiva no Brasil[12].

3.1.2 Alistamento eleitoral

O alistamento eleitoral consiste no procedimento administrativo organizado pela Justiça Eleitoral para ingresso do indivíduo no quadro de eleitores do Estado[13]. Trata-se de uma condição primária para que se adquira a situação jurídica de cidadão, capacitando o indivíduo a votar nas eleições e a participar da formação da vontade política do Estado. Em suma, quem não estiver alistado não é cidadão e não pode participar de atividades político-partidárias.

O alistamento, no Brasil, é um encargo obrigatório para os maiores de 18 (dezoito) anos e facultativo aos analfabetos, aos maiores de 70 (setenta) anos e àqueles com idade entre 16 (dezesseis) e 18 (dezoito) anos. Trata-se de um ato de vontade do indivíduo, uma vez que, conforme explica Djalma Pinto, o alistamento de ofício, que era "feito por iniciativa das juntas paroquiais de qualificação formadas por quatro cidadãos, entre as quais o pároco e o juiz"[14], foi abolido pelo art. 6º, § 4º, do Decreto n.º 3.029/1881, que estatuía que "Nenhum cidadão será incluido no alistamento dos eleitores sem o ter requerido por escripto e com assignatura sua ou de especial procurador, provando o seu direito com os documentos exigidos nesta lei".

Na forma do art. 14, § 2º, CF/88, veda-se o alistamento aos conscritos, que são as pessoas que estão servindo às Forças Armadas no período militar obrigatório; e aos estrangeiros, os quais, se desejarem se tornar cidadãos para usufruir direitos políticos, devem se naturalizar brasileiros e, nessa condição, têm o dever de

12. Cfr. DECOMAIN, Pedro Roberto. *Elegibilidade* ..., cit., p. 21.

13. Vide regramento nos arts. 42 ss. do CE. Em Portugal, o procedimento é denominado recenseamento e é obrigatório para as eleições (cfr. MIRANDA, Jorge. *Direito Eleitoral* ..., cit., pp. 133-145).

14. *Elegibilidade* ..., cit., p. 10.

se alistar no prazo de "até um ano depois de adquirida a nacionalidade brasileira" (art. 8º, CE). Já aos portugueses na situação de reciprocidade de direitos aos brasileiros, é permitido o alistamento eleitoral.

No âmbito infraconstitucional, as regras previstas no art. 5º, I e II, CE ("Não podem alistar-se eleitores: I – os analfabetos; II – os que não saibam exprimir-se na língua nacional"), devem ser consideradas como não recepcionadas pela CF/88, uma vez que inexiste vedação constitucional ao alistamento nestas situações[15]. Tratando-se os direitos políticos de direitos fundamentais, somente podem ser restringidos pela Carta Magna ou por normativo legal compatível com suas disposições, o que não se verifica com relação aos citados dispositivos. Nessa mesma ideia, não se pode admitir como válidas as regras das alíneas "a" e "c" do inciso I do art. 6º, CE, que aduzem ser facultativo o alistamento dos inválidos e das pessoas que se encontrem fora do país, liberalidades que não encontram respaldo na CF/88[16].

Por fim, há diversas situações que acarretam o cancelamento do alistamento eleitoral, tais como a omissão em votar em 3 (três) eleições consecutivas (aliada ao não pagamento de multa e a ausência de justificativa) e a pluralidade de inscrições no cadastro eleitoral, conforme dispõem os arts. 7º, § 3º, e 71, III, CE. Outrossim, a perda ou suspensão dos direitos políticos acarretam a exclusão do cidadão do corpo de eleitores ou impedem o ato do alistamento, caso ainda não tenha sido realizado (art. 71, II, CE).

15. Cfr. CASTRO, Edson de Resende. *Curso de Direito Eleitoral* ..., cit., pp. 94-95, e, com relação ao art. 5º, II, CE, vide decisão do TSE no PA n.º 19.840, j. 1º/6/2010, DJe de 20/8/2010.

16. Cfr. CASTRO, Edson de Resende. *Curso de Direito Eleitoral* ..., cit., pp. 81-82.

3.1.3 Pleno exercício dos direitos políticos e a certidão de quitação eleitoral

Para que o cidadão seja candidato a cargo eletivo, é imprescindível que ele esteja no pleno gozo de seus direitos políticos, isto é, que não incida contra si nenhum obstáculo ao exercício desses direitos[17]. Trata-se de uma das mais importantes condições de elegibilidade do processo eleitoral e sua verificação deve ser objeto de minuciosa atenção, especialmente sobre a forma como será comprovada a fruição regular dos direitos políticos e as causas que impedem o seu exercício e comprometem a elegibilidade.

O primeiro cuidado ao se analisar o art. 14, § 3º, II, CF/88, que exige o *pleno exercício dos direitos políticos* como condição de elegibilidade, é que, tecnicamente, os direitos políticos não constituem um requisito para se alcançar a elegibilidade, pois, ao contrário, o direito de ser votado é que integra o conteúdo dos direitos políticos, junto com o direito de votar e a iniciativa popular. Em verdade, com base na interpretação sistemática da CF/88, a referida condição de elegibilidade deve ser apreciada sob a perspectiva inicial do preenchimento dos requisitos básicos para usufruto dos direitos políticos (pelo alistamento) e depois, e mais importante, pela análise da não ocorrência de situações que podem restringir o exercício desses direitos.

Em síntese, para atestar validamente o pleno gozo dos direitos políticos, o que importa é verificar que o cidadão, devidamente registrado como eleitor, não foi atingido por nenhuma das causas de suspensão ou perda desses direitos[18], que são aquelas previstas na listagem do art. 15 da CF/88 e, como já aventado, as situações específicas dos conscritos e do brasileiro no exercício de direitos políticos em Portugal.

---

17. Segundo ensina Pedro Henrique Távora Niess, "dizem-se plenos os direitos políticos quando o seu titular pode alistar-se, votar e ser votado, participar das atividades do Estado" (*Direitos Políticos* ..., cit., p. 37).

18. Cfr. JORGE, Flávio Cheim *et al.*, *Curso de direito eleitoral* ..., cit., p. 120.

A regularidade da fruição dos direitos políticos é atestada diretamente pela Justiça Eleitoral através da emissão da denominada *certidão de quitação eleitoral*, documento que é exigido para instrução e deferimento do pedido de registro de candidatura, na forma do art. 11, § 1º, VI, LE. Atente-se que a quitação eleitoral não configura uma condição de elegibilidade típica, consistindo apenas no termo de certificação, firmado pela Justiça Eleitoral, de que o cidadão, presumivelmente, goza da integralidade de seus direitos políticos.

No entanto, de modo equivocado, parte da doutrina[19] e o próprio TSE[20] tratam a quitação eleitoral como se fosse uma condição de elegibilidade. Assim o fazem considerando o conteúdo material da certidão, ou seja, o que efetivamente a Justiça Eleitoral certifica para fins da plenitude do gozo dos direitos políticos, com nítida confusão entre a obrigação que é certificada – que pode indicar uma condição de elegibilidade – e o documento que a certifica, sendo certo que a certidão de quitação eleitoral consiste apenas num requisito formal ou condição de registrabilidade[21].

---

19. Cfr. CERQUEIRA, Thales Tácito Pontes Luz de Pádua; CERQUEIRA, Camila Albuquerque. *Reformas eleitorais comentadas* ..., cit., p. 93; RAMAYANA, Marcos. *Direito Eleitoral* ..., cit., p. 489-490; e COELHO, Marcus Vinicius Furtado. *Direito eleitoral, direito processual eleitoral e direito penal eleitoral.* 4ª ed., Belo Horizonte: Fórum, 2016, p. 172. Em posição minoritária, afirmam Caetano Cuervo Lo Pumo e Everson Alves dos Santos que a certidão de quitação eleitoral constitui uma causa de inelegibilidade e, por essa razão, é inconstitucional a sua exigência determinada por lei ordinária ("O direito de ser candidato e suas limitações por lei ordinária". In: FUX, Luiz *et al.* (coord.). *Elegibilidade e inelegibilidades* ..., cit., pp. 268-270).

20. No julgamento do AgR-REspe n.º 1903-23, pss. de 15/9/2010, o TSE assentou que: "3. As condições de elegibilidade não estão previstas somente no art. 14, § 3º, I a VI, da Constituição Federal, mas também na Lei nº 9.504/97, a qual, no art. 11, § 10, estabelece, entre outras condições, que o candidato tenha quitação eleitoral (inciso VI)". De modo igual, cfr. decisão do TSE no AgR-REspe n.º 31.269, pss. de 13/10/2008.

21. Cfr. DENARDI JÚNIOR, Adriano. Prestação de contas de campanha, quitação eleitoral e inelegibilidade. In: Tribunal Regional Eleitoral de Minas Gerais, *Revista de Doutrina e Jurisprudência*, n.º 18, Belo Horizonte, 2008, p. 16. Disponível em: <http://www.tre-mg.jus.br/jurisprudencia/publicacoes/revista-de-doutrina-e-jurisprudencia>, acesso em: 14/5/2020.

Em suma, o importante a avaliar é o encargo legal exigido e que é objeto da certidão, especialmente a sua conformidade com o regramento constitucional referente à específica condição de elegibilidade do pleno gozo dos direitos políticos.

Nesta senda, de acordo com o art. 11, § 7º, LE, a certidão de quitação eleitoral abrange a certificação de certas situações jurídicas e do cumprimento de encargos cívicos, a saber: (i) a plenitude do gozo dos direitos políticos; (ii) o regular exercício do voto; (iii) o atendimento a convocações da Justiça Eleitoral; (iv) a inexistência de multas aplicadas pela Justiça Eleitoral; e (v) a apresentação de contas de campanha eleitoral.

A referência inicial à plenitude dos direitos políticos significa que não será expedida a certidão se incidir, contra o candidato, uma das causas de perda ou suspensão desses direitos[22].

No que tange ao voto e às convocações da Justiça Eleitoral, as exigências são justificadas porque decorrem da hipótese de perda dos direitos políticos relativa à recusa de cumprir obrigação a todos imposta ou a prestação alternativa. Se o eleitor não cumpriu o dever cívico do voto ou não atendeu à convocação judicial, nem cumpriu a prestação alternativa imposta, é aceitável juridicamente que não lhe seja emitida a certidão de quitação por conta dessas circunstâncias, que denotam a não plenitude de seus direitos políticos. Esses encargos não são condições de elegibilidade novas, apenas o desdobramento de regras atinentes à fruição dos direitos políticos, cujo não atendimento compromete o exercício da elegibilidade.

---

22. Observe-se que, nas certidões de quitação emitidas pela Justiça Eleitoral, que têm por base a Resolução TSE n.º 21.823/2004 (PA n.º 19.205, j. 15/6/2004, DJ de 5/7/2004), consta a seguinte anotação: "A plenitude do gozo de direitos políticos decorre da inocorrência de perda de nacionalidade; cancelamento de naturalização por sentença transitada em julgado; interdição por incapacidade civil absoluta; condenação criminal transitada em julgado, enquanto durarem seus efeitos; recusa de cumprir obrigação a todos imposta ou prestação alternativa; condenação por improbidade administrativa; conscrição; e opção, em Portugal, pelo estatuto da igualdade." (Fonte: <http://www.tse.jus.br/eleitor/certidoes/certidao-de-quitacao-eleitoral>, acesso em: 16/9/2019).

Contudo, no tocante ao pagamento de *determinadas* multas aplicadas pela Justiça Eleitoral e à prestação de contas de campanha, não se pode dizer que tais deveres sejam exteriorizações ou decorrências das causas de perda ou suspensão dos direitos políticos. Na realidade, esses encargos contidos na certidão de quitação eleitoral consubstanciam outras condições de elegibilidade, estabelecidas em lei e não na CF/88, mostrando-se importante avaliar a constitucionalidade dessas disposições normativas em cotejo frontal com os valores e interesses jurídicos relacionados à elegibilidade.

3.1.3.1 Pagamento de multas aplicadas pela Justiça Eleitoral

Para emissão da certidão de quitação eleitoral, será verificada, nos estritos termos do art. 11, § 7º, LE, "a inexistência de multas aplicadas, em caráter definitivo, pela Justiça Eleitoral e não remitidas". Essas multas eleitorais podem derivar de várias fontes e têm o objetivo de apenar o cidadão que praticar uma conduta em desconformidade com a lei eleitoral[23].

No caso do não pagamento das multas eleitorais aplicadas pelo descumprimento do dever de votar e pelo não atendimento às convocações eleitorais, justifica-se a restrição à elegibilidade em razão da incidência da causa de perda dos direitos políticos relacionada à escusa de consciência (art. 15, IV, CF/88). Nessas situações, se a multa não for paga, afigura-se correto a Justiça Eleitoral

23. Conforme decidiu o TSE nos ED-AgR-REspe n.º 183-54, j. 4/6/2013, DJe de 1º/7/2013, a certidão de quitação eleitoral "abrange tanto as multas decorrentes das condenações por ilícitos eleitorais quanto às penalidades pecuniárias decorrentes de ausência às urnas". Citem-se, entre outras, as seguintes previsões de multas em razão da prática de ilícitos eleitorais: descumprimento de limites de gastos da campanha eleitoral (art. 18-B, LE); doação eleitoral acima dos limites legais (art. 23, § 3º, LE); divulgação de pesquisa eleitoral sem registro ou fraudulenta (art. 33, §§ 3º e 4º, LE); propaganda eleitoral antecipada ou irregular (arts. 36 e 37, LE); captação ilícita de sufrágio (art. 41-A, LE); condutas vedadas aos agentes públicos (art. 73, LE); ausência injustificada de mesário no dia da eleição (art. 124, CE); inobservância de prazos para apuração da eleição (arts. 159 e 198, CE).

não emitir a certidão de quitação, acarretando a não concessão do registro de candidatura[24].

Todavia, com relação às demais multas aplicadas pela Justiça Eleitoral, houve um exagero do legislador em condicionar o deferimento do direito de ser votado ao pagamento desses valores. As mencionadas multas constituem apenas receita do Estado e não apresentam nenhuma vinculação lógica e racional com o exercício da capacidade eleitoral passiva do cidadão, havendo apenas a coincidência de serem aplicadas pela Justiça Eleitoral, que também é o órgão jurisdicional com competência para avaliação dos pedidos de candidatura.

A obrigação do pagamento destas multas eleitorais para fins de fruição do direito de ser votado traduz-se em condição de elegibilidade materialmente inconstitucional, por ausência de qualquer racionalidade jurídica em condicionar a elegibilidade ao pagamento de multas de natureza fiscal, independentemente da entidade pública que as determinou. A circunstância de serem aplicadas pela Justiça Eleitoral não torna as referidas cominações pecuniárias diferentes das demais multas aplicadas pelos diversos órgãos estatais, *v. g.*, as decorrentes de infrações ambientais, penais ou fiscais, que não geram nenhum óbice ao exercício da elegibilidade. E mesmo nos casos de multas aplicadas pela prática de atos ilícitos durante a campanha eleitoral, não se percebe nenhuma relação desta situação com a obtenção do direito à elegibilidade ou, especificamente, com a condição de elegibilidade da escusa de consciência.

A doutrina critica essa previsão, mas sob argumento diverso, no sentido de que a exigência seria uma causa de inelegibilidade

24. Em caso de descumprimento do prazo para alistamento, em que pese haja a aplicação de multa eleitoral (art. 8º, CE), a ausência de pagamento não será objeto da certidão de quitação eleitoral, porquanto o indivíduo sequer cumpriu a condição primária de estar inscrito no corpo de eleitores. Nesse caso, a certidão não será emitida porque o indivíduo não é eleitor e não em razão da pendência do pagamento da referida multa eleitoral.

criada por lei ordinária[25]. Sem razão, contudo, eis que as inelegibilidades têm por fundamento o § 9º do art. 14 da CF/88 e constituem uma tipologia e formatação diferenciada das condições de elegibilidade. Concorda-se apenas que a certificação do pagamento da maioria das multas eleitorais não está justificada na CF/88, mas a argumentação adequada é a de que o inadimplemento dessas multas não tem substrato jurídico constitucional para ser incluído como um dos objetos da certidão de quitação eleitoral, uma vez que não enseja, ressalvados os casos de descumprimento do voto ou de convocações da Justiça Eleitoral, hipótese de perda ou suspensão dos direitos políticos.

3.1.3.2 *Apresentação de contas de campanha eleitoral*

A exigência de apresentação de contas de campanha eleitoral configura uma condição de elegibilidade estabelecida pela legislação infraconstitucional, até porque não está contemplada no rol de hipóteses do art. 15, CF/88, que podem acarretar a perda ou suspensão dos direitos políticos. Mas, diferentemente da determinação genérica de pagar multas, o dever de prestar de contas está plenamente justificado pela Constituição Federal, sendo legítima a sua previsão na certidão de quitação eleitoral.

Isso porque, como sabido, os recursos de campanha eleitoral destinados aos partidos e candidatos compreendem valores obtidos por contribuições privadas[26] e repasses de dinheiro público,

25. É o que afirmam Flávio Cheim Jorge *et al.*: "Trata-se, portanto, de exigência que não pode ser considerada, nem indiretamente, como manifestação do poder de conformação do legislador ordinário às condições de elegibilidade ou às causas de inelegibilidade. Sendo assim, tal exigência configura verdadeira causa de inelegibilidade, criada por lei ordinária, e, portanto, inconstitucional, por ferir o art. 14, § 9º, da CF/88." (*Curso de direito eleitoral* ..., cit., p. 598).

26. No Brasil, somente se admitem doações de pessoas físicas na campanha, porquanto o STF, na ADI n.º 4.650, j. 17/9/2015, DJe de 24/2/2016, declarou a inconstitucionalidade de regras da LPP e da LE que permitiam as doações de pessoas jurídicas a partidos e a candidatos, a partir das eleições de 2016. Posteriormente, foi promulgada a Lei n.º 13.165/2015, que, entre outras medidas, revogou os dispositivos julgados inconstitucionais pelo STF.

oriundos do Fundo Partidário[27] e do Fundo Eleitoral[28]. Desta forma, por envolver a utilização de valores pertencentes originariamente a terceiros, é absolutamente moral e legítimo que se exija do candidato a apresentação da devida prestação de contas dos recursos usados na campanha eleitoral, em prol da transparência e conhecimento pelos eleitores.

Ademais, no que se refere ao uso de dinheiro do Estado, o art. 70, parágrafo único, CF/88, estabelece o dever inafastável da prestação de contas dos valores utilizados, cabendo, *in casu*, à Justiça Eleitoral a apuração e julgamento. Com base nesse dispositivo, entendeu o TSE que a apresentação de contas integra corretamente a certidão de quitação eleitoral, valendo registrar a observação feita pelo Min. Relator (Rel.) Joaquim Barbosa de que "o princípio da prestação de contas foi elevado pelo texto constitucional de 1988 à condição de princípio constitucional sensível, isto é, um daqueles princípios cuja inobservância pode conduzir à prática, pelo poder central, da mais grave e violenta medida político-administrativa admissível em uma federação – a intervenção federal no estado-membro"[29].

Justificada constitucionalmente a obrigação de prestar contas de campanha, cuja omissão resulta na impossibilidade de disputa de candidaturas futuras e, para os eleitos, impede a diplomação[30], impõe registrar, sucintamente, a evolução do entendimento jurisprudencial sobre o conteúdo material desse encargo, isto é, se envolve tão somente o mero ato formal de apresentar as contas, independentemente de sua valoração, ou se é exigível a aprovação

27. Fundo Especial de Assistência Financeira aos Partidos Políticos, previsto nos arts. 38 ss. da LPP.

28. Fundo Especial de Financiamento de Campanha, instituído pela Lei n.º 13.487/2017 (arts. 16-C ss., LE).

29. Voto no PA n.º 19.899, j. 30/9/2008, DJe de 30/4/2009, que resultou na Resolução TSE n.º 22.948/2008.

30. Vide art. 29, § 2º, LE e a Súmula n.º 42 do TSE ("A decisão que julga não prestadas as contas de campanha impede o candidato de obter a certidão de quitação eleitoral durante o curso do mandato ao qual concorreu, persistindo esses efeitos, após esse período, até a efetiva apresentação das contas").

das contas pela Justiça Eleitoral para fins de obtenção da certidão de quitação eleitoral.

O dever de prestar contas, como objeto da certidão de quitação eleitoral, se originou de construção jurisprudencial, a partir do julgamento do Processo Administrativo (PA) n.º 19.205, j. 15/6/2004, DJ de 5/7/2004, no qual o TSE estabeleceu o conceito de quitação eleitoral, a abranger, entre outras situações, "a regular prestação de contas de campanha eleitoral, quando se tratar de candidatos"[31].

Sucede que o TSE, na Resolução n.º 22.715/2008, que regulou a arrecadação e aplicação de recursos na campanha das eleições de 2008, estabeleceu em seu art. 41, § 3º, que "a decisão que desaprovar as contas de candidato implicará o impedimento de obter a certidão de quitação eleitoral durante o curso do mandato ao qual concorreu", ampliando o alcance da obrigação de prestar contas para abranger o julgamento de aprovação das contas. Esse entendimento foi mantido para as eleições de 2010 e 2012, de forma que, para obtenção da certidão de quitação eleitoral, não bastava a apresentação das contas, mas que elas fossem aprovadas[32].

Entretanto, ainda em 2012, em mais uma mudança da jurisprudência do TSE, estabeleceu-se na Resolução TSE n.º 23.382/2012[33] que, para fins de obtenção da certidão de quitação, basta ao candidato apresentar as suas contas de campanha, independentemente do resultado de seu julgamento, "ao entendimento

31. O julgamento desse PA foi formalizado através da Resolução TSE n.º 21.823/2004, de caráter decisório. Com a edição da Lei n.º 12.034/2009, que incluiu o § 7º ao art. 11 da LE, foi explicitado o conteúdo normativo da certidão de quitação eleitoral, em nítida repetição do teor da orientação jurisprudencial.

32. Em 2010, conforme decisão no PA n.º 594-59, j. 3/8/2010, DJe de 23/9/2010; e em 2012, nos termos do art. 52, § 2º, da Resolução TSE n.º 23.376/2012. Para outros detalhes sobre o tema, cfr. BRITO, Cezar; ROLLEMBERG, Gabriela, "A evolução do conceito de quitação eleitoral na jurisprudência do Tribunal Superior Eleitoral e suas implicações para as eleições municipais de 2012", in ROLLEMBERG, Gabriela; DIAS, Joelson; KUFA, Karina (org.). *Aspectos polêmicos e atuais no direito eleitoral.* Belo Horizonte: Arraes Editores, 2012, pp. 89-107.

33. O ato normativo excluiu o § 2º do art. 52 da citada Resolução TSE n.º 23.376/2012.

de que o art. 11, § 7º, da Lei n.º 9.504/97, só permite a suspensão da quitação para aqueles que não apresentarem a prestação de contas"[34], sendo esta a posição atualmente vigente na Corte Eleitoral, conforme Súmula TSE n.º 57 ("A apresentação das contas de campanha é suficiente para a obtenção da quitação eleitoral, nos termos da nova redação conferida ao art. 11, § 7º, da Lei nº 9.504/97, pela Lei nº 12.034/2009").

Em que pese seja razoável a justificativa para incluir a exigência da *efetiva* aprovação de contas para fins de emissão da certidão de quitação eleitoral, conquanto a CF/88 estabelece o dever inafastável da boa condução dos recursos públicos, não se pode admitir a imposição de condição de elegibilidade através de atos decisórios ou normativos do TSE, sendo inconstitucionais as decisões e normas mencionadas anteriormente, sabido que a restrição à elegibilidade somente é válida se embasada em ato normativo do Congresso Nacional.

De outro lado, no que toca especificamente à interpretação do conteúdo do § 7º do art. 11, da LE, que aponta "a apresentação de contas de campanha eleitoral" como um dos objetos da certidão de quitação eleitoral, não se mostra possível ampliar o seu sentido para dele extrair a obrigação de as contas serem aprovadas, seja pela clareza da disposição literal da norma, seja porque é pacífico que "as restrições a direitos, ainda mais em se tratando de direitos inerentes à cidadania, devem ser interpretadas de forma restritiva"[35].

Avançando na discussão, pode-se objetar que essa cogitada limitação à elegibilidade, referente à necessidade de aprovação das

34. CASTRO, Edson de Resende. *Curso de Direito Eleitoral*..., cit., p. 434.

35. OLIVEIRA, João Paulo. *Direito Eleitoral*. 2ª ed., rev., atual. e ampl., Salvador: Ed. Juspodivm, 2018, p. 235. Saliente-se que se encontra em curso no STF, ainda sem decisão, a ADI n.º 4.899, ajuizada pelo Procurador-Geral da República "para o fim de se dar interpretação conforme a Constituição Federal ao § 7º do art. 11 da Lei 9.504/97, de forma que a expressão 'apresentação de contas', constante do referido dispositivo legal, seja compreendida em consonância com os preceitos constitucionais, para o fim de impedir que aqueles que tenham suas contas desaprovadas pela Justiça Eleitoral obtenham certidão de quitação eleitoral".

contas de campanha, não pode ser tratada juridicamente como condição de elegibilidade, uma vez que a situação do candidato que teve desaprovadas suas contas eleitorais está mais bem compreendida no espaço de delineamento jurídico pertinente às causas de inelegibilidade, já que se trata de uma situação fática fundada nos valores contidos no § 9º do art. 14 da CF/88, especialmente o relativo à proteção da normalidade das eleições contra o abuso do poder econômico.

Enfim, a exigência de *apresentação das contas* afigura-se, sim, adequada à natureza jurídica de condição de elegibilidade, por se tratar de um encargo objetivo que todos os interessados devem atender[36], mas não a situação jurídica de *ter contas de campanha aprovadas*, que não traduz um ato comissivo a ser praticado pelo candidato, demandando, ao contrário, a apreciação e atuação de terceiro, a Justiça Eleitoral. Assim, quanto à repercussão do resultado do julgamento das contas de campanha com relação ao direito de ser votado, não há que se falar em criação de condição de elegibilidade que aborde a situação de desaprovação das contas de campanha, sendo mais adequado tecnicamente a eventual fixação de uma causa de inelegibilidade, pela qual se consideraria inelegível, por um determinado período, aquele que tiver suas contas de campanha desaprovadas pela Justiça Eleitoral.

3.1.4 Domicílio eleitoral na circunscrição

Outra condição de elegibilidade estabelecida na CF/88 é a imposição de o candidato possuir domicílio eleitoral na circunscrição correspondente ao cargo eletivo ao qual pretende concorrer. A circunscrição significa a divisão político-geográfica em que se realizam as eleições, sendo que, "nas eleições presidenciais, a

36. Registre-se que, para cumprir efetivamente o encargo da prestação de contas, o candidato deve apresentar à Justiça Eleitoral todos os "documentos que possibilitem a análise dos recursos movimentados durante a campanha" (TSE, AgR-REspe n.º 16-32, j. 24/10/2014, DJe de 14/11/2014), sob pena de julgamento das contas como não prestadas, impedindo a emissão da certidão de quitação eleitoral e, se for o caso, a diplomação do eleito.

circunscrição será o País; nas eleições federais e estaduais, o Estado; e nas municipais, o respectivo município" (art. 86, CE).

O conceito do domicílio, que é extraído das normas do Direito Civil, tem como parâmetros, em regra, o lugar onde a pessoa natural estabelece a residência com ânimo definitivo ou onde exerce a sua atividade profissional[37]. Como explicam Pablo Stolze e Rodolfo Pamplona, "não basta, pois, para sua configuração, o simples ato material de residir, porém, mais ainda, o propósito de permanecer (*animus manendi*), convertendo aquele local em centro de suas atividades"[38].

Sucede que o conceito de domicílio no Direito Eleitoral possui certas especificidades. Na forma do art. 42, CE, de forma semelhante à regra civilista, é o "lugar de residência ou moradia do requerente, e, verificado ter o alistando mais de uma, considerar-se-á domicílio qualquer delas", mas a jurisprudência, de modo mais flexível, entende como domicílio o local onde a pessoa mantém vínculos residenciais, afetivos, políticos ou profissionais[39].

A título de condição de elegibilidade, a regulação contida em lei exige que o cidadão tenha o domicílio há, pelo menos, 6 (seis) meses antes da eleição, para que se admita a sua candidatura[40]. O objetivo, em tese, é estabelecer um prazo mínimo para que o candidato constitua vínculos com a circunscrição na qual pretende concorrer e com seus eleitores, mas a sua exiguidade diminuta é criticável e revela apenas o interesse dos mandatários políticos de alterarem, por conveniência, seus domicílios eleitorais próximo às eleições, considerando ademais a própria flexibilidade do conceito de domicílio atribuído pelo TSE.

37. Vide arts. 70 a 78 do Código Civil brasileiro, Lei n.º 10.406/2002.

38. *Manual de Direito Civil* ..., cit., p. 114, grifos dos autores.

39. Cfr. decisão do TSE no REspe n.º 374-81, j. 18/2/2014, DJe de 4/8/2014.

40. Art. 9º da LE, alterado pela Lei n.º 13.488/2017, cujo prazo anterior era de, pelo menos, 1 (um) ano da eleição.

3.1.5 Filiação partidária

O ordenamento jurídico eleitoral brasileiro não admite candidaturas avulsas, isoladas, sem que haja filiação do candidato a um partido político[41]. Por essa razão, o partido político é consagrado como um agente importante do processo eleitoral democrático no Brasil, uma vez que ninguém pode ser candidato sem que pertença a uma determinada agremiação política partidária, regularmente instituída e em funcionamento[42].

A filiação partidária consiste no "ato pelo qual se estabelece um vínculo jurídico, para fins do exercício de direitos políticos, entre determinado partido e o cidadão, sendo a relação entre eles regida pela lei e pelo respectivo estatuto"[43]. O cidadão, para se filiar, deve se encontrar na plenitude do gozo dos direitos políticos (art. 16, LPP) e, ao se agregar ao partido para fins de candidatura futura, cumpre-lhe obedecer às diretrizes da organização partidária, sob pena de aplicação de penalidades, inclusive a expulsão do partido (art. 22, III, LPP)[44].

O art. 9º da LE, regulando a referida condição de elegibilidade constitucional, determina que o cidadão deve estar com a filiação partidária realizada há pelo menos 6 (seis) meses da eleição

41. Cfr. TSE, AgR na Petição n.º 0600614-20, pss. de 20/11/2018. Anote-se, porém, que está em tramitação no STF o RE n.º 1.238.853 (reautuado a partir do Agravo no RE n.º 1.054.490, j. 5/10/2017, DJe de 9/3/2018), no qual se discute a constitucionalidade da candidatura avulsa, sob os fundamentos, entre outros, da supralegalidade da Convenção Americana sobre Direitos Humanos no confronto com a Lei das Eleições.

42. Situação diferente ocorre, por exemplo, em Portugal, em que não se exige a filiação partidária para a candidatura nas eleições (cfr. MIRANDA, Jorge. *Direito Eleitoral* ..., cit., pp. 191-196).

43. PINTO, Djalma. *Elegibilidade* ..., cit., p. 15.

44. Anote-se que a desfiliação partidária sem justa causa do mandatário eleito pelo sistema proporcional pode acarretar a perda do seu mandato, consoante regulado no art. 17, § 6º, CF/88, no art. 22-A da LPP e na Resolução TSE n.º 22.610/2007, bem assim em conformidade com a decisão proferida pelo STF na ADI n.º 5.081, j. 27/5/2015, DJe de 16/8/2015. De outro lado, de acordo com a Súmula n.º 67 do TSE, "A perda do mandato em razão da desfiliação partidária não se aplica aos candidatos eleitos pelo sistema majoritário".

para poder se candidatar no pleito. Já o art. 20 da LPP autoriza que o próprio estatuto do partido estabeleça um prazo superior ao da lei, previsão normativa, contudo, que se mostra inconstitucional, uma vez que a CF/88 apenas permite a regulação de suas condições de elegibilidade por lei específica, e não por norma estatutária[45].

A comprovação da filiação partidária ocorre através do controle realizado pela Justiça Eleitoral com base nas informações que devem ser prestadas pelos partidos políticos, nos termos do art. 19 da LPP. Não constando a informação, isso não impede o cidadão de requerer diretamente à Justiça Eleitoral a anotação da filiação ou, se for o caso, de demonstrar por outros meios, no processo de registro de candidatura, que está filiado a partido político[46]. Já em caso de duplicidade de filiações, quando o cidadão estiver filiado a mais de um partido político, o que é vedado na lei, a solução será a prevalência da filiação mais recente e o cancelamento das demais filiações (art. 22, parágrafo único, LPP).

Importante anotar que o art. 14 da LE previu a possibilidade de cancelamento do registro de candidatura dos candidatos que forem expulsos do partido político até a data da eleição[47]. Nesta situação, o afastamento da condição de elegibilidade ocorre em momento posterior ao pedido de registro de candidatura, em razão de um fato novo (a exclusão do candidato das fileiras da agremiação), e poderá ser apreciado nos próprios autos do pedido de registro ou, posteriormente, através do ajuizamento do RCED (art. 262, CE).

45. Cfr. COSTA, Adriano Soares da, *Instituições de Direito Eleitoral*..., cit., pp. 121-122.

46. Vide Súmula n.º 20 do TSE: "A prova de filiação partidária daquele cujo nome não constou da lista de filiados de que trata o art. 19 da Lei nº 9.096/95, pode ser realizada por outros elementos de convicção, salvo quando se tratar de documentos produzidos unilateralmente, destituídos de fé pública".

47. Cfr. CÂNDIDO, Joel José. *Direito eleitoral brasileiro*. 16ª ed., rev., atual. e ampl., São Paulo: Edipro, 2016, pp. 407-410. Se o requerimento de candidatura ainda não tiver sido julgado, a medida judicial a ser adotada será o indeferimento do pedido de registro, e não o seu cancelamento.

A CF/88 e a legislação infraconstitucional vedam a possibilidade de filiação partidária a ocupantes de determinados cargos públicos, enquanto estiverem no exercício da função, como os magistrados e os membros do Tribunal de Contas e do Ministério Público[48], sendo-lhes, contudo, exigível cumprir o encargo da filiação partidária para poderem receber votos. Nesses casos, deve-se conciliar o atendimento dessa condição de elegibilidade junto com a necessária desincompatibilização, isto é, o afastamento definitivo de seus cargos, no prazo mínimo fixado em lei, em regra, de 6 (seis) meses antes das eleições[49].

---

48. Cfr. arts. 95, parágrafo único, III, e 128, § 5º, II, "e", ambos da CF/88; e o art. 74, VI, da Lei n.º 8.443/1992. Também se veda a filiação partidária aos membros das Defensorias Públicas da União, Estados e Distrito Federal (arts. 46, V, 91, V, e 130, V, da LC n.º 80/1994) e aos servidores da Justiça Eleitoral (art. 366, CE).

49. Para os membros do Ministério Público, a CF/88 previa originariamente, no art. 128, II, "e", a vedação de "exercer atividade político-partidária, salvo exceções previstas na lei", o que foi regulado pelo art. 237, I, da LC n.º 75/1993, que repetiu a vedação, mas ressalvou "a filiação e o direito de afastar-se para exercer cargo eletivo ou a ele concorrer". Nesse contexto, o art. 1º, II, "j", LC n.º 64/1990, que prevê a incompatibilidade daqueles "que, membros do Ministério Público, não se tenham afastado das suas funções até 6 (seis) meses anteriores ao pleito", sempre foi interpretado como afastamento de natureza temporária, pois o definitivo somente é exigido nos casos da alínea "a" do mesmo dispositivo. Todavia, a EC n.º 45/2004 suprimiu do art. 128, II, "e", CF/88, a expressão "salvo exceções previstas na lei", vedando totalmente, a partir de então, o exercício de atividades político-partidárias por considerá-las incompatíveis com a exigência de independência e imparcialidade para desempenho de suas relevantes funções (cfr. PANUTTO, Peter. *Inelegibilidades ...*, cit., p. 60). Assim, devem os membros do Ministério Público se afastar em definitivo de seus cargos para viabilizar a candidatura, ressalvados os que ingressaram na carreira antes da CF/88 e optaram pelo regime anterior, na forma do art. 29, § 3º do Ato das Disposições Constitucionais Transitórias (cfr. OLIVEIRA, João Paulo. *Direito Eleitoral ...*, cit., pp. 136-137; e das decisões do TSE na Cta n.º 1.153, j. 2/8/2005, DJ de 26/8/2005, e no RO n.º 993, pss. de 21/9/2006). Anote-se, ainda, que o STF, no RE n.º 597.994, j. 4/6/2009, DJe de 26/8/2009, interposto em face do acórdão do TSE no REspe n.º 33.174, pss. 16/12/2008, admitiu a candidatura à reeleição de Prefeita licenciada temporariamente do cargo de Promotora de Justiça, sob o argumento de que a EC n.º 45/2004 fora promulgada durante o seu mandato, tendo ela o direito a postular a reeleição sem o afastamento definitivo do cargo. E, por fim, vale registrar que está em trâmite no STF a ADI n.º 5.985, em que se discute a constitucionalidade da vedação de atividade partidária dos Membros do Ministério Público, implementada pela EC n.º 45/2004.

Considerando a coincidência dos prazos para a filiação partidária e de desincompatibilização para disputa da maioria dos cargos eletivos, os magistrados e os membros do Tribunal de Contas e do Ministério Público podem (e devem) se filiar a partido político depois de se afastarem dos cargos públicos que ocupam, para viabilizar o atendimento da filiação partidária. Em outras palavras, referidas pessoas, se desejarem permanecer nos seus cargos públicos até o último dia possível, conforme exigência da desincompatibilização, será também, nesse mesmo dia, que deverão providenciar a sua filiação a partido político.

De outro lado, o regramento estabelecido na lei não se aplica se o objetivo da disputa eleitoral forem os cargos de Prefeito ou Vice-Prefeito, cujo prazo de desincompatibilização é de 4 (quatro) meses (art. 1º, IV, LC n.º 64/1990). Nestas situações, por causa da vedação de vínculo a partido político durante o desempenho da função, admite o TSE, excepcionalmente, que o prazo mínimo de filiação partidária seja o mesmo da desincompatibilização[50].

Ao militar em serviço ativo também é proibido filiar-se a partido político, conforme reza o art. 142, § 3º, V, CF/88. Nesse caso, dado que a Constituição lhe garante o exercício da elegibilidade (art. 14, § 8º, CF), o militar não precisará comprovar o cumprimento da filiação partidária no pedido de candidatura, bastando demonstrar que foi escolhido na convenção partidária da agremiação perante a qual busca concorrer na eleição. Se eleito, *poderá* o militar se filiar posteriormente a partido político, já que passará para a inatividade; e caso pretenda concorrer num futuro pleito eleitoral (à reeleição ou a outro cargo), *deverá* ele se filiar a uma agremiação política, porquanto deixou de ostentar a condição de militar (ativo).

50. Essa solução já era adotada pelo TSE na época anterior à Lei n.º 13.488/2017, em que o prazo de filiação partidária era de 1 (um) ano antes da eleição. Em síntese, para os magistrados e membros do Ministério Público e do Tribunal de Contas, o prazo a ser cumprido da filiação partidária, em qualquer situação, será aquele definido para a desincompatibilização do cargo eletivo que se almeja concorrer (cfr. Cta n.º 1.143, j. 12/4/2005, DJ de 26/4/2005; Cta n.º 1.217, j. 30/3/2006, DJ de 19/4/2006; e Cta n.º 1508-89, j. 13/10/2011, DJe de 25/11/2011).

3.1.6 Idade mínima

A Constituição Federal prevê idades mínimas distintas como condições de elegibilidade, estabelecendo uma ordem cronológica para se garantir uma certa experiência das pessoas para ocupação dos cargos eletivos de maior complexidade e responsabilidade. As idades mínimas exigidas são as seguintes: (i) 35 (trinta e cinco) anos para os cargos de Presidente e Vice-Presidente da República e Senador; (ii) 30 (trinta) anos para Governador e Vice-Governador de Estado e do Distrito Federal; (iii) 21 (vinte e um) anos para Deputado Federal, Deputado Estadual ou Distrital, Prefeito, Vice-Prefeito; e (iv) 18 (dezoito) anos para Vereador.

Diferentemente das outras condições de elegibilidade, cujo termo de verificação se relaciona diretamente com a data da eleição, a idade mínima para a candidatura é analisada considerando a data prevista para a posse do eleito, ressalvada a candidatura ao cargo de vereador, na qual se aferirá a idade de 18 (dezoito) anos no marco temporal estabelecido para apresentação do pedido de registro de candidatura, na forma do art. 11, § 2º, LE.

Essa regra é criticada pela doutrina, por se entender que o momento mais adequado para se aferir a idade é a data das eleições, eis que a CF/88 estabelece a idade mínima como condição de elegibilidade, ou seja, como requisito indispensável para que o candidato possa ser votado no pleito eleitoral, na data previamente agendada para as eleições[51]. De fato, a fixação da data da posse como termo para comprovação da idade mínima altera equivocadamente o sentido da norma constitucional, permitindo que eleitores votem em candidato que sequer atendeu, no dia da eleição, à idade mínima para concorrer ao cargo postulado.

51. Cfr. GOMES, José Jairo. *Direito Eleitoral*..., cit., p. 217; e CASTRO, Edson de Resende. *Curso de Direito Eleitoral*..., cit., pp. 139-140.

3.1.7 Ser escolhido em convenção partidária

Trata-se de condição de elegibilidade legal[52], não prevista na CF/88, mas nela justificada com base nos princípios do pluripartidarismo e da autonomia partidária (art. 17, CF/88; e arts. 2º e 3º, LPP) e por ser um desdobramento da exigência da filiação partidária. Não basta ao indivíduo ingressar nas fileiras do partido político, deve, ainda, lograr êxito no processo democrático interno para alcançar o direito de ser candidato pela agremiação (art. 11, § 14, LE).

As convenções partidárias consistem em "encontros das siglas para deliberações e tomadas de decisões relativas a seu funcionamento"[53]. A específica convenção que delibera pela escolha de candidatos é regrada no art. 8º da Lei das Eleições e ocorre no "período de 20 de julho a 5 de agosto do ano em que se realizarem as eleições", devendo ser lavrada uma ata formal para posterior apresentação no pedido de registro de candidatura (art. 11, § 1º, I, LE)[54].

Exige-se, assim, que o candidato apresente à Justiça Eleitoral o comprovativo de que foi indicado em convenção do partido ou da coligação partidária como um dos escolhidos para disputar

52. Cfr. AMARAL, Roberto; CUNHA, Sérgio Sérvulo da. *Manual das eleições* ..., cit., p. 621; e COELHO, Marcus Vinicius Furtado. *Direito eleitoral* ..., cit., p. 171. No âmbito do TSE, no AgR-REspe n.º 288-63, pss. de 27/9/2012, restou decidido que "a escolha em convenção é um dos requisitos para o deferimento do registro de candidatura", e, posteriormente, no AgR na Petição n.º 0600614-20, pss. de 20/11/2018, embora não se tenha afirmado expressamente se tratar de uma condição de elegibilidade, reiterou-se o entendimento consolidado na Corte de que "somente os filiados que tiverem sido escolhidos em convenção partidária podem concorrer a cargos eletivos".

53. JORGE, Flávio Cheim *et al.*, *Curso de direito eleitoral* ..., cit., p. 315.

54. Também é nessa convenção que se discute sobre a formação de coligações partidárias, em que diferentes partidos se associam para apresentação em conjunto de candidatos nas eleições, sendo que, a partir das eleições de 2020, foi vedada a celebração de coligações para as eleições proporcionais (art. 2º da EC n.º 97/2017), mantendo-a possibilidade de coligações apenas para as eleições majoritárias (art. 91, § 3º, CE; e art. 6º, LE).

a eleição, sob pena de indeferimento do pedido de registro[55]. E mesmo para os mandatários em exercício e que desejam pleitear a reeleição, impõe-se que seu nome seja novamente escolhido em convenção partidária, não se podendo cogitar de direito adquirido a ser candidato ou de candidatura nata[56].

Há, contudo, duas exceções para a exigência de escolha do candidato em convenção partidária: (i) a indicação do substituto de candidato "que for considerado inelegível, renunciar ou falecer após o termo final do prazo do registro ou, ainda, tiver seu registro indeferido ou cancelado", que será feita na "forma estabelecida no estatuto do partido a que pertencer o substituído", nos termos do art. 13, *caput* e § 1º, LE[57]; (ii) a indicação pelos partidos, no prazo de até 30 (trinta) dias da eleição, de candidatos para vagas remanescentes não preenchidas na convenção para escolha de candidatos (art. 10, § 5º, LE).

---

55. Rodrigo López Zilio sustenta, em virtude dessa exigência, que a indicação em convenção partidária "adequa-se na concepção de condição de registrabilidade" (*Direito Eleitoral* ..., cit., p. 169), isto é, um dos requisitos formais para verificação dos pressupostos gerais da elegibilidade no processo de registro de candidatura. Com a máxima vênia, o que pode ser entendido como condição de registrabilidade é tão somente o encargo formal de apresentação da ata da convenção partidária, mas a situação jurídica material de *ser escolhido* na aludida convenção corresponde, diversamente, a uma condição de elegibilidade criada por lei.

56. O art. 8º, § 1º, LE, que assegura aos ocupantes de cargos eletivos proporcionais o "registro de candidatura para o mesmo cargo pelo partido a que estejam filiados", teve suspensa sua eficácia e foi declarado inconstitucional pelo STF em decisão de medida cautelar na ADI n.º 2.530, j. 24/4/2002, DJ de 21/11/2003. Posteriormente, no julgamento de mérito da ADI (j. 18/8/2021, DJe de 6/12/2021), o STF confirmou a decisão cautelar e declarou inconstitucional o referido dispositivo da Lei das Eleições.

57. Importante observar que, conforme art. 18 da LC n.º 64/1990, em caso de candidatos de chapa majoritária para disputa da Chefia do Executivo (titular e vice) ou do Senado (titular e suplentes), a declaração de inelegibilidade de um dos candidatos não atinge os demais. Assim, em que pese ocorra, em regra, o cancelamento do registro de toda a chapa, nos termos do art. 91, CE, o integrante da chapa que não foi considerado inelegível poderá ainda concorrer no pleito numa eventual chapa substitutiva (cfr. TSE, RO n.º 904-31, pss. de 11/9/2014).

3.2 REQUISITOS FORMAIS DO PROCESSO JUDICIAL DE REGISTRO DE CANDIDATURA

Apontou-se, anteriormente, que a teoria tradicional considera a elegibilidade o direito do cidadão de ser votado, que será configurado mediante o atendimento a dois pressupostos gerais (cumprimento das condições de elegibilidade e não incidência em causas de inelegibilidade), que serão objeto de apreciação e declaração de conformidade pelo Juiz Eleitoral no âmbito do processo de pedido de registro de candidatura.

Para tanto, nesse processo judicial, o candidato deve comprovar outros requisitos instrumentais, que permitirão ao Juiz Eleitoral analisar, exatamente, o cumprimento das condições de elegibilidade e a ausência de inelegibilidade. Esses requisitos formais não constituem novas condições de elegibilidade, mas apenas os meios ou instrumentos para demonstrar o atendimento dos pressupostos gerais da elegibilidade, sendo denominados pela doutrina de requisitos ou condições de registrabilidade[58].

O pedido de registro de candidatura deve ser formulado até o dia 15 de agosto do ano em que se realizarem eleições[59], através de requerimento apresentado por partido político ou coligação em nome do candidato, sendo que, na omissão daqueles, a solicitação pode ser apresentada diretamente pelo candidato (art. 11, *caput* e § 4º, LE).

Esse processo de registro de candidatura tem natureza jurisdicional. Em que pese não haja partes contrárias na relação jurídico processual, conquanto é apenas o candidato que se dirige à Justiça Eleitoral para pedir o registro de sua candidatura, caberá ao Estado Juiz avaliar o cumprimento dos pressupostos estabelecidos

58. Cfr. GONÇALVES, Luiz Carlos dos Santos. *Direito Eleitoral* ..., cit., p. 64; ZILIO, Rodrigo López. *Direito Eleitoral* ..., cit., pp. 205-206; e AGRA, Walber de Moura, "Requisitos de registrabilidade" ..., cit., pp. 243-251.

59. Considerando o teor do art. 8º, LE, que define as datas para a convenção partidária de escolha dos candidatos entre 20 de julho a 5 de agosto do ano da eleição, o pedido de registro de candidatura poderá ser apresentado logo após a publicação em qualquer meio de comunicação da correspondente ata da convenção.

na lei e, em respeito ao devido processo legal, decidir em definitivo sobre a pretensão do solicitante[60]. Essa decisão judicial, como já explicado, declara a existência prévia da elegibilidade e constitui a candidatura, e ostentará a condição de imutabilidade pela coisa julgada, com referência à eleição em que houve a postulação e deliberação sobre o pedido de candidatura.

Em favor do caráter jurisdicional desse processo, apontam-se ainda duas outras circunstâncias: (i) depois de apresentadas as listas com os nomes dos que requereram o registro de candidato, é possível a apresentação, por qualquer pessoa, da notícia de inelegibilidade contra o requerente, cabendo ao Juiz Eleitoral processar e decidir a alegação; e (ii) pode o próprio Juiz Eleitoral conhecer de ofício da ocorrência de inelegibilidade ou do não cumprimento de condição de elegibilidade. Em tais situações, mostra-se evidente a necessidade de resguardo da ampla defesa e do contraditório ao candidato, cabendo ao Juiz a adoção da decisão para dirimir o conflito instalado entre o pedido do registro de candidatura e o possível descumprimento de algum dos pressupostos da elegibilidade.

Além disso, pode ocorrer o ajuizamento de AIRC pelo MPE, partidos políticos, coligações e demais candidatos, na qual se apontará expressamente o descumprimento dos pressupostos materiais ou formais para o deferimento do registro. Esta autêntica ação judicial[61] seguirá seu curso de forma concomitante ao

60. Concorda-se com a posição de Adriano Soares da Costa de que o pedido de registro de candidatura encerra uma ação de jurisdição voluntária, em que não se verifica o contraditório, porquanto se forma "a relação processual linearmente entre requerente e Juiz Eleitoral, sem que haja angularização, ou seja, sem a existência de um polo passivo (autor; juiz; réu)" (*Instituições de Direito Eleitoral* ..., cit., p. 324).

61. Explicam Flávio Cheim Jorge *et al.* sobre a AIRC: "Trata-se de ação incidental, isto é, de fato jurídico processual superveniente que cai sobre a relação processual em movimento, que visa a permitir, aos demais atores do processo eleitoral, a possibilidade de levar, à Justiça Eleitoral, o conhecimento das situações capazes de impedir o deferimento do registro." (*Curso de direito eleitoral* ..., cit., p. 642).

processo de registro de candidatura e serão, ambos os feitos, decididos em conjunto, em sentença única[62].

A Lei das Eleições (art. 11, § 1º) e as Resoluções do TSE[63] estabelecem uma série de documentos que precisam ser apresentados no pedido de registro de candidatura, cujos principais são os seguintes: (i) cópia da ata da convenção partidária que deliberou pela escolha dos candidatos e formação de coligações; (ii) prova de filiação partidária; (iii) cópia do título eleitoral ou certidão de que o candidato é eleitor na circunscrição ou requereu sua inscrição ou transferência de domicílio no prazo legal; (iv) certidão de quitação eleitoral; (v) certidões de antecedentes criminais do candidato; (vi) comprovante de alfabetização; e (vii) prova da desincompatibilização, se for o caso[64].

Da análise dos documentos exigidos, vê-se que eles servem mais propriamente como filtro de verificação da existência das condições de elegibilidade do que da ausência de inelegibilidade. De fato, o atendimento à quase integralidade das condições de elegibilidade pode ser verificada pela apresentação dos documentos listados na lei eleitoral[65], com vistas a se presumir o cumprimento ou descumprimento desses requisitos da elegibilidade, presunção

---

62. Cfr. STOCO, Rui; STOCO, Leandro de Oliveira. *Legislação eleitoral interpretada ...*, cit., p. 63.

63. A título de ilustração, cfr. a Resolução TSE n.º 23.609/2019, editada para regular a escolha e o registro de candidatos para as eleições.

64. A apresentação dos documentos dos referidos itens (ii), (iii) e (iv) não é de obrigação dos candidatos, partidos e coligações, uma vez que as informações contidas nesses documentos já são de domínio e conhecimento da Justiça Eleitoral, cabendo ao próprio Estado informar sobre o cumprimento ou não desses requisitos. Há ainda uma série de outros documentos que devem ser apresentados, mas sem vinculação com os pressupostos gerais da elegibilidade, tais como a declaração de bens do candidato; a fotografia para inserção na urna eletrônica; e as propostas defendidas pelos candidatos aos cargos de Chefes do Poder Executivo.

65. A legislação eleitoral não impõe, contudo, a apresentação de certidões: (i) de antecedentes cíveis, para verificar a suspensão de direitos políticos por condenação em improbidade administrativa (e a inelegibilidade da alínea "l" do art. 1º, I, da LC n.º 64/1990); (ii) da Justiça Federal, para avaliar a perda da nacionalidade; e (iii) de convocações do Tribunal do Júri. Com relação às certidões cíveis, em que pese iniciativas de alguns TREs para exigir a sua apresentação pelos candidatos, o TSE

esta, todavia, de natureza relativa, já que pode ser infirmada por prova em contrário[66].

No que diz respeito à verificação da não incidência de inelegibilidade, apenas a exigência de apresentação das certidões indicativas de antecedentes criminais é que tem reflexos com relação à inelegibilidade prevista na alínea "e" do art. 1º, I, da LC n.º 64/1990, que dispõe serem inelegíveis aqueles que forem condenados por determinados crimes indicados na norma[67]. Já com relação às hipóteses de incompatibilidades, há o dever legal de apresentação da prova da desincompatibilização, quando for o caso, mas pode ocorrer de o candidato ou seu partido deixarem de apresentá-la, alegando falsamente não ocupar cargo do qual se exija o afastamento para concorrer na eleição, o que demandará um maior esforço de fiscalização pelos demais atores do processo eleitoral, notadamente do MPE.

Por fim, vale anotar que, antes de apreciar o Requerimento de Registro de Candidatura (RRC) individual do candidato, a Justiça Eleitoral avalia previamente o cumprimento pelo partido ou coligação de determinados requisitos que, se não forem atendidos, podem redundar no indeferimento do registro de todos os candidatos vinculados à agremiação. Esse processo é o Demonstrativo de Regularidade dos Atos Partidários (DRAP) e constituirá o feito judicial principal, sendo acessórios os RRCs[68].

---

entendeu inexistir amparo legal nessas imposições, cfr. Representação n.º 1548-08, j. 6/10/2010, DJe de 26/11/2010 e o AgR-REspe n.º 175-29, pss. de 30/10/2012.

66. Pode ser demonstrado na fase do registro de candidatura, *v. g.*, que não foi informada tempestiva ou corretamente à Justiça Eleitoral uma situação de suspensão ou perda dos direitos políticos ou a ocorrência de má-fé ou fraude do candidato quanto ao cumprimento do domicílio eleitoral ou da filiação partidária. De outro lado, é possível também a certidão de quitação indicar o descumprimento da filiação partidária, mas o candidato conseguir demonstrar a regularidade de sua filiação ao partido político através de outros elementos de prova.

67. O encargo também está relacionado com a condição de elegibilidade do pleno exercício dos direitos políticos, eis que a condenação transitada em julgado acarreta a suspensão dos direitos políticos.

68. É o que resume Patrícia Brito e Souza: "O processo de registro de candidatura é subdivido em duas partes: (a) um processo geral, no qual se decidirá da validade

No DRAP se verificará a regularidade dos atos partidários e da formação de coligações e o cumprimento de condições impostas na lei[69] e, uma vez deferido o requerimento, será possível que se delibere sobre a situação individual de cada candidato, sendo então desnecessário reapreciar, nos RRCs, as questões atinentes ao DRAP.

da convenção e, se existir, da deliberação sobre coligação; e (b) um processo individual, relativo a cada candidato, no qual se decidirá sobre condições de elegibilidade e causas de inelegibilidade." (*Inelegibilidade decorrente de contas públicas*, Rio de Janeiro, Forense, 2010, p. 86).

69. Um dos requisitos relevantes é a obrigação de o partido ou coligação reservar "o mínimo de 30% (trinta por cento) e o máximo de 70% (setenta por cento) para candidaturas de cada sexo" (art. 10, § 3º, LE), como forma de estimular especialmente a participação das mulheres na política. Também nesse propósito, a EC n.º 117/2022 determinou aos partidos políticos a aplicação de parte dos recursos do fundo partidário e do Fundo Especial de Financiamento de Campanha na criação e manutenção de programas de promoção e difusão da participação política das mulheres e nas suas campanhas eleitorais, bem como impôs a divisão do tempo de propaganda gratuita no rádio e na televisão no percentual mínimo de 30% (trinta por cento) para candidaturas femininas. Por fim, em semelhante aspecto, no âmbito do direito português, Jorge Miranda assenta que a Constituição e a legislação portuguesa contemplam diversas ações de natureza positiva para propiciar o incremento das mulheres na ocupação do poder estatal (cfr. *Direito Eleitoral* ..., cit., pp. 208-215).

4

DISCUSSÕES RELEVANTES SOBRE A INELEGIBILIDADE

A inelegibilidade, consoante apontado, constitui apenas uma das espécies de restrição à elegibilidade do cidadão. No entanto, em razão da sua reconhecida importância para a teoria da elegibilidade, existem algumas questões específicas em torno desse instituto jurídico que merecem uma análise mais aprofundada, principalmente considerando as divergências e incompreensões na sua apreciação pela doutrina e jurisprudência.

Nesse sentido, serão enfrentados, a seguir, os seguintes aspectos fundamentais para a plena compreensão da inelegibilidade: (i) a natureza sancionatória ou não das causas de inelegibilidade; (ii) a possibilidade de retroação da inelegibilidade a fatos anteriores à instituição formal do impedimento; (iii) a constitucionalidade do marco temporal estabelecido em algumas das causas da LC n.º 64/1990 para início da fruição inelegibilidade a partir da decisão colegiada judicial; e (iv) as diferenças entre a inelegibilidade e as sanções de cassação ou cancelamento do registro de candidatura, diploma ou mandato pela prática de atos ilícitos eleitorais, e da pena de inabilitação para o exercício de função pública.

4.1 INELEGIBILIDADE E SANÇÃO JURÍDICA

4.1.1 Aplicação específica do tema e sua importância na teoria da elegibilidade

Constitui temática essencial e controvertida na teoria da elegibilidade definir se a inelegibilidade encerra uma penalidade aplicada ao cidadão ou um mero requisito (negativo) para verificação da existência do direito de ser votado, sem caráter sancionatório. A discussão se mostra relevante porque, a depender da solução doutrinária, será possível dimensionar sobre a necessidade de aplicação ou não, para fins de incidência de uma causa de inelegibilidade, de todos os valores, princípios e características que envolvem os sistemas de direito material e processual atinentes à persecução e responsabilização estatal contra o cidadão, especialmente no que concerne à garantia da não aplicação retroativa da norma legal.

De modo objetivo, a se considerar a inelegibilidade uma sanção, será sempre necessário que a penalidade seja aplicada após a devida avaliação sobre a ocorrência e autoria dos fatos ilícitos, o que ocorrerá mediante um específico processo judicial, administrativo ou político, no qual deve ser respeitado o *due process of law*, assegurando-se ao acionado "o contraditório e ampla defesa, com os meios e recursos a ela inerentes" (art. 5º, LV, CF/88[1]). Se o entendimento for diverso, de não ser a inelegibilidade uma punição direta pela prática do ilícito, mas apenas a consequência que um distinto ato condenatório pode acarretar à situação jurídica do cidadão, será possível então mitigar alguns dos princípios e regras jurídicas alusivos ao devido processo legal para o surgimento da inelegibilidade.

Atestada a importância da matéria, é necessário distinguir, ainda, sobre quais hipóteses de inelegibilidade é que a referida

1. Esse dispositivo constitucional traduz o "*direito fundamental ao processo justo* no direito brasileiro" (SARLET, Ingo *et al.*; *Curso de Direito Constitucional* ..., cit., p. 703, grifos dos autores), que é composto por uma gama de direitos e deveres atribuídos ao Estado e aos cidadãos com a finalidade de "assegurar a obtenção de uma *decisão justa*" (*Ibidem*, p. 706, grifos dos autores).

questão tem razão de ser, especialmente em virtude de uma certa falta de coerência da produção legislativa e da não percepção, pela doutrina e jurisprudência, da distinção de situações que devem ser analisadas.

Para tanto, relembre-se que, de acordo com a posição de Adriano Soares da Costa, o conteúdo da inelegibilidade alcança o descumprimento das condições de elegibilidade (inelegibilidades inatas) e a incidência nas causas de inelegibilidade típicas (inelegibilidades inatas ou cominadas). Já para a teoria clássica, com a contribuição do presente estudo, a inelegibilidade abrange apenas as hipóteses definidas pela legislação nesta específica moldura jurídica, contidas nas seguintes disposições normativas: (i) §§ 4º a 8º do art. 14 da CF/88; (ii) incisos I a VII do art. 1º da LC n.º 64/1990; e (iii) inciso XIV do art. 22 da LC n.º 64/1990.

Utilizando-se como base o modelo tradicional, há certo consenso sobre a natureza não sancionatória das inelegibilidades constitucionais e das previstas nos incisos II a VII do art. 1º da LC n.º 64/1990, porquanto, nessas hipóteses, os fatos originários da inelegibilidade demonstram situações jurídicas ou condutas lícitas do cidadão. É o que ocorre nos impedimentos direcionados aos inalistáveis, aos analfabetos, àqueles que exercem cargos ou funções contemporaneamente às eleições, aos parentes de mandatários do Poder Executivo no território de sua circunscrição, à vedação do terceiro mandato consecutivo ao Chefe do Executivo e às regras de elegibilidade dos militares, não havendo que se cogitar na imposição de sanção às referidas pessoas porque eles não praticaram nenhum ato contrário ao direito.

A discussão sobre se a inelegibilidade configura ou não uma sanção deve se restringir, assim, às hipóteses normativas que aludem, remota ou imediatamente, a um fato jurídico de natureza ilícita como fonte da restrição à elegibilidade, as quais podem ser identificadas nas seguintes causas: (i) a quase totalidade das hipóteses tipificadas no art. 1º, I, da LC n.º 64/1990[2]; e (ii) e aquela que resulta do art. 22, XIV, da mesma Lei Complementar.

2. Há, todavia, causas de inelegibilidade no art. 1º, I, da LC n.º 64/1990 que não podem ser consideradas como originadas, nem indiretamente, de ato ilícito, sendo

Convém, também, que o estudo seja apresentado de forma diferenciada para cada um dos blocos de inelegibilidades, primeiro analisando o tema com referência aos tipos previstos no art. 1º, I, e, depois, a inelegibilidade do art. 22, XIV, ambos da LC n.º 64/1990. A diferenciação é necessária porque, na primeira espécie, a inelegibilidade surge como efeito anexo de uma decisão judicial, administrativa ou política que condena o indivíduo pela prática da conduta ilícita; já no outro formato, o impedimento é configurado diretamente a partir da condenação na "sanção de inelegibilidade" proferida na Ação de Investigação Judicial Eleitoral (AIJE), instrumento processual que visa a coibir e punir a prática de ilícitos eleitorais relacionados ao abuso de poder político, econômico e dos meios de comunicação social[3].

Enfim, responder se, nessas hipóteses, a inelegibilidade configura ou não uma sanção, constitui uma etapa fundamental para a cognição e aperfeiçoamento da teoria clássica da elegibilidade e sua aplicação no Direito Eleitoral brasileiro, o que se explicará a seguir.

4.1.2 A inelegibilidade e os diferentes tipos de sanção na norma jurídica

A título de premissa conceitual, é importante circunstanciar a discussão acerca da natureza sancionatória da inelegibilidade no contexto geral de compreensão da estrutura da norma jurídica no sistema de direito positivo, especialmente com referência à

exemplo evidente o da alínea "a", que repete a disposição constitucional da inelegibilidade dos inalistáveis e analfabetos. É o que se verifica também na alínea "k" e, parcialmente, na alínea "q", ao preverem, respectivamente, que a renúncia de mandatários durante o processo de apuração de infração política e o pedido de exoneração ou aposentadoria voluntária dos magistrados e membros do Ministério Público, na pendência de processo administrativo disciplinar, constituem inelegibilidades, sendo certo que renunciar e se exonerar são atos lícitos (cfr. TENÓRIO, Rodrigo. *Direito Eleitoral* ..., cit., pp. 118-119).

3. A AIJE pode ser ajuizada até a data da diplomação e é fundada nos arts. 19, 21 e 22 da LC n.º 64/1990, que preveem as penalidades de cassação do registro ou diploma, para o candidato que praticou ou foi beneficiado pelo abuso; e de decretação de inelegibilidade, ao autor do abuso de poder, candidato ou não na eleição.

estipulação da sanção ou penalidade em caso de descumprimento do Direito[4].

Existem várias concepções doutrinárias sobre a natureza e definição do que significa sanção no Direito. Para NORBERTO BOBBIO, a sanção jurídica é compreendida como a "resposta *externa* e *institucionalizada*" [5] à violação do Direito, pensamento também defendido por HANS KELSEN, para quem o Direito é uma ordem social coativa, que reage "contra as situações consideradas indesejáveis, por serem socialmente perniciosas – particularmente contra condutas humanas indesejáveis – com um acto de coacção, isto é, com um mal – como a privação da vida, da saúde, da liberdade, de bens econômicos e outros"[6], sendo a sanção exatamente o resultado da coação instituída pela ordem jurídica para se insurgir contra sua violação[7]. De igual modo, MIGUEL REALE descreve que "a Moral se distingue do Direito por vários elementos, sendo um deles a coercibilidade"[8], isto é, a força organizada pelo Direito e para cumprimento do próprio Direito, concluindo

4. No presente estudo, apenas se abordará a sanção jurídica no sentido de pena e não na concepção de um instituto premial ou compensatório do Direito (cfr. VASCONCELOS, Arnaldo. *Teoria da Norma Jurídica*. 6ª ed., São Paulo: Malheiros Editores, 2006, pp. 162-165).

5. *Teoria da norma jurídica*. Trad. de Ariani Bueno Sudatti e Fernando Pavan Batista, apresentação de Alaôr CAffé Alves. 6ª ed., São Paulo: Edipro, 2016, p. 157, grifos do autor. Detalhando o referido conceito, afirma BOBBIO que a sanção jurídica "distingue-se da moral por ser *externa*, isto é, por ser uma resposta de grupo, e da sociedade por ser *institucionalizada*, isto é, por ser regulada, em geral, com as mesmas formas e por meio das mesmas fontes de produção das regras primárias" (*Ibidem*, p. 157, grifos do autor).

6. *Teoria pura do direito*. Trad. de Dr. João Baptista Machado. 4ª ed., Coimbra: Armênio Amado, 1976, p. 60.

7. Em posição distinta, criticando a teoria da norma jurídica como coatividade ou coação, afirma ARNALDO VASCONCELOS: "A coatividade está antes da observância da prestação prometida; a coação, depois da prestação não satisfeita. Logicamente, o que se encontra antes ou depois está fora da coisa, não podendo, portanto, definir o todo (Direito), nem a parte (norma)." (*Teoria da Norma Jurídica* ..., cit., p. 78). Para o autor, no lugar da coação, é a sanção que "integra o conceito de Direito e tem lugar na estrutura da norma jurídica" (*Ibidem*, p. 165).

8. *Lições preliminares de direito*. 6ª ed., São Paulo: Saraiva, 1979, p. 69.

que "sanção é, pois, todo e qualquer processo de garantia daquilo que se determina em uma regra"[9].

De fato, como afirma Rúben Ramião, quando se pensa na norma jurídica, se está sempre se referindo ao "sentido de um dever, de uma obrigação que temos para alguém de nos comportarmos de certo modo ou de nos abstermos da fazer qualquer coisa"[10], sendo este o conceito do *dever ser* do Direito, de um encargo a ser cumprido mediante a realização material de um ato ou a abstenção de sua prática[11]. Também ensina o autor que é na força vinculante da norma jurídica que "reside a força do Direito"[12], embora advirta que as normas sancionatórias devem ser consideradas "meramente uma contingência do Direito"[13], até porque "se a força do Direito decorresse das normas sancionatórias, então somente as normas que fossem assistidas de normas sancionatórias, ou seja, somente aquelas normas cujo incumprimento fosse sancionado, seriam verdadeiramente jurídicas"[14].

9. *Ibidem*, p. 72.

10. "O que é uma Norma Jurídica?" In: MIRANDA, Jorge (diretor). *O Direito*, ano 150, n.º 1, Coimbra: Edições Almedina, 2018, p. 109.

11. Igualmente relevante citar o ensinamento de José de Oliveira Ascensão: "Numa regra jurídica, distinguem-se sempre dois elementos: – previsão; – estatuição. (...). Em toda a regra jurídica se prevê um acontecimento ou estado de coisas e se estatuem consequências jurídicas para o caso de a previsão se verificar historicamente. A previsão de cada regras se chama a *factispécie*, no seu sentido de figura ou modelo dum facto. A estatuição é o efeito jurídico (por exemplo, a obrigação de indemnizar) que a norma associa à verificação da factispécie (por exemplo, a danificação de coisa alheia)" ("Norma jurídica", in *Dicionário jurídico da administração pública*, vol. 6, Lisboa, 1994, p. 146, grifos do autor).

12. RAMIÃO, Rúben. "O que é uma Norma Jurídica?" ..., cit., p. 113.

13. *Ibidem*, p. 113.

14. *Ibidem*, p. 113. Não se pode descurar, contudo, que as normas sancionatórias são, realmente, aquelas que melhor protegem a força do Direito e o controle das relações sociais, como ensina Renato Geraldo Mendes: "... a efetividade do Direito depende mais da norma dita secundária (que fixa a consequência) do que da norma primária (que proíbe, por exemplo). O que o homem teme é a consequência que sua ação ou omissão pode ensejar." (*A quarta dimensão do direito: nova teoria sobre a norma jurídica: superação da visão tridimensional do direito: abordagem essencial do direito*, Curitiba, Zênite, 2013, pp. 136-137).

Nesse sentido, conclui João Maurício Adeodato que a *sanção*, "aqui tomada no sentido de consequência imputada pelo descumprimento da prestação"[15] que a norma entende como a que deva ocorrer, constitui um dos elementos variáveis da estrutura da norma jurídica. E nesse diapasão, é certo que a sanção apresenta diversos contornos, inclusive podendo se cogitar da sanção não jurídica, que desborda das possibilidades que o direito prevê como consequência natural do descumprimento da norma, o que se verifica, por exemplo, com as sanções ditas sociais, que decorrem de uma ojeriza natural dos cidadãos ao comportamento irregular das pessoas descumpridoras das regras de conduta social[16].

Postas tais assertivas, questiona-se então: a norma jurídica que prevê uma inelegibilidade é de natureza sancionatória?

A partir da compreensão inicial da teoria da norma jurídica e de sua relação com a sanção, é correto afirmar que a inelegibilidade acarreta limitação e, pois, consequência negativa, ao exercício da elegibilidade do cidadão, podendo, nessa ótica, ser considerada uma sanção jurídica. Porém, essa perspectiva de análise, que é válida quando se tem em conta a distinção entre a norma jurídica e as proposições morais e sociais, não é suficientemente precisa para identificar, no rigor da técnica jurídica, se a inelegibilidade enseja ou não uma sanção.

Para se alcançar referido escopo, é preciso reconhecer inicialmente que, em razão da violação da norma jurídica, podem ser cominadas diferentes modalidades de sanções jurídicas, que podem ser categorizadas como sanções em sentido geral e em

---

15. *Uma teoria retórica da norma jurídica e do direito subjetivo*. 2ª ed., rev. e ampl., São Paulo: Noeses, 2014, p. 180.

16. É o que ensina António Braz Teixeira: "Sendo, pois, sempre expressão de um *dever ser*, a norma pressupõe, necessariamente, a ideia de que os seus destinatários são dotados de liberdade, têm a possibilidade de acatá-la ou violá-la, assumindo, dessa escolha, a inerente responsabilidade. Daqui decorre, então, que o não acatamento voluntário de uma qualquer norma, o desrespeito do imperativo que nela se exprime acarreta, em regra, uma sanção, seja ela meramente íntima, seja social, seja jurídica, consoante o domínio normativo em causa" ("Norma jurídica e valor". *De legibus: revista da Faculdade de Direito da Universidade Lusófona de Humanidades e Tecnologias*, Lisboa, n.º 6, 2018, p. 165, grifos do autor).

sentido estrito. No primeiro bloco, estão todas as implicações negativas que o desatendimento da norma pode ocasionar, mas não necessariamente relacionadas diretamente à conduta praticada; no outro, as consequências jurídicas estabelecidas imediatamente como punição à conduta ilícita, isto é, a efetiva sanção aplicável pelo descumprimento do direito.

É o que se verifica, como ilustração, com as normas que regem as condenações criminais. A pessoa que praticou uma infração penal poderá ser processada e sofrer, no âmbito do correspondente processo judicial, as penas de prisão, multa e restrição de direitos, que são as sanções estipuladas na lei como consequências diretas e imediatas da conduta humana ilícita. Contudo, a condenação criminal pode acarretar outras consequências jurídicas na vida pessoal e profissional do indivíduo, *v. g.*, a demissão por ausência ao serviço, a vedação à assunção de cargos públicos e a proibição de participar em licitações e concursos públicos. Referidas consequências, que atingem diferentes esferas jurídicas, não podem ser entendidas como sanções jurídicas decorrentes diretamente da prática da infração penal, porquanto apenas incidem de modo indireto, em determinadas circunstâncias.

O que se observa, assim, é que as concepções teóricas sobre os elementos da norma jurídica aludem a um conceito amplo de sanção jurídica como marca caraterística da coercibilidade potencial do Direito, em caso de não cumprimento voluntário das regras[17]. Este pensamento doutrinário, em que pese relevante para identificação do conteúdo das normas jurídicas e do próprio Direito como instrumento de regulação da sociedade, não deve servir ao propósito de vincular, necessariamente, a inelegibilidade à sanção jurídica, apenas sob o argumento de que esse impedimento constitui um reflexo negativo à elegibilidade do cidadão.

17. Nessa ideia, aduz Marcos Bernardes de Mello que "o conceito de sanção está relacionado, necessariamente, ao de punição, entendida esta como qualquer consequência negativa que o ordenamento jurídico imputa às pessoas como represália à prática de atos contrários a seus comandos" (*Teoria do fato jurídico ...*, cit., p. 294).

Para os fins da teoria da elegibilidade, o conceito amplo de sanção não deve ser utilizado, já que reconhecer como pena toda consequência negativa imposta pelo ordenamento jurídico a um ato ilícito importaria em generalização indevida, a demandar a aplicação perene dos elementos, valores e regras que compõem o sistema jurídico repressivo estatal. A apreciação da natureza sancionatória ou não da inelegibilidade deve levar em conta, tão somente, o conceito de sanção em sentido estrito, a pena fixada no ato normativo como decorrência imediata da conduta humana ilícita, que é aplicada através de um específico procedimento de apuração e responsabilização do infrator, a ele garantido o pleno respeito ao devido processo legal, na forma estabelecida na Constituição Federal.

Com base nessa compreensão e distinção, passa-se, doravante, à análise específica sobre a configuração de sanção (em sentido estrito) com relação às causas de inelegibilidade do art. 1º, I, da LC n.º 64/1990 e daquela resultante do art. 22, XIV, da LC n.º 64/1990.

4.1.3 Ausência de sanção nas hipóteses do art. 1º, I, da LC n.º 64/1990

Uma importante observação prefacial sobre o tema é que, não obstante a opção pelo estudo diferenciado da natureza sancionatória da inelegibilidade quanto às causas do art. 1º, I, e a do art. 22, XIV, todas da LC n.º 64/1990, a doutrina e a jurisprudência eleitorais nem sempre fazem essa distinção, utilizando, por vezes, argumentos que se mostram aplicáveis a apenas um dos modelos jurídicos de inelegibilidades. Essa confusão argumentativa exige, assim, uma maior atenção do intérprete na apreciação e utilização dessas fontes jurídicas.

Nesse sentido, veja-se que MARINO PAZZAGLINI FILHO faz referência à expressão "sanção de inelegibilidade"[18] sem explicação detalhada sobre o seu conteúdo, aludindo apenas que as causas

18. *Lei de inelegibilidade comentada* ..., cit., p. 2.

de inelegibilidade infraconstitucionais podem ser agrupadas "nas decorrentes de **causas originárias de sanções** (art. 1°, I) e nas resultantes de **causas originárias do exercício do mandato, cargo ou função** (art. 1°, II/VII)"[19]. ADRIANO SOARES DA COSTA, por sua vez, defende com veemência o caráter de sanção para o conjunto de causas de inelegibilidade do art. 1°, I, da LC n.° 64/1990. Para tanto, apesar de admitir que "*a ilicitude não é da essência do conceito de inelegibilidade*, consoante se tem afirmado"[20], aduz que devem ser distinguidos os casos de inelegibilidade inatas e

19. *Ibidem*, p. 4, grifos do autor. De modo semelhante, ANDRÉ NOGUEIRA CAVALCANTE se filia à doutrina que pronuncia a existência de "inelegibilidades-sanção (inelegibilidades cominadas) e inelegibilidades-proteção" (*Ficha limpa e presunção de inocência* ..., cit., p. 119), exemplificando que a causa de inelegibilidade decorrente de condenação criminal se enquadra na primeira espécie.

20. *Instituições de Direito Eleitoral* ..., cit., p. 186, grifos do autor. ADRIANO SOARES DA COSTA explica que um dos três axiomas da teoria clássica da elegibilidade é a percepção de que "toda inelegibilidade é uma sanção" (*Ibidem*, p. 86), posto que, no seu entender, o eleitoralista ANTÔNIO CARLOS MENDES, ao tratar as inelegibilidades como "previsão, estatuição, e sanção" (*Ibidem*, p. 184), teria limitado o "conceito de inelegibilidade às hipóteses de perda do direito de ser votado" (*Ibidem*, p. 183). De fato, a doutrina de ANTÔNIO CARLOS MENDES aponta que um dos significados normativos da inelegibilidade é o de sanção, porém, o sentido de inelegibilidade que ele apresenta está vinculado especificamente às incompatibilidades, veja-se: "Nessa acepção, inelegibilidade tem três significados normativos: *(a)* é *situação objetiva* contida no conteúdo proibitivo do preceito legal, criando obstáculo à candidatura, *(b)* é *estatuição* impondo a *desincompatibilização*, visando à garantia da liberdade do voto, à lisura e à legitimidade das eleições e *(c)* é *sanção jurídica* pelo descumprimento da estatuição ou *desincompatibilização*, isto é, implica um efeito imposto pela ordem jurídica: o *impedimento e a nulidade dos atos concernente à candidatura.*" (*Introdução à teoria das inelegibilidades* ..., cit., p. 112, grifos do autor). Além disso, nessa concepção, ANTÔNIO CARLOS MENDES deixa claro que "nas inelegibilidades, a *inidoneidade* não integra a hipótese normativa de '*per se*'" (*Ibidem*, p. 114, grifos do autor), uma vez que as previsões normativas de condutas que acarretam a incompatibilidade "indicam *situações objetivas lícitas*" (*Ibidem*, p. 114, grifos do autor), as quais se tornam "*ilícitos eleitorais* em face das restrições legalmente opostas e a finalidade não abonada pelas normas jurídicas destinadas à preservação do procedimento eleitoral" (*Ibidem*, p. 114, grifos do autor). Em síntese, para ANTÔNIO CARLOS MENDES, a inelegibilidade corresponde a uma sanção jurídica mesmo em razão da ocorrência de um fato lícito, porque o ordenamento jurídico a considera como um impedimento – e, portanto, consequência negativa – ao exercício da elegibilidade. O seu conceito de sanção adotado é, pois, de natureza ampla, distinto do abordado nesse trabalho para definição da natureza sancionatória da inelegibilidade.

cominadas, sendo que essas últimas hipóteses decorrem da prática de uma conduta ilegal e, portanto, ostentam caráter sancionatório[21].

Em sentido oposto, pela ausência de sanção na inelegibilidade, defende Edson de Resende Castro que "o regime jurídico das inelegibilidades, ao contrário, se funda em valores e princípios do próprio direito constitucional eleitoral, que naturalmente não coincidem com aqueles que orientam um sistema sancionador"[22]. Complementa José Jairo Gomes que, de acordo com o entendimento consagrado do TSE, "as situações previstas no artigo 14, §§ 4º a 7º, da Constituição Federal e no art. 1º, I, da LC n.º 64/1990 não se tratam propriamente de sanção jurídica, mas tão somente da conformação do cidadão ao regime jurídico-eleitoral"[23].

A verificação da conotação sancionatória dessas espécies de inelegibilidade deve ser realizada através da análise de seus conteúdos normativos, providência imprescindível em razão do princípio da tipicidade, pelo qual a configuração do impedimento ocorre quando reunidos os requisitos exigidos para cada uma das causas de inelegibilidade. Ou seja, é a partir da criteriosa leitura e adequada interpretação da disposição normativa que se identificará o fato jurídico gerador da inelegibilidade, se ele decorre de uma condenação específica por um ato ilícito (na pena de inelegibilidade) ou se surge como efeito anexo de um outro ato ou fato jurídico, para então resolver-se a respeito de sua natureza jurídica de sanção ou não.

---

21. Essa posição é compartilhada por Luiz Carlos dos Santos Gonçalves, ao afirmar que "a inelegibilidade decorrente de condenação por crime ou improbidade administrativa tem caráter de sanção, pois os fatos que a geram são ilícitos" (*Direito Eleitoral* ..., cit., p. 142), bem como por Mônica Campos de Ré, que aponta que a causa de inelegibilidade da alínea "j" do art. 1º, I, da LC n.º 64/1990, "caracteriza-se como sanção, pois decorre da prática de ato vedado pela legislação eleitoral." ("A ficha limpa e a inelegibilidade – avanço histórico e democrático". In: RAMOS, André de Carvalho (coord.). *Temas de Direito Eleitoral* ..., cit., p. 115).

22. *Curso de Direito Eleitoral* ..., cit., p. 149.

23. *Direito Eleitoral* ..., cit., p. 234.

Nesses termos, a posição da doutrina clássica da elegibilidade é a que se mostra mais acertada, sendo possível afirmar tranquilamente que as causas de inelegibilidade descritas no art. 1º, I, da LC n.º 64/1990 não configuram sanções, significando apenas o estado jurídico de alguém que está impedido de exercer a capacidade eleitoral passiva.

Com efeito, no que concerne às inelegibilidades das alíneas "d", "h", "j" e "p" do art. 1º, I, da LC n.º 64/1990, comumente identificadas como exemplos de inelegibilidades-sanção pela teoria crítica, é perceptível que, em verdade, elas têm como fato gerador *direto e imediato* a condenação prolatada pela Justiça Eleitoral, e não a prática, em si, do ato eleitoral ilícito. É o que se verifica também com relação às hipóteses das alíneas "e" (condenação judicial pela prática de crime), "g" (condenação do Parlamento ou dos Tribunais de Contas por rejeição de contas) e "l" (condenação judicial por improbidade administrativa), nas quais é o ato decisório condenatório que pode ensejar a inelegibilidade.

Em todos os casos mencionados, ao reconhecer e declarar a inelegibilidade existente, o Juiz Eleitoral competente para julgar o pedido de registro de candidatura não aprecia se houve ou não a prática do ato ilícito pelo cidadão, apenas avalia a existência da decisão judicial ou administrativa estabelecida como suporte da causa de inelegibilidade, além dos demais requisitos típicos exigidos para incidência do impedimento.

Observe-se, ainda, que, diferentemente da sanção de inelegibilidade aplicada na AIJE, o órgão responsável pela condenação do indivíduo pela prática de um dos fatos que podem configurar as causas de inelegibilidade previstas no art. 1º, I, da LC n.º 64/1990 não confere formalmente ao infrator o *status* de inelegível, até porque não é esse o objeto da demanda[24]. Nesse cenário, a

24. O TSE já consignou, no AgR-REspe n.º 2480-94, j. 7/11/2017, DJe de 18/12/2017, que "A inelegibilidade decorrente do disposto na alínea j do inciso I do art. 1º da LC n.º 64/90 não constitui sanção a ser imposta na hipótese de se concluir pela procedência do pedido formulado em Representação fundada no art. 30-A da Lei 9.504/97. Trata-se, na verdade, de um provável efeito secundário da condenação,

condenação prolatada diz respeito apenas à consequência jurídica que decorre diretamente do ato ilícito – a sanção propriamente dita –, como a cassação do registro ou diploma do candidato por infrações eleitorais, o cumprimento da pena privativa de liberdade nas condenações criminais ou a perda do cargo e a reparação do dano ao erário nos casos de prática de atos de improbidade administrativa.

Como ilustração, a pessoa condenada por praticar um dos atos que acarretam a inelegibilidade da alínea "j" do art. 1º, I, da LC n.º 64/1990, que alude aos condenados "por corrupção eleitoral, por captação ilícita de sufrágio, por doação, captação ou gastos ilícitos de recursos de campanha ou por conduta vedada aos agentes públicos", não será considerada autora de abuso de poder, nem apenada na "sanção de inelegibilidade", eis que ausente e desnecessária decisão judicial nesse sentido. O referido impedimento à elegibilidade será configurado de forma reflexa[25], em razão da condenação do candidato na pena de cassação do registro ou diploma, estabelecida nos tipos eleitorais dos arts. 30-A, 41-A e 73 ss.[26], da LE[27].

cuja verificação se dará em Requerimento de Registro de Candidatura eventualmente formulado pelo candidato então condenado. Precedente: AgR-REspe 504-51/PB, Rel. Min. GILMAR MENDES, DJe de 3.6.2015".

25. É o que afirmam JORGE, Flávio Cheim *et al.*: "Com a inclusão da alínea j, criou-se uma espécie de efeito anexo às condenações pelos ilícitos nela mencionados. Dito de outra forma, a inelegibilidade, nessas hipóteses, é um efeito secundário da sentença que cassar o registro ou o diploma em razão de corrupção eleitoral, conduta vedada etc., não sendo necessário, portanto, que tal efeito seja declarado no dispositivo da decisão" (*Curso de direito eleitoral* ..., cit., p. 141).

26. A referência específica ao termo "*ss.*" aponta para os incisos I a VIII e o § 10 do art. 73 e os arts. 74, 75 e 77, da LE, que tipificam as condutas vedadas a agentes públicos nas campanhas eleitorais.

27. Para configuração desses ilícitos e cominação da cassação do registro ou diploma, basta a prática de um ato irregular e a constatação de proporcionalidade entre a gravidade da conduta e a penalidade a ser aplicada (cfr. TSE, RO n.º 2650-41, j. 5/4/2017, DJe de 8/5/2017). De forma distinta, a verificação do abuso de poder na AIJE exige análise aprofundada do contexto fático, que deve revelar o descompasso dos atos praticados com a normalidade que se espera na campanha eleitoral (cfr. TSE, AIJE n.º 0601864-88, j. 26/6/2019, DJe de 25/9/2019; e TSE, REspe n.º 1-10, j. 22/8/2019, DJe de 11/9/2019), sendo que, em razão da gravidade das circunstâncias

Assim, as hipóteses do art. 1º, I, da LC n.º 64/1990 não constituem sanções ou penalidades, porque inexistem, em suas disposições típicas, a previsão ou exigência de prévia decisão condenatória do indivíduo em inelegibilidade. A situação de inelegibilidade surgirá, para a Justiça Eleitoral, sempre como consequência indireta de outra condenação (judicial, política ou administrativa) e apenas se o condenado vier a disputar uma eleição durante o período de incidência do impedimento, sendo que, para quem não se interessar pela disputa política, a condenação não trará nenhuma consequência concreta à elegibilidade[28].

A doutrina crítica sustenta, contudo, que haveria sanção na inelegibilidade porque sua fonte remota, nos casos citados, se trata de conduta contrária ao direito e que fora objeto de punição[29]. Sucede que o mencionado aspecto sancionatório diz respeito apenas à decisão prolatada no processo judicial, administrativo ou político que resultou na condenação do cidadão pelo ato irregular, mas a sanção não está inserida, de modo algum, no conceito de inelegibilidade referente a uma das hipóteses do art. 1º, I, da LC n.º 64/1990, cuja base de incidência não é o fato ilícito, mas, sim, a decisão condenatória proferida pelo órgão competente

(art. 22, XIV, da LC n.º 64/1990), será possível apenar o agente que praticou o abuso e, eventualmente, o candidato beneficiado.

28. Nesse sentido, explica Nicolao Dino sobre a inelegibilidade do art. 1º, I, "l", da LC n.º 64/1990: "Trata-se de inelegibilidade que surge como efeito secundário de condenação imposta em outra esfera de jurisdição, e que, portanto, não vem expressamente cominada nesse título judicial. Tal inelegibilidade permanece em estado de latência, e será aferida pela Justiça Eleitoral por ocasião de eventual pedido de registro de candidatura a cargo eletivo, a partir de impugnação do Ministério Público, de candidato, coligação, partido político ou, até mesmo, de ofício (LC n.º 64/1990, arts. 2º e 3º)." ("A inelegibilidade como efeito da condenação por ato de improbidade ..." ..., cit., pp. 112-113). Em igual sentido, sobre inelegibilidade da alínea "j" do art. 1º, I, da LC n.º 64/1990, cfr. GOMES, José Jairo. *Direito Eleitoral* ..., cit., pp. 824, 841 e 884.

29. É o que afirmam Rui Stoco e Leandro de Oliveira Stoco: "Ora, se a inelegibilidade é cominada, ou seja, se ela existe no mundo jurídico por meio de uma cominação, um ato impositivo, a fim de limitar a esfera de direitos do indivíduo, obviamente que constitui uma sanção." (*Legislação eleitoral interpretada* ..., cit., pp. 228-229).

indicado no específico tipo que define os pressupostos para sua configuração.

Essa distinção é de fundamental importância, mas nem sempre objeto de exame doutrinário apropriado e coerente. Sem o ato condenatório, não se pode imputar como inelegível o candidato, mesmo havendo provas efetivas de que ele praticara a conduta ilícita que faria surgir a causa de inelegibilidade, até porque o processo de pedido de registro de candidatura não é palco para se constituir nenhuma das hipóteses de inelegibilidade, apenas para reconhecer e declarar a sua prévia existência[30].

Ademais, a LC n.º 64/1990, no § 2º do art. 26-C, identifica que é o ato condenatório em face do ilícito que gera a configuração da causa de inelegibilidade, ao utilizar adequadamente a expressão "*Mantida a condenação de que derivou a inelegibilidade* ...", conforme redação dada pela Lei da Ficha Limpa, tecnicamente mais sistemática sobre o tema. Outrossim, em que pese a LC n.º 135/2010 não tenha eliminado a "sanção de inelegibilidade" do art. 22, XIV, da LC n.º 64/1990, o que tornaria mais harmonioso o regramento normativo da elegibilidade, tal circunstância não afeta a construção de um marco teórico sobre a natureza jurídica geral da inelegibilidade, que não constitui, nos casos do art. 1º, I, da LC n.º 64/1990, uma sanção decorrente diretamente da prática de uma infração ao direito.

De outro vértice, com relação à jurisprudência do TSE, é preciso um certo cuidado ao analisar a evolução, ao longo do tempo, do pensamento da Corte Eleitoral acerca da natureza sancionatória ou não da inelegibilidade. Isso porque, seja antes ou depois da edição da Lei da Ficha Limpa, a incidência da inelegibilidade sempre ocorre ora em decorrência direta da condenação judicial na AIJE, na forma do art. 22, XIV, da LC n.º

30. Em tal sentido, o próprio Adriano Soares da Costa assevera que "no momento da apreciação do registro de candidatura, o Juiz não *constitui* a inelegibilidade cominada; ele a *declara* existente no mundo jurídico, como efeito de um fato jurídico ilícito anterior, que levou à sua decretação judicial, também ela anterior ao pedido de registro" (*Instituições de Direito Eleitoral* ..., cit., p. 192, grifos do autor).

64/1990, ora como um efeito potencial da decisão que acarreta uma das hipóteses do art. 1º, I, da LC n.º 64/1990, sendo necessário, portanto, para correta análise dos julgados do TSE, verificar qual espécie de inelegibilidade é objeto do processo judicial em referência.

Nesta senda, ao se observar, *v. g.*, o apanhado apresentado por José Edvaldo Pereira Sales dos julgamentos do TSE antes da Lei da Ficha Limpa, no qual se concluiu que a posição jurisprudencial era de que a inelegibilidade constituía uma pena, verifica-se que o autor trouxe exemplos de casos em que o TSE examinou apenas as hipóteses de inelegibilidade decorrentes de condenação na AIJE e não das causas isoladas do art. 1º, I, da LC n.º 64/1990[31]. Nos julgados mencionados, o TSE fez alusão às expressões "pena" ou "sanção" somente com relação à inelegibilidade decorrente do art. 22, XIV, da LC n.º 64/1990.

Ocorre que, ao apontar que o TSE e o STF, depois da Lei da Ficha Limpa, teriam alterado drasticamente o posicionamento, para entender que a inelegibilidade não mais seria uma sanção, José Edvaldo Pereira Sales apresenta julgados que se referem,

31. Vide exposição do autor: "Além disso, em se tratando das hipóteses previstas na LC n. 64, de 18.05.1990 (arts. 19 e 22) – abuso do poder político, poder de autoridade, poder econômico e uso indevido dos meios de comunicação social – haveria, para a jurisprudência, verdadeira 'pena' ou 'sanção' de inelegibilidade. Isso pode ser percebido em diversos julgados: (a) pena: Agravo Regimental em Ação Cautelar n.º 3306, Relator Min. Arnaldo Versiani Leite Soares, DJE – Diário da Justiça Eletrônico, Data 10/11/2009, página 52; Recurso Ordinário n.º 2098, Relator Min. Arnaldo Versiani Leite Soares, DJE – Diário da Justiça Eletrônico, Tomo 147/2009, Data 4/8/2009, página 103-104; Recurso Ordinário n.º 1514, Relator Min. Felix Fischer, RJTSE – Revista de jurisprudência do TSE, Volume 19, Tomo 3, página 21; (b) sanção: Agravo Regimental em Agravo de Instrumento n.º 12239, Relator Min. Nelson Azevedo Jobim, DJ – Diário de Justiça, Volume 1, Data 29/09/00, página 168; Recurso Ordinário n.º 11925, Relator Min. Torquato Lorena Jardim, RJTSE – Revista de Jurisprudência do TSE, Volume 8, Tomo 1, página 156." ("As condições de elegibilidade e as inelegibilidades: (des)construções e aproximações(fissuras) teóricas – um olhar a partir da Lei da Ficha Limpa e da jurisprudência". *Revista do Ministério Público do Estado do Pará*, vol. 7, Belém, 2012, pp. 71-72. Disponível em: <https://www2.mppa.mp.br/consultas/revista-do-ministerio-publico.htm>, acesso em: 8/8/2019).

desta feita, às inelegibilidades do art. 1º, I, da LC n.º 64/1990[32], que realmente não cuidam de penalidades, revelando-se assim equivocada sua conclusão de que houve alteração do entendimento jurisprudencial, porquanto as situações fáticas e jurídicas avaliadas pelo TSE, ao menos nas causas por ele indicadas, tiveram por objeto espécies diferentes de inelegibilidades[33].

A propósito, importante salientar que o STF já decidira, no MS n.º 22.087, j. 28/3/1996, DJ de 10/5/1996, apreciando a aplicação da causa de inelegibilidade do art. 1º, I, "g", da LC n.º 64/1990 (na sua redação original), pela ausência de sanção no conceito de inelegibilidade, o que foi confirmado posteriormente quando a Corte Suprema declarou a constitucionalidade da LC n.º 135/2010 (ADI n.º 4.578 e ADCs n.os 29 e 30, j. 16/2/2012, DJe de 29/6/2012), como se observa especialmente em trecho do voto do Min. JOAQUIM BARBOSA, ao assentar que "as hipóteses que tornam o indivíduo inelegível não são punições engendradas por um regime totalitário, mas sim distinções, baseadas em critérios objetivos, que traduzem a repulsa de toda a sociedade a certos comportamentos bastante comuns no mundo da política"[34].

---

32. O autor se referiu ao AgR-RO n.º 4995-41, pss. 26/10/2010, que discutiu a incidência da inelegibilidade da alínea "l" do art. 1º, I, da LC n.º 64/1990, e às Consultas n.os 1120-26, j. 10/6/2010, DJe de 30/9/2010; e 1147-09, j. 17/6/2010, DJe de 24/9/2010, que trataram da aplicação em geral das novas causas de inelegibilidade da Lei da Ficha Limpa (cfr. *Ibidem*, pp. 72-73).

33. Isso não quer dizer que a jurisprudência do TSE, antes da LC n.º 135/2010, sempre foi harmônica, podendo-se citar julgados em que se enunciou, embora de forma genérica e sem aprofundamento, que as causas do art. 1º, I, da LC n.º 64/1990 seriam sanções: AgR-REspe n.º 33.378, pss. de 4/12/2008; AgR-REspe n.º 32.534, pss. de 13/11/2008; AgR-REspe n.º 27.120, j. 19/6/2007, DJ de 14/8/2007; e REspe n.º 232-22, pss. de 14/10/2004.

34. Vide ainda excertos de votos de outros Ministros do STF no referido julgado: "A inelegibilidade não é sanção que está sendo aplicada retroativamente a fatos pretéritos. Vale para eleições futuras. A elegibilidade é condição que deve ser verificada por ocasião do pleito eleitoral." (Min. ROSA WEBER); "Inelegibilidade tem natureza jurídica que não o confunde com pena e nela não se transmuda conforme o caso, advenha ela de uma simples relação de parentesco ou de uma condenação judicial." (Min. CARMEN LÚCIA); e "... as normas que alteram ou impõem inelegibilidades não têm caráter penal, como também não configuram sanção. Constituem regras de proteção à coletividade, que estabelecem preceitos mínimos para o registro de

Analisando essa última decisão, Luiz Viana Queiroz argumenta que o STF não teria feito a separação entre as inelegibilidades constitucionais e infraconstitucionais, anotando que somente aquelas é que não podem ser consideradas sanções, pois são qualificações jurídicas do cidadão, como o analfabetismo, os inalistáveis e o parentesco com mandatários políticos, diferentemente das inelegibilidades do art. 1º, I, da LC n.º 64/1990, que se referem à apenação da conduta ilícita praticada pelo cidadão, sendo, pois, casos de inelegibilidades-sanção[35].

Essa posição doutrinária que procura definir a natureza jurídica sancionatória da inelegibilidade com base em sua origem *mediata* é, francamente, inadequada e opera em desfavor de uma sistematização teórica coerente do tema no Direito Eleitoral. Como dito, a classificação entre inelegibilidades inatas ou cominadas serve apenas ao propósito de identificar que o substrato inicial do impedimento decorre de um fato jurídico regular ou de conduta delitiva, mas essa categorização jamais pode ser utilizada para se obter efeitos jurídicos diversos para uma mesma situação, que é a incidência de uma causa de inelegibilidade.

Ao contrário do afirmado, o marco normativo que define a natureza jurídica da inelegibilidade são as regras da CF/88, especialmente o § 9º do art. 14, não se devendo cogitar de interpretações diferentes para um mesmo fenômeno jurídico, ainda mais para se buscar elementos na lei ordinária que contrariem o sentido da Carta Magna. Em que pese as distintas situações de legalidade ou ilegalidade dos fatos que remotamente dão origem, respectivamente, às inelegibilidades constitucionais e a algumas das espécies infraconstitucionais, a natureza jurídica da inelegibilidade, prevista na CF/88 ou na LC n.º 64/1990, ressalvada a excepcional hipótese do art. 22, XIV, desta LC, é unívoca e consiste

candidaturas, tendo em mira a preservação dos valores republicanos." (Min. Ricardo Lewandowski).

35. Cfr. "Lei da Ficha Limpa e respeito à coisa julgada". In: ROLLEMBERG, Gabriela; DIAS, Joelson; KUFA, Karina (org.). *Aspectos polêmicos e atuais no direito eleitoral* ..., cit., pp. 29-30.

no estado jurídico de impedimento transitório ao exercício da capacidade eleitoral passiva, sem aspecto de sanção.

Enfim, resta evidenciado que os doutrinadores eleitorais que defendem o caráter sancionatório da inelegibilidade assim o fazem a partir da utilização do conceito de sanção em sentido amplo, considerando que o impedimento traz reflexos limitadores ao direito do cidadão de ser votado[36]. Com base nessa premissa conceitual, parcela da doutrina sustenta então a sedutora tese jurídica de que, considerando a inelegibilidade como sanção, a sua incidência concreta exige a aplicação dos princípios jurídicos e regras atinentes ao devido processo legal, em especial a vedação de retroação de sua aplicação a fatos anteriores e a exigência do trânsito em julgado da condenação para início da fruição do impedimento.

Há, no entanto, dois equívocos na construção desse pensamento. O primeiro, consoante já explicado, é que não se mostra adequada a utilização da acepção da sanção em sentido amplo como paradigma para definição da natureza sancionatória da inelegibilidade, devendo-se, ao contrário, avaliar a questão sob o parâmetro da sanção em seu conceito estrito.

A outra irregularidade consiste na inexistente vinculação teórica entre a definição da inelegibilidade como sanção em sentido amplo e a exigência do *due process of law* para sua incidência. Isso porque a doutrina de escol que define a sanção como a resposta geral à violação da ordem jurídica, em nenhum momento aborda a necessidade de cumprimento de regras relativas ao devido processo legal para aplicação da reprimenda – a consequência negativa – ao infrator, porquanto se resume a apresentar os elementos que integram a norma jurídica, com o fim de dissociá-la das

36. Como exemplo, Walber de Moura Agra, após se referir textualmente aos ensinamentos de Kelsen e de Miguel Reale, afirma que a inelegibilidade é "uma sanção, no caso das cominadas, porque há uma conduta típica, antijurídica, que provoca como resultado um cerceamento às prerrogativas do cidadão, atestando o desvalor do ordenamento àquela conduta realizada" (*Temas Polêmicos do Direito Eleitoral...*, cit., p. 214).

normas de outros sistemas normativos (morais ou sociais). Essas garantias de cunho jurídico-processual somente se manifestarão com relação à condenação original do indivíduo pela prática do ilícito, mas não necessariamente e na mesma extensão, com relação às demais consequências reflexas que podem advir desse ato condenatório.

Em conclusão, seguindo a linha conceitual adotada sobre o conceito de sanção e sua relação com a norma jurídica, deve-se compreender que as hipóteses do art. 1º, I, da LC n.º 64/1990 encerram apenas uma das várias medidas de coerção estabelecidas pelo Direito, distintas da sanção em sentido estrito, como reação à prática de atos que lhe são contrários[37]. Nessas causas legais, a inelegibilidade não é uma pena aplicada em virtude da prática de um ato ilícito, mas apenas o efeito anexo ou indireto decorrente da decisão judicial, administrativa ou política, que declarou a ilicitude da conduta e proferiu a condenação do agente infrator[38].

Em acréscimo, também se conclui que, para incidência das causas de inelegibilidade do art. 1º, I, da LC n.º 64/1990, não há óbice à mitigação da observância dos princípios constitucionais do devido processo legal, tanto com relação à possibilidade de aplicação retroativa da inelegibilidade como referente à permissão de início da fruição em momento anterior ao trânsito em julgado da condenação, o que será mais bem explicado adiante.

Por igualdade de razões, quanto ao juízo de valor sobre a conduta ilícita que acarretou indiretamente a inelegibilidade, embora deva o Juiz Eleitoral obedecer às fórmulas processuais para deliberar sobre a pretensão do cidadão no processo de registro

37. RODRIGO TENÓRIO, interpretando a obra de KELSEN, a quem alude a doutrina crítica para convencer que a inelegibilidade seria uma pena, assenta que, para o ilustre jurista austríaco, "o direito é concebido como uma ordem estatuidora de atos de coerção" (*Direito Eleitoral* ..., cit., p. 120), concluindo que, "dentre as espécies de ato de coação (ou sanção) estão a pena, a inclusão de nome no rol de culpados e a inelegibilidade" (*Ibidem*, p. 120).

38. Nesse sentido, cfr. PINTO, Djalma; PETERSEN, Elke Braid. *Comentários à lei da ficha limpa* ..., cit., p. 19; e AMARAL, Roberto; CUNHA, Sérgio Sérvulo da. *Manual das eleições* ..., cit., p. 619.

de candidatura, não lhe cabe apreciar as questões atinentes à materialidade e autoria do fato reputado como ilícito, que já foram definidas na decisão condenatória tomada como referência para incidência da inelegibilidade, isto é, já restou configurado o fato jurídico (a condenação) que deu o suporte inicial à existência do impedimento à elegibilidade. Não há que se exigir, portanto, ampla defesa e contraditório para discutir temas que fogem ao objeto do processo de registro de candidatura.

4.1.4 A "sanção de inelegibilidade" do art. 22, XIV, da LC n.º 64/1990

O ordenamento jurídico-processual eleitoral prevê uma série de demandas judiciais que visam a tutelar a punição ao abuso de poder praticado no curso do processo eleitoral, sendo uma das principais a já mencionada AIJE – Ação de Investigação Judicial Eleitoral, que tem por base os arts. 19 e 22 da LC n.º 64/1990, estabelecendo-se, no inciso XIV do art. 22, a "sanção de inelegibilidade" como um dos objetos principais da demanda, veja-se:

> Art. 19. As transgressões pertinentes à origem de valores pecuniários, abuso do poder econômico ou político, em detrimento da liberdade de voto, serão apuradas mediante investigações jurisdicionais realizadas pelo Corregedor-Geral e Corregedores Regionais Eleitorais.
>
> Parágrafo único. A apuração e a punição das transgressões mencionadas no *caput* deste artigo terão o objetivo de proteger a normalidade e legitimidade das eleições contra a influência do poder econômico ou do abuso do exercício de função, cargo ou emprego na administração direta, indireta e fundacional da União, dos Estados, do Distrito Federal e dos Municípios.
>
> (...)
>
> Art. 22. Qualquer partido político, coligação, candidato ou Ministério Público Eleitoral poderá representar à Justiça Eleitoral, diretamente ao Corregedor-Geral ou Regional, relatando fatos e indicando provas, indícios e circunstâncias e pedir abertura de investigação judicial para apurar

> uso indevido, desvio ou abuso do poder econômico ou do poder de autoridade, ou utilização indevida de veículos ou meios de comunicação social, em benefício de candidato ou de partido político, obedecido o seguinte rito:
>
> (...)
>
> XIV – julgada procedente a representação, ainda que após a proclamação dos eleitos, o Tribunal declarará a inelegibilidade do representado e de quantos hajam contribuído para a prática do ato, cominando-lhes sanção de inelegibilidade para as eleições a se realizarem nos 8 (oito) anos subsequentes à eleição em que se verificou, além da cassação do registro ou diploma do candidato diretamente beneficiado pela interferência do poder econômico ou pelo desvio ou abuso do poder de autoridade ou dos meios de comunicação, determinando a remessa dos autos ao Ministério Público Eleitoral, para instauração de processo disciplinar, se for o caso, e de ação penal, ordenando quaisquer outras providências que a espécie comportar.

O embate doutrinário e jurisprudencial sobre a natureza jurídica sancionatória da inelegibilidade deve ser avaliado, assim, não apenas com relação às espécies previstas no art. 1º, I, da LC n.º 64/1990, mas também com relação à causa de inelegibilidade contida no art. 22, XIV, da mesma LC, regra que está vigente desde a promulgação do referido ato normativo e que fora mantida, com alterações, pela Lei da Ficha Limpa (LC n.º 135/2010).

Sobre o tema, MÁRLON JACINTO REIS não admite que o art. 22, XIV, da LC n.º 64/1990 estabeleça uma inelegibilidade de natureza sancionatória, argumentando que "deve-se recusar a interpretação literal quando ela conduz a um rompimento com o sistema"[39], porquanto "as inelegibilidades *nunca* correspondem a sanções"[40]. O autor se ancora em decisões do TSE que igualmente compreendem que, a despeito da previsão normativa de condenação em inelegibilidade, não há veiculação de sanção propriamente

39. "O princípio constitucional da proteção ..." ..., cit., p. 52.

40. *Ibidem*, p. 52, grifos do autor.

dita, mas apenas de um efeito jurídico que pode incidir num eventual e futuro processo de registro de candidatura, de forma idêntica às causas do art. 1º, I, da LC n.º 64/1990[41].

José Jairo Gomes, apesar de classificar algumas das causas do art. 1º, I, da LC n.º 64/1990 como inelegibilidades-sanção, por terem como origem (mediata) um ato ilícito, distingue a forma de configuração das inelegibilidades em duas situações: "*Primeira*: a inelegibilidade constitui efeito direito e imediato da decisão, sendo por ela constituída"[42], o que se verifica na imposição da sanção de inelegibilidade contida no art. 22, XIV, da LC n.º 64/1990[43]; e "*Segunda* situação: a inelegibilidade é efeito secundário ou indireto de uma decisão sancionatória da prática de ilícito (que pode ser penal, administrativo etc.)"[44].

Flávio Cheim Jorge, Ludgero Liberato e Marcelo Abelha Rodrigues, de modo similar, apontam que a LC n.º 64/1990 prevê hipóteses de inelegibilidade legal e jurisdicional, as primeiras estão contidas no rol do seu art. 1º, I, e as demais se referem à inelegibilidade estabelecida como sanção decretada judicialmente, em caso de verificação da prática de abuso de poder político ou econômico. Acrescentam os autores que, na AIJE, a inelegibilidade constitui um dos pedidos próprios da demanda e não apenas o efeito anexo da condenação, como ocorre com as demais causas de inelegibilidade infraconstitucionais[45].

41. Cfr. TSE, REspe n.º 283-41, pss. de 19/12/2016.

42. *Direito Eleitoral ...*, cit., p. 234, grifos do autor.

43. Adriano Soares da Costa explica que, na AIJE, "a sentença é constitutiva do estado de inelegibilidade, pois a inelegibilidade cominada (simples e potenciada) é daquela que não surge da incidência da norma jurídica apenas, precisando que a resolução judicial inove no mundo jurídico, criando uma sanção que menoscabe a elegibilidade do representado, ou lhe obstaculize a sua obtenção" (*Instituições de Direito Eleitoral ...*, cit., p. 380).

44. GOMES, José Jairo. *Direito Eleitoral ...*, cit., p. 234, grifos do autor.

45. Cfr. *Curso de direito eleitoral ...*, cit., pp. 664-665. Em opinião parecida sobre a distinção entre as espécies de inelegibilidade, cfr. ZILIO, Rodrigo López. *Direito Eleitoral ...*, cit., pp. 216-217.

A teoria clássica da elegibilidade, que é defendida nesse estudo, tem certas reservas em admitir a natureza sancionatória da inelegibilidade do art. 22, XIV, da LC n.º 64/1990. De fato, todo o desenvolvimento teórico do pensamento tradicional, secundado pela jurisprudência do TSE e do STF, se assenta na compreensão de que a inelegibilidade não contém, como característica essencial, a marca de punição ao indivíduo, mas apenas a demonstração objetiva de incidência num estado jurídico de impedimento à elegibilidade[46].

O STF, no particular, no RE n.º 929.670, j. 1º/3/2018, DJe de 12/4/2019, validou o entendimento do TSE pela ausência de sanção nesta espécie de inelegibilidade, mostrando-se relevante a transcrição dos seguintes trechos da ementa do julgado, que sintetizam a argumentação defendida pela doutrina clássica da elegibilidade:

> 3. A inelegibilidade do art. 22, XIV, da Lei Complementar nº 64/90, não encerra sanção, porquanto a procedência dos pedidos deduzidos em ação de investigação judicial eleitoral se assemelha, quanto aos efeitos jurídico-eleitorais, às demais hipóteses das alíneas do art. 1º, I.
>
> (...)
>
> 5. O art. 22, XIV, da LC nº 64/90, reproduz no rito procedimental da Ação de Investigação Judicial Eleitoral (AIJE) a inelegibilidade da alínea d, especificamente indicando os comandos impostos ao Juiz nas hipóteses de condenação

46. Nesse sentido, sustenta Carlos Eduardo Frazão que se deve aplicar ao art. 22, XIV, da LC n.º 64/1990, a posição do STF exposta no julgamento da ADI n.º 4.578 e ADCs n.ºs 29 e 30, j. 16/2/2012, DJe de 29/6/2012, acerca da natureza jurídica não sancionatória das inelegibilidades do art. 1º, I, da LC n.º 64/1990, que são apenas "a adequação do indivíduo ao regime jurídico – constitucional e legal complementar – do processo eleitoral consubstanciada no não preenchimento de requisitos 'negativos' (as inelegibilidades)" ("Revisitando o art. 22, XIV, da LC n. 64/1990: a inconsistência teórica da dicotomia entre inelegibilidades como efeitos secundários (art. 1º, I) e como sanção (art. 22, XIV) e a discussão no RE 929.670/DF"; In: ANPR – Associação Nacional de Procuradores da República (org.). *Pontos Controvertidos sobre a Lei da Ficha Limpa*. Belo Horizonte: Del Rey, 2016, pp. 87-88. Disponível em: <http://www.mpf.mp.br/pge/ficha-limpa>, acesso em: 20/4/2020).

por abuso de poder econômico, abuso de poder de autoridade e pelo uso indevido dos meios de comunicação (i.e., cassação do diploma e declaração de inelegibilidade), sem introduzir qualquer hipótese autônoma de inelegibilidade.

6. O legislador eleitoral complementar incorreu em manifesta atecnia ao afirmar que a inelegibilidade do art. 22, XIV, encerraria sanção, máxime porque a natureza jurídica de instituto é efetivamente perquirida a partir da análise dos efeitos jurídicos que efetivamente dele advêm.

7. O art. 22, XIV, da LC nº 64/90, em sua exegese literal, não veicula peremptoriamente inelegibilidade-sanção, na medida em que referido dispositivo apresenta – e impõe – dois comandos contraditórios ao magistrado, em eventual condenação por abuso de poder político e econômico: de um lado, determina que seja declarada a inelegibilidade, o que pressupõe que essa situação jurídica preexiste e está apenas sendo reconhecida judicialmente; e, por outro lado, comina a sanção de inelegibilidade, pressupondo que é a sentença que constituirá esse novo estado jurídico, pressupondo que é a sentença que declarará esse novo estado jurídico.

8. A interpretação lógico-sistemática do regime jurídico das inelegibilidades rechaça o caráter sancionatório do art. 22, XIV, uma vez que a condenação em ações de impugnação de mandato eletivo atrai, reflexamente, a restrição do art. 1º, I, d, da LC nº 64/90. Seria um contrassenso lógico afirmar que a procedência do pedido em outra ação (AIJE), que visa igualmente a apurar abusos de poder econômico, consigne uma hipótese de inelegibilidade-sanção.

É consabido que uma teoria jurídica que almeja ser cientificamente aceitável não pode descurar do direito posto, mesmo quando se deparar com disposições normativas que contrariem suas ideias centrais, cabendo então o apontamento da devida crítica para aperfeiçoamento normativo futuro. Nesses termos, sobre a questão em foco, se é certo que a inelegibilidade, nas causas do art. 1º, I, da LC n.º 64/1990, não tem natureza de sanção jurídica, na hipótese específica do art. 22, XIV, da LC n.º 64/1990, é impossível negar-lhe esse atributo, a despeito dos notáveis argumentos expostos pelo STF.

Primeiro, porque a mera circunstância de serem idênticos os efeitos jurídicos resultantes da incidência da inelegibilidade do art. 22, XIV, da LC n.º 64/1990 e das contidas no art. 1º, I, da LC n.º 64/1990, especialmente nas alíneas "d" e "h", acarretando todas o afastamento do candidato do pleito eleitoral[47], não implica no reconhecimento da igualdade de natureza jurídica das causas de inelegibilidade. Ora, esse resultado de gerar óbice à elegibilidade também se verifica nas situações de desatendimento das condições de elegibilidade ou dos requisitos formais da candidatura, sem que se possa, somente pelo motivo da similitude de efeitos produzidos, equiparar conceitualmente esses institutos jurídicos e a inelegibilidade.

De modo semelhante, o fato de a condenação na AIJE também atrair, em determinadas circunstâncias, a causa de inelegibilidade da alínea "d" (ou "h") do art. 1º, I, da LC n.º 64/1990, não é justificativa idônea para afastar o aspecto de sanção da inelegibilidade do art. 22, XIV, da LC n.º 64/1990. Trata-se apenas, como será aprofundado, de possível incidência concomitante em mais de uma causa de inelegibilidade, situação que, apesar de demonstrar certa inutilidade concreta do impedimento do art. 22, XIV, da LC n.º 64/1990, não lhe confere conceitualmente a mesma natureza das inelegibilidades do art. 1º, I, da LC n.º 64/1990[48].

---

47. Acrescenta Carlos Eduardo Frazão que uma outra semelhança é que o impedimento "somente produzirá seus efeitos na esfera jurídica do condenado, se, e somente se, este vier a formalizar registro de candidatura em eleições vindouras, ou em recurso contra a expedição do diploma, em se tratando de inelegibilidades infraconstitucionais supervenientes" ("Revisitando o art. 22, XIV, da LC n. 64/1990 ..." ..., cit., p. 84).

48. Registre-se que o próprio Min. Luiz Fux, do STF, quando integrante do TSE, proferiu voto no RO n.º 907-18, pss. de 16/12/2014, afirmando textualmente que a inelegibilidade do art. 22, XIV, da LC n.º 64/1990 "é **sanção** e ostenta natureza **constitutivo-positiva**" (grifos do julgador), admitindo, todavia, a incidência concomitante do candidato na inelegibilidade da alínea "d" ou "h" do art. 1º, I, da LC n.º 64/1990. Posteriormente, no âmbito do STF, no julgamento do citado RE n.º 929.670, j. 1º/3/2018, DJe de 12/4/2019, o Min. alterou sua posição, consignando

O que realmente define a essência de um instituto jurídico é o substrato fático ou jurídico exigido para sua configuração, isto é, o seu fato gerador, valendo repetir que a inelegibilidade do art. 22, XIV, da LC n.º 64/1990, surge no mundo jurídico pela decisão condenatória na AIJE, que constitui de forma direta a inelegibilidade do cidadão. Nesta situação, caberá ao Juiz Eleitoral do processo de registro de candidatura apenas constatar a existência e eficácia da decisão judicial proferida na AIJE que condenou o cidadão na inelegibilidade, o que difere da apreciação das hipóteses do art. 1º, I, da LC n.º 64/1990, que são consequência indireta de uma outra condenação (judicial, política ou administrativa) e sobre as quais se impõe ao Juiz verificar, ainda, o atendimento dos requisitos específicos para incidência dos impedimentos.

O aspecto sancionatório da inelegibilidade do art. 22, XIV, da LC n.º 64/1990 também se manifesta pela relação de vinculação explícita entre a cominação que é determinada (sanção de inelegibilidade) e a conduta ilícita praticada. Nesses termos, a fonte imediata da inelegibilidade (constituída na AIJE) é o ato irregular perante o Direito, que foi avaliado em todas as suas circunstâncias pelo Estado-Juiz, sendo aplicado ao agente infrator a sanção correspondente determinada na lei, em conformidade com o conceito de sanção em sentido estrito utilizado para compreensão da natureza jurídica da inelegibilidade. O art. 22, XIV, da LC n.º 64/1990 é, pois, uma norma sancionatória porque a pena de inelegibilidade nele estabelecida se manifesta como uma reprimenda direta à conduta ilícita praticada pelo cidadão.

Ademais, ao contrário do que defende MÁRLON JACINTO REIS, a literalidade da norma do art. 22, XIV, da LC n.º 64/1990, que se refere à "sanção de inelegibilidade", precisa, sim, ser respeitada no processo interpretativo, conquanto não é possível extrair uma exegese que contrarie ou amplie indevidamente o signo

então que a inelegibilidade do art. 22, XIV, da LC n.º 64/1990 não encerra uma sanção jurídica.

linguístico objeto de análise[49]. Decerto que referida disposição normativa pode demonstrar um equívoco técnico do legislador, até em razão de nela também constar que "o Tribunal declarará a inelegibilidade do representado", mas não pode, simplesmente, ter sua existência, vigência e aplicação ignoradas pelo jurista, que deve igualmente respeito à exclusiva competência do Legislativo na elaboração da referida norma jurídica, até porque ausente declaração de sua inconstitucionalidade.

O receio doutrinário e jurisprudencial em aceitar o perfil sancionatório da inelegibilidade do art. 22, XIV, da LC n.º 64/1990, que supostamente atentaria contra o marco teórico clássico da elegibilidade, se mostra infundado e sem sentido, devendo-se entender a referida previsão normativa apenas como uma exceção à regra geral de que a inelegibilidade não tem natureza de sanção. Ou seja, em que pese criticável a previsão da sanção de inelegibilidade nesse art. 22, XIV, deve-se conviver com referida regra e, principalmente, cabe à teoria clássica reconhecer que a cominação da penalidade em razão da prática de conduta abusiva demonstra o evidente caráter sancionatório dessa hipótese de inelegibilidade.

Complemente-se que, ao se reconhecer a natureza sancionatória da inelegibilidade do art. 22, XIV, da LC n.º 64/1990, se deve admitir, como consequência natural para sua configuração, o influxo dos princípios jurídicos e regras inerentes ao sistema de persecução e punição estatal à prática de ilícitos. É preciso, portanto, obedecer de forma estrita ao princípio constitucional do devido processo legal para aferir a materialidade e autoria da conduta reputada ilícita, respeitando os direitos do cidadão à ampla defesa e contraditório em face das imputações lançadas contra sua pessoa, bem assim as normas sobre a incidência temporal das punições, não se permitindo a retroatividade do ato legal ou a ampliação de punições já aplicadas e resguardadas sob o manto

49. Cfr. BARROSO, Luís Roberto. *Curso de direito constitucional contemporâneo:* os conceitos fundamentais e a construção do novo modelo. 6ª ed., São Paulo: Saraiva, 2017, p. 330.

da coisa julgada. Todavia, não há vedação ao início da fruição dessa inelegibilidade a partir da decisão judicial colegiada, conforme será explicado adiante.

Em arremate, não há nenhuma incongruência sistêmica em admitir a presença concomitante da inelegibilidade estabelecida como potencial efeito de uma decisão judicial, administrativa ou política (causas do art. 1º, I, da LC n.º 64/1990) e da inelegibilidade prevista como sanção na AIJE (art. 22, XIV, da LC n.º 64/1990). Ambas as situações constituem inelegibilidades que tutelam os valores expostos no § 9º do art. 14 da CF/88, cabendo à doutrina proceder ao devido ajustamento da teoria clássica para reconhecer a existência, convivência harmônica e as diferenças entre as mencionadas espécies de inelegibilidade.

4.1.4.1 Incidência cumulativa da sanção de inelegibilidade do art. 22, XIX, e das causas de inelegibilidade das alíneas "d" ou "h" do art. 1º, I, da LC n.º 64/1990

A doutrina clássica, como dito, tem dificuldade em entender o aspecto sancionatório da inelegibilidade do art. 22, XIV, da LC n.º 64/1990, a despeito da clareza do texto legal, sob o argumento principal de que, tendo em vista que a condenação na sanção de inelegibilidade acarreta, reflexamente, a inelegibilidade da alínea "d" ou "h" do art. 1º, I, da LC n.º 64/1990, deve ser aplicado, para todas as espécies, o mesmo regime legal quanto à natureza jurídica.

Esse posicionamento decorre, especialmente, da equivocada compreensão sobre a aplicação e incidência da causa de inelegibilidade do art. 22, XIV, da LC n.º 64/1990 em conjunto com as alíneas "d" e "h" do art. 1º, I, da LC n.º 64/1990, que tutelam, igualmente, situações de abuso de poder nas eleições. Assim, considerando as convergências entre as descrições típicas das referidas inelegibilidades, mostra-se necessário avaliar se efetivamente subsistem situações concretas de aplicação autônoma e isolada da causa do art. 22, XIV, da LC n.º 64/1990, bem como a necessidade e utilidade do tratamento dogmático das questões teóricas que lhe são vinculadas em razão de sua natureza de sanção jurídica.

Para tanto, imprescindível transcrever as hipóteses das alíneas "d" e "h" do art. 1º, I, da LC n.º 64/1990[50], a serem cotejadas com a do aludido art. 22, XIV (transcrito anteriormente):

> Art. 1º São inelegíveis:
>
> I - para qualquer cargo:
>
> (...)
>
> d) os que tenham contra sua pessoa representação julgada procedente pela Justiça Eleitoral, em decisão transitada em julgado ou proferida por órgão colegiado, em processo de apuração de abuso do poder econômico ou político, para a eleição na qual concorrem ou tenham sido diplomados, bem como para as que se realizarem nos 8 (oito) anos seguintes;
>
> (...)
>
> h) os detentores de cargo na administração pública direta, indireta ou fundacional, que beneficiarem a si ou a terceiros, pelo abuso do poder econômico ou político, que forem condenados em decisão transitada em julgado ou proferida por órgão judicial colegiado, para a eleição na qual concorrem ou tenham sido diplomados, bem como para as que se realizarem nos 8 (oito) anos seguintes.

Iniciando a análise com relação ao *prazo* de duração dos impedimentos, não há diferenças entre as inelegibilidades em estudo. Em que pese certa controvérsia ao tempo da edição da LC n.º 135/2010, restou assentado nas Súmulas n.os 19 e 69 do TSE que, em quaisquer das mencionadas hipóteses, o termo inicial da fruição da inelegibilidade é o dia da eleição em que se verificou o ato ilícito, e o termo final, o mesmo dia do 8º (oitavo) ano seguinte[51].

---

50. Especificamente acerca das semelhantes e diferenças entre as alíneas "d" e "h" do art. 1º, I, da LC n.º 64/1990 e os pontos controvertidos de suas aplicações, cfr. SILVA, Guilherme de Abreu e, "Inelegibilidades decorrentes do abuso de poder: interpretação restritiva e conformação jurisprudencial sobre as alíneas 'd' e 'h' do inciso I, do art. 1º da LC nº 64/90", in FUX, Luiz *et al.* (coord.), *Elegibilidade e inelegibilidades ...*, cit., pp. 359-366.

51. Cfr. o conteúdo das Súmulas do TSE n.º 19: "O prazo de inelegibilidade decorrente da condenação por abuso do poder econômico ou político tem início no dia

Com relação ao *sujeito passivo*, isto é, a pessoa que será considerada inelegível, qualquer cidadão pode ser representado na AIJE, candidato ou não, e sofrer a incidência da inelegibilidade art. 22, XIV, da LC n.º 64/1990, valendo destacar que são absolutamente independentes as sanções de inelegibilidade, aplicada contra a pessoa que praticou o abuso, e de cassação do registro ou diploma, cominada ao candidato que concorreu na eleição[52].

O mesmo se verifica com relação às alíneas "d" e "h" do art. 1º, I, da LC n.º 64/1990, em que é possível incidir a inelegibilidade para o *extraneus*, o agente público ou particular que não disputou a eleição e agiu com abuso de poder em benefício de candidato[53] [54]. Além disso, na própria alínea "h", consta expressa referência de

---

da eleição em que este se verificou e finda no dia de igual número no oitavo ano seguinte (art. 22, XIV, da LC nº 64/90)"; e n.º 69: "Os prazos de inelegibilidade previstos nas alíneas j e h do inciso I do art. 1º da LC nº 64/90 têm termo inicial no dia do primeiro turno da eleição e termo final no dia de igual número no oitavo ano seguinte".

52. O TSE, ademais, tem firme posição de que "a inelegibilidade constitui sanção de natureza personalíssima, de modo que não se aplica ao mero beneficiário dos atos abusivos, mas apenas a quem tenha contribuído, direta ou indiretamente, para a prática de referidos atos" (REspe n.º 422-70, j. 30/5/2019, DJe de 27/6/2019).

53. É o que aponta José Jairo Gomes ao afirmar que "o destinatário da regra inscrita na alínea *h* é especificamente agente público, enquanto pela alínea *d* pode-se atingir o *extraneus*", não restringindo, pois, a aplicação das alíneas "d" e "h" para o candidato na eleição (*Direito Eleitoral* ..., cit., p. 274, grifos do autor). Sobre o tema, o TSE tem posição pacífica de que "As causas de inelegibilidade dispostas nas alíneas *d* e *h* não se aplicam somente a quem praticou o abuso de poder na eleição para a qual concorreu (visando a beneficiar a própria candidatura), mas também a quem cometeu o ilícito na eleição na qual não se lançou candidato, no afã de favorecer a candidatura de terceiro." (REspe n.º 283-41, pss. de 19/12/2016), bem assim explica a Corte Eleitoral que "Ademais, as referidas alíneas, na parte em que dispõem 'para a eleição na qual concorrem ou tenham sido diplomados', limitam-se a fixar o termo inicial de incidência da inelegibilidade – qual seja, a eleição na qual concorreu o candidato beneficiado pelo abuso, que pode ou não ser o autor do ilícito – e não a estabelecer as pessoas que estão sujeitas a ela." (REspe n.º 151-05, j. 17/12/2014, DJe de 19/3/2015).

54. Já com relação à alínea "j" do art. 1º, I, da LC n.º 64/1990, somente o candidato é que será enquadrado como inelegível, uma vez que sua redação típica exige que a condenação pela prática das condutas ilícitas nela previstas implique "cassação do registro ou diploma", sanções passíveis de serem aplicadas apenas aos candidatos. Não obstante criticável essa opção legislativa, porque impede a incidência da

sua aplicação à autoridade pública que praticar a conduta ilícita em benefício próprio (como candidato) ou de terceiros, entendendo-se ainda que esse impedimento se configura a partir de condenações da Justiça Comum, em ações civis públicas ou ações populares, que podem ser ajuizadas em face de qualquer pessoa que tenha praticado o abuso, mesmo que não seja candidato[55].

No que se refere ao *instrumento jurídico processual* que pode ensejar a incidência das causas de inelegibilidade em questão, nota-se uma relevante diferença na aplicação das hipóteses de impedimento das alíneas "d" e "h" e daquela do art. 22, XIV, da LC n.º 64/1990.

A princípio, a ação judicial por excelência para configuração de todas as referidas causas de inelegibilidade é a AIJE, que tem como objeto principal a verificação da existência de abuso de poder político ou econômico que influencie negativamente as eleições, sendo certo, ademais, que a "sanção de inelegibilidade" somente é aplicável através desta específica demanda judicial. O

---

inelegibilidade ao provocador do ato ilícito (*v. g.*, aquele que efetuou a captação ilícita do voto), a exegese da norma impõe condicionar a inelegibilidade à aplicação das sanções apontadas, sendo deliberado pelo TSE que "A causa de inelegibilidade referida no art. 1º, inciso I, alínea j, da LC n.º 64/1990 decorrente da prática de conduta vedada a agente público exige o pronunciamento judicial de cassação do registro ou do diploma do representado." (AgR-REspe n.º 79-22, j. 21/3/2017, DJe de 19/4/2017) e, seguindo essa orientação, que se mostra indevida a anotação da inelegibilidade no cadastro eleitoral em razão da condenação por representação eleitoral com base no art. 73 da LE apenas na pena de multa, uma vez que "sanção pecuniária pela prática de conduta vedada não gera inelegibilidade" (REspe n.º 415-84, j. 19/6/2018, DJe de 7/8/2018).

55. Cfr. decisão do TSE no AgR-RO n.º 0600825-88, pss. de 6/12/2018, advertindo-se que, para configuração dessa inelegibilidade por ato da Justiça Comum, deve-se comprovar que a prática do abuso teve "finalidades eleitorais, embora não a um concreto processo eleitoral em curso" (TSE, REspe n.º 13.138, pss. de 23/9/1996). Rodrigo López Zilio salienta, a propósito, que a orientação do TSE sobre o início e término do prazo da inelegibilidade referente à alínea "h", conforme Súmulas do TSE n.ºs 19 e 69, somente tem sentido para as condenações judiciais eleitorais, uma vez que, "tratando-se de condenações cíveis, o prazo de inelegibilidade – justamente em face da diversidade de sujeitos passivos e da diferente forma de investidura destes em relação à Administração Pública – deve ocorrer a partir do término do exercício do cargo ou mandato" (*Direito Eleitoral* ..., cit., p. 277).

julgamento procedente da AIJE, com aplicação da pena de inelegibilidade, implica, pois, na possibilidade de o condenado incidir de forma dúplice nas causas de inelegibilidade do art. 1º, I, "d" ou "h", e na do art. 22, XIV, todas da LC n.º 64/1990.

Sucede que as inelegibilidades das alíneas "d" e "h" do art. 1º, I, da LC n.º 64/1990, poderão ser configuradas de modo independente à condenação na AIJE, no caso de julgamento procedente da Ação de Impugnação de Mandato Eletivo (AIME), que consiste numa ação fundada no § 10 do art. 14 da CF/88, a ser proposta no prazo de 15 (quinze) dias depois da diplomação, em que se busca cassar o mandato do candidato que foi eleito por ter sido beneficiado ou por ter praticado abuso de poder econômico[56], corrupção ou fraude.

Destarte, se não houve ajuizamento de AIJE até a diplomação, será possível, depois desse marco, a propositura de AIME para impugnar o mandato do candidato eleito, com o fim de combater a ocorrência de abuso de poder, podendo ensejar, como efeito reflexo e potencial da condenação, a incidência da inelegibilidade das alíneas "d" ou "h"[57], o que evidencia a aplicação autônoma destes impedimentos com relação à "sanção de inelegibilidade" da AIJE. Além disso, como já afirmado, a inelegibilidade da alínea "h", diferentemente da alínea "d", pode se verificar em caso de decisão proferida pela "**Justiça Comum**, em ações por práticas abusivas com finalidade eleitoral (*v. g.*, ação popular, ação civil pública)"[58].

---

56. Sobre a expressão "abuso de poder econômico", o TSE, no REspe n.º 736-46, j. 31/5/2016, DJe de 13/6/2016, decidiu que "É possível apurar, em Ação de Impugnação de Mandato Eletivo (AIME), abuso de poder político entrelaçado com abuso de poder econômico. Trata-se de hipótese em que agente público, mediante desvio de sua condição funcional, emprega recursos patrimoniais, privados ou do Erário, de forma a comprometer a legitimidade das eleições e a paridade de armas entre candidatos".

57. Cfr. GOMES, José Jairo. *Direito Eleitoral* ..., cit., pp. 271 e 297. Se a AIME tiver como causa de pedir a ocorrência de corrupção, o condenado incidirá na causa de inelegibilidade da alínea "j" do art. 1º, I, da LC n.º 64/1990 (cfr. *Ibidem*, p. 300).

58. PAZZAGLINI FILHO, Marino. *Lei de inelegibilidade comentada* ..., cit., p. 28, grifos do autor. No mesmo sentido, cfr. GOMES, José Jairo, *Direito Eleitoral* ..., cit., p. 274; e LEITE FILHO, José; GUIMARÃES JÚNIOR, Juraci. *Reforma eleitoral:*

Observe-se, no entanto, que se a AIJE pode ser ajuizada contra qualquer pessoa, inclusive o candidato não eleito, a AIME somente é cabível contra o candidato que obteve êxito no pleito eleitoral, posto que a penalidade a ser aplicada será a de cassação do mandato. Essa limitação no polo passivo da AIME reafirma a importância da AIJE no ordenamento jurídico por ser o único meio processual que possibilita uma efetiva punição eleitoral não apenas contra o candidato, mas também em face da pessoa que praticou a conduta qualificada como abuso de poder, exatamente em razão da cominação da sanção de inelegibilidade[59].

No tocante ao *objeto*, ou seja, o rol de condutas ilícitas que são a base fática de cada uma das inelegibilidades, a causa de pedir da AIJE, que acarreta a "sanção de inelegibilidade" do art. 22, XIV, da LC n.º 64/1990, aborda uma outra categoria típica de atividade ilícita não contida nas inelegibilidades das alíneas "d" e "h", referente à *utilização indevida de veículos ou meios de comunicação social*[60]. Nesta senda, se a situação concreta demonstrar esse tipo de prática ilícita e, mais importante, se não for possível compreender os fatos no contexto de abuso de poder político ou econômico, somente através da sanção aplicada na AIJE é que se poderá configurar a inelegibilidade do agente, o que demonstra, no particular, sua relativa autonomia em face das outras hipóteses de inelegibilidade.

---

comentários à Lei n.º 12.034/2009, comentários à Lei Complementar n.º 135/2010. 1ª ed., Leme: Imperium Editora, 2011, pp. 272-273.

59. Cfr. GOLAMBIUK, Paulo Henrique. A evolução da ação de investigação judicial eleitoral e a atual posição preferencial que ostenta no combate aos abusos praticados frente aos demais instrumentos existentes no ordenamento. In: FUX, Luiz *et al.* (coord.). *Direito Processual Eleitoral*: tratado de direito eleitoral, vol. 6, Belo Horizonte: Fórum, 2018, pp. 183-187.

60. Vide lição de Paulo Henrique Golambiuk: "A *causa de pedir* da AIJE é mais *abrangente* que as demais. Além de destacar duas modalidades de *abuso de poder (político e de autoridade)* a mais que a AIME (apenas *econômico*) – tudo isso afora o *uso indevido dos meios de comunicação social, causa* exclusiva sua – seu objeto constitui gênero dos quais *as representações específicas* tipificam espécies." (*Ibidem*, p. 183, grifos do autor).

É certo, no entanto, que a descrição da inelegibilidade do art. 22, XIV, da LC n.º 64/1990 e a redação das alíneas "d" ou "h" do art. 1º, I, da LC n.º 64/1990, se referem, todas, a um semelhante objeto fático, consistente na prática do *abuso de poder econômico ou político*, de modo que pode haver sobreposição de causas de impedimento ao exercício da capacidade eleitoral passiva do cidadão. É nesse contexto que a doutrina e jurisprudência terminam por aplicar, equivocadamente, as mencionadas causas de inelegibilidade em conjunto, como se fossem uma única hipótese de impedimento[61].

O que ocorre, em verdade e a rigor, é a incidência autônoma e independente, embora concomitante, de cada uma das espécies de inelegibilidade. A pessoa que praticou abuso de poder econômico ou político numa eleição e que foi condenado na "sanção de inelegibilidade" na AIJE, incide em duas causas de inelegibilidade: uma descrita na alínea "d" ou "h" do art. 1º, I, da LC n.º 64/1990, de forma indireta, em razão da decisão condenatória na AIJE; e a outra, a sanção de inelegibilidade do art. 22, XIV, da mesma lei, havendo dois planos de aplicação jurídica distintos para incidência das inelegibilidades, sem e com natureza sancionatória.

Essa compreensão, que justifica a natureza de sanção e a aplicação autônoma da inelegibilidade do art. 22, XIV, da LC n.º

61. Nesse sentido, a doutrina de José Jairo Gomes: "No tocante à *inelegibilidade-sanção*, sua arguição no processo de registro de candidatura se dá com fulcro no artigo 1º, *d* e *h*, da LC n.º 64/90. Entretanto, é mister que já tenha sido constituída anteriormente, em outro processo. A inelegibilidade-sanção funda-se nos arts. 19 e 22, XIV, da LC n.º 64/90, é consequência da comprovação da prática de abuso de poder e deve ser constituída no bojo da ação de investigação judicial eleitoral – AIJE prevista no artigo 22 da LC n.º 64/90." (*Direito Eleitoral* ..., cit., p. 335, grifos do autor). Na jurisprudência, o TSE, no REspe n.º 283-41, pss. de 19/12/2016, enquadrou a situação de candidato condenado em AIJE na alínea "h" do art. 1º, I, da LC n.º 64/1990; e o STF, no RE n.º 929.670, j. 1º/3/2018, DJe de 12/4/2019, fixou a seguinte tese de repercussão geral: "A condenação por abuso do poder econômico ou político em ação de investigação judicial eleitoral transitada em julgado, ex vi do art. 22, XIV, da LC nº 64/90, em sua redação primitiva, é apta a atrair a incidência da inelegibilidade do art. 1º, inciso I, alínea d, na redação dada pela LC nº 135/2010, aplicando-se a todos os processos de registro de candidatura em trâmite".

64/1990, não impede que se reconheça que essa causa de inelegibilidade tem diminuta incidência isolada, eis que, ao se comparar o objeto de sua disposição normativa com os das alíneas "d" ou "h" do art. 1º, I, da LC n.º 64/1990, apenas na hipótese de a causa de pedir da AIJE versar, exclusivamente, sobre "utilização indevida de veículos ou meios de comunicação social", sem conotação de abuso de poder econômico ou político, é que se aplicará unicamente a inelegibilidade do art. 22, XIV[62].

Nessa perspectiva, considerando que a condenação na "sanção de inelegibilidade" (art. 22, XIV, da LC n.º 64/1990) também enseja, em regra, a ocorrência de uma inelegibilidade típica do art. 1º, I, da LC n.º 64/1990 (alíneas "d" ou "h"), em que pese importante a discussão acadêmica, será desnecessário perquirir, na prática judiciária, sobre a natureza jurídica sancionatória das diferentes causas de inelegibilidade e sua repercussão para fins de restrição à elegibilidade. Em termos concretos, basta que se aplique o regime jurídico pertinente às inelegibilidades do art. 1º, I, da LC n.º 64/1990, as quais, por não ostentarem caráter sancionatório estrito, podem atingir mais facilmente as situações jurídicas dos cidadãos.

Registre-se, por fim, que não se advoga, no contexto normativo atual, a inutilidade da AIJE e da sanção de inelegibilidade estabelecida no art. 22, XIV, da LC n.º 64/1990. Isso porque a AIJE continua sendo uma das principais ações judiciais eleitorais que tutelam a regularidade das eleições, impedindo, com a aplicação da sanção de inelegibilidade, que o autor de abuso de poder

62. Para Rodrigo López Zilio, sempre haverá a configuração da alínea "d" do art. 1º, I, da LC n.º 64/1990 em caso de condenação na AIJE por utilização indevida dos meios de comunicação, que constitui apenas uma das espécies de condutas reveladoras do abuso de poder (*Direito Eleitoral* ..., cit., pp. 249-250). Também assim decidiu o TSE no RO n.º 971-50, pss. de 2/10/2014: "Por interpretação lógica e sistemática de dois dispositivos da mesma lei, a condenação fundamentada exclusivamente na hipótese de uso indevido dos meios de comunicação, com fundamento no art. 22, XIV, da LC nº 64/90, atrai a incidência da inelegibilidade do art. 1º, I, d".

político ou econômico possa ser votado em eleição futura[63]. O que se aponta, numa perspectiva de interpretação do ordenamento jurídico vigente, é tão somente a circunstância de a pessoa punida na sanção de inelegibilidade do art. 22, XIV, da LC n.º 64/1990 fatalmente também incidir nas alíneas "d" ou "h" do art. 1º, I, da LC n.º 64/1990, o que reduz a importância jurídica das discussões teóricas sobre a inelegibilidade do art. 22, XIV, da LC n.º 64/1990.

Sugere-se, *de lege ferenda,* como medida de aperfeiçoamento da legislação eleitoral e considerando a natureza geral não sancionatória da inelegibilidade, a exclusão da "sanção de inelegibilidade" do art. 22, XIV, da LC n.º 64/1990, e sua substituição por outras penalidades, como a multa eleitoral, de modo a permitir o processamento da AIJE contra o autor do abuso que não seja candidato na eleição e, em caso de sua condenação, a possível incidência reflexa das causas de inelegibilidade das alíneas "d" ou "h" do art. 1º, I, da LC n.º 64/1990.

4.2 APLICAÇÃO RETROATIVA DAS HIPÓTESES DE INELEGIBILIDADE DA LC N.º 64/1990

Esclarecidos o caráter não sancionatório das causas de inelegibilidade do art. 1º, I, da LC n.º 64/1990, a natureza de sanção da hipótese do art. 22, XIX, da mesma LC, e as diferenças de regimes jurídicos aplicáveis, mostra-se importante, como decorrência direta dessa discussão, analisar a possibilidade de uma causa de inelegibilidade incidir retroativa ou retrospectivamente a fatos ocorridos antes de sua entrada em vigor no ordenamento positivo[64].

63. Nas demais ações eleitorais que podem ser intentadas contra o terceiro (não candidato) que praticou a conduta ilícita, v. g., as infrações dos arts. 41-A e 73 ss., LE, apenas são previstas, como punições eleitorais, a aplicação de multa ou determinação de abstenção da prática abusiva.

64. Em linhas gerais, a possibilidade e os limites da retroatividade da norma jurídica constituem temas sensíveis do ordenamento jurídico e devem ser tratados em âmbito constitucional, havendo regras específicas na CF/88 sobre o tema, como a previsão de retroação da norma penal em benefício do réu (art. 5º, XL), além da

A celeuma não é recente. Desde a promulgação da LC n.º 64/1990, o assunto foi objeto de intenso questionamento jurídico, sendo sacramentada pelo STF, no já referido MS n.º 22.087, j. 28/3/1996, DJ de 10/5/1996, a possibilidade de aplicação retroativa das normas que tratam de inelegibilidades, considerando que não constituem sanção jurídica. Com a edição da Lei da Ficha Limpa (LC n.º 135/2010), que instituiu novas causas de inelegibilidade, estabeleceu um período comum de 8 (oito) anos de duração dos impedimentos[65] e fixou, para alguns deles, o momento de início a partir da decisão judicial colegiada, novos e calorosos debates foram retomados sobre a aplicação retroativa da inelegibilidade.

Nessa discussão, há duas questões fundamentais a serem apreciadas: (i) a incidência de uma causa de inelegibilidade criada pela LC n.º 135/2010, e inserida no rol do art. 1º, I, da LC n.º 64/1990, a uma situação fática ou jurídica anterior à lei, ou seja, que não era identificada como inelegibilidade[66]; e (ii) a aplicação das alterações normativas sobre o termo inicial e o aumento do prazo da inelegibilidade com relação a fatos passados que já eram tipificados como inelegibilidade pela legislação anterior, diferenciando-se os casos das inelegibilidades contidas no art. 1º, I[67], e a do art. 22, XIV, ambos da LC n.º 64/1990.

Com a ressalva novamente de que a doutrina e jurisprudência nem sempre apreciam a temática de acordo com a apontada distinção, as atuais soluções jurídicas não se mostram integralmente corretas numa concepção técnica coerente da teoria da elegibilidade.

---

assertiva de que "a lei não prejudicará o direito adquirido, o ato jurídico perfeito e a coisa julgada" (art. 5º, XXXVI).

65. A LC n.º 135/2010 não alterou, no art. 1º, I, da LC n.º 64/1990, o conteúdo das alíneas "a" (inalistáveis e analfabetos) e "i" (diretor, administrador ou representante de instituição financeira objeto de liquidação), que não preveem, como já afirmado, prazos fixos para encerramento da inelegibilidade.

66. São as hipóteses das alíneas "j", "k", "l", "m", "n", "o", "p" e "q", do art. 1º, I, da LC n.º 64/1990, bem assim com relação a alguns dos novos crimes listados na alínea "e".

67. É o que se verifica com as alíneas "c", "d", "e", "f", "g" e "h", do art. 1º, I, da LC n.º 64/1990, que tiveram nova redação dada LC n.º 135/2010.

Para a teoria clássica, defende-se a aplicação retroativa (ou retrospectiva) do ato normativo que tipifica as causas de inelegibilidade, sob o argumento de que a inelegibilidade, em qualquer das hipóteses legais, não tem natureza sancionatória e, portanto, não tem sentido impedir sua incidência pretérita, bem assim com base no disposto no § 9º do art. 14 da CF/88 que faz alusão à verificação da vida pregressa do cidadão na instituição de inelegibilidades.

Em oposição, os críticos alegam que a retroatividade afronta a coisa julgada e a segurança jurídica dos cidadãos, que sequer podem ter a certeza das consequências jurídicas dos atos praticados antes da edição da lei que criou as inelegibilidades ou modificou as que já existiam. Sustentam, considerando a natureza jurídica de sanção de parte das inelegibilidades da Lei da Ficha Limpa, que é impossível atribuir-lhes efeitos sobre atos jurídicos passados, porquanto a penalidade inexistia à época da prática dos fatos reputados ilícitos ou, se existente, previa um tempo menor de extensão do impedimento à elegibilidade.

Com efeito, Luiz Viana Queiroz, ao comentar a decisão do STF que declarou a constitucionalidade da Lei da Ficha Limpa, anota que há situações em que "a inelegibilidade é um efeito sancionatório pela prática de ato ilícito eleitoral"[68] e, por consequência, não seria possível a sua aplicação retroativa para aumentar o *quantum* do período de inelegibilidade em razão de condenação judicial ocorrida antes da entrada em vigor da Lei da Ficha Limpa, porquanto haveria flagrante ofensa à coisa julgada. Já Adriano Soares da Costa, em que pese não aludir diretamente ao debate sobre a natureza jurídica de sanção da inelegibilidade, afirma que tanto as normas que criam condições de elegibilidade como as que instituem causas de inelegibilidade não podem ser aplicadas a fatos anteriores que já se consumaram, sob pena de ofensa aos princípios da dignidade da pessoa humana e da segurança jurídica[69].

68. "Lei da Ficha Limpa e respeito à coisa julgada" ..., cit., p. 30.

69. Cfr. *Instituições de Direito Eleitoral* ..., cit., pp. 204-214.

Os argumentos críticos não convencem, tratando-se, em verdade, de meras manifestações apaixonadas em prol de uma causa específica, consistente no afastamento ou redução da eficácia das inelegibilidades, sem o devido embasamento jurídico. Já os fundamentos expostos pela teoria tradicional são parcialmente corretos e carecem de aperfeiçoamento, dada a natureza de sanção da inelegibilidade do art. 22, XIV, LC n.º 64/1990.

Ora, não há dúvida de que o direito à elegibilidade é sempre analisado na perspectiva de uma eleição específica. A pessoa é elegível para um determinado pleito eleitoral e deve cumprir os pressupostos gerais da elegibilidade exigidos para ser candidato na eleição, quando da apresentação de seu pedido de registro de candidatura. Por essa razão, é fundamental aos atores do processo eleitoral conhecer e cumprir o marco legislativo vigente ao tempo da eleição, que indicará as condições de elegibilidade que precisam ser atendidas e as inelegibilidades que não podem ser configuradas pelos candidatos[70].

Com base nessa concepção, explicam José Leite Filho e Juraci Guimarães Junior, sobre o tema da retroação da norma de inelegibilidade, que, em verdade, "não há aplicação retroativa da lei, mas tão-somente eficácia imediata, pois o pedido de registro de candidatura – momento em que se afere a presença das condições de elegibilidade e inelegibilidade – é posterior à promulgação da lei"[71]. Em igual contexto, Edson Resende de Castro aduz que a lei complementar que cria ou altera inelegibilidades não pretende transformar fatos passados em ilícitos, mas, "para as

70. Deve ser observado ainda o princípio da anualidade eleitoral, previsto no art. 16, CF/88, pelo qual se impõe o prazo mínimo de 1 (um) ano para que se possa aplicar a lei que alterar o processo eleitoral.

71. *Reforma eleitoral*..., cit., p. 251. No mesmo sentido, assevera Richard Kim Pae: "A incidência da nova lei a casos pretéritos não diz respeito à retroatividade de norma eleitoral, mas, sim, à sua aplicação aos pedidos de registro de candidatura futuros, posteriores à entrada em vigor, não havendo que se perquirir de qualquer agravamento, pois a causa de inelegibilidade incide sobre a situação do candidato no momento do registro de candidatura." ("Elegibilidade, condições de elegibilidade, inelegibilidade ..." ..., cit., p. 127).

candidaturas que se apresentarem após a vigência e aplicabilidade da lei nova, isto sim, eles são considerados nos seus efeitos futuros, se ainda não ultrapassado o prazo de cessação do impedimento consignado na lei"[72].

Nesse sentido, considerando a legitimação constitucional para que as causas de inelegibilidade apreciem a vida pregressa do cidadão, nos termos do § 9º do art. 14 da Constituição Federal, é evidente que a inelegibilidade pode alcançar fatos que ocorreram em momentos anteriores a sua positivação no ordenamento jurídico, abarcando situações merecedoras da proteção estatal em favor da legitimidade e moralidade das eleições.

Desta forma, não é correta a assertiva de WALBER DE MOURA AGRA de que "ao acrescentar [a LC n.º 135/2010] novos requisitos ao registro de candidatura, perpetrou-se um retorno normativo ao passado, modificando-se fatos realizados e efeitos produzidos"[73]. Na realidade, não houve nenhuma alteração nas relações jurídicas estabelecidas nos registros de candidatura apreciados em eleições pretéritas, porquanto a legislação nova somente passou a incidir para regular os novos requerimentos de candidatura. Ou seja, o que fez a nova Lei das Inelegibilidades foi apenas considerar os fatos ocorridos anteriormente ao início de sua vigência para fins de avaliação do atendimento dos pressupostos gerais de elegibilidade nas eleições subsequentes, situação que não implica em retroatividade indevida.

A rigor, inclusive, não se deve falar em retroação da norma, mas numa situação de retrospectividade ou, nas palavras de JOSÉ JOAQUIM GOMES CANOTILHO, de retroatividade inautêntica[74], que

72. *Curso de Direito Eleitoral*..., cit., p. 151.

73. *Temas Polêmicos do Direito Eleitoral*..., cit., p. 26.

74. Cfr. *Direito Constitucional e Teoria da Constituição*. 7ª ed., Coimbra: Almedina, 2003, pp. 261-262. Para o renomado jurista português, na retroatividade inautêntica, não há, de partida, infringência aos princípios da segurança e da confiança jurídicas, porquanto "a nova regulação jurídica não pretende substituir *ex tunc* a disciplina normativa existente" (*Ibidem*, p. 262, grifos do autor), mas apenas dispor sobre novos e distintos efeitos para situações passadas, a serem gerados a partir da vigência do novo ato normativo.

se verifica quando a "norma jurídica atribui efeitos futuros a situações ou relações já existentes"[75], como sói ocorrer, por exemplo, nas alterações normativas nos estatutos jurídicos dos servidores públicos e nas regras de previdência social[76].

Poder-se-ia cogitar em ofensa ao princípio da segurança jurídica pela aplicação retroativa da inelegibilidade? Também não, por uma simples razão. O princípio da segurança jurídica tem campo de aplicação diverso e visa, em suma, a garantir ao cidadão a estabilidade e previsibilidade das decisões judiciais que tratem de temáticas idênticas ou semelhantes[77]. No que concerne ao tema, a jurisprudência prevalente do TSE e do STF se direciona desde a promulgação da LC n.º 64/1990, pela admissão de incidência da inelegibilidade a situações passadas[78], do que se conclui que a manutenção desse entendimento quando do julgamento pelo STF da constitucionalidade da Lei da Ficha Limpa, em fevereiro de 2012, em nada afetou a segurança jurídica dos cidadãos.

---

75. KIM, Richard Pae; SIQUEIRA JUNIOR, Paulo Hamilton. Inelegibilidade e a lei da ficha limpa: consequências do julgamento pelo Supremo Tribunal Federal (ADC 29 e 30 e da ADIN 4.578). In: CAGGIANO, Monica Herman (org.). *Ficha limpa: impacto nos tribunais ...*, cit., p. 80.

76. A situação também se assemelha aos concursos para ocupação de cargos públicos efetivos e às licitações públicas para contratação de bens e serviços pelo Estado. Nestes casos, o edital de abertura do certame é que indicará os requisitos para o cidadão ou a empresa concorrerem, sendo permitida a previsão de cláusulas indicativas de proibições relativas a fatos passados, como a vedação de que pessoas com condenações criminais ou empresas que tenham sido condenadas por ato afrontoso ao erário possam participar das concorrências, independentemente de existirem tais vedações na época de ocorrência dos fatos ilícitos.

77. Na lição de Alexandre Luis Mendonça Rollo, "o princípio em questão visa atribuir estabilidade às relações jurídicas constituídas sob sua égide, gerar certeza quanto à validade dos efeitos decorrentes de atos praticados de acordo com esses mesmos precedentes e preservar, assim, em respeito à ética do direito, a confiança dos cidadãos nas ações do Estado" ("Princípios de direito eleitoral e hermenêutica eleitoral". In: GUILHERME, Walter de Almeida *et al.* (coord.). *Direito eleitoral e processual eleitoral ...*, cit., p. 59).

78. Cfr. no TSE, REspe n.º 9.702, pss. de 8/9/1992 e o REspe n.º 10.138, pss. de 17/9/1992; e no STF, o MS n.º 22.087, j. 28/3/1996, DJ de 10/5/1996.

Como informado, a inelegibilidade não se trata, nas hipóteses do art. 1º, I, da LC n.º 64/1990, de uma sanção concreta que se aplica pela prática de um ato ilícito. O impedimento constitui apenas um efeito indireto de outro ato ou fato jurídico, por exemplo, a decisão judicial que condenou o indivíduo à cassação de seu diploma pela prática de condutas vedadas aos agentes públicos na campanha eleitoral. Esse último ato condenatório é que tem a marca de sanção, que jamais poderá ser aplicado retroativamente, mas não a inelegibilidade, que é apenas um efeito potencial dessa condenação, caso o cidadão deseje concorrer numa futura eleição[79].

Vale anotar ainda que a Lei da Ficha Limpa estabeleceu, em seu art. 3º, que os "recursos interpostos antes da vigência desta Lei Complementar poderão ser aditados para o fim a que se refere o *caput* do art. 26-C da Lei Complementar n.º 64, de 18 de maio de 1990". Esse art. 26-C, por sua vez, prevê a possibilidade de se determinar a suspensão da inelegibilidade no recurso contra a decisão do órgão colegiado judicial que ensejou o impedimento, demonstrando a intenção clara do legislador (e da lei) de que as situações pretéritas à LC n.º 135/2010 devem ser abrangidas pelo novo ato normativo.

Desconsiderada, portanto, a natureza sancionatória das causas de inelegibilidade do art. 1º, I, da LC n.º 64/1990, cai por terra qualquer argumento que impeça a aplicação de uma nova causa de inelegibilidade criada pela Lei da Ficha Limpa às situações fáticas

79. Adriano Soares da Costa, por sua vez, defende a não aplicação retroativa da alínea "e" do inciso I do art. 1º da LC n.º 64/90 porque encerraria uma "pena acessória (inelegibilidade por oito anos) a ser anexada à sentença penal condenatória" ("Retroatividade da sanção de inelegibilidade: possibilidades e limites". In: PEREIRA JÚNIOR, Antonio Jorge; BARBOSA, Milton Gustavo Vasconcelos (org.). *Supremos Erros: decisões inconstitucionais do STF*. Porto Alegre: Ed. Fundação Fênix, 2020, p. 148. Disponível em: <https://www.fundarfenix.com.br/44-supremos-erros-decis%C3%B5es-inconsti>, acesso em: 29/10/2021). Com a devida vênia, apenas em sentido amplo – e não técnico – é que se pode cogitar que a inelegibilidade constitua uma espécie de *sanção acessória* à da condenação propriamente dita, porquanto o juiz criminal, em nenhum momento, profere condenação de inelegibilidade ao sentenciado.

que ocorreram anteriormente à entrada em vigor do ato normativo. Em ilustração, a alínea "o" do art. 1º, I, da LC n.º 64/1990 estipula como inelegíveis "os que forem demitidos do serviço público em decorrência de processo administrativo ou judicial, pelo prazo de 8 (oito) anos, contado da decisão", de modo que, desde as eleições de 2012[80], uma pessoa que haja sido demitido nestas circunstâncias, até 8 (oito) anos antes do pleito eleitoral, incide na aludida hipótese de inelegibilidade e não pode ser candidato.

De outro vértice, se o fato pretérito ensejar a configuração de uma causa de inelegibilidade que fora apenas modificada pela LC n.º 135/2010, isto é, uma espécie que já existia formalmente na LC n.º 64/1990, a mesma solução anotada anteriormente será aplicada com relação às hipóteses do art. 1º, I, da LC n.º 64/1990, considerando a ausência de caráter sancionatório nestes impedimentos. Como dito, não há direito adquirido à elegibilidade, devendo o cidadão, em cada pleito eleitoral, cumprir os requisitos objetivos e não incidir nos impedimentos então vigentes, sendo certo, assim, que serão aplicados os novos marcos temporais definidos na Lei da Ficha Limpa para início, duração e fim do impedimento, independentemente da época de ocorrência do fato ilícito que, mediatamente, acarretou o surgimento das inelegibilidades contidas no rol do art. 1º, I, da LC n.º 64/1990[81].

---

80. Em que pese a Lei da Ficha Limpa tenha entrado em vigor em 7/6/2010, o STF decidiu no RE n.º 633.703, j. 23/3/2011, DJe de 18/11/2011, que as alterações produzidas pela referida Lei não poderiam ser aplicadas para as eleições de 2010, por ofensa ao princípio da anualidade eleitoral. Em posição crítica a essa decisão, cfr. LEITE FILHO, José; GUIMARÃES JÚNIOR, Juraci. *Reforma eleitoral* ..., cit., pp. 244-249.

81. Rodrigo Tenório ensina que a aplicação retrospectiva da Lei da Ficha Limpa não afeta o *ato jurídico perfeito*, pois "nenhum registro será desconstituído pela LC 135/2010" (*Direito Eleitoral* ..., cit., p. 125); o *direito adquirido*, visto que "não existe ... direito adquirido a regime jurídico" (*Ibidem*, p. 126); e a *coisa julgada*, posto que "não há, nos estreitos limites dos pedidos de registro, novo julgamento de causa já julgada" (*Ibidem*, p. 127). Em sentido contrário, destacando que a LC n.º 135/2010 ofendeu o ato jurídico perfeito e a coisa julgada, cfr. AGRA, Walber de Moura. *Temas Polêmicos do Direito Eleitoral* ..., cit., pp. 27-29.

No que se refere à retroação das alterações normativas efetuadas na causa de inelegibilidade do art. 22, XIV, da LC n.º 64/1990, o STF, no RE n.º 929.670, j. 1º/3/2018, DJe de 12/4/2019, apontando a suposta não configuração de sanção para este impedimento, decidiu como admissível a ampliação do prazo da inelegibilidade estabelecido no regramento anterior, que era de 3 (três) anos após a eleição em que ocorreu o ilícito. Em outras palavras, mesmo se a condenação em AIJE na sanção de inelegibilidade tivesse ocorrido antes da LC n.º 135/2010, este novo ato legislativo deve ser aplicado para impedir a candidatura, durante o prazo de até 8 (oito) anos depois da eleição em que se verificou o ilícito, ainda que ultrapassado o termo de 3 (três) anos então fixado no dispositivo legal modificado.

Essa posição jurisprudencial é aplaudida por toda a doutrina clássica, mas, com a devida vênia, o fundamento principal adotado na decisão do STF não procede. Consoante afirmado, a espécie de inelegibilidade do art. 22, XIV, da LC n.º 64/1990, ostenta nítida natureza de sanção jurídica, pois decorre diretamente da sentença judicial proferida em AIJE, que condenou o indivíduo na sanção de inelegibilidade, e não de uma das hipóteses previstas no art. 1º, I, da LC n.º 64/1990, cuja base de incidência é o ato decisório (judicial, administrativo ou político) que aplicou as punições específicas correspondentes ao fato ilícito.

Desse modo, especificamente no tocante ao art. 22, XIV, da LC n.º 64/1990, a retroatividade se mostra indevida, já que a inelegibilidade fora fixada por decisão judicial em AIJE, que era explícita quanto aos termos iniciais e finais de fruição do impedimento, sendo correta a assertiva de Adriano Soares da Costa, no particular, de que "a lei nova que amplie a sanção de inelegibilidade, passando de três para oito anos a sua extensão temporal, não pode, sob pena de retroagir e ferir a coisa julgada, ser aplicada a casos passados"[82].

82. *Instituições de Direito Eleitoral* ..., cit., pp. 211-212. Registre-se que, não obstante a atual posição consolidada pela possibilidade de retroatividade da LC n.º 64/1990,

Sem embargo da apreciação acadêmica do tema, na atividade judicante concreta será possível aplicar retroativamente a LC n.º 64/1990 para a maioria das situações que configurar a inelegibilidade do art. 22, XIV, da LC n.º 64/1990, mas utilizando-se de fundamentação jurídica diversa daquela apresentada pela doutrina e jurisprudência tradicionais.

Isso porque, conforme já assinalado, a cominação da sanção de inelegibilidade do inciso XIV do art. 22 da LC n.º 64/1990 pode também ensejar a incidência das inelegibilidades das alíneas "d" ou "h" do art. 1º, I, da LC n.º 64/1990[83]. Há, em tais situações, uma dupla incidência em hipóteses de inelegibilidade, de forma que a condenação em AIJE na sanção de inelegibilidade ocorrida anteriormente à Lei da Ficha Limpa pode implicar na configuração de uma das mencionadas alíneas do art. 1º, I, da LC n.º 64/1990, sobre as quais se admite a retrospectividade. Em síntese, se o fato que gerou a condenação na sanção de inelegibilidade enseja também a configuração de uma das causas das alíneas "d" ou "h" do art. 1º, I, da LC n.º 64/1990, será possível a aplicação da Lei nova a fatos anteriores a sua vigência.

Deve-se admitir, de certo modo, que a solução apresentada vai ao encontro do preconizado pela teoria clássica da elegibilidade. Todavia, diferentemente da posição tradicional, a argumentação ora esposada reconhece, como tem de ser, a natureza sancionatória da inelegibilidade do inciso XIV do art. 22 da LC n.º 64/1990 e apresenta fundamentos jurídicos mais adequados para justificar a incidência retroativa da Lei da Ficha Limpa, tendo por norte a finalidade de concretizar os valores expostos no art. 14, § 9º, CF/88.

---

há precedente do TSE pelo não cabimento dessa retroação, com base no princípio da segurança jurídica, conforme RO n.º 2544-32, pss. de 30/9/2010.

83. Ressalva-se apenas a condenação em AIJE com fundamento no desvio ou abuso de poder dos meios de comunicação, situação que, a depender das circunstâncias fáticas, pode não se enquadrar no conceito de abuso de poder econômico ou político, que é objeto das alíneas "d" ou "h" do art. 1º, I, da LC n.º 64/1990.

4.3 COMPATIBILIDADE DA INELEGIBILIDADE COM O PRINCÍPIO DA PRESUNÇÃO DE INOCÊNCIA

No ordenamento jurídico brasileiro, coexistem, sem nenhuma mácula ou desarmonia sistêmica, causas de inelegibilidade que têm como fato gerador uma situação definitiva de condenação pela prática do ato ilícito, por exemplo, a alínea "g" do art. 1º, I, da LC n.º 64/1990 (rejeição de contas do gestor público por decisão irrecorrível do órgão competente[84]) e outras decorrentes de situações de ausência de definitividade da condenação, o que se verifica na maioria das hipóteses criadas ou alteradas pela Lei da Ficha Limpa, no escopo de tornar mais efetiva a proteção à regularidade das eleições[85].

Nesse sentido, consignou o legislador, nas causas de inelegibilidade relacionadas à prática de atos ilícitos, identificadas no art. 1º, I, alíneas "d", "e", "h", "j", "l", "n" e "p", e no art. 22, XIV, da LC n.º 64/1990, que o obstáculo à elegibilidade se inicia a partir da decisão condenatória proferida por órgão judicial colegiado[86],

84. Para estudo específico da inelegibilidade da alínea "g" do inciso I do art. 1º da LC n.º 64/90, cfr. MELLO, Ruy Nestor Bastos; MAGALHÃES, Jarbas Santana, "A inelegibilidade da rejeição de contas dos gestores públicos: incidência da inelegibilidade na hipótese de rejeição das contas de gestão dos chefes do Poder Executivo pelos tribunais de contas". Tribunal Regional Eleitoral da Bahia, *Revista Populus*, vol. 2, Salvador, 2016, pp. 139-168. Disponível em: <http://eje.tre-ba.jus.br/course/view.php?id=67>, acesso em: 22/5/2020. Vale o registro que a LC n.º 184/2021 incluiu o § 4º-A ao art. 1º da LC n.º 64/90, estabelecendo que "A inelegibilidade prevista na alínea 'g' do inciso I do *caput* deste artigo não se aplica aos responsáveis que tenham tido suas contas julgadas irregulares sem imputação de débito e sancionados exclusivamente com o pagamento de multa".

85. Nada impede, outrossim, que a lei eleitoral imponha o trânsito em julgado para o surgimento de outras consequências jurídicas, como se verifica no art. 216, CE, que exige a definitividade, no âmbito eleitoral, da decisão procedente no RCED para que possa acarretar a cassação do diploma do candidato eleito.

86. Observe-se que esse ponto de partida dos efeitos da inelegibilidade, referente à decisão judicial colegiada, não se confunde, em regra, com o marco inicial de contagem do prazo de 8 (oito) anos do impedimento. Com efeito, nos casos do art. 1º, I, alíneas "d", "h" e "j", e do art. 22, XIV, da LC n.º 64/1990, o termo inicial do prazo é o dia da eleição em que o ilícito se configurou (Súmulas n.os 19 e 69 do TSE) e, com relação às alíneas "e" e "l" do art. 1º, I, o prazo começa após o cumprimento da pena

no exercício de competência originária ou recursal[87], não sendo necessário aguardar o trânsito em julgado da condenação, o que era obrigatório no regime legal anterior.

A apreciação doutrinária e jurisprudencial sobre a constitucionalidade dessa regra, em cotejo com o princípio constitucional da presunção de inocência (ou da não culpabilidade penal) previsto no art. 5º, LVII, CF/88[88], sempre gravitou em torno das considerações sobre a natureza sancionatória ou não da inelegibilidade. Alegava-se que se a inelegibilidade fosse considerada uma sanção contra o cidadão, deveria ser aplicada somente após esgotados todos os recursos possíveis, para se evitar uma injustiça contra a pessoa que disputa a eleição[89]. Caso contrário, prevalecendo a ideia de que a inelegibilidade consistia apenas num estado jurídico de impedimento ao exercício da capacidade eleitoral

estabelecida. Somente há coincidência de marcos temporais quanto às inelegibilidades do art. 1º, I, "n" e "p", nas quais tanto o começo da fruição da inelegibilidade como o termo de início do cômputo do prazo são a data da condenação judicial colegiada ou do trânsito em julgado. Por fim, para a causa de inelegibilidade do art. 22, XIV, da LC n.º 64/1990, a autorização de início de sua fruição a partir da decisão colegiada está prevista no art. 15 da mesma LC.

87. O TSE entende também que o Tribunal do Júri, composto por cidadãos para julgamento dos crimes dolosos contra a vida, é "órgão colegiado soberano, integrante do Poder Judiciário" (RO n.º 2634-49, pss. de 11/11/2014), resultando possível a incidência, a partir de condenação desse órgão, da inelegibilidade da alínea "e" do art. 1º, I, da LC n.º 64/1990. Todavia, a doutrina aponta que a razão de se exigir a decisão de um órgão colegiado na Lei da Ficha Limpa "está diretamente ligada à necessidade de um processo de amadurecimento da decisão que será proferida" (JORGE, Flávio Cheim *et al.*, *Curso de direito eleitoral*..., cit., p. 148), o que não se verificaria nos casos do Tribunal do Júri e do julgamento colegiado da Lei n.º 12.694/2012 (crimes praticados por organizações criminosas), sendo necessário uma apreciação do Juízo recursal nessas demandas. Discorda-se dessa posição porque a dicção da norma da LC n.º 64/1990 é clara em exigir somente o julgamento por órgão judicial colegiado para fazer incidir a inelegibilidade, não se fazendo referência ao grau de instância ou jurisdição.

88. "Art. 5º (...) LVII – ninguém será considerado culpado até o trânsito em julgado de sentença penal condenatória".

89. Cfr. COSTA, Tito. *Recursos em matéria eleitoral*. 9ª ed., rev., atual. e ampl., São Paulo: Revista dos Tribunais, 2010, pp. 243-244.

passiva, seria despicienda qualquer discussão sobre o momento inicial de sua incidência[90].

Em verdade, a análise sobre o caráter de sanção da inelegibilidade não tem nenhuma relação ou pertinência com a definição do momento de sua incidência no mundo real ou com a aplicação do princípio de inocência. Isso porque, em outros termos, mesmo que se admita que toda inelegibilidade implica na ideia de pena – o que é incorreto, como afirmado – ainda assim será possível antecipar o início dos efeitos da restrição ao direito de ser votado para um marco anterior ao do trânsito em julgado do ato condenatório que deu origem à inelegibilidade, desde que devidamente justificado por outros direitos, valores e interesses constitucionais[91].

Destarte, para discernir sobre a constitucionalidade da incidência concreta de uma causa de inelegibilidade, de origem judicial (art. 22, XIV, da LC n.º 64/1990) ou a título de efeito indireto (alíneas do art. 1º, I, da LC n.º 64/1990), sem que o seu ato originador, de natureza condenatória, tenha se tornado definitivo, é preciso que o intérprete avalie, tão somente, duas circunstâncias: (i) se o princípio da não culpabilidade se irradia para todo o ordenamento jurídico ou se deve ser aplicado apenas no âmbito do Direito Penal; e (ii) se o *discrímen* utilizado pelo legislador para fixar o momento de surgimento do impedimento à elegibilidade tem respaldo constitucional, especialmente considerando a aplicação

90. Vide trecho do voto do Min. Joaquim Barbosa na ADI n.º 4.578 e ADCs n.os 29 e 30, j. 16/2/2012, DJe de 29/6/2012: "Porque não são penas, as inelegibilidades não guardam pertinência com o princípio da presunção de inocência, isto é, não exigem, para a sua configuração, que se dê margem a especulações de caráter subjetivo a respeito do fato que as gerou. A inelegibilidade não constitui uma repercussão prática da culpa ou do dolo do agente político, mas apenas a reprovação prévia, anterior e prejudicial às eleições, do comportamento objetivamente descrito como contrário às normas da organização política".

91. Nessa ordem de ideias, veja-se que Rui Stoco e Leandro de Oliveira Stoco, embora não concordem com a aplicação retroativa das inelegibilidades cominadas da Lei da Ficha Limpa, por ostentarem a natureza de sanção (cfr. *Legislação eleitoral interpretada* ..., cit., pp. 227-229), admitem a constitucionalidade do marco inicial da inelegibilidade a partir da decisão colegiada não transitada em julgado (cfr. *Ibidem*, pp. 229-232).

dos princípios da proteção do núcleo essencial dos direitos fundamentais, da razoabilidade e da proporcionalidade.

4.3.1 Vinculação do princípio da presunção de inocência ao Direito Penal

Convém relembrar, inicialmente, que o STF julgou improcedente a ADPF n.º 144, j. 6/8/2008, DJe de 26/2/2010, pela qual se buscou permitir à Justiça Eleitoral, tendo em vista a alegada autoaplicabilidade do § 9º do art. 14 da CF/88, indeferir pedidos de registro de candidatura de cidadãos que estivessem, entre outras situações, na condição de réus em processos judiciais, independentemente de existir condenação com o trânsito em julgado. Um dos fundamentos adotados na decisão foi de que o princípio da presunção da inocência criminal deveria ser aplicado também na seara eleitoral, "**impedindo**, desse modo, que situações processuais **ainda não definidas** por sentenças **transitadas** em julgado **provoquem a inelegibilidade** dos cidadãos **ou obstem** candidaturas para mandatos eletivos"[92].

Posteriormente, contudo, na decisão que declarou a constitucionalidade da Lei da Ficha Limpa (ADI n.º 4.578 e ADCs n.os 29 e 30, j. 16/2/2012, DJe de 29/6/2012), o STF mudou seu posicionamento, afirmando ser inadmissível estender, em toda a sua configuração, a aplicação do princípio da não culpabilidade penal a outros ramos do Direito, notadamente o Eleitoral, sendo então reputadas constitucionais as causas de inelegibilidade que estabelecem como marco inicial de sua incidência a decisão proferida por órgão judicial colegiado[93].

92. Trecho do voto do Min. Rel. Celso de Mello no julgamento da ADPF n.º 144, grifos no original.

93. Em posição crítica ao entendimento do STF e, portanto, favorável à aplicação do princípio da presunção de inocência na seara eleitoral, cfr. ROCHA, Virgínia Afonso de Oliveira Morais da; BITTENCOURT, Mateus Salles. "A presunção de inocência no Brasil contemporâneo: aspectos eleitorais e criminais". In: FUX, Luiz *et al.* (coord.). *Elegibilidade e inelegibilidades* ..., cit., pp. 330-337.

Defende-se, de plano, a correção dessa novel posição do STF, que não pode ser considerada uma mutação constitucional indevida, uma vez que, ao declarar a constitucionalidade da Lei da Ficha Limpa, na acepção da não aplicação do princípio da presunção de inocência ao direito eleitoral, a Corte levou em conta, entre outros aspectos, que a decisão adotada na ADPF n.º 144 considerou a então realidade histórica de um regime ditatorial vigente no Brasil até os idos de 1985, buscando notadamente proteger o princípio democrático contra os influxos autoritários de menoscabo aos direitos fundamentais[94]. De outro lado, quando da edição da Lei da Ficha Limpa, já existia uma conscientização social sobre o fortalecimento do regime democrático e se preocupava a sociedade com outras questões importantes do sistema político, especialmente a crise moral de representatividade dos eleitos.

Nesse diapasão, a alteração de entendimento do STF foi justificada pela imposição do cânone interpretativo da força normativa da Constituição, visando atualizar a norma aos anseios da sociedade brasileira, eis que se mostrava excessiva a extensão da presunção de inocência para além dos seus limites criminais, posto que impedia a garantia da efetividade dos valores constitucionais de proteção à probidade e moralidade das eleições, considerada a vida pregressa dos candidatos, consoante dicção do artigo 14, § 9º da CF/88.

Além disso, conforme bem salientado pelo Rel. Min. LUIS FUX, ao se buscar a melhor interpretação para a norma que prevê que 'ninguém será considerado culpado até o trânsito em julgado de sentença penal condenatória', percebe-se que a sua literalidade não comporta interpretação extensiva a outro ramo do direito. Ora, o limite interpretativo de um enunciado é evidenciado prefacialmente pelo seu próprio conteúdo textual e, no caso em tela,

94. Sobre essa decisão do STF e outras na temática política, cfr. MELLO, Ruy Nestor Bastos. "O ativismo judicial do STF em face do Legislativo: identificação de limites da jurisdição constitucional e análise crítica de decisões sobre a reforma política". In: Tribunal Regional Eleitoral da Bahia, *Revista Populus*, vol. 11, Salvador, 2021, pp. 240-241. Disponível em: <https://eje.tre-ba.jus.br/mod/page/view.php?id=221>, acesso em: 18/1/2022.

a redação é extremamente objetiva e explícita em apontar que o princípio (ou regra) da não culpabilidade tem eficácia apenas no âmbito criminal[95].

A mutação constitucional em questão se justificou, com efeito, porque a posição anterior do STF fora adotada com base em outra realidade jurídica e social e, bem assim, em razão de seu equívoco conceitual, eis que a CF/88 não autoriza o entendimento de que a presunção de inocência seja expandida, de modo absoluto, a outros âmbitos normativos que não o do direito penal. Apenas se pode admitir uma irradiação de aspectos secundários do aludido princípio, no que toca à produção probatória e ao tratamento do acusado durante o curso do processo judicial, mas não se pode aceitar a exigência do trânsito em julgado como pressuposto para incidência de outras normas jurídicas, especialmente das que tratam do regime de inelegibilidades.

Nessa linha de intelecção, MÁRLON JACINTO REIS assevera, inclusive citando exemplos de decisões judiciais, que o princípio da não culpabilidade não se aplica no domínio dos Direitos Ambiental, do Trabalho e Administrativo, nos quais não se exige que a prova da culpa do infrator esteja acertada com a condenação transitada em julgado[96]. Conclui corretamente o autor que, para fins eleitorais, a condenação criminal mesmo não definitiva "pode validamente constituir um *fato jurídico* apto a produzir efeitos, qual seja, o de fazer presente o risco aos bens jurídicos para os quais a Constituição determina a adoção de postura preventiva"[97].

---

95. Nesse sentido, CARLOS EDUARDO THOMPSON FLORES LENZ, já afirmara, em comentário sobre a alínea "n" do art. 1º, I, da LC n.º 5/1970, que "... como é de conhecimento de todos, esse princípio [da presunção de inocência] encontra aplicação, apenas e exclusivamente, no âmbito do processo penal, sendo inoperante no Direito Eleitoral ..." ("Inelegibilidade no Direito brasileiro". *Estudos Jurídicos*, vol. 20, n.º 48, 1987, p. 85).

96. Cfr. "O princípio constitucional da proteção ..." ..., cit., pp. 33-35.

97. "O princípio constitucional da proteção ..." ..., cit., p. 36, grifos do autor.

Afastada a aplicação irrestrita do princípio da não culpabilidade ao Direito Eleitoral, também é indevido argumentar, como se faz, que apenas não haveria ofensa ao aludido princípio nas causas de inelegibilidade relacionadas aos ilícitos cíveis e, ao contrário, que ele seria infringido quanto à inelegibilidade da alínea "e" do art. 1º, I, da LC n.º 64/1990, que se refere à condenação criminal. Ora, em todas as situações, o que se discute pela Justiça Eleitoral é o pedido de registro de candidatura e a eventual incidência de inelegibilidade, ou seja, matéria de natureza eleitoral cível, não relacionada às especificidades dos aspectos condenatórios de uma demanda criminal e da submissão desta ao princípio da presunção de inocência.

Ademais, com relação à causa de inelegibilidade da citada alínea "e", a exigência do trânsito em julgado da condenação criminal para início do seu curso vai de encontro à própria Carta Magna, que já impôs esse requisito no tocante à suspensão dos direitos políticos resultante de condenação criminal definitiva (art. 15, III, CF/88). Sabe-se que a norma jurídica não contém palavras ou expressões inúteis, de modo que, se fosse exigida a definitividade da decisão judicial condenatória criminal para configuração da inelegibilidade, o marco inicial dos efeitos tanto da inelegibilidade como da suspensão dos direitos políticos seria idêntico, o que tornaria despicienda, de certo modo, a existência de um dos institutos jurídicos[98].

Não há, portanto, nenhum sentido razoável na interpretação de que o § 9º do art. 14 da CF/88 somente autoriza a criação de inelegibilidades a partir do trânsito em julgado da condenação criminal, uma vez que, "ao determinar no próprio texto constitucional a suspensão dos direitos políticos daquelas pessoas

98. Apenas haveria diferença quanto ao termo final do prazo da suspensão dos direitos políticos e da inelegibilidade: a primeira, a durar o tempo de cumprimento da pena; a outra, por mais 8 (oito) anos após esse marco. Todavia, para fins de efetividade da aplicação da Lei da Ficha Limpa, o importante foi fixar de logo o surgimento da inelegibilidade a partir da decisão judicial colegiada, evitando-se assim a utilização indevida ou abusiva dos variados instrumentos processuais penais pelos acusados apenas para postergar o início do impedimento.

condenadas criminalmente com trânsito em julgado, é evidente que o constituinte não queria que na concreção do art. 14, § 9º, repetisse o legislador essa situação de impedimento"[99].

Aliado a isso, o princípio da não culpabilidade também não impede, desde que demonstrada a necessidade, a adoção de medidas cautelares pelos juízes criminais, *v. g*, a determinação do sequestro de bens e a decretação de prisões provisória ou preventiva de investigados ou denunciados, sem que haja, pela doutrina, irresignação a respeito da constitucionalidade dessas previsões legais[100]. Enfim, se é possível subtrair a liberdade do cidadão, mesmo no amplo ambiente de garantias do processo penal, nada há de irregular na suspensão temporária da elegibilidade independentemente do trânsito em julgado da condenação que ensejou uma das inelegibilidades do art. 1º, I, da LC n.º 64/1990, ou da que aplicou a sanção de inelegibilidade do art. 22, XIV, da LC n.º 64/1990[101].

---

99. LEITE FILHO, José; GUIMARÃES JÚNIOR, Juraci. *Reforma eleitoral* ..., cit., p. 237. Em igual entendimento, cfr. TENÓRIO, Rodrigo. *Direito Eleitoral* ..., cit., pp. 138-139; e RAMOS, André de Carvalho. "Aspectos controvertidos da inelegibilidade prevista na alínea 'e' da Lei Complementar n. 64/1990". In: ANPR – Associação Nacional de Procuradores da República (org.), *Pontos Controvertidos sobre a Lei da Ficha Limpa* ..., cit., p. 15.

100. Inclusive, o STF admitia possível a execução provisória da pena criminal após decisão condenatória do segundo grau de jurisdição, por não ofender o princípio constitucional da presunção de inocência (cfr. *Habeas Corpus* n.º 126.292, j. 17/2/2016, DJe de 17/5/2016). Todavia, esse entendimento foi modificado no julgamento das ADCs n.ºs 43, 44 e 54, em 7/11/2019, DJe de 11/11/2019, em que se assentou a constitucionalidade do art. 283 do CPP, que somente permite as modalidades de prisões em flagrante delito, cautelares (temporárias e preventivas) ou decorrentes de condenação transitada em julgado.

101. Nesse sentido, na precisão lição de Luiz Carlos dos Santos Gonçalves, "é paradoxal que a presunção de inocência não seja impeditiva de gravosas consequências processuais penais – como a prisão cautelar –, mas se procure imiscuí-la, indevidamente, em seara que não lhe é própria, impedindo providências de cunho eleitoral" (*Direito Eleitoral* ..., cit., p. 137).

4.3.2 Constitucionalidade do marco temporal estabelecido para início da inelegibilidade a partir da decisão judicial colegiada

Toda e qualquer restrição legislativa ou administrativa a um direito fundamental precisa respeitar certos postulados instrumentais (ou princípios jurídicos) que servem de paradigma na avaliação da constitucionalidade da norma produzida ou do ato estatal praticado, podendo-se citar, como mais relevantes, os princípios da proteção do núcleo essencial, da razoabilidade e da proporcionalidade[102]. É o que se verifica com relação à instituição de inelegibilidades, que implicam em limitação de parcela dos direitos políticos, os quais ostentam natureza de direitos fundamentais na estrutura do ordenamento jurídico constitucional brasileiro.

Já se anunciou que as inelegibilidades instituídas ou alteradas pela Lei da Ficha Limpa foram declaradas constitucionais pelo STF, no julgamento conjunto da ADI n.º 4.578 e das ADCs n.ºs 29 e 30 (j. 16/2/2012, DJe de 29/6/2012). Todavia, nesse julgado, não houve a apreciação específica da validade do *discrímen* atinente ao início dos efeitos da inelegibilidade antes do trânsito em julgado da condenação, apenas se apontou a compatibilidade material do conteúdo geral das inelegibilidades perante a CF/88. Assim, é imprescindível verificar se a opção legislativa de iniciar o impedimento a partir da decisão judicial colegiada, para algumas das hipóteses legais, demonstra ou não o respeito aos valores constitucionais alusivos à proteção dos direitos fundamentais do cidadão, na conformidade com os postulados mencionados.

Inicialmente, com relação à proteção ou salvaguarda do núcleo essencial dos direitos fundamentais, trata-se de exigência a ser observada pelo intérprete de verificar se, mesmo com a restrição normativa editada, foram preservados "os modos primários

---

102. Sobre o tema, cfr. ÁVILA, Humberto. *Teoria dos Princípios: da definição à aplicação dos princípios jurídicos.* 11ª ed., rev., São Paulo: Malheiros Editores, 2010, pp. 144-181; e a obra de CANAS, Vitalino. *O princípio da proibição do excesso na conformação e controlo dos atos legislativos.* Coimbra: Almedina, 2017, especialmente a parte que distingue os aludidos princípios, pp. 899-1037 e 1077-1084.

típicos de exercício do direito"[103], isto é, o "conteúdo essencial do direito, no plano axiológico-normativo"[104], visando evitar a total deterioração jurídica do direito fundamental atingido[105].

Nesses termos, tanto a instituição de uma causa de inelegibilidade, como o início da fruição do impedimento a partir da decisão judicial colegiada, em nada atacam a essência dos direitos políticos. Primeiro, e mais importante, porque a limitação ao direito de ser votado pela incidência de inelegibilidade é sempre de natureza temporária, por prazo determinado, não havendo que se cogitar jamais na cassação definitiva desse direito. Além disso, os direitos políticos são compostos dos direitos de votar, de ser votado e a iniciativa legislativa popular, de forma que a restrição a apenas um dos segmentos – no caso, a elegibilidade –, não ensejará, em absoluto, a afetação do núcleo essencial dos direitos de participação popular.

No tocante ao princípio da razoabilidade[106], ensina HUMBERTO ÁVILA que um dos sentidos desse conceito, aplicável neste estudo, se refere à *razoabilidade como equivalência*, no qual se exige a demonstração de "uma relação de equivalência entre a medida adotada e o critério que a dimensiona"[107], isto é, uma justificada e correspondente "relação entre critério e medida, e não entre meio

103. MENDES, Gilmar Ferreira; BRANCO, Paulo Gustavo Gonet. *Curso de Direito Constitucional.* 14ª ed., rev. e atual., São Paulo: Saraiva, 2019, p. 184.

104. ANDRADE, José Carlos Vieira de. *Os direitos fundamentais na Constituição portuguesa de 1976.* 4ª ed., Coimbra: Edições Almedina, 2010, p. 304.

105. Cfr. SARLET, Ingo *et al.*, *Curso de Direito Constitucional* ..., cit., p. 358.

106. Parte da doutrina nacional não considera que o princípio da razoabilidade possua conteúdo jurídico próprio e distinto da proporcionalidade. Por exemplo, VIRGÍLIO AFONSO DA SILVA anota que basta "uma simples análise de compatibilidade entre meios e fins" para concluir se a restrição normativa é ou não razoável ("O proporcional e o razoável". *Revista dos Tribunais* (RT) n.º 798, São Paulo: 2002, p. 45), entendimento que equipara a razoabilidade ao segmento da adequação do princípio da proporcionalidade. De forma semelhante, o magistério de LUÍS ROBERTO BARROSO que, textualmente, entende como fungíveis os conceitos de proporcionalidade e razoabilidade, cfr. *Curso de direito constitucional* ..., cit., p. 343.

107. *Teoria dos princípios ..., cit.*, p. 160.

e fim"[108]. Nesta concepção, o postulado da razoabilidade impõe, para validade da limitação ao direito fundamental, que a medida adotada não cause gravame insuportável à esfera jurídica concreta e individual do cidadão[109].

Com base nesses parâmetros, a fixação do início do óbice à elegibilidade a partir da decisão judicial colegiada é uma medida que guarda plena compatibilidade com o contexto de justificação da criação e incidência das causas de inelegibilidade, que objetivam tutelar uma situação indicativa da inaptidão da pessoa de receber votos, não acarretando nenhuma consequência jurídica irrazoável ou exagerada ao indivíduo. A escolha desse marco temporal para começar a fruição do impedimento também é justificada de modo racional (e razoável) porque se trata de uma decisão prolatada por um colegiado de julgadores e, geralmente, no âmbito da jurisdição de segunda instância, em que se faz a prudente revisão das questões de fato e de direito estabelecidas na sentença do juiz singular, garantindo-se maior segurança jurídica para início da restrição à elegibilidade[110].

Já com referência ao princípio da proporcionalidade, trata-se de um dos mais importantes instrumentos jurídicos de ponderação e harmonização que permite, por intermédio de uma

---

108. *Ibidem*, p. 162.

109. Cfr. *Idem*, "A distinção entre princípios e regras e a redefinição do dever de proporcionalidade". *Revista de Direito Administrativo*, n.º 215, Rio de Janeiro, 1999, pp. 173-175. Disponível em: <http://bibliotecadigital.fgv.br/ojs/index.php/rda/article/view/47313>, acesso em: 6/5/2020. Forte nesse conceito, a razoabilidade se direciona à análise subjetiva – e concreta – do impacto que a providência adotada acarreta à esfera jurídica do cidadão, ao contrário do postulado da proporcionalidade, que propugna um exame com um grau maior de generalização sobre a relação existente entre a medida e os bens jurídicos por ela restringidos.

110. Marcus Vinicius Furtado Coelho bem adverte que "A regra que condiciona a inelegibilidade à existência de decisão adotada por uma pluralidade de julgadores evita o eventual abuso de poder advindo de decisão monocrática, bem assim prestigia o julgamento efetuado pela instância ordinária coletiva, dando efetividade às máximas de que várias mentes pensam melhor do que uma e de que a experiência do magistrado de segundo grau atrai mais sabedoria e prudência." ("A mudança de paradigmas decorrente da Lei Complementar nº 135". In: REIS, Márlon Jacinto *et al.* (coord.). *Ficha Limpa: Lei complementar n.º 135 ...*, cit., p. 57).

estrutura lógico-racional específica, aferir a regularidade e o equilíbrio da atuação estatal que afete um direito fundamental[111]. No tocante ao ato legislativo, o princípio tem por objeto avaliar se a norma implementada, ou ainda em fase de formação[112], se mostra adequada ao fim a que se propugna, se é a menos lesiva ao direito violado e contém a mesma intensidade de satisfação do fim almejado, e se é aquela que oferece um quadro geral de efeitos positivos satisfatórios em comparação com os danos ocasionalmente gerados ao direito prejudicado.

Do conceito anotado, extrai-se que o princípio da proporcionalidade, em sua estrutura[113], se desdobra em três subprincípios ou segmentos, que consistem na adequação, necessidade (ou exigibilidade) e a proporcionalidade em sentido estrito[114], os quais

111. Sobre o conceito, fundamentos e finalidades do princípio da proporcionalidade, cfr. MELLO, Ruy Nestor Bastos. "O princípio da proporcionalidade ..." ..., cit., pp. 208-212.

112. Vitalino Canas assevera que o princípio da proporcionalidade, por ele denominado de proibição do excesso, "se reflete quer na atividade do legislador quer na atividade do juiz constitucional" (*O princípio da proibição do excesso* ..., cit., p. 36), oferecendo, na primeira acepção, "um *quadro* para a busca do melhor argumento e para a seleção, apreciação e ponderação das boas razões para deliberar, num contexto comunicativo dinâmico que favoreça o consenso, a resolução de conflitos, a reconciliação de ideologias competitivas e de cosmovisões diversas" (*Ibidem*, p. 37, grifos do autor).

113. A doutrina identifica também a existência de pressupostos para aplicação do princípio da proporcionalidade, sendo os principais os seguintes: (i) "uma relação de causalidade entre dois elementos empiricamente discerníveis, um meio e um fim" (ÁVILA, Humberto. *Teoria dos princípios* ..., cit., p. 163); (ii) a prejudicialidade do princípio da proporcionalidade com relação ao da proteção do núcleo essencial, uma vez que, se este já fora infringido, desnecessário avaliar a proporcionalidade da restrição ao direito fundamental (cfr. *Ibidem*, pp. 148-149); e (iii) a verificação prévia da conformação da finalidade normativa com a ordem constitucional (cfr. MELLO, Ruy Nestor Bastos, "O princípio da proporcionalidade ..." ..., cit., pp. 211-213).

114. Segundo Vitalino Canas, a divisão do princípio da proporcionalidade nesses três segmentos é defendida pela maioria da doutrina portuguesa (*O princípio da proibição do excesso* ..., cit., pp. 49-51), o que também se verifica no Brasil (cfr. SILVA, Virgílio Afonso da. "O proporcional e o razoável" ..., cit., p. 35).

devem ser avaliados nessa específica ordem sequencial e de forma subsidiária uns aos outros[115].

No que tange ao segmento da adequação, pelo qual se busca estabelecer uma relação entre o meio e a finalidade do ato jurídico sob análise, para o fim de perquirir se a medida adotada ou a ser cominada é idônea e eficaz para atingir o objetivo pretendido, percebe-se facilmente que a fixação do termo inicial de fruição da inelegibilidade a partir da decisão colegiada judicial revela-se apropriada para um dos objetivos buscados pela norma, que é o afastamento imediato daqueles que incidem em causas de inelegibilidade da LC n.º 64/1990, evitando, de logo, sua participação na campanha eleitoral.

Com relação ao subprincípio da necessidade, que tem por escopo garantir que a medida adotada seja indispensável para atender ao fim visado e, também, a menos gravosa ao direito a ser afastado, o *discrímen* demonstrou o apuro técnico legislativo para se alcançar a aludida finalidade normativa com a mínima restrição ao direito à elegibilidade, somente a partir da decisão colegiada[116]. Isso porque, ao avaliar e mensurar outras possíveis soluções práticas, o legislador evitou, corretamente, a adoção de meios mais lesivos ao cidadão, como a fixação do início do impedimento a partir de marcos temporais precedentes ao do

115. Conforme explica Virgílio Afonso da Silva: "Em termos claros e concretos, com subsidiariedade quer-se dizer que a análise da necessidade só é exigível se, e somente se, o caso já não tiver sido resolvido com a análise da adequação; e a análise da proporcionalidade em sentido estrito só é imprescindível, se o problema já não tiver sido solucionado com as análises da adequação e da necessidade." ("O proporcional e o razoável" ..., cit., p. 35).

116. Nesta posição, afirmou o Min. Luiz Fux, em voto na ADI n.º 4.578 e ADCs n.os 29 e 30, j. 16/2/2012, DJe de 29/6/2012, que "relativamente à *necessidade ou exigibilidade* ... o legislador complementar foi cuidadoso ao prever *requisitos qualificados de inelegibilidade*, pois exigiu, para a inelegibilidade decorrente de condenações judiciais recorríveis, que a decisão tenha sido proferida por **órgão colegiado,** afastando a possibilidade de sentença proferida por juiz singular tornar o cidadão inelegível – ao menos em tese, submetida a posição de cada julgador à crítica dos demais, a colegialidade é capaz de promover as virtudes teóricas de (i) *reforço da cognição judicial,* (ii) *garantia da independência dos membros julgadores* e (iii) *contenção do arbítrio individual*" (grifos no original).

julgamento colegiado, por exemplo, desde o recebimento da denúncia criminal ou da ação de improbidade administrativa, ou a prolação da sentença[117]. Do mesmo modo, é certo que eventual meio menos lesivo à elegibilidade (*v. g.*, a confirmação da decisão por uma terceira instância recursal) não atenderia na mesma intensidade a desejada finalidade normativa de produção célere dos efeitos de impedimento à candidatura da pessoa que incidiu numa causa de inelegibilidade.

Ademais, ainda no tocante à necessidade, a própria LC n.º 64/1990 estabeleceu, em seu art. 26-C, a possibilidade de o Tribunal, no julgamento do recurso contra a decisão que ensejar as causas de inelegibilidade das alíneas "d", "e", "h", "j", "l" e "n" do art. 1º, I, da LC n.º 64/1990, determinar a suspensão da inelegibilidade, desde que demonstrada a plausibilidade da pretensão recursal. Referida previsão normativa, aliado ao poder geral de cautela atribuído aos magistrados, demonstra a preocupação do legislador em minimizar os efeitos deletérios da incidência da inelegibilidade, que passarão a fruir apenas quando efetivamente configurada a prática dos atos ilícitos subjacentes às inelegibilidades da LC n.º 64/1990.

No que se refere, por fim, ao segmento da proporcionalidade em sentido estrito, "que consiste em um sopesamento entre a intensidade da restrição ao direito fundamental atingido e a importância da realização do direito fundamental que com ele colide e que fundamenta a adoção da medida restritiva"[118], deve-se analisar, com base na hipótese fática e jurídica estabelecida, se os benefícios materiais advindos pela existência da norma ou da

117. Era o que ocorria na vigência da LC n.º 5/1970 (revogada pela LC n.º 64/1990), que previa, no seu art. 1º, I, "n", a inelegibilidade de pessoas que respondessem a processo judicial por determinados crimes, com denúncia recebida, enquanto não absolvidos ou penalmente reabilitados, sendo válida a advertência, sobre o assunto, de que "restrições a direitos políticos desta natureza demonstram o nível de autoritarismo vivido pelo país, escancarando as fragilidades democráticas daquele tempo" (PUMO, Caetano Cuervo Lo; SANTOS, Everson Alves dos. "O direito de ser candidato ..." ..., cit., p. 244).

118. SILVA, Virgílio Afonso da. "O proporcional e o razoável" ..., cit., p. 41.

decisão são relevantes com relação aos danos causados aos direitos afetados[119].

Na situação normativa em exame, há um conflito entre um relevante valor constitucional e um direito fundamental. O primeiro, que pertence a toda a coletividade e decorre diretamente do regime democrático, consiste na exigência de eleições sem irregularidades e na proteção contra o uso indevido ou abusivo dos cargos públicos eletivos, o que culmina, em concreto, na imposição do afastamento da disputa eleitoral, a partir da decisão judicial colegiada, daqueles que incidem numa causa de inelegibilidade. O direito fundamental, de natureza individual, se refere à elegibilidade do cidadão e, de modo mais específico, à necessidade de se aguardar o trânsito em julgado da decisão condenatória para impedi-lo de receber votos.

No cotejo entre esses bens tutelados na CF/88, o dispositivo que limita a prerrogativa de ser votado desde a prolação da decisão do órgão colegiado judicial se mostra justificado pelo maior peso que se deve atribuir à proteção dos valores insertos no § 9º do art. 14 da CF/88, que tutelam a prerrogativa de a sociedade ser protegida contra candidatos que se enquadram nas causas de inelegibilidade, reveladoras de situações ou práticas de condutas ilícitas que podem abalar a legitimidade e regularidade das eleições e comprometer o exercício do cargo eletivo.

O direito individual do cidadão de receber votos e de postergar a inelegibilidade para depois do trânsito em julgado, embora relevante, não ostenta a mesma força de convencimento quando comparado com a importância de se estabelecer uma proteção célere e eficaz à sociedade nas eleições. O *discrímen* utilizado pelo legislador considerou, corretamente, a premente necessidade de

119. Em artigo sobre o tema, explicou-se ainda que "... a norma será constitucional desde que não seja desproporcional, isto é, que os efeitos negativos produzidos não superem os positivos. Dito de outro modo, para se declarar a constitucionalidade, não se faz necessário demonstrar que os efeitos positivos produzidos pela norma são superiores aos malefícios causados a um direito fundamental atingido, basta que sejam equivalentes." (MELLO, Ruy Nestor Bastos. "O princípio da proporcionalidade ..." ..., cit., p. 229).

valorização da legitimidade das eleições, porquanto uma pessoa que já ostenta condenação por um órgão colegiado, que enseja a configuração de uma causa de inelegibilidade, não pode ser candidato na eleição. Em suma, desde que justificado e em prol de toda a comunidade eleitoral, o mais rápido possível afastamento do inelegível constitui uma medida mais relevante do que o eventual dano causado ao interesse particular do candidato.

Em conclusão, as disposições contidas na Lei da Ficha Limpa que preveem que a inelegibilidade comece a surtir efeitos a partir de uma decisão judicial colegiada, prescindindo do trânsito em julgado, são normas restritivas de direito fundamental plenamente compatíveis com a Constituição Federal, observando, com sobras, a aplicação dos princípios da proteção do núcleo essencial, da razoabilidade e da proporcionalidade.

4.4 A INELEGIBILIDADE E AS DEMAIS SITUAÇÕES DE NÃO ELEGIBILIDADE

Já se anotou, brevemente, que o instituto jurídico da inelegibilidade se diferencia das sanções de cassação ou cancelamento do registro de candidatura, diploma ou mandato e da penalidade de inabilitação para o exercício de função pública, em que pese todas as situações constituam espécies de restrições à elegibilidade, seja porque decorrem de atos praticados durante a campanha eleitoral, seja em razão de impedirem candidaturas futuras.

Necessário, destarte, aprofundar o tema, detalhando o conteúdo jurídico de cada uma das cominações e distinguindo-as tecnicamente das causas de inelegibilidade.

4.4.1 Sanções de cassação ou cancelamento do registro de candidatura, diploma ou mandato em razão de atos ilícitos na campanha eleitoral

Nessa categoria, serão analisadas penalidades decorrentes de dois conjuntos de atos ilícitos que se manifestam durante a campanha eleitoral. O primeiro bloco consiste nas irregularidades mais gravosas que atacam diretamente a regularidade e legitimidade das eleições e a isonomia entre os candidatos, como a compra de votos e o abuso de poder político ou econômico. No outro, registram-se duas situações de ilícitos verificados na propaganda eleitoral no rádio e na televisão.

Importante assentar que a campanha eleitoral não se confunde com a propaganda eleitoral, aquela que "é elaborada por partidos políticos e candidatos com a finalidade de captar votos do eleitorado para investidura em cargo público-eletivo"[120], se inicia a partir de 15 de agosto do ano da eleição (art. 36, LE) e se encerra na véspera do pleito eleitoral. A campanha eleitoral tem conceito mais abrangente, semelhante ao de *processo eleitoral*[121], compreendendo a realização de quaisquer atos vinculados a uma eleição e que podem se manifestar desde antes do pedido de registro de candidatura (como exemplo, a propaganda antecipada, a arrecadação prévia de recursos financeiros etc.) e ultrapassar, inclusive, o próprio dia da eleição[122].

De se notar, por fim, que há outras possibilidades de cassação ou perda do mandato do eleito, inclusive algumas delas com base em decisão da Justiça Eleitoral, que não se fundam, necessariamente, em atos verificados na campanha eleitoral, como as condenações pela prática de crimes, atos de improbidade administrativa ou pela desfiliação partidária sem justa causa, bem assim nas deliberações políticas por falta de decoro dos membros do Parlamento e o *impeachment* do Chefe do Executivo. Estas situações de ilicitude, em que pese extingam o mandato eletivo, não têm vínculo jurídico com o direito à elegibilidade, tratando-se de

120. GOMES, José Jairo. *Direito Eleitoral* ..., cit., p. 531.

121. Cfr. GOMES, José Jairo. *Direito Eleitoral* ..., cit., pp. 347-352.

122. Nesta senda, é pacífico na jurisprudência do TSE que, apesar de somente ser possível ajuizar a AIJE após o pedido de registro de candidatura, a demanda pode ter objeto a prática de abuso de poder ocorrido em momento anterior (cfr. RO n.º 102-65, j. 18/2/2016, DJe de 2/8/2016). Além disso, após a eleição, ainda será possível a arrecadação de valores para pagamento de despesas de campanha já contraídas e não quitadas (art. 33, § 1º, da Resolução TSE n.º 23.607/2019), podendo surgir irregularidades na prática desses atos e ensejar, assim, o ajuizamento de representação por infração ao art. 30-A, LE, ou de AIME, por abuso de poder econômico.

irregularidades que atingem outros bens jurídicos tutelados pelo Estado, relativos a subsistemas jurídicos distintos, como o Penal e o Administrativo.

4.4.1.1 *Infrações aos arts. 30-A, 41-A e 73 ss. da Lei das Eleições e a prática de abuso de poder (político ou econômico), corrupção ou fraude*

A Lei das Eleições tipifica, no art. 30-A, a conduta ilícita atinente a irregularidades na arrecadação ou gastos de campanha, estabelecendo as penalidades de negação ou cassação do diploma do candidato eleito, que praticou o ato ou foi por ele beneficiado. Já nos arts. 41-A e 73 ss., LE, são previstas infrações relativas, respectivamente, à captação ilícita de sufrágio e às vedações aos agentes públicos nas campanhas eleitorais, acarretando, como penalidades, multa e a cassação do registro de candidatura ou do diploma do candidato.

Além disso, como estudado, a AIJE comporta a aplicação não apenas da sanção de inelegibilidade, mas também da "cassação do registro ou diploma do candidato diretamente beneficiado pela interferência do poder econômico ou pelo desvio ou abuso do poder de autoridade ou dos meios de comunicação", nos termos do art. 22, XIV, da LC n.º 64/1990. E, por fim, o art. 14, § 10, CF/88, prevê a penalidade de cassação do mandato, que será postulada através da AIME, nos casos de "abuso do poder econômico, corrupção ou fraude".

Nas situações de condenações pela prática desses ilícitos, que se manifestam durante a campanha eleitoral, o candidato terá seu registro de candidatura cassado e, se eleito, será desligado de seu mandato, o que afetará o exercício de seu direito de ser votado. Por conta dessa repercussão inafastável à elegibilidade, parcela da doutrina entende que essas reprimendas constituem causas de inelegibilidade e, por essa razão, sustentam que aquelas previstas na Lei das Eleições foram criadas em desobediência às fórmulas constitucionais para sua edição.

Nesse sentido, no que toca à pena de cassação de registro contida no art. 41-A, LE, Adriano Soares da Costa, ao criticar o pensamento de Moreira Alves sobre o uso do vocábulo *não elegibilidade* para abranger, como gênero, o desatendimento às condições de elegibilidade e a incidência de inelegibilidade, aduz ser "interessante que nenhum doutrinador que tenha defendido a constitucionalidade do art. 41-A tenha justificado a natureza jurídica da cassação de registro, distando-a da inelegibilidade, mesmo que para afirmar tratar-se de uma nova espécie de *não elegibilidade*"[123].

Acrescenta o autor que, ao se determinar na lei ordinária a cassação do registro como penalidade para uma conduta ilícita, estar-se-ia desfazendo o ato gerador da elegibilidade, que é o registro de candidatura, e, ademais, considerando que a inelegibilidade alcança tanto a situação de impedimento como a de perda do exercício da elegibilidade, a cassação do registro com base nos arts. 41-A e 73 ss., LE, configura inelegibilidade superveniente e acarreta a perda da elegibilidade. Em arremate, conclui que essa inelegibilidade padece de vício de inconstitucionalidade formal, porquanto instituída por lei ordinária, eis que somente a partir da Constituição Federal ou de lei complementar é que se pode criar causa de inelegibilidade[124].

Em resumo, na visão de Adriano Soares da Costa, toda situação de cassação do registro pela prática de ilícito eleitoral há de ser considerada inelegibilidade e, portanto, deve respeitar os pressupostos exigidos para sua válida formação normativa[125].

---

123. *Instituições de Direito Eleitoral* ..., cit., p. 79, grifos do autor. Olivar Augusto Roberti Coneglian também entende dessa forma, mas aponta ser possível interpretar o art. 41-A, LE, conforme à Constituição, no sentido de admitir a aplicação da pena de cassação se forem observados os mesmos pressupostos materiais e processuais da sanção de inelegibilidade do art. 22, XIV, da LC n.º 64/1990 (cfr. *Inelegibilidade* ..., cit., p. 184).

124. Cfr. *Instituições de Direito Eleitoral* ..., cit., pp. 198-199.

125. Pedro Roberto Decomain avaliza essa posição, justificando que "a cassação do registro traz como consequência, portanto, o impedimento para que a pessoa siga concorrendo, o que gera situação substancialmente idêntica à da inelegibilidade" (*Elegibilidade* ..., cit., pp. 117-118). Esse argumento é equivocado, pois o descumprimento das condições de elegibilidade ou de requisitos formais também impede a candidatura, sem que se possa entender, apenas pela identidade de consequência

No corpo dessa obra, restou demonstrado que a fundamentação jurídica inerente à inelegibilidade tem pertinência com a tutela dos princípios constitucionais que asseguram a legitimidade das eleições contra as mazelas que privam a liberdade do voto do cidadão. Sucede que a inelegibilidade não é o único instrumento jurídico eleitoral que tem essa finalidade de atuação estatal para preservação dos direitos políticos e do regime democrático.

Nesta senda, a estipulação de hipóteses de infrações penais, como os casos de corrupção eleitoral (art. 299, CE) e falsidade de documentos para fins eleitorais (arts. 349 ss., CE), entre outros, também são medidas estatais que visam a proteger o eleitor e podem redundar, em caso de condenação criminal transitada em julgado, na perda do mandato do condenado. De igual forma, a lei estabeleceu ilícitos de natureza cível eleitoral que também acarretam, ao lado da inelegibilidade, prejuízo à moralidade das eleições e à vontade livre do eleitor, atribuindo efeitos mais céleres para retirada do candidato da disputa eleitoral[126].

Uma outra distinção importante sobre a qual olvidam os críticos é que as aludidas penalidades de *cassação de registro* (arts. 41-A e 73 ss., LE; e 22, XIV, LC n.º 64/1990), *negação do diploma* (art. 30-A, LE), *cassação do diploma* (arts. 30-A, 41-A e 73 ss., LE; 22, XIV, LC n.º 64/1990) e *cassação do mandato* (art. 14, § 10, CF/88) não dizem respeito propriamente à configuração da elegibilidade, até porque, quando de suas cominações, o cidadão já terá em regra exercido as prerrogativas desse direito, havendo obtido seu registro de candidatura, realizado atos de campanha eleitoral e tido seu nome posto à disposição do eleitor.

O que se busca avaliar, nas demandas eleitorais de apuração desses ilícitos, é a situação do candidato que, independentemente

---

prática que acarretam à capacidade eleitoral passiva do cidadão, que os aludidos pressupostos sejam causas de inelegibilidade.

126. Conforme ensina Antônio Carlos Mendes, "a inelegibilidade propicia, especialmente, o exercício da *tutela pública preventiva*, enquanto as demais hipóteses ensejam a incidência da *tutela compulsiva* da Justiça Eleitoral" (*Introdução à teoria das inelegibilidades* ..., cit., p. 109, grifos do autor).

da valoração de seu direito à elegibilidade, praticou condutas irregulares (na campanha eleitoral) que podem acarretar a cassação do seu registro, diploma ou mandato, resultando na sua retirada do processo eleitoral, geralmente em ocasião posterior às eleições. Ou seja, o candidato era, a princípio, elegível, eis que reunira as condições para a candidatura, mas veio a perder posteriormente o registro ou o mandato pela prática de um ato reprovável pelo ordenamento eleitoral[127]. O objeto das ações judiciais, em suma, se dirige unicamente à apreciação da ocorrência do fato ilícito imputado e das consequências jurídicas a ele correspondentes (multa, cassação do registro, diploma ou mandato), não se cogitando a reapreciação da presença ou não dos pressupostos gerais da elegibilidade, temática que é tratada apenas na fase de registro de candidatura ou no RCED.

Ademais, a referência legislativa específica sobre a cassação do registro não alude propriamente a uma relação de consequência direta entre a prática do ilícito eleitoral e o processo de *obtenção* do registro de candidatura. A previsão legal é justificada sobretudo pela necessidade de se estabelecer a penalidade cabível considerando o momento de prolação da decisão judicial, tanto que a dicção legal, contida em igual teor nos arts. 41-A e 73 ss., LE, e no art. 22, XIV, da LC n.º 64/1990, utiliza a conjunção *ou* e não *e*, para indicar que a penalidade a ser aplicada será a de cassação do registro *ou* do diploma.

Assim, a cassação do registro será determinada quando a condenação ocorrer antes da diplomação; e a cassação do diploma, quando este já houver sido outorgado. Por exemplo, se a sentença for proferida antes da eleição ou diplomação do eleito, o Juiz Eleitoral jamais poderá determinar a cassação do diploma ainda não expedido, mas apenas a cassação do registro de candidato,

127. Em posição semelhante, aponta Marcelo Roseno de Oliveira que "a cassação do registro de candidatura não corresponde a inelegibilidade, constituindo, em verdade, sanção pela prática de ilícitos eleitorais específicos, distinta dos impedimentos (constitucionais ou legais) ao exercício do direito de participação no processo político" ("As inelegibilidades decorrentes da prática de ilícitos ..." ..., p. 202).

como forma de dar eficácia concreta à ordem de inviabilizar, desde logo, a permanência do candidato no pleito eleitoral[128].

De toda forma, independentemente dessa questão temporal, deve-se reconhecer que a cassação do registro de candidatura pela prática de ato ilícito eleitoral durante a campanha, apesar de não ter vinculação direta com a obtenção da elegibilidade, traz consequências ao exercício da capacidade eleitoral passiva do candidato, que se vê impossibilitado de continuar na disputa do pleito. A mesma repercussão ocorre com relação à aplicação da pena de cassação do diploma ou mandato, que, embora não afete diretamente o registro de candidatura, termina por impedir o exercício do mandato eletivo almejado desde o início do processo eleitoral, em razão de fatos praticados durante a campanha eleitoral[129].

Por conta dessas circunstâncias e, notadamente, pela desvinculação da temática com o registro de candidatura em si mesmo, resta incluir a *cassação* do registro, diploma ou mandato, em virtude da prática de atos ilícitos na campanha eleitoral, como uma outra hipótese de impedimento à elegibilidade abrangida no gênero de situações de *não elegibilidade*, sendo uma sanção que se verifica, em regra, de modo superveniente ao processo de registro de candidatura e sempre de forma autônoma da incidência de causa de inelegibilidade.

Em acréscimo, não se pode aceitar a ilação de que o afastamento do candidato em razão da sanção de inelegibilidade na

128. Rodrigo López Zilio apresenta uma solução um pouco distinta com relação à incidência temporal das penalidades previstas na AIJE de cassação do registro ou diploma e da inelegibilidade: "Assim, se a AIJE for julgada antes da eleição, será cassado o registro e decretada a inelegibilidade; julgada após a eleição, será cassado o diploma e decretada a inelegibilidade." (*Direito Eleitoral* ..., cit., p. 657).

129. Para Alberto Lopes Mendes Rollo, a penalidade de cassação de diploma configura uma hipótese de inelegibilidade: "Ao se cassar o diploma através da aplicação autônoma do art. 41-A estar-se-á, em verdade, proclamando que, por fatos ocorridos no período decorrente entre o dia do registro e o dia do pleito, o candidato tornou-se inelegível, perdendo parte de sua cidadania consistente no direito de ser votado." ("O art. 41-A da Lei nº 9.504/97". In: TEIXEIRA, Sálvio de Figueiredo (coord.). *Direito eleitoral contemporâneo:* doutrina e jurisprudência. Belo Horizonte: Del Rey, 2003, p. 180).

AIJE, que apura a prática de condutas ilícitas geradoras de abuso de poder, implicaria dizer, por analogia, que a condenação nas demandas dos arts. 30-A, 41-A e 73 ss. da LE seriam situações de inelegibilidade. Ledo e crasso engando. A retirada do candidato do pleito eleitoral, pela procedência da AIJE, não deriva da condenação em inelegibilidade, mas sim da penalidade de cassação do registro *ou* diploma, também estabelecida no art. 22, XIV, da LC n.º 64/1990, o que, por si só, demonstra a separação conceitual normativa sobre as referidas cominações.

É incorreta, pois, a afirmação de Adriano Soares da Costa de que "a cassação do registro ou diploma, no abuso de poder econômico, decorre da inelegibilidade decretada na sentença, como efeito desconstitutivo do ato judicial"[130], uma vez que a mencionada cassação, na realidade, é a consequência autônoma e independente da constatação da prática abusiva do candidato ou de terceiros[131]. A inelegibilidade decretada não implica, por si só, nenhuma consequência para o pleito eleitoral no qual ocorreu o abuso, apenas impedirá candidatura em eleições posteriores; já a cassação do registro ou diploma é que trará consequências imediatas à eleição em andamento, mas tão somente na perspectiva de punir o infrator pela prática de um ato ilícito e não em virtude da reavaliação do seu direito à elegibilidade[132].

130. *Instituições de Direito Eleitoral* ..., cit., p. 80.

131. Luiz Carlos dos Santos Gonçalves explica a distinção entre a aplicação das penas de cassação e de inelegibilidade ao candidato: "A primeira advém do prejuízo à lisura e normalidade do pleito e, portanto, prescinde da demonstração da responsabilidade ou anuência do candidato beneficiado: TSE, AgR-Respe nº 958, de 3.11.2016. Já a inelegibilidade supõe anuência ou atuação ilícitas e não pode ser produzida de forma objetiva." (*Direito Eleitoral* ..., cit., p. 306). Desta forma, é possível não impor ao eleito a sanção de inelegibilidade na AIJE, mas apenas a cassação do registro ou diploma (cfr. ZILIO, Rodrigo López. *Direito Eleitoral* ..., cit., pp. 657-658).

132. Sobre o tema, o TSE, no AgR-AgR-RO n.º 5376-10, j. 4/2/2020, DJe de 13/3/2020, entendeu possível o prosseguimento da AIJE mesmo em caso de encerramento do mandato do candidato eleito, conquanto, a despeito da perda de interesse na cassação do registro ou diploma, ainda se mostra viável a decretação da inelegibilidade, conforme trecho da ementa do julgado: "A AIJE possui um objeto duplo e independente, uma vez que, em paralelo com um provimento com carga desconstitutiva

Neste diapasão, o STF já decidiu que não são causas de inelegibilidade as sanções estabelecidas nos arts. 41-A e 77 da LE[133], que constituem apenas a punição pela prática de um ato ilícito que repercutiu no pleito eleitoral, podendo-se tranquilamente asseverar que não há coincidência ontológica entre a inelegibilidade, que é o impedimento para futuras candidaturas, e a cassação de um mandato conquistado numa eleição, que ocorre em virtude de práticas ilícitas que afrontaram o direito constitucional do voto direto, livre e secreto[134].

O que se verifica, enfim, da teoria exposta por ADRIANO SOARES DA COSTA, é que, depois de o autor sedimentar conceitos que aparentam uma razoável concatenação lógica, notadamente considerando os sentidos morfológicos das palavras, busca ele, todavia, assacar consequências não autorizadas pela ordem jurídica – que eram desde o início por ele almejadas –, especialmente a de se entender inconstitucionais as previsões legais que determinam a cassação do registro em razão da prática de infrações eleitorais[135].

Em conclusão, não configura inelegibilidade a situação do candidato que teve o seu registro, diploma ou mandato cassado por infração aos arts. 30-A, 41-A e 73 ss., LE, ao art. 22, XIV, LC n.º 64/1990, ou ao art. 14, § 10, CF/88. A aplicação dessa pena

---

(cassação do registro ou diploma), também se busca uma decisão de caráter positivo, destinada à criação de uma situação jurídica limitadora da capacidade eleitoral passiva. Assim sendo, embora, como regra, ambas as consequências caminhem em compasso, a impossibilidade prática do primeiro provimento não inviabiliza, por si, a entrega jurisdicional concernente à inabilitação política".

133. Foram julgadas improcedentes as ADIs n.ºs 3.305, j. 13/9/2006, DJ de 24/11/2006; e 3.592, j. 26/10/2006, DJ de 2/2/2007, que impugnavam a constitucionalidade dos arts. 77 e 41-A da LE, respectivamente. Os fundamentos invocados pelo STF também justificam a constitucionalidade das mesmas sanções aplicadas pela prática das infrações descritas nos arts. 30-A, 73, I a VIII e § 10, 74 e 75 da Lei das Eleições.

134. Cfr. MELLO, Ruy Nestor Bastos. "O ativismo judicial do Supremo Tribunal Federal ..." ..., cit., p. 232.

135. Note-se, ainda, que a teoria do doutrinador é contraditória, de certa forma, pois, se tudo que causar embaraço à elegibilidade significaria uma inelegibilidade, não tem sentido ele próprio admitir possível a criação de condições de elegibilidade pela legislação ordinária (*Instituições de Direito Eleitoral* ..., cit., pp. 83-85), quando, em tese, deveria sê-lo apenas por emenda constitucional ou lei complementar.

de cassação não diz respeito aos contornos teóricos do direito à elegibilidade, cuidando-se apenas da resposta estatal a um ilícito que ofendeu os interesses dos eleitores que almejam eleições sem a ocorrência de abuso de poder ou de práticas que prejudiquem a isonomia entre os candidatos

4.4.1.2 *Irregularidades na propaganda eleitoral veiculada no rádio e na televisão (art. 45, VI e § 1º, da Lei das Eleições)*

A Lei das Eleições estabelece um normativo extenso sobre a propaganda eleitoral e prevê, como regra geral, para os casos de inobservância de suas disposições (*v. g.*, a propaganda antecipada ou a realizada em bens públicos), a cominação de multas eleitorais e a determinação de abstenção ou desfazimento do ato irregular.

De forma específica, no inciso VI e no § 1º do art. 45 da Lei das Eleições, são estabelecidas imposições às emissoras de rádio e televisão para que, respectivamente, (i) não divulguem nome de programa que faça referência ou que seja igual a de candidato escolhido em convenção; e (ii) não transmitam, a partir de 30 de junho do ano da eleição, programa apresentado ou comentado por pré-candidato. Em caso de descumprimento, além de a empresa se sujeitar à multa prevista no § 2º do mesmo art. 45, poderá ser imposto ao candidato (autor do ilícito ou beneficiário) o cancelamento do seu registro de candidatura, acarretando uma consequência negativa ao exercício da elegibilidade[136]. É preciso, assim, definir a natureza jurídica dessas previsões normativas, indicando

136. O cancelamento somente ocorrerá no caso do inciso VI, se houver a divulgação de programa com o mesmo nome do candidato e, quanto ao § 1º, se o pré-candidato for escolhido na convenção partidária. Aponte-se que é possível, logicamente, ocorrer o indeferimento do pedido de registro (e não o seu cancelamento), se a situação fática se manifestar previamente à decisão judicial sobre a candidatura. Porém, não se pode admitir a cassação do diploma ou mandato com base nessas disposições normativas, ante a ausência expressa de previsão legal destas sanções, diferentemente do que ocorre com relação aos arts. 30-A, 41-A e 73 ss. da LE, circunstância que demonstra, *in casu*, a atecnia do legislador (cfr. ZILIO, Rodrigo López. *Direito Eleitoral* ..., cit., p. 438).

se elas configuram condições de elegibilidade, causas de inelegibilidade ou, mesmo, uma das outras situações de não elegibilidade.

Com base nos critérios distintivos apontados sobre os pressupostos gerais da elegibilidade, vê-se que as normas em análise não estabelecem, a título de condição de elegibilidade, um dever objetivo a ser cumprido pelo pretendente à candidatura, porque a ele não se atribui o encargo de demonstrar (i) que não houve a divulgação de nome de programa igual ao do candidato a partir da convenção partidária ou (ii) que o requerente não apresentou ou comentou programa televisivo ou radiofônico a partir de 30 de junho do ano da eleição. O foco de análise é nitidamente de ordem negativa, não podendo o candidato incidir nas disposições fáticas descritas, sob pena de cancelamento do seu registro de candidatura.

Em sentido diverso, Edson de Resende Castro entende que a espécie do art. 45, § 1º, LE, configura condição de elegibilidade, pois, para o profissional de serviços de radiodifusão, "o seu registro só é viável se ele estiver afastado de fato das referidas funções desde aquela data (30-junho), condição que deve ser demonstrada com o pedido de registro"[137]. Com a devida vênia, mesmo que o candidato apresente, junto ao pedido de registro de candidatura, o comprovante de afastamento das funções de apresentador ou comentador de programa nas emissoras de comunicação social, trata-se de mera faculdade – até porque ausente a exigência legal[138] – com vistas a demonstrar desde logo a sua não incidência numa situação de vedação à elegibilidade, de maneira similar ao que ocorre nos casos de desincompatibilização.

Ademais, não se percebe nos dispositivos legais o escopo de apenas estabelecer mais um daqueles requisitos mínimos e pessoais para demonstração inicial da existência do direito à

137. *Curso de Direito Eleitoral* ..., cit., p. 144.

138. O TSE, na Cta n.º 497-40, j. 24/6/1998, DJ de 7/7/1998, apontou que não há obrigação legal de afastamento das funções no tocante ao "profissional cujas atividades são constantemente divulgadas na mídia", com a ressalva de eventual aplicação do art. 45, VI e § 1º, da Lei das Eleições.

elegibilidade, que são exigidos de todos os candidatos, na forma do art. 14, § 3º, CF/88. No caso, há um outro bem jurídico tutelado, que é o de evitar a utilização dos meios de comunicação social em favor de uma candidatura, o que traduzirá desequilíbrio na disputa eleitoral, sendo certo, por tais razões, que as normas do art. 45, VI e § 1º, LE, não são condições de elegibilidade.

Poder-se-ia dizer então que tais regras constituem causas de inelegibilidade, já que abordam situações jurídicas nas quais o candidato não deve incidir e buscam proteger, de certo modo, os valores explicitados no art. 14, § 9º, CF/88?

Em que pese correta a assertiva sob o pálio da aplicação dos critérios materiais de distinção entre condições de elegibilidade e causas de inelegibilidade, a resposta negativa se impõe por uma razão simples. É que, conforme explicado, a inelegibilidade deve ser avaliada a partir de um conceito restrito, para abranger apenas as hipóteses assim previstas na legislação eleitoral, apartando-as das demais situações que geram obstáculos à elegibilidade. No caso, as redações típicas das regras do inciso VI e do § 1º do art. 45, LE, não se adequam ao modelo instituído para a fixação de causas de inelegibilidade, na forma disposta na LC n.º 64/1990.

Também vale dizer que as normas apontadas trazem a cominação de penalidade como efeito decorrente de uma conduta ilícita, cuja aplicação prescinde da (re)apreciação dos pressupostos gerais da elegibilidade, bastando o ajuizamento de uma representação judicial específica (por infração direta a uma das disposições normativas) ou através de AIJE (se evidenciado o abuso de poder dos meios de comunicação), contra a emissora de televisão ou rádio e o candidato beneficiado[139]. Além disso, a matéria fática atinente à violação do inciso VI ou do § 1º do art. 45, LE, não

139. Joel José Cândido (*Direito eleitoral brasileiro* ..., cit., pp. 534-536) e Marcos Ramayana (*Direito Eleitoral* ..., cit., pp. 554-555) apontam que o cancelamento do registro de candidatura somente pode ser obtido pelo ajuizamento de AIJE com enfoque no abuso dos meios de comunicação social. No entanto, o TSE admite, para esse intento, a propositura de ação eleitoral específica que tenha como causa de pedir apenas o descumprimento objetivo do inciso VI ou do § 1º do art. 45, LE (cfr. AgR-REspe n.º 265-09, j. 28/8/2018, DJe de 2/10/2018), sem prejuízo de

pode ser objeto de discussão no âmbito do processo de registro de candidatura ou em impugnação na AIRC, seja porque não se perquire nestas demandas a prática de ilícitos eleitorais por candidato ou terceiros, seja pela impossibilidade de a pessoa jurídica causadora do ilícito atuar na fase de registro de candidatura ou de ser representada na AIRC, situação que ensejaria nítido prejuízo à ampla defesa do candidato.

Nesse sentido, as regras invocadas se assemelham às infrações eleitorais tratadas nos arts. 30-A, 41-A e 73 ss., LE; 22, XIV, LC n.º 64/1990; e 14, § 10, CF/88, e se juntam ao contexto de proteção ao eleitor contra atos praticados por candidatos ou terceiros em prejuízo à regularidade das eleições. Nas palavras de José Jairo Gomes, "com tais restrições, pretende-se privilegiar os princípios da imparcialidade e da impessoalidade na prestação de serviço público, bem como da isonomia e equilíbrio entre os participantes do certame, impedindo-se que uns sejam beneficiados em detrimento de outros"[140]. Em suma, os dispositivos do art. 45, VI e § 1º, LE, não encerram causas de inelegibilidade nem condições de elegibilidade, tratando-se, em verdade, de outras hipóteses de não elegibilidade contidas no ordenamento jurídico eleitoral brasileiro[141].

Observe-se, em acréscimo, que a argumentação ora defendida não implica em permissão desenfreada ao legislador para estabelecer, na forma que lhe convier, uma determinada situação jurídica como condição de elegibilidade, inelegibilidade ou outra

---

eventual AIJE para apurar o abuso de poder. Em concordância com a posição do TSE, cfr. ZILIO, Rodrigo López. *Direito Eleitoral* ..., cit., pp. 438-439.

140. *Direito Eleitoral* ..., cit., p. 568.

141. Com efeito, especificamente sobre o art. 45, § 1º, LE, decidiu o TSE, no REspe n.º 101-96, j. 14/2/2017, DJe de 6/3/2017: "1. A regra contida no § 1º do art. 45 da Lei 9.504/97, que impede a transmissão de programas apresentados ou comentados por pré-candidatos a partir do dia 30 de junho, não caracteriza hipótese de inelegibilidade (ou desincompatibilização) nem significa ausência de condição de elegibilidade. 2. A ocorrência de ilícitos eleitorais, ainda que por fatos anteriores ao registro, não constitui matéria a ser analisada e decidida na impugnação do pedido de registro de candidatura. Precedentes".

espécie de não elegibilidade. Além do atendimento aos critérios de distinção entre os referidos institutos jurídicos, conforme se advertiu sobre não ser possível criar condição de elegibilidade atinente à aprovação de contas de campanha, pois essa exigência está inserida no contexto de conformação jurídica para instituição de inelegibilidade, convém sempre avaliar se o encargo legal estabelecido é ou não compatível materialmente com a Constituição Federal, o que foi demonstrado negativamente nesse estudo quanto à condição de elegibilidade referente ao pagamento de todas as multas aplicadas pela Justiça Eleitoral.

4.4.2 A penalidade de inabilitação para o exercício de função pública

A inabilitação para o exercício de função pública constitui uma "sanção de natureza político-administrativa cuja consequência é o impedimento de o sujeito exercer qualquer função pública"[142]. Tal cominação é aplicada em razão da prática de crime de responsabilidade pelo agente público e impede, também, o exercício ou a assunção de cargos eletivos.

No ordenamento jurídico brasileiro, há três diplomas normativos que tratam da matéria: (i) a CF/88, no art. 52, define o Senado Federal como órgão julgador em face de determinadas autoridades, tais como o Presidente e o Vice-Presidente da República, os Ministros do STF, o Procurador-Geral da República e o Advogado-Geral da União; e, no art. 85, estabelece os bens jurídicos tutelados para identificação dos crimes de responsabilidade do Presidente da República; (ii) a Lei n.º 1.079/1950 regulamenta a norma constitucional e tipifica os crimes de responsabilidade, inclusive os atribuídos aos Governadores e Secretários dos Estados, regulando o processo de julgamento; e (iii) o Decreto-Lei n.º 201/1967 define os crimes de responsabilidade dos Prefeitos e sua sujeição ao julgamento pelo Poder Judiciário.

142. CONEGLIAN, Olivar Augusto Roberti. *Inelegibilidade* ..., cit., p. 80.

No âmbito federal, o julgamento do crime de responsabilidade efetuado pelo Senado é de natureza nitidamente política e a condenação ocorre se forem obtidos dois terços dos votos dos Senadores[143]. A penalidade será de "perda do cargo, com inabilitação, por oito anos, para o exercício de função pública, sem prejuízo das demais sanções judiciais cabíveis" (art. 52, parágrafo único, CF/88), ou seja, além de o condenado ser privado do cargo que exerce, ficará automaticamente impedido de exercer qualquer função pública pelo prazo de 8 (oito) anos.

Nesse sentido, a doutrina brasileira sempre foi pacífica quanto à vinculação lógica e imediata entre a perda do cargo e a inabilitação, considerando o teor da descrição típica do dispositivo constitucional e a própria finalidade que se busca na apenação pela prática de crime de responsabilidade, que é a de impedir que, durante certo período, o condenado venha novamente a exercer uma função pública no Estado[144].

Exatamente com base nesse entendimento, o Senado Federal, através da Resolução n.º 101/1992, ao julgar procedente a representação por crimes de responsabilidade imputados ao ex-Presidente da República Fernando Collor de Mello, e a despeito da renúncia por este apresentada ao Congresso Nacional, aplicou-lhe a "sanção de inabilitação, por oito anos, para o exercício de função pública, sem prejuízo das demais sanções judiciais cabíveis", decisão que fora reconhecida como válida e constitucional pelo STF[145].

---

143. No caso de condenação dos crimes de responsabilidade praticados por Prefeitos, a inabilitação é aplicada diretamente pelo Poder Judiciário, consoante regramento contido no Decreto-Lei n.º 201/1967.

144. Cfr. SAMPAIO, José Adércio Leite. *A Constituição reinventada* ..., cit., p. 537.

145. Sobre a atuação do STF neste *impeachment*, cfr. TEIXEIRA, José Elaeres Marques. *A doutrina das questões políticas no Supremo Tribunal Federal*, dissertação de Mestrado em Direito, sob a orientação do Professor Doutor SILVIO DOBROWOLSKI, apresentada à Universidade Federal de Santa Catarina, Florianópolis, 2004. Disponível em: <http://repositorio.ufsc.br/xmlui/handle/123456789/87028>, acesso em: 19/4/2020.

Todavia, no processo de *impeachment* da ex-Presidente da República Dilma Roussef, o Senado resolveu votar, distintamente, a aplicação das penalidades de perda do cargo e de inabilitação. Como resultado, conforme Resolução do Senado n.º 35/2016, aprovou-se apenas a perda do cargo de Presidente da República, sendo rejeitada a inabilitação para o exercício de outra função pública, o que permitiu à condenada, inclusive, disputar as eleições de 2018 para o cargo de Senadora pelo Estado de Minas Gerais, não logrando êxito no certame[146].

Conceituado o instituto e apresentado, resumidamente, o contexto de sua aplicação na história política brasileira, a questão que urge saber é em qual categoria jurídica a pena de inabilitação pode ser enquadrada entre as restrições ao exercício da elegibilidade.

Em precedente antigo, no REspe n.º 16.684, pss. de 26/9/2000, o TSE apontou que a inabilitação seria uma condição de elegibilidade por implicar em restrição ao exercício dos direitos políticos[147]. Em verdade, porém, a inabilitação não acarreta a suspensão ou perda desses direitos, eis que inexiste essa hipótese no rol do art. 15 da CF/88, além de não atingir, nem indiretamente, os direitos de votar, de propor projeto de iniciativa popular ou de praticar as demais prerrogativas da cidadania. De outro vértice, a se admitir como correto o julgado do TSE, e considerando que todas as restrições à elegibilidade impedem o exercício de parcela dos direitos políticos, se teria que concluir que todas elas ostentam a

146. Houve, a propósito, ações de impugnação ao registro de candidatura de Dilma Roussef, sob a alegação, entre outras, de que, a despeito da cisão de julgamento feito pelo Senado Federal no procedimento de *impeachment*, a candidata estaria inabilitada para o exercício de função pública por 8 (oito) anos. O TSE, ao apreciar o RO n.º 0602388-25, pss. 4/10/2018, manteve a decisão proferida pelo TRE de Minas Gerais que julgou improcedente as impugnações e deferiu o registro de candidatura, justificando, essencialmente, que não caberia à Justiça Eleitoral rever a decisão do Senado Federal, que não aplicou a penalidade de inabilitação à candidata.

147. Constou na ementa do julgado: "1. Uma das conseqüências da inabilitação é que se impõe a restrição ao pleno exercício dos direitos políticos. 2. Entre os requisitos necessários à elegibilidade, encontra-se o pleno exercício dos direitos políticos; assim, estringidos estes, não há como se dar guarida a pedido de registro".

natureza jurídica de condição de elegibilidade, o que, francamente, não tem sustentação teórica admissível.

A inabilitação, como dito, significa numa penalidade que veda a assunção de função pública por um determinado período, acarretando uma repercussão negativa na elegibilidade do cidadão, que se vê impedido temporariamente de disputar eleições, prejudicando uma eventual candidatura futura. Por essa razão, Pedro Roberto decomain, aludindo aos condenados na pena de inabilitação de exercício de função pública, anota que, "como a eleição é o caminho para o exercício do mandato eletivo – espécie de função pública – e como tal exercício lhes é vedado, tem-se que em verdade permanecem inelegíveis, para qualquer cargo, durante esses oito anos"[148]. E, com base nessa compreensão, o autor assevera a inconstitucionalidade da sanção de inabilitação contra os Prefeitos Municipais estabelecida no Decreto-Lei n.º 201/1967, que é lei ordinária, já que toda a inelegibilidade deve ser estabelecida por lei complementar[149].

Em que pese a inabilitação impeça o exercício da função pública que se busca alcançar através da eleição, não se pode dizer que esta cominação, de *per si*, signifique uma hipótese de inelegibilidade, uma vez que, levando em conta o princípio da tipicidade estrita, percebe-se que a CF/88 ou a LC n.º 64/1990 não estabelecem que referida pena implique a inelegibilidade da pessoa condenada, não podendo o intérprete ampliar o rol de inelegibilidades

148. *Elegibilidade* ..., cit., pp. 67-68. Adriano Soares da Costa aduz também que "a inabilitação, em conseguinte, em relação à sua repercussão na esfera eleitoral, é uma espécie de inelegibilidade cominada potenciada, funcionando como obstáculo-sanção à obtenção do registro de candidatura." (*Instituições de Direito Eleitoral* ..., cit., p. 244), sendo acompanhado por NIESS, Pedro Henrique Távora. *Direitos Políticos* ..., cit., p. 115; e AGRA, Walber de Moura; VELLOSO, Carlos Mário da Silva. *Elementos de Direito Eleitoral* ..., cit., pp. 67-68.

149. Cfr. DECOMAIN, Pedro Roberto. *Elegibilidade* ..., cit., pp. 307-309. De modo semelhante, afirma Djalma Pinto que "configuram hipóteses de inelegibilidade ... as situações descritas no art. 15, no parágrafo único do art. 52, CF, e no art. 1º, incisos I a VII, da LC n.º 64/1990 etc." (*Elegibilidade* ..., cit., pp. 6/7).

para além das causas expressamente assim reconhecidas por ato normativo formal[150].

Inabilitação e inelegibilidade são institutos jurídicos distintos. O foco da sanção de inabilitação é impedir que a pessoa condenada exerça qualquer espécie de função pública, eletiva ou não. Já a inelegibilidade tem por escopo vedar a participação do inelegível na eleição, para garantir a legitimidade do pleito eleitoral em prol de certos valores constitucionais.

A situação jurídica da inabilitação, no tocante a sua repercussão ao direito à elegibilidade, deve ser incluída na categoria de não elegibilidade, conforme se explicou anteriormente[151]. Ou seja, no rigor da técnica jurídico-eleitoral, o cidadão que foi apenado com a inabilitação deve ser considerado um não elegível, eis que embora não incida em causa de inelegibilidade, não pode exercer a função pública que almeja através da eleição[152].

---

150. Cfr. CASTRO, Edson de Resende. *Curso de Direito Eleitoral* ..., cit., p. 182. Anote-se que, com relação à inelegibilidade da alínea "c" do art. 1º, I, da LC n.º 64/1990, que estabelece serem inelegíveis "o Governador e o Vice-Governador de Estado e do Distrito Federal e o Prefeito e o Vice-Prefeito que perderem seus cargos eletivos por infringência a dispositivo da Constituição Estadual, da Lei Orgânica do Distrito Federal ou da Lei Orgânica do Município", é a decretação da perda do cargo – e não a aplicação eventual da inabilitação – que ensejará, reflexamente, a causa de inelegibilidade.

151. Peter Panutto se aproxima dessa concepção ao afirmar que "a inabilitação, apesar de não ser hipótese constitucional ou infraconstitucional de inelegibilidade, gera reflexos na elegibilidade do cidadão, induzindo sua inelegibilidade, pois, uma vez inabilitado, não poderá exercer mandato eletivo, não tendo condições, portanto, de ter o deferimento do registro de sua candidatura, pelo prazo da inabilitação" (*Inelegibilidades* ..., cit., p. 77). De modo semelhante, afirma Rodrigo López Zilio que, "embora não se confunda com inelegibilidade, a inabilitação é uma forma de restrição ao exercício – também – do mandato eletivo, o que importa em impedimento à capacidade eleitoral passiva" (*Direito Eleitoral* ..., cit., p. 327).

152. Nessa linha de raciocínio, o art. 2º, § 6º, da Lei n.º 12.850/2013, que define os crimes praticados por organização criminosa, pelo qual se estabelece que a condenação com trânsito em julgado acarreta ao funcionário público "a interdição para o exercício de função ou cargo público pelo prazo de 8 (oito) anos subsequentes ao cumprimento da pena", pode, em tese, encerrar uma situação de "não elegibilidade". Contudo, note-se que o período dessa interdição já está abrangido pelo prazo de incidência da inelegibilidade da alínea "e" do art. 1º, I, da LC n.º 64/1990, de modo que referida previsão não tem aplicação autônoma para restringir a elegibilidade.

Não se pode, por fim, aceitar o argumento de que, não sendo causa de inelegibilidade, é permitido ao inabilitado concorrer nas eleições, ainda que não possa assumir o cargo eletivo. Ora, mesmo não ensejando inelegibilidade, a incidência da inabilitação é suficiente para impedir o registro de candidatura pelo simples motivo de a eleição não constituir um fim em si mesmo, mas apenas o instrumento para que o candidato conquiste o cargo eletivo (função pública) em disputa. Se o cidadão já está impossibilitado de assumir qualquer cargo público eletivo, exige-se de imediato sua exclusão da eleição, independentemente do motivo da restrição, considerando que jamais alcançará o escopo final pretendido.

De outro lado, com relação à penalidade de incompatibilização com o serviço público federal prevista no art. 137 da Lei n.º 8.112/1990 ("A demissão ou a destituição de cargo em comissão, por infringência do art. 117, IX e XI, incompatibiliza o ex-servidor para nova investidura em cargo público federal, pelo prazo de 5 [cinco] anos"), não se pode considerá-la uma situação de não elegibilidade, porque a penalidade se direciona apenas à ocupação de cargo público, de provimento em caráter efetivo ou em comissão, e não àquele que é objeto de disputa em eleições.

5

IMPUGNAÇÃO DA ELEGIBILIDADE: MOMENTOS, FORMAS E JULGAMENTO

Nos capítulos precedentes, o objeto de análise teve por foco a teoria da elegibilidade e da inelegibilidade, nos aspectos essenciais do direito material. Contudo, além de conhecer a teoria jurídica, é imprescindível ao operador jurídico saber como aplicá-la na prática forense, notadamente no que concerne à obtenção e ao exercício da candidatura nas eleições.

Imbuído desse propósito, serão abordadas a seguir as questões mais importantes e controversas relacionadas ao processo judicial de apreciação e impugnação do pedido de registro de candidatura, bem assim no âmbito do RCED. Ressalte-se que não se almeja explicar detalhadamente todos os passos necessários para alcançar o deferimento ou impugnação da candidatura, mas apenas circunstanciar e demonstrar, de forma não exaustiva, a aplicação concreta da teoria da elegibilidade.

5.1 NOTAS SOBRE A ESTRUTURA E INSTÂNCIAS DA JUSTIÇA ELEITORAL E OS MARCOS TEMPORAIS DO PROCESSO DE REGISTRO DE CANDIDATURA

No corpo do trabalho, já foram anotados os requisitos formais do processo de registro de candidatura, indicando-se os documentos exigidos para confirmar o atendimento das condições de elegibilidade e a não incidência em inelegibilidade. Toda a documentação integrará o denominado processo de registro de candidatura, que abrange o requerimento de registro do candidato individualmente (RRC) e o do partido ou coligação (DRAP), e será avaliada pelo órgão da Justiça Eleitoral competente para apreciação da demanda.

Importante destacar, de forma resumida, a estrutura da Justiça Eleitoral estabelecida para o julgamento dos processos de registro de candidatura e os marcos temporais para início e término da fase de registro no processo eleitoral[1].

A Justiça Eleitoral no Brasil é formada pelos seguintes órgãos: (i) Junta Eleitoral; (ii) Juiz Eleitoral; (iii) Tribunal Regional Eleitoral – TRE; e (iv) Tribunal Superior Eleitoral – TSE, nos termos do art. 118 da CF/88[2]. Essa Justiça Especializada, cujos membros são integrantes de outros ramos da Justiça comum ou oriundos da advocacia[3], possui competência para julgar os conflitos sub-

1. Para outras informações sobre os magistrados e o exercício de funções administrativas e legislativas pela Justiça Eleitoral no Brasil, cfr. CONEGLIAN, Olivar Augusto Roberti. "A Justiça Eleitoral: o Poder Executivo das Eleições, uma Justiça diferente". In: TEIXEIRA, Sálvio de Figueiredo (coord.). *Direito eleitoral contemporâneo* ..., cit., pp. 57-75; e PELELLA, Eduardo. "A Justiça Eleitoral e o Ministério Público Eleitoral: considerações sobre o sistema de administração, regulação, normatização e controle das eleições no Brasil". In: RAMOS, André de Carvalho (coord.). *Temas de Direito Eleitoral* ..., cit., pp. 149-169. Já com relação ao funcionamento, estrutura e competência dos órgãos responsáveis pela jurisdição eleitoral em Portugal, cfr. MIGUÉIS, Jorge. O contencioso e a jurisprudência eleitoral em Portugal". *Revista de Assuntos Eleitorais* n.º 9, Lisboa, 2005, pp. 59-77.

2. As Juntas e os Juízes Eleitorais exercem suas atribuições nas zonas eleitorais, que são as circunscrições formadas por um ou mais municípios de um Estado brasileiro; os TREs atuam um em cada unidade da federação, inclusive no Distrito Federal; e o TSE exerce a jurisdição sobre todo o território nacional.

3. Cfr. arts. 119 e 120, CF/88, e art. 32, CE.

jacentes ao Direito Eleitoral, tais como os pedidos de registro e impugnação de candidatura, a prestação de contas de candidatos e partidos políticos e os pedidos de cassação de mandatos. Também importante afirmar que, perante essa Justiça, atua o Ministério Público Eleitoral (MPE)[4] na relevante função constitucional de garantidor do regime democrático, em todas as fases e instâncias do processo eleitoral, que se inicia com as convenções partidárias e se encerra com a diplomação dos eleitos.

Às Juntas compete os trabalhos de apuração das eleições que ocorrem nas zonas eleitorais de suas circunscrições e a diplomação dos candidatos eleitos (art. 40, CE). O Juiz Eleitoral é o órgão jurisdicional de primeiro grau da Justiça Eleitoral, cabendo-lhe apreciar notadamente as demandas atinentes às eleições municipais. Aos TREs competem, em síntese, a apreciação dos recursos interpostos contra as decisões do Juiz Eleitoral e a apreciação originária de causas relativas às eleições para os cargos de Senador, Deputados Federais, Estaduais e Distritais, Governadores e Vice-Governadores de Estado. Por fim, o TSE é o órgão de cúpula da Justiça Eleitoral, lhe competindo apreciar os recursos ordinários e especiais contra acórdãos dos TREs e as demandas da eleição para Presidente e Vice-Presidente da República.

As eleições podem ser distinguidas da seguinte forma: (i) *eleições municipais*: para os cargos de Prefeito, Vice-Prefeito e Vereador; (ii) *eleições gerais ou estaduais*: disputa dos cargos de Senador; Governador e Vice-Governador de Estado e do Distrito Federal; Deputado Federal; Deputado Estadual e Deputado Distrital; e (iii) *eleição presidencial*: para os cargos de Presidente e Vice-Presidente da República. Os certames eleitorais ocorrem a cada 2 (dois) anos, de forma alternada: as municipais, isoladamente; e as gerais e presidenciais, em simultâneo.

4. Adota-se, neste livro, o uso consolidado do nome "Ministério Público Eleitoral", mas, a rigor, na forma do art. 128, CF/88, inexiste formalmente esse ramo do Ministério Público, devendo-se falar, tecnicamente, em exercício da função eleitoral, que é compartilhada pelos membros integrantes do Ministério Público Federal e dos Ministérios Públicos dos Estados.

Há diferenças significativas no tocante ao desenvolvimento dos processos de registro de candidatura para cada uma das eleições.

Nas eleições municipais, será o Juiz Eleitoral o responsável pela apreciação dos pedidos de registro de candidatura (art. 89, III, CE) e de impugnação da elegibilidade (art. 2º, III, LC n.º 64/1990). Contra sua decisão, é cabível a interposição de recurso inominado[5], de natureza ordinária, perante o TRE (segundo grau de jurisdição); e, em face do acórdão do TRE, será possível interpor recurso especial eleitoral (REspe) dirigido ao TSE, caso configuradas as hipóteses de cabimento dos incisos I e II do art. 121, § 4º, da CF/88. Por fim, já não mais no âmbito da jurisdição eleitoral, ainda se visualiza a possibilidade de recurso extraordinário (RE) contra acórdão do TSE, para ser julgado pelo STF.

No âmbito das eleições gerais, será o TRE a instância originária para apreciação dessas demandas (arts. 89, II, CE e 2º, II, LC n.º 64/1990), sendo possível a interposição de recurso ordinário (RO) ao TSE, se a questão decidida tratar de inelegibilidade (art. 121, § 4º, III, CF/88)[6]; e REspe, se referir-se às condições de elegibilidade ou aos demais requisitos de candidatura (art. 121, § 4º, I e II, CF/88), além do RE para o STF. Tratando-se de eleição presidencial, o TSE é que apreciará os pedidos de registro e impugnação de candidatura (arts. 89, I, CE e 2º, I, LC n.º 64/1990), sendo cabíveis, contra seus acórdãos e decisões monocráticas de seus Ministros, a oposição de recursos internos ao mesmo órgão judicial (agravo regimental – AgR e embargos de declaração – ED); ou do RE, a ser apreciado e julgado pelo STF.

5. Esse recurso não tem uma denominação própria, conforme dicção do art. 8º da LC n.º 64/1990.

6. Sobre recurso ordinário, vide as Súmulas TSE n.º 36: "Cabe recurso ordinário de acórdão de Tribunal Regional Eleitoral que decida sobre inelegibilidade, expedição ou anulação de diploma ou perda de mandato eletivo nas eleições federais ou estaduais (art. 121, § 4º, incisos III e IV, da Constituição Federal)"; e n.º 64: "Contra acórdão que discute, simultaneamente, condições de elegibilidade e de inelegibilidade, é cabível o recurso ordinário".

Dessa especificação, vale explicar ainda o que significam as instâncias *ordinária* e *extraordinária*, o que será relevante para compreensão dos temas na sequência do livro. A instância ordinária é aquela em que se verifica a possibilidade de (re)exame das alegações jurídicas e das provas relacionadas aos fatos apontados como causa de pedir da ação judicial, encerrando-se no julgamento pelo TSE do recurso inominado ou do RO. Na extraordinária, por seu turno, que envolve o julgamento de REspe pelo TSE[7] e de RE pelo STF[8], apenas se analisam as alegações de violação ao ordenamento jurídico, sem revolvimento da matéria fática, a qual deve se encontrar debatida e decidida na instância ordinária[9].

O quadro adiante informa as instâncias, ordinária e extraordinária, da Justiça Eleitoral em razão de cada espécie de eleição:

Eleição	Instância ordinária	Instância extraordinária
Municipal	Juiz Eleitoral (competência originária); e TRE (julgamento de recurso inominado)	TSE (julgamento de REspe); e STF (julgamento de RE)
Geral	TRE (competência originária); e TSE (julgamento de RO);	TSE (julgamento de REspe); e STF (julgamento de RE)
Presidencial	TSE (competência originária e recursal ordinária – agravos e embargos)	STF (julgamento de RE)

7. Cfr. CARVALHO, Volgane Oliveira; LIMA, Viviane Medeiros. "O Recurso Especial Eleitoral sob análise: da teoria geral à aplicação jurisprudencial de seus requisitos de admissibilidade". In: Tribunal Regional Eleitoral de Santa Catarina, Resenha Eleitoral, vol. 25, n.º 1, Florianópolis, 2021, pp. 139-164. Disponível em: <https://revistaresenha.emnuvens.com.br/revista/article/view/136>, acesso em: 17/1/2022.

8. O STF, embora seja competente para julgar os recursos extraordinários interpostos contra as decisões do TSE, não integra a Justiça Eleitoral.

9. Acerca do cabimento de recurso especial, o TSE editou as Súmulas n.º 24: "Não cabe recurso especial eleitoral para simples reexame do conjunto fático-probatório"; n.º 25: "É indispensável o esgotamento das instâncias ordinárias para a interposição de recurso especial eleitoral"; e n.º 72: "É inadmissível o recurso especial eleitoral quando a questão suscitada não foi debatida na decisão recorrida e não foi objeto de embargos de declaração".

Também se mostra relevante registrar os marcos temporais mais importantes do processo de registro de candidatura, a saber:

(i) o pedido de registro de candidatura deve ser apresentado a partir de 20 de julho e até o dia 15 de agosto do ano em que se realizam eleições (arts. 8º e 11, LE[10]);

(ii) a Justiça Eleitoral publicará imediatamente edital com a relação dos nomes dos candidatos que solicitaram o registro de suas candidaturas (art. 97, CE);

(iii) no prazo de 48 (quarenta e oito horas) após a publicação do edital, o próprio candidato poderá requerer o seu registro de candidatura, caso não solicitado pelo partido ou coligação a que está vinculado (art. 11, § 4º, LE);

(iv) no prazo de 5 (cinco) dias após a publicação do edital, qualquer candidato, partido político, coligação ou o MPE poderão ajuizar a AIRC (art. 3º da LC n.º 64/1990). Nesse mesmo prazo, qualquer cidadão pode apresentar a notícia de inelegibilidade do candidato (art. 97, § 3º, CE e Resoluções do TSE);

(v) até 20 (vinte) dias antes das eleições, todos os pedidos de registro de candidatura, inclusive os impugnados em AIRC, devem estar julgados pelas instâncias ordinárias da Justiça Eleitoral (art. 16, *caput* e § 1º, LE);

(vi) a eleição ocorrerá no primeiro domingo de outubro e, se houver necessidade, o segundo turno se dará no último domingo de outubro (arts. 1º e 2º, LE).

Percebe-se, da descrição anotada, a flagrante exiguidade dos prazos definidos no calendário eleitoral para o julgamento dos processos de registro de candidatura nas instâncias ordinárias, com vistas a possibilitar aos eleitores que, no momento da eleição,

10. A nova disciplina dos prazos foi definida pela Lei n.º 13.165/2015, sendo que, anteriormente, o pedido de registro de candidatura deveria ser apresentado até o dia 5 de julho do ano da eleição, o que permitia um maior período para julgamento dos processos de registro de candidatura pela Justiça Eleitoral até o pleito eleitoral.

votem apenas nos candidatos que efetivamente estão autorizados a exercerem a elegibilidade[11].

Não se deve, porém, em razão da celeridade almejada para julgamento dos feitos, desobedecer a certas fórmulas processuais estabelecidas em favor do contraditório e da ampla defesa. Nesta senda, a lei eleitoral prevê, *v. g.*, a possibilidade de realização de diligências, no processo de registro de candidatura, no prazo de 72 (setenta e duas) horas, para o candidato suprir ausência de documentação ou sanar dúvidas sobre o atendimento dos requisitos da elegibilidade (art. 11, § 3º, LE). Impõe-se ainda que o magistrado, antes de decidir sobre questão não suscitada pelas partes e que possa importar no indeferimento do registro de candidatura, determine a intimação dos interessados para se manifestarem, não se admitindo a surpresa da decisão judicial, abordando temática não discutida no processo judicial[12].

Outro aspecto a ressaltar é que a lei exige o julgamento até 20 (vinte) dias antes das eleições não apenas dos pedidos de registro de candidatura, mas também das impugnações e dos recursos interpostos contra as decisões originárias. Ou seja, se houver o ajuizamento de AIRC, será instaurada uma nova demanda a ser deliberada através de um rito processual específico, havendo a previsão das fases postulatória (petição inicial, contestação, réplica, alegações finais), probatória (oitiva de testemunhas, requisição de documentos etc.) e de julgamento. Nos casos de interposição de recursos, deve-se igualmente observar a necessidade de intimação da parte contrária para apresentar contrarrazões e posterior julgamento.

11. A propósito, conforme afirma Edilson Alves de França, "em nenhum outro ramo do direito, segundo se pode facilmente observar, os prazos se revelam tão breves, exíguos e compulsórios como aqueles fixados pelas leis eleitorais" (*Teoria e prática dos prazos eleitorais*. Natal: Feedback, 2014, p. 51).

12. Cfr. art. 50, § 1º, da Resolução TSE n.º 23.609/2019. Em que pese se mostre legítima a diligência, o processo judicial poderá se estender, em razão dela, para além do indicado no art. 16 da LE.

Por esses e outros motivos, resta evidente que o calendário definido na lei eleitoral para deliberação dos processos de registro de candidatura é absolutamente irracional, considerando especialmente o volume gigantesco de processos que são julgados pelos órgãos jurisdicionais da Justiça Eleitoral, não permitindo, por vezes, o necessário aprofundamento e a discussão mais detalhada sobre as demandas eleitorais[13].

Em acréscimo, ainda como premissa para o desenvolvimento de outras questões, é importante destacar as fases do processo eleitoral depois das eleições:

(i) *apuração* dos votos e *proclamação* dos resultados: momentos em que, logo após o término da votação, os votos colhidos nas urnas eletrônicas são apurados pelos sistemas informatizados do TSE, com a imediata divulgação dos resultados;

(ii) *diplomação* dos eleitos: fase de encerramento do processo eleitoral, em que a Justiça Eleitoral homologa o resultado da eleição, com a entrega do diploma ao eleito, certificando a regularidade de sua eleição. Em geral, a diplomação ocorre no mês de dezembro do mesmo ano da eleição, em sessão solene da Justiça Eleitoral[14];

---

13. Cfr. dados estatísticos divulgados pelo TSE (http://www.tse.jus.br/eleicoes/estatisticas/estatisticas-eleitorais).

14. Sobre a natureza jurídica da diplomação, Joel José Cândido afirma que se trata de "ato jurisdicional típico, inexistindo, portanto, diplomação por ato administrativo, ou de Corregedoria, realizada, com um ou mais eleitos, no gabinete da presidência ou da direção geral de um Tribunal Regional Eleitoral" (*Direito eleitoral brasileiro* ..., cit., p. 222). Em verdade, a diplomação é mero ato administrativo proferido pela autoridade judiciária eleitoral designada na lei (cfr. GONÇALVES, Luiz Carlos dos Santos. *Direito Eleitoral* ..., cit., p. 309) que, no âmbito formal, apenas "documenta e certifica o resultado das eleições, com função precípua de historiar o pleito" (SILVEIRA, Hélio Freitas de Carvalho; ANDRADE, Marcelo Santiago de Pádua. "Escolha de candidatos, voto eletrônico e diplomação: breves constatações, críticas e sugestões". In: GUILHERME, Walter de Almeida *et al.* (coord.), *Direito eleitoral e processual eleitoral* ..., cit., p. 227).

(*iii*) *posse* dos diplomados: ato de natureza política em que ocorre a assunção dos eleitos, perante o Poder Legislativo, do mandato que conquistaram nas urnas. Na esfera federal, para o cargo de Presidente da República, a posse ocorre em 5 de janeiro do ano seguinte ao da eleição[15]; e para os eleitos ao Parlamento, no dia 1º de fevereiro.

Enfim, depois de explicada, sinteticamente, a estrutura dos órgãos da Justiça Eleitoral, suas competências e instâncias, bem assim as fases do processo de registro de candidatura, convém apreciar, doravante, os aspectos que apresentam controvérsia importante nos julgamentos dos pedidos de registro e de impugnação de candidatura.

5.2 MOMENTOS DE VERIFICAÇÃO E SATISFAÇÃO DOS PRESSUPOSTOS GERAIS DA ELEGIBILIDADE

O objeto do processo judicial de registro de candidatura é a obtenção da decisão judicial que autorize o pedido formulado pelo cidadão para ser candidato no pleito eleitoral. Para tanto, a lei eleitoral define inicialmente um determinado marco temporal para que se possa avaliar se, até aquela data, o pretenso candidato cumpriu todas as condições de elegibilidade e não incidiu em nenhuma causa de inelegibilidade.

Pode ocorrer, contudo, que, depois desse termo e até a data da realização das eleições ou da diplomação do eleito, ocorram modificações na situação fática ou jurídica do candidato que o tornem descumpridor das condições de elegibilidade ou que impliquem na configuração de inelegibilidade legal superveniente[16].

---

15. Cfr. art. 82, CF/88, com redação dada pela EC n.º 111/2021, a qual também definiu que a posse do Governador e Vice-Governador de Estado ocorrerá no dia 6 de janeiro do ano subsequente às eleições (art. 28, CF/88). Os arts. 4º e 5º da EC n.º 111/2021 previram, contudo, que essas alterações de datas de posse do Presidente e Vice-Presidente e do Governador e Vice-Governador de Estado serão aplicadas apenas a partir das eleições de 2026.

16. Registre-se que, conforme decidiu o TSE no REspe n.º 40-25, j. 25/8/2015, DJe de 27/10/2015, "equipara-se à inelegibilidade superveniente a revogação, ocorrida

Também pode ocorrer de o candidato, que se encontrava inicialmente numa situação de não atendimento aos pressupostos gerais da elegibilidade, venha a suprir a falha, cumprindo a condição de elegibilidade em falta ou afastando a inelegibilidade então incidente. É importante, assim, verificar se essas alterações fáticas e jurídicas produzirão ou não efeitos sobre a deliberação judicial a ser adotada acerca do pedido de registro de candidatura, inclusive quando o processo se encontrar em fase recursal.

O termo para verificação inicial dos pressupostos gerais da elegibilidade é definido no art. 11, § 10, LE, o qual estabelece que "As condições de elegibilidade e as causas de inelegibilidade devem ser aferidas no momento da formalização do pedido de registro da candidatura, ressalvadas as alterações, fáticas ou jurídicas, supervenientes ao registro que afastem a inelegibilidade". Com relação à primeira parte da norma, a data a ser considerada como "momento de formalização do pedido de registro de candidatura" é o dia determinado como limite para apresentação do requerimento, no caso, o dia 15 de agosto[17].

De outro vértice, é preciso estabelecer uma importante distinção entre a *verificação* e a *satisfação* das condições de elegibilidade e da ausência de inelegibilidade.

A verificação se refere diretamente ao mencionado dia fixado na lei eleitoral, quando o candidato deverá comprovar, através dos documentos exigidos para o pedido de registro, que sua situação de elegibilidade está regular, ou seja, que cumpriu todos os requisitos objetivos da elegibilidade e não está enquadrado em

entre a data do registro e a das eleições, de decisão judicial que suspendia os efeitos de causa de inelegibilidade preexistente". Em igual sentido, cfr. TSE, REspe n.º 13-71, j. 10/11/2015, DJe de 15/12/2015.

17. Cfr. decisão do TSE no REspe n.º 93-08, j. 20/6/2013, DJe de 30/9/2013. Essa data de referência serve, inclusive, para os pedidos de registro formulados após 15 de agosto, nas situações em que se permite a escolha extemporânea do candidato pelo partido. No caso de eleição complementar (art. 224, CE), deve-se observar a data-limite para apresentação do pedido de registro, definida na norma específica que regular o pleito eleitoral.

nenhuma das hipóteses de inelegibilidade. Já a satisfação efetiva dos pressupostos exigidos para o exercício do direito de votar será analisada com base em diferentes marcos temporais, a depender da regulação específica de cada uma das condições de elegibilidade e das causas de inelegibilidade.

Para as condições de elegibilidade relativas à nacionalidade brasileira, ao alistamento eleitoral, ao pleno exercício dos direitos políticos e a escolha em convenção partidária, a data do pedido de registro de candidatura serve tanto para indicar o momento de aferição quanto para expressar o paradigma apto a demonstrar o cumprimento dos requisitos. Já com relação às demais condições de elegibilidade, os termos utilizados para conferir a satisfação dos pressupostos são os seguintes: (i) *idade mínima*: a referência de apreciação será a data da posse, salvo quanto aos vereadores, em que se avaliará o cumprimento da idade mínima exigida, de 18 (dezoito) anos, na data do pedido de registro de candidatura; (ii) *domicílio eleitoral*: seis meses antes da eleição; e (iii) *filiação partidária*: seis meses antes da eleição.

Com relação às causas de inelegibilidade, é possível dizer que a não incidência dos impedimentos deve ser aferida e comprovada no momento do pedido de registro de candidatura. Todavia, a questão temporal será relevante especialmente quanto às incompatibilidades, considerando os diversos prazos estabelecidos na CF/88 (art. 14, §§ 6º a 8º) e na LC n.º 64/1990 (art. 1º, II a VII), vinculados à data da eleição como marco temporal de referência, para a desincompatibilização do ocupante de cargo ou função pública ou privada, com o fim de permitir sua candidatura ou de terceiros.

Conclui-se, pois, que a data-limite para o registro de candidatura é o marco temporal para que os candidatos comprovem o atendimento às condições de elegibilidade e a ausência de causas de inelegibilidade, sendo que, em algumas situações, a satisfação desses pressupostos gerais será efetivamente configurada na data da eleição ou, excepcionalmente, na posse, com relação ao requisito da elegibilidade da idade mínima.

5.2.1 Alterações supervenientes ao registro em benefício do candidato (atendimento de condição de elegibilidade ou afastamento de inelegibilidade)

O § 10 do art. 11 da LE, depois de consignar que as condições de elegibilidade e as causas de inelegibilidade devem ser aferidas no momento do pedido de registro de candidatura, faz ressalva às "alterações, fáticas ou jurídicas, supervenientes ao registro que afastem a inelegibilidade", indicando a possibilidade de salvaguarda da elegibilidade do cidadão, caso se modifique a situação de inelegibilidade configura quando do pedido de registro. A ressalva também se aplica à superação ulterior da ausência de condição de elegibilidade (Súmula TSE n.º 43[18]), impondo assim à Justiça Eleitoral o dever de observar eventuais alterações que ocorrerem depois do momento do pedido de registro em favor do candidato para que, se for o caso, julgue superada a falta de cumprimento dos pressupostos gerais da elegibilidade.

Para correta compreensão da norma, é preciso atentar a três questões essenciais: (i) até que momento pode ocorrer, no mundo real, a alteração superveniente que beneficia o candidato; (ii) até que fase do processo de registro de candidatura essa alteração pode ser levada ao conhecimento da Justiça Eleitoral; e (iii) se o mero exaurimento posterior do prazo de suspensão de direitos políticos ou da inelegibilidade configura alteração em favor do candidato.

Quanto ao primeiro aspecto, a lei eleitoral não estabelece o marco temporal máximo para se admitir as alterações fáticas ou jurídicas que afastem o obstáculo à elegibilidade, cabendo encontrar a resposta na doutrina e, principalmente, na jurisprudência do TSE.

18. Cfr. Súmula n.º 43 da Corte Eleitoral: "As alterações fáticas ou jurídicas supervenientes ao registro que beneficiem o candidato, nos termos da parte final do art. 11, § 10, da Lei nº 9.504/97, também devem ser admitidas para as condições de elegibilidade".

José Jairo Gomes defende, com razão, que a superação do descumprimento da condição de elegibilidade ou o afastamento da inelegibilidade deve ocorrer *até o dia da eleição*, porque é nesse momento "que o direito do sufrágio é exercido pelos cidadãos; a rigor, é nesse dia que o candidato deve ser elegível"[19]. Estar ou não elegível é questão que se manifesta como relevante até o dia da eleição, com vistas a permitir que os eleitores, quando da votação, tenham conhecimento sobre a situação da elegibilidade de seus candidatos.

A jurisprudência, todavia, caminha em sentido diverso e permite, como regra, a superação do obstáculo à elegibilidade se o fato novo se manifestar *até a diplomação* dos eleitos[20], cuja data será aquela definida no calendário eleitoral fixado pelo TSE, momento que marca a finalização do processo eleitoral e em que se "estabilizam as relações jurídico-eleitorais subjacentes aos pedidos de registro de candidatura"[21].

Todavia, aponta José Jairo Gomes que há uma interpretação mais liberal da norma, pela qual "a suspensão ou extinção do ato pode ocorrer enquanto subsistir o processo de registro, durante a sua pendência na Justiça Eleitoral"[22], ainda que ocorra depois da diplomação. De fato, analisando-se a jurisprudência do TSE, admitiu-se no julgamento do ED-RO n.º 0604175-29, j. 19/3/2019, DJe de 6/5/2019, que o fato superveniente surgisse *depois da*

19. *Direito Eleitoral* ..., cit., p. 337, e, ainda sobre o tema, cfr. *Ibidem*, pp. 222 e 333.

20. Como *leading case*, cfr. a decisão do TSE no RO n.º 294-62, pss. de 11/12/201. Mais recente, vide REspe n.º 498-03, j. 8/8/2019, DJe de 22/8/2019.

21. Trecho da ementa de julgamento do REspe n.º 187-25, j. 19/6/2018, DJe de 29/6/2018, no qual constou ainda: "5. O art. 11, § 10, da Lei n.º 9.504/97 preceitua que as condições de elegibilidade e as causas de inelegibilidade devem ser aferidas no momento do pedido de registro de candidatura, ressalvadas as modificações de fato e de direito ulteriores que afastem a inelegibilidade, de maneira que sua incidência exige a observância de marco temporal preciso e específico: a obtenção e apresentação devem ocorrer até a data da diplomação".

22. *Direito Eleitoral* ..., cit., p. 338.

diplomação, considerando a excepcionalidade das circunstâncias do caso em apreciação[23].

No tocante à fase processual para análise do fato novo, o entendimento inicial do TSE foi de permitir essa apreciação enquanto o processo de registro de candidatura se encontrasse na instância ordinária, ou seja, até o julgamento do recurso interposto ordinariamente contra a decisão que decidiu o pedido de registro de candidatura. Isso porque, como sabido, existe o obstáculo processual de se arguir fato novo no âmbito dos recursos especial e extraordinário, que se limitam ao exame da legalidade ou constitucionalidade da decisão proferida sobre o contorno fático já debatido no processo, não se podendo reanalisar a matéria probatória, quanto mais apreciar um dado fático superveniente[24].

Todavia, de modo mais benevolente, o TSE passou a admitir, em prestígio ao direito à elegibilidade, mas totalmente fora dos contornos da doutrina processual sobre recursos, a provocação da

23. Cfr. trechos da ementa do acórdão: "1. Em regra, a data final da diplomação é o termo derradeiro para se conhecer de alteração, fática ou jurídica, superveniente ao registro de candidatura que afaste inelegibilidade, a que se refere o art. 11, § 10, da Lei 9.504/97. (...). 2. Evidenciam-se as seguintes circunstâncias no caso concreto que permitem se considerar a alteração superveniente advinda após o termo final para a diplomação, consistente na obtenção de decisão liminar em 30.1.2019, como apta ao afastamento da causa de inelegibilidade, em manifesta excepcionalidade à diretriz jurisprudencial desta Corte Superior: i) o pedido de registro foi deferido na instância originária e o recurso ordinário somente teve julgamento concluído pelo Tribunal Superior Eleitoral em 19.12.2018, data final para a diplomação dos eleitos, momento em que houve a modificação da situação jurídica do candidato, com a reforma da decisão regional e o indeferimento do seu pedido de registro; ii) um dia antes (18.12.2018), o candidato chegou a ser diplomado pelo Tribunal Regional Eleitoral, antes da conclusão do julgamento do pedido de registro na instância ordinária revisora. Embargos de declaração acolhidos, com efeitos modificativos, para deferir o pedido de registro de candidatura. Pedido de tutela de urgência deferido".

24. Veja-se a decisão no AgR-REspe n.º 182-45, j. 17/9/2015, DJe de 22/10/2015: "1. De acordo com a jurisprudência do Tribunal Superior Eleitoral, é inadmissível a juntada de documento novo diretamente nesta Corte, após a interposição do recurso especial, ainda que em decorrência de fato superveniente, devido à impossibilidade de se alterar o quadro fático estabelecido pelo Regional, restringindo-se sua atuação ao exame dos fatos por ele considerados. Precedentes. 2. Agravo regimental desprovido".

Justiça Eleitoral mesmo em sede de apreciação de recurso especial eleitoral, assentando-se que "Inaugurada a instância especial, revela-se inadmissível a juntada de documentos novos, ressalvados aqueles que se destinem a comprovar alterações fáticas ou jurídicas supervenientes ao Registro de Candidatura que afastem a inelegibilidade"[25].

A rigor, deveria a própria lei eleitoral fixar, de modo claro e objetivo, os marcos temporais tanto para surgimento do fato novo como para definir a fase processual em que se permite à Justiça Eleitoral apreciá-lo. Essa matéria tão controvertida não pode ser deixada aos influxos das variações jurisprudenciais, que às vezes mudam a cada eleição, ainda mais considerando que nem sempre o TSE segue seus posicionamentos, visualizando por vezes circunstâncias excepcionais para alteração dos precedentes.

Além disso, também se percebe que o TSE não adota critérios adequados para a devida conformação dos requisitos relativos ao momento de surgimento do fato novo (até a eleição, até ou depois da diplomação) e à fase do processo de registro de candidatura em que se pode apreciar a matéria (instâncias ordinária e extraordinária). Não basta seguir apenas um dos critérios e permitir, por exemplo, a apreciação, no curso da instância ordinária do processo de registro de candidatura, de fato novo que surgiu depois da diplomação; igualmente, é inadmissível conhecer de fato precedente à eleição que for apresentado à Justiça Eleitoral apenas quando do julgamento do recurso especial eleitoral no TSE.

Não obstante essa variação jurisprudencial, é possível apontar como síntese conclusiva razoável – e aparentemente preponderante –, o entendimento adotado pelo TSE no RO n.º 96-71, pss. de 23/11/2016, em que se consignou que as modificações fáticas e jurídicas que afastem a inelegibilidade ou demonstrem o cumprimento de condição de elegibilidade "podem ser conhecidas em qualquer grau de jurisdição, inclusive nas instâncias extraordinárias, até a data da diplomação, última fase do processo eleitoral, já

25. REspe n.º 288-08, j. 23/5/2017, DJe de 28/6/2017.

que em algum momento as relações jurídicas devem se estabilizar, sob pena de eterna litigância ao longo do mandato"[26]. Neste julgado, foram conjugados os critérios da diplomação, para surgimento do fato novo; e o da fase da instância extraordinária, para apreciação pela Justiça Eleitoral.

Com relação à derradeira questão, analisa-se inicialmente se o exaurimento do prazo da suspensão de direitos políticos depois do registro de candidatura constitui ou não alteração em benefício do candidato. Em tal situação, o candidato se encontrava com os direitos políticos suspensos quando do pedido de registro e, portanto, sem cumprir a condição de elegibilidade do pleno exercício dos direitos políticos, mas, logo após e antes da eleição ou diplomação, esses direitos foram reativados pelo mero decurso do prazo da suspensão da penalidade imposta.

Em tal hipótese, apesar de, realmente, ter havido alteração superveniente que implica no atendimento posterior de condição de elegibilidade ausente no momento do pedido de registro, não se mostra possível o deferimento da candidatura porque o candidato não havia atendido ao requisito da filiação partidária, no prazo definido na lei[27]. É que, durante o período de suspensão dos direitos políticos, a filiação partidária era inválida em razão do art. 16 da Lei 9.096/1995, que dispõe que "só pode filiar-se a partido o eleitor que estiver no pleno gozo de seus direitos políticos"[28]. Assim, a filiação partidária só passou a produzir efeitos válidos a partir do esgotamento do prazo de suspensão dos direitos políticos, quando então já não mais poderia ser cumprido o prazo mínimo de 6 (seis) meses antes da eleição[29].

---

26. Em igual sentido, as seguintes decisões do TSE: ED-REspe n.º 166-29, j. 7/3/2017, DJe de 5/4/2017; RO n.º 0600295-95, pss. de 20/11/2018; e AgR-RO n.º 0600427-28, pss. de 13/11/2018.

27. Cfr. OLIVEIRA, João Paulo. *Direito Eleitoral* ..., cit., p. 249.

28. Vide ainda o art. 22, II, da Lei n.º 9.096/1995, que prevê o "cancelamento imediato da filiação partidária" na situação de perda dos direitos políticos.

29. Cfr. TSE, REspe n.º 263-37, pss. de 19/12/2016, e TSE, AgR-REspe n.º 111-66, j. 30/3/2017, DJe de 17/5/2017.

No que se refere à inelegibilidade, em que pese o TSE tenha apontado inicialmente que o decurso do prazo da inelegibilidade, após o pedido de registro de candidatura, não constituía alteração jurídica superveniente benéfica ao candidato[30], a posição prevalente é a que consta na sua Súmula n.º 70, pela qual "O encerramento do prazo de inelegibilidade antes do dia da eleição constitui fato superveniente que afasta a inelegibilidade, nos termos do art. 11, § 10, da Lei n.º 9.504/97". Assim, o que se deve verificar, na situação específica, é se o pretenso candidato tinha contra si, no dia da eleição, a incidência de hipótese de inelegibilidade.

Essa posição do TSE acarreta, na prática forense, uma situação inusitada. É que, considerando que os prazos das inelegibilidades das alíneas "d", "h", "j" do art. 1º, I, e a do art. 22, XIV, todas da LC n.º 64/1990, têm início no dia da eleição em que o ato ilícito ocorreu e se encerram no dia de igual número no 8º (oitavo) ano seguinte, bem assim que o dia do primeiro turno da eleição é variável (primeiro domingo de outubro), haverá situações nas quais as referidas causas de inelegibilidade alcançarão 3 (três) ou 4 (quatro) eleições seguintes, a depender da data do primeiro turno de cada eleição. O correto – e isonômico – seria o termo final dessas inelegibilidades alcançar as eleições que ocorressem nos 8 (oito) anos subsequentes ao do certame em que se deu o ilícito[31], uniformizando a fruição do impedimento à elegibilidade durante as 4 (eleições) posteriores àquela na qual ocorreu o ilícito[32].

30. Cfr. TSE, REspe n.º 209-19, pss. de 25/10/2012.

31. O TSE, inclusive, já decidiu neste sentido (cfr. AgR-REspe n.º 348-11, j. 11/4/2013, DJe de 20/5/2013), posição que restou superada pelas Súmulas n.ºs 19 e 69 do TSE. Ainda sobre a questão, mesmo com o adiamento da eleição de 2020 para 15/11/2020 (EC n.º 107/2020), o TSE decidiu pela não prorrogação do período de inelegibilidade iniciado na eleição de 2012, que findou em 7/10/2020, cfr. Cta n.º 0601143-68, j. 1º/9/2020, DJe de 21/10/2020.

32. Joel José Cândido, em que pese afirmar que "o legislador, ao usar, nessas alíneas, a expressão '8 (oito) anos', quis dizer 'quatro eleições'" (*Direito eleitoral brasileiro* ..., cit., p. 111), sugere que a eleição na qual se deu o fato ilícito seja incluída nessas quatro eleições. Discorda-se dessa proposta porque o autor considera a inelegibilidade como a causa do afastamento do candidato na eleição, quando, em verdade, são as penalidades de cassação do registro, diploma ou mandato que trazem esse

Em conclusão, considerando a jurisprudência do TSE, é possível apontar as seguintes soluções para os questionamentos apontados: (i) como regra geral, admite-se a superação da inelegibilidade ou o atendimento posterior da condição de elegibilidade se o fato novo ocorrer até a data da diplomação, independentemente da fase em que se encontrar o processo de registro de candidatura na Justiça Eleitoral; (ii) excepcionalmente, em razão de especificidades do caso concreto, o fato superveniente pode ocorrer mesmo depois da diplomação e ainda que o processo esteja sob apreciação da instância extraordinária; (iii) o exaurimento da suspensão dos direitos políticos após o registro e antes da diplomação não garante a candidatura, em razão do anterior descumprimento da condição de elegibilidade da filiação partidária; e (iv) o decurso do prazo de inelegibilidade pode beneficiar o candidato apenas se ocorrer até a data da eleição.

5.2.2 Suspensão do ato decisório que deu origem à causa de inelegibilidade e a aplicação do art. 26-C da LC n.º 64/1990

Foi devidamente explicado que a maior parte das causas de inelegibilidade do art. 1º, I, da LC n.º 64/1990 é configurada a partir de uma decisão, de natureza judicial, administrativa ou política, que acarreta, como efeito anexo, o impedimento à candidatura. Nessa situação, para que ocorra a efetiva incidência da inelegibilidade, é importante verificar, no plano da eficácia do ato jurídico que lhe deu causa, se há ou não eventual causa suspensiva ou interruptiva dos seus efeitos, decorrente de decisão da Justiça Comum ou Eleitoral, situação que implicará no afastamento do impedimento e permitirá o deferimento da candidatura.

Na hipótese de a suspensão ou revogação da decisão originária da inelegibilidade ocorrer antes da apresentação do pedido de registro de candidatura, sequer será cabível impugnar a candidatura com base na correspondente causa de inelegibilidade, porquanto o

efeito jurídico, sendo certo que a inelegibilidade das alíneas "d", "h", "j" do art. 1º, I, e a do art. 22, XIV, da LC n.º 64/1990, se manifestará apenas nas eleições futuras.

seu ato originador não produziu seus efeitos válidos. Em caso de se manifestar depois de iniciado o processo de registro de candidatura e até a data da diplomação, tal fato, como já dito, beneficiará o candidato, considerando o disposto art. 11, § 10 da LE.

A restrição da eficácia da decisão que acarreta indiretamente a inelegibilidade não é novidade na prática eleitoral, eis que sempre foi permitido ao interessado buscar judicialmente a suspensão ou invalidação do ato jurídico que ensejou o impedimento, visando a garantir sua candidatura, como decorrência direta do direito fundamental previsto no art. 5º, XXXV, CF/88, pelo qual "a lei não excluirá da apreciação do Poder Judiciário lesão ou ameaça a direito".

Sucede que, a par dessa competência geral do Poder Judiciário, uma das inovações da Lei da Ficha Limpa foi a introdução do art. 26-C à LC n.º 64/1990, em que se previu a possibilidade de suspensão da própria "inelegibilidade" pelo órgão colegiado do Tribunal que julgar o recurso interposto contra a decisão (também colegiada) que gerou a causa de inelegibilidade. Pela importância do dispositivo, segue sua transcrição *in totum*:

> Art. 26-C. O órgão colegiado do tribunal ao qual couber a apreciação do recurso contra as decisões colegiadas a que se referem as alíneas *d, e, h, j, l* e *n* do inciso I do art. 1º poderá, em caráter cautelar, suspender a inelegibilidade sempre que existir plausibilidade da pretensão recursal e desde que a providência tenha sido expressamente requerida, sob pena de preclusão, por ocasião da interposição do recurso.
>
> § 1º Conferido efeito suspensivo, o julgamento do recurso terá prioridade sobre todos os demais, à exceção dos de mandado de segurança e de *habeas corpus*.
>
> § 2º Mantida a condenação de que derivou a inelegibilidade ou revogada a suspensão liminar mencionada no *caput*, serão desconstituídos o registro ou o diploma eventualmente concedidos ao recorrente.
>
> § 3º A prática de atos manifestamente protelatórios por parte da defesa, ao longo da tramitação do recurso, acarretará a revogação do efeito suspensivo.

Da leitura da norma, são requisitos para a aplicação do art. 26-C: (i) cabimento nos casos de condenações por atos ilícitos eleitorais (alíneas "d", "h" e "j" do art. 1º, I, da LC n.º 64/1990), crimes (alínea "e"), ato de improbidade administrativa (alínea "l") e em razão do desfazimento de vínculo conjugal para evitar a caracterização de inelegibilidade (alínea "n"); (ii) a decisão deve ser proferida pelo órgão colegiado competente para apreciação do recurso contra a decisão que ensejou a causa de inelegibilidade; (iii) ocorrência de plausibilidade da pretensão recursal, isto é, de reforma da decisão recorrida; e (iv) que haja requerimento expresso da providência suspensiva por ocasião da interposição do recurso pelo interessado.

O dispositivo ainda aponta que, se houver concessão do efeito suspensivo almejado, o recurso deverá ter tramitação prioritária de análise no Juízo recursal, ressalvados os casos de mandados de segurança e *habeas corpus*, sendo que, na hipótese de ser mantida a decisão condenatória que ensejou a causa de inelegibilidade ou revogado o provimento suspensivo obtido inicialmente, em razão, *v. g.*, de atos protelatórios do interessado durante a tramitação do recurso, o candidato terá seu registro de candidatura ou diploma (se eleito) desconstituídos.

A primeira questão importante a se ponderar é que a expressão "suspender a inelegibilidade" contida no *caput* do art. 26-C não deve ser entendida como a abertura ao Juízo recursal para deliberar em definitivo sobre a elegibilidade do cidadão. A interpretação deve ser restritiva, apenas para indicar a suspensão da hipótese de inelegibilidade específica objeto de apreciação, e não da inelegibilidade em geral, uma vez que pode ocorrer de o cidadão incorrer em outra causa de impedimento ou mesmo desatender a uma condição de elegibilidade.

No entanto, mesmo com a ressalva interpretativa acima apontada, é criticável o dispositivo porque se permite, indevidamente, a transferência da deliberação sobre a incidência dos efeitos de uma causa de inelegibilidade a Juízo diverso daquele regularmente com atribuição para apreciação da matéria, ou seja, o específico

Juízo Eleitoral competente para apreciação dos pedidos de registros de candidatura nas eleições.

Com efeito, a Justiça Comum, ao apreciar as matérias relativas a condenações por crimes, atos de improbidade ou desfazimento de vínculo conjugal, e a própria Justiça Eleitoral, ao avaliar especificamente as condenações por atos ilícitos eleitorais, não detêm competência para aferição da incidência de causa de inelegibilidade, porquanto o objeto de suas esferas de competência, em tais demandas, se resume à condenação ou não do indivíduo no ilícito apurado. A eventual configuração da causa de inelegibilidade é matéria que foge ao plexo de atribuições do Juízo recursal contra as referidas decisões, porque pertence, exclusivamente, ao Juízo Eleitoral responsável pelo processamento dos pedidos de registro de candidatura.

A inovação legislativa deve ser entendida tão somente como a suspensão da eficácia do conteúdo material da decisão que potencial e indiretamente acarreta o surgimento da causa de inelegibilidade[33]. Nesse sentido, decidiu o Min. do STF, Dias Toffoli, que a decisão do órgão judicial recursal não examina diretamente a inelegibilidade, fazendo apenas "o reconhecimento indireto de que a decisão atacada pelo RE não poderá ser utilizada para os fins da declaração de incompatibilidade da situação jurídica da requerente com o exercício do *ius honorum*"[34].

---

33. Em igual posição, cfr. COELHO, Marcus Vinicius Furtado; REIS, Márlon Jacinto. "A cautelar suspensiva da inelegibilidade e a competência dos órgãos judiciários". In: REIS, Márlon Jacinto *et al.* (coord.). *Ficha Limpa: Lei complementar n.º 135 ...*, cit., pp. 249-252. Os autores sustentam, porém, ser possível que o Juízo recursal eleitoral possa suspender a inelegibilidade nos casos das alíneas "d", "h" e "j" por ser matéria de competência desse ramo especializado. Há um equívoco nessa ideia porque a deliberação sobre a elegibilidade cabe apenas ao Juízo designado para a análise do pedido de registro de candidatura e não ao Tribunal que apreciar o recurso interposto contra a decisão judicial que ensejou, indiretamente, as referidas causas de inelegibilidade, eis que esta decisão fora proferida no âmbito de competência jurisdicional distinta da alusiva ao objeto do registro de candidatura.

34. Agravo de Instrumento (AI) n.º 709634, Decisão Liminar, j. 1º/7/2010, DJe de 2/8/2010.

O que se percebe, em verdade, é que a medida processual em análise tem pouca utilidade concreta, servindo apenas para justificar politicamente a instituição pela LC n.º 135/2010 do marco inicial dos efeitos da inelegibilidade a partir da decisão do órgão colegiado, ao estabelecer, como contraponto e na própria lei, a possibilidade de o órgão que examinar o recurso contra a referida decisão suspender diretamente a inelegibilidade[35]. Ora, essa "suspensão da inelegibilidade" pode ser obtida com base no poder geral de cautela atribuído ao Estado-Juiz, ou seja, pela mera suspensão dos efeitos naturais da própria decisão que enseja indiretamente a inelegibilidade[36]. E, mais, sequer será necessário que *(i)* o pedido de suspensão seja feito quando da interposição do recurso, como exigido no art. 26-C da LC n.º 64/1990, podendo a parte se utilizar de meios mais expeditos, como as ações de mandado de segurança ou *habeas corpus* e *(ii)* que a decisão suspensiva da inelegibilidade seja proferida por órgão colegiado, já que o poder de cautela pode ser exercido monocraticamente pelo Relator do recurso interposto ou da impugnação impetrada[37].

Ademais, com fundamento ainda no poder geral de cautela, a suspensão dos efeitos da inelegibilidade pode ocorrer para

35. Cfr. PAZZAGLINI FILHO, Marino. *Lei de inelegibilidade comentada* ..., cit., p. 105. Em sentido semelhante, cfr. SILVA, Paulo Thadeu Gomes da; VARGAS, Marco Antonio Martin, "Aspectos históricos da Lei Complementar 135/2010" ..., cit., p. 60.

36. Nesse sentido, afirmam Fabrício Souza Duarte e Rodrigo Ribeiro Pereira: "Assim, a cautelar prevista no artigo 26-C não é nada mais do que uma exteriorização normativa do poder geral de cautela conferido ao Poder Judiciário, sendo certo que, mesmo que a LC 135/10 não fizesse a previsão dessa medida cautelar, estariam os Tribunais Superiores autorizados a conferir efeito suspensivo aos recursos especiais e extraordinários." ("Cautelar para suspensão da inelegibilidade". In: SILVA JÚNIOR, Arnaldo; PEREIRA, Rodrigo Ribeiro (coord.). *Ficha limpa e sua aplicabilidade nos tribunais eleitorais:* comentários às alterações promovidas pela Lei Complementar n. 135/2010 após o julgamento do Supremo Tribunal Federal. Belo Horizonte: Del Rey, 2012, p. 164).

37. Já se entendia, em verdade, ser possível ao Relator do recurso deferir monocraticamente a suspensão da inelegibilidade com base no art. 26-C da LC n.º 64/1990 (Questão de ordem na Ação Cautelar n.º 1420-85, DJe de 28/6/2010), o que restou sedimentado na Súmula n.º 44 do TSE ("O disposto no art. 26-C da LC nº 64/90 não afasta o poder geral de cautela conferido ao magistrado pelo Código de Processo Civil.").

todas as hipóteses da LC n.º 64/1990 e não apenas para as expressamente indicadas no seu art. 26-C. A propósito e inclusive, na descrição típica contida nas alíneas "g", "m" e "o" do art. 1º, I, do diploma legal, apesar de desnecessária a referência, anotou-se expressamente a possibilidade de suspensão ou anulação, pelo Poder Judiciário, da decisão que gerar a inelegibilidade.

A única viabilidade prática possível do art. 26-C da LC n.º 64/1990 consistiria na previsão de seu § 2º, pelo qual o candidato que disputou a eleição e foi eleito amparado em decisão que suspendeu a inelegibilidade com base no aludido art. 26-C, perderia o seu cargo, a qualquer tempo de seu mandato, caso o Juízo recursal mantivesse a decisão que acarretou a inelegibilidade ou revogasse o efeito suspensivo determinado inicialmente[38].

Sobre o tema, o TSE firmou a convicção de que a revogação da suspensão cautelar da inelegibilidade não gera automaticamente a desconstituição do registro ou diploma, porquanto não se pode haver concessão de registro de candidatura de forma condicional, o que foi sedimentado em sua Súmula n.º 66[39]. Essa posição é, a princípio, correta porque o candidato que foi eleito com base na decisão liminar de suspensão da inelegibilidade tem direito a se pronunciar sobre a eventual revogação dessa decisão e, mais importante, sobre a existência dos elementos necessários para configuração da causa de inelegibilidade.

Contudo, o TSE deliberou, em acréscimo, em prejuízo à efetividade que se almejava do § 2º do art. 26-C[40], que essa reanálise da situação de elegibilidade do candidato eleito deve respeitar os

38. Cfr. PINTO, Djalma; PETERSEN, Elke Braid. *Comentários à lei da ficha limpa ...*, cit., p. 183.

39. Vide teor da Súmula 66: "A incidência do § 2º do art. 26-C da LC nº 64/90 não acarreta o imediato indeferimento do registro ou o cancelamento do diploma, sendo necessário o exame da presença de todos os requisitos essenciais à configuração da inelegibilidade, observados os princípios do contraditório e da ampla defesa".

40. Cfr. crítica do Ministro LUIZ FUX no artigo "Problematizando o art. 26-C, *caput* e § 2º, da Lei Complementar n. 64/1990: análises descritiva e prescritiva da atual jurisprudência do TSE". In: ANPR – Associação Nacional de Procuradores da República (org.). *Pontos Controvertidos sobre a Lei da Ficha Limpa ...*, cit., pp. 169-180.

prazos preclusivos definidos na lei eleitoral para a imputação de causas de inelegibilidade superveniente, limitando o seu surgimento, em regra, até a data da eleição, quando poderá ser objeto de discussão no próprio processo de registro de candidatura (se ainda em trâmite na instância ordinária) ou, apenas, no RCED[41].

Em suma, o TSE equiparou a suspensão de inelegibilidade do art. 26-C a toda e qualquer hipótese de alteração jurídica sobre a situação de elegibilidade resultante de decisão judicial. Por essa razão, é certo que o TSE, "à guisa de interpretar-se o § 2º do art. 26-C da LC n.º 64/1990, terminou-se por desfigurá-lo"[42], inexistindo, pois, diferença significativa entre a suspensão da inelegibilidade prevista no art. 26-C e as diversas decisões judiciais que, igualmente, suspendem os efeitos dos atos jurídicos ensejadores das causas de inelegibilidade.

5.3 IMPUGNAÇÃO DA ELEGIBILIDADE NO PROCESSO DE REGISTRO DE CANDIDATURA (CAUSAS PREEXISTENTES E SUPERVENIENTES AO PEDIDO DE REGISTRO)

A fase eleitoral do registro de candidatura é o momento crucial para se verificar o atendimento aos pressupostos gerais da elegibilidade, cabendo ao candidato (ou ao partido político) apresentar o requerimento com o fim de alcançar o direito de concorrer na eleição. Pode ocorrer, contudo, de um terceiro (candidato, partido, cidadão ou MPE) ou a própria Justiça Eleitoral suscitarem, no curso do processo de registro de candidatura, a presença de um obstáculo à elegibilidade do requerente, que já existia desde antes da formulação do pedido de registro ou que surgiu posteriormente.

41. Cfr. decisões do TSE no REspe n.º 213-32, j. 25/6/2015, DJe de 3/10/2016; e no AgR-RO n.º 2887-87, j. 28/11/2016, DJe de 13/02/2017. Ressalte-se, todavia, que, no RO n.º 0600972-44 (pss. de 5/12/2018), cujo detalhamento será explicado mais adiante, o TSE admitiu o fato superveniente à eleição para indeferir o registro de candidatura, com base no § 2º do art. 26-C da LC n.º 64/1990.

42. GOMES, José Jairo. *Direito Eleitoral* ..., cit., p. 346.

A princípio, durante a fase do registro de candidatura, somente era admissível a imputação de fatos preexistentes ao momento do requerimento de registro, visto ser esse o marco temporal para aferição das condições de elegibilidade e das causas de inelegibilidade, conforme § 10 do art. 11 da LE. Também se compreendia que o não atendimento de condição de elegibilidade ou a presença de inelegibilidade de natureza constitucional não apontados no prazo inicial de impugnação, bem como a verificação de inelegibilidade legal superveniente, somente poderiam ser objeto de impugnação através do RCED, cujo ajuizamento ocorre após a diplomação dos eleitos.

Sucede que o TSE passou a admitir, ao lado da possibilidade de superação do impedimento em benefício do candidato, a imputação pelos interessados, no próprio processo de registro de candidatura, de um fato novo ou não alegado no prazo devido, que afete negativamente a elegibilidade[43]. De outro lado, a Lei n.º 13.877/2019, ao instituir o § 1º ao art. 262, CE, também previu expressamente a possibilidade de discussão da inelegibilidade superveniente no "âmbito do processo de registro", sendo que, se ocorrer tal situação, a matéria não poderá ser posteriormente objeto do RCED[44]. Em suma, ainda na fase do registro de candidatura, é possível demonstrar a superveniência do não atendimento à condição de elegibilidade ou a incidência de inelegibilidade, permitindo assim o afastamento imediato do candidato da disputa, prescindido do ajuizamento do RCED, desde que assegurados o contraditório e a ampla defesa ao candidato[45].

A título de exemplo, pode-se mencionar o cancelamento da naturalização que ocorra depois do pedido de registro de

43. Cfr. GOMES, José Jairo. *Direito Eleitoral* ..., cit., pp. 334-335.

44. Cfr JORGE, Flávio Cheim *et al.*, *Curso de direito eleitoral* ..., cit., p. 171.

45. O *leading case* foi o RO n.º 154-29 ("Caso Arruda"), pss. de 26/8/2014, no qual o TSE fixou a tese a ser observada nos registros de candidatura das eleições de 2014, *in verbis*: "As inelegibilidades supervenientes ao requerimento de registro de candidatura poderão ser objeto de análise pelas instâncias ordinárias no próprio processo de registro de candidatura, desde que garantidos o contraditório e a ampla defesa".

candidatura, situação que ensejará o descumprimento posterior da condição de elegibilidade da nacionalidade. De outro lado, com relação às causas de inelegibilidade, é muito frequente a prolação de decisões liminares, especialmente da Justiça Comum, que ora suspendem a decisão que enseja a inelegibilidade, ora revogam a decisão de suspensão, afetando e condicionando diretamente as decisões da Justiça Eleitoral[46].

Surgem então dúvidas semelhantes às do tópico anterior (superveniência de fato que beneficia o candidato), consistindo em saber, doravante: (i) o marco temporal limite para surgimento do fato novo que gera o obstáculo à elegibilidade; e (ii) a fase e instância da Justiça Eleitoral em que será admissível a imputação e o julgamento desse fato superveniente.

O § 10 do art. 11 da LE também não trata da questão de forma geral, até porque a inovação em exame é fruto de construção jurisprudencial do TSE, que ampliou o sentido normativo do dispositivo para nele incluir o fato superveniente que afasta a elegibilidade. Assente-se, apenas, que o art. 14 da Lei das Eleições prevê, de modo específico, o cancelamento do registro de candidatura dos candidatos que vierem a ser expulsos do partido político até o dia da eleição, estabelecendo, pois, esse marco temporal para superveniência de fato que ateste o não atendimento à condição de elegibilidade da filiação partidária[47].

Assim, com relação ao primeiro questionamento, o entendimento prevalente no TSE é de que *o fato novo deve ocorrer até a data da eleição*, de modo que, se encontrando elegível no dia do pleito, as alterações posteriores não afetarão o direito de ser votado[48]. Tal posição se coaduna com o teor da Súmula n.º 47 do

46. As decisões liminares da Justiça Comum ocorrem principalmente nos casos da alínea "g" do art. 1º, I, da LC n.º 64/1990, em que se avaliam as decisões proferidas pelos Tribunais de Contas e Câmaras de Vereadores que rejeitam as contas dos administradores públicos, notadamente os Prefeitos Municipais.

47. Cfr. CÂNDIDO, Joel José. *Direito eleitoral brasileiro* ..., cit., pp. 407-410.

48. Cfr. AgR-REspe n.º 308-19, j. 13/6/2017, DJe de 10/8/2017. Essa posição foi mantida no AgR-REspe n.º 326-63, j. 9/10/2018, DJe de 6/11/2018, conforme constou

TSE, que também afirma ser a data da eleição o limite para surgimento da inelegibilidade superveniente para fins de ajuizamento do RCED.

Essa conclusão se aplica mesmo se a condição de elegível, na eleição, for de natureza precária, com base em decisão judicial que afastou os efeitos da incidência de inelegibilidade. Não é aceitável, a propósito, o argumento de que a revogação da decisão que suspendeu os efeitos da inelegibilidade implicaria no retorno ao *status* anterior e, por essa razão, a inelegibilidade estaria configurada desde antes da decisão. Em que pese revogada a suspensão, o candidato se encontrava na situação de elegível no dia da eleição, sendo a inelegibilidade aperfeiçoada somente após o pleito eleitoral. Nessa específica situação, ensina José Jairo Gomes que a inelegibilidade "só gera efeitos em eleições futuras, sendo impróprio se cogitar de sua retroatividade com vistas a alcançar pleito já realizado"[49].

Não obstante, é criticável a opção do TSE de permitir a superação do obstáculo à elegibilidade se o fato ocorrer até a diplomação e, por outro lado, admitir a atração do óbice apenas se alteração fática ou jurídica se manifestar até a eleição. A posição mais adequada é fixar um único marco para incidência das alterações favoráveis ou contrárias ao candidato[50], valendo apontar que há precedente do próprio TSE, no RO n.º 0600972-44 (pss. de 5/12/2018), de que "a diplomação é o termo final para a arguição

---

na ementa, *in verbis*: "1. A jurisprudência do Tribunal Superior Eleitoral entende que os fatos supervenientes que afastem a inelegibilidade podem ser conhecidos desde que ocorridos até a data da diplomação (RO n.º 96-71/GO, Rel. Min. Luciana Lóssio, PSESS de 23.11.2016). Por outro lado, só podem ser declaradas as inelegibilidades supervenientes se constituídas até a data da eleição (Súmula n.º 47/TSE). 2. Admitir a cassação de diploma com base em inelegibilidade reconstituída quase 6 meses após a diplomação e posse do prefeito eleito implica violação à soberania do voto e à segurança jurídica".

49. *Direito Eleitoral* ..., cit., p. 918.

50. Cfr. ZILIO, Rodrigo López. *Direito Eleitoral* ..., cit., pp. 623-625.

do fato superveniente de que trata o art. 11, § 10, da Lei 9.504/97", seja para afastar, seja acarretar a inelegibilidade do cidadão[51].

Quanto à fase do processo judicial para apreciar o fato novo, se entende que deva ocorrer enquanto o processo de registro de candidatura estiver tramitando na instância ordinária, quando então será possível estabelecer o contraditório e propiciar o adequado conhecimento dos fatos e alegações jurídicas[52]. Se o processo já estiver resolvido com trânsito em julgado ou na instância extraordinária, os fatos supervenientes somente podem ser alegados no RCED[53].

Em resposta às questões formuladas, de acordo com a jurisprudência do TSE e a despeito da crítica apresentada, é possível afirmar: (i) o fato superveniente que afasta a elegibilidade deve ocorrer, em regra, até a data da eleição, ressalvadas eventuais peculiaridades do caso concreto que permitam aceitar o surgimento até o dia da diplomação; e (ii) somente será admissível a alegação desse fato novo na fase de registro de candidatura se o processo judicial ainda se encontrar na instância ordinária de tramitação.

Passa-se então ao estudo dos três meios processuais para imputação, no processo de registro de candidatura, do descumprimento

51. O fato objeto do RO n.º 0600972-44 (pss. de 5/12/2018) consistiu no pedido de registro de candidato a cargo de Deputado Federal nas eleições de 2018, que fora indeferido em razão da incidência da inelegibilidade da alínea "e" do art. 1º, I, da LC n.º 64/1990 (condenação pela prática de crime). No exame do recurso, verificou-se que, no processo judicial criminal, foram prolatadas duas decisões posteriores à data da eleição: na primeira, em 19/10/2018, deferiu-se pedido liminar no recurso especial interposto, para suspender a condenação criminal; na segunda, em 25/10/2018, foi julgado o mérito do recurso especial e mantida a condenação, revogando a aludida decisão liminar. Nestas situações, de acordo com a jurisprudência do TSE, somente deveria ter sido conhecida a primeira decisão, já que apenas o fato novo que beneficie o candidato é que pode ocorrer até a diplomação. Porém, no caso, por unanimidade, o TSE admitiu essa segunda decisão judicial como fato superveniente apto a impedir a candidatura, mesmo que proferida após a diplomação, e manteve o indeferimento do registro de candidatura, utilizando-se, como fundamento, o § 2º do art. 26-C da LC n.º 64/1990.

52. Cfr. GOMES, José Jairo. *Direito Eleitoral* ..., cit., pp. 340-341.

53. Cfr. decisão do TSE no REspe n.º 383-75, pss. de 23/9/2014; e a doutrina de JORGE, Flávio Cheim *et al.*, *Curso de direito eleitoral* ..., cit., pp. 171-172.

aos pressupostos gerais da elegibilidade, decorrentes de causas preexistentes ou supervenientes ao pedido de registro: (i) ajuizamento de AIRC; (ii) notícia de inelegibilidade; e (iii) conhecimento de ofício pela Justiça Eleitoral.

5.3.1 A ação de impugnação de registro de candidatura (AIRC)

A ação de impugnação de registro de candidatura é a demanda judicial clássica no direito eleitoral, que permite a imputação contra o candidato de algum óbice preexistente ao pedido de registro que impeça o exercício de sua elegibilidade, especialmente o não atendimento a uma condição de elegibilidade ou a presença de inelegibilidade. Se no processo relativo ao requerimento de registro de candidatura (RRC), não há, a princípio, conflito a ser resolvido, a AIRC traz em si a ideia de contencioso eleitoral, em que uma parte busca impedir o deferimento da candidatura de outrem, devendo, por essa razão, serem observados os princípios e regras atinentes ao devido processo legal, tais como a ampla defesa e o contraditório.

Não serve a AIRC, contudo, para constituir uma causa de inelegibilidade, mas apenas para reconhecer ou declarar sua existência, sendo dever do demandante comprovar a efetiva incidência em desfavor do candidato de uma hipótese de inelegibilidade[54]. O objeto final da AIRC, nos termos do art. 15 da LC n.º 64/1990,

---

54. Adriano Soares da Costa, embora tenha afirmado que "no momento da apreciação do registro de candidatura, o juiz não *constitui* a inelegibilidade cominada" (*Instituições de Direito Eleitoral* ..., cit., p. 192, grifos do autor), também registra, contraditoriamente, que, "quanto à inelegibilidade, que poderá ser apreendida como questão prévia à análise do direito ao registro de candidatura, ela poderá, em sede de AIRC, ser declarada, porque já existente; ou constituída, porquanto gerada pela decisão proferida nesta ação" (*Ibidem*, pp. 328-329). Essa última posição é equivocada, uma vez que a AIRC não serve como meio processual para constituir uma causa de inelegibilidade, apenas para apontar ou declarar o impedimento já existente ou o descumprimento das condições de elegibilidade (cfr. GOMES, José Jairo. *Direito Eleitoral* ..., cit., pp. 436-437; e CERQUEIRA, Thales Tácito Pontes Luz de Pádua; CERQUEIRA, Camila Albuquerque. *Reformas eleitorais comentadas*..., cit., p. 734).

consiste no indeferimento do registro de candidatura ou a nulidade do diploma (se o candidato já tiver sido eleito e diplomado), que pode ser alcançado por diversos fundamentos, inclusive a prévia ocorrência da inelegibilidade.

A AIRC é regulada pelos arts. 2º a 16 da LC n.º 64/1990 e, como já adiantado, deve ser proposta por candidato, partido político, coligação ou MPE, no prazo de até 5 (cinco) dias após a publicação do edital com a divulgação dos nomes dos candidatos solicitantes da candidatura[55]. O impugnante autor da AIRC deve, junto com a petição inicial, apresentar todos os fundamentos jurídicos e elementos probatórios de suas alegações, podendo haver a produção de outras provas no curso do processo judicial, notadamente a oitiva de testemunhas ou de especialistas forenses, inclusive em favor do candidato.

Por fim, aponte-se que a AIRC constitui uma demanda de natureza incidental e acessória ao processo de registro de candidatura, devendo ambos os feitos serem julgados conjuntamente. Não obstante, há autonomia de objetos e pressupostos, podendo ocorrer de a AIRC ser julgada improcedente e o pedido de registro ser indeferido, por motivação distinta. De outro lado, em caso de julgamento procedente da AIRC, o pedido de registro de candidatura será indeferido ou anulado o diploma eventualmente expedido ao candidato eleito.

5.3.2 A notícia de inelegibilidade

A notícia de inelegibilidade consiste na apresentação à Justiça Eleitoral, por qualquer cidadão, durante o processamento do registro de candidatura, de informações e/ou documentos que visem a demonstrar que o candidato tem contra si um obstáculo para a obtenção da candidatura. Sua base normativa pode ser encontrada no art. 97, § 3º, CE, que estabelece a possibilidade de

55. Assim, a rigor, pode ser imputado obstáculo gerado a partir de fato configurado entre a data-limite do pedido de registro de candidatura (15 de agosto) e o prazo de 5 (cinco) dias após a publicação do edital.

o eleitor *impugnar* o registro "com fundamento em inelegibilidade ou incompatibilidade do candidato", em que pese essa disposição se encontre tacitamente revogada pela disciplina de processamento da AIRC, que não prevê o eleitor como legitimado próprio para o ajuizamento da impugnação ao candidato.

O TSE, através de Resoluções específicas, tem regulado o processamento da notícia de inelegibilidade e a forma de sua apreciação pelo Juiz Eleitoral. Por exemplo, o art. 44 da Resolução n.º 23.609/2019, que disciplina a escolha e o registro de candidatos para as eleições, dispôs que "Qualquer cidadão no gozo de seus direitos políticos pode, no prazo de 5 (cinco) dias contados da publicação do edital relativo ao pedido de registro, dar notícia de inelegibilidade ao órgão competente da Justiça Eleitoral para apreciação do registro de candidatos, mediante petição fundamentada".

Veja-se que o TSE fixou o mesmo prazo do ajuizamento da AIRC para a apresentação da notícia de inelegibilidade. De fato, o processo de registro de candidatura deve ser célere e seguir passos determinados até a prolação da decisão final, não podendo o candidato ficar à mercê do surgimento, a qualquer tempo, de impugnação a seu pedido de registro. Nada mais justo e adequado, portanto, a fixação do prazo de 5 (cinco) dias após a publicação do edital para a apresentação da notícia de inelegibilidade, sob pena de, ultrapassado o referido prazo, implicar na sua intempestividade e, em tese, no seu não conhecimento.

Também restou definido pelo TSE, conforme § 4º do citado art. 44 da Resolução n.º 23.609/2019, que "Na instrução da notícia de inelegibilidade, deve ser adotado o procedimento previsto para a impugnação ao registro de candidatura, no que couber", inclusive com a participação do MPE, permitindo assim que o candidato possa exercer a sua defesa e contraditório em toda a extensão, com respeito ao devido processo legal. Igualmente, garante ao cidadão o direito de ver sua notícia devidamente apreciada pela Justiça Eleitoral, que deverá julgá-la em conjunto com o processo de pedido de registro de candidatura e de eventual AIRC ajuizada contra o candidato.

5.3.3 Atuação de ofício da Justiça Eleitoral

O conhecimento de ofício pelo Juízo Eleitoral da ocorrência de inelegibilidade ou do não cumprimento de condição de elegibilidade encontra fundamento nos arts. 7º, parágrafo único, e 23, ambos da LC n.º 64/1990[56], que estabelecem a possibilidade de livre apreciação da prova pelo Juiz Eleitoral e membros do Tribunal, que podem avaliar fatos e circunstâncias, mesmo que não alegados pelas partes, uma vez que as questões objeto do processo de registro de candidatura são de ordem pública e dizem respeito à verificação do atendimento pelo candidato dos pressupostos gerais da elegibilidade. A temática encontra-se resolvida pela edição da Súmula n.º 45 do TSE, *in verbis*: "Nos processos de registro de candidatura, o Juiz Eleitoral pode conhecer de ofício da existência de causas de inelegibilidade ou da ausência de condição de elegibilidade, desde que resguardados o contraditório e a ampla defesa".

Essa atuação de ofício se verifica, em geral, quando a informação sobre o descumprimento da condição de elegibilidade ou a presença de inelegibilidade já se encontra contida nos próprios autos do processo de registro de candidatura. A título de exemplo, a certidão criminal exigida do candidato pode indicar que ele está condenado com trânsito em julgado por qualquer crime, o que implica na suspensão de seus direitos políticos, ou por decisão de órgão colegiado, nos crimes da alínea "e" do art. 1º, I, da LC n.º 64/1990, configurando uma causa de inelegibilidade. Nesse caso, é o próprio Juiz Eleitoral que verifica a questão e decide de ofício, depois de ouvida a parte interessada.

Também é permitido ao Juiz Eleitoral conhecer de questões que não necessariamente estão demonstradas pela documentação contida no processo de registro de candidatura. Como exemplo,

56. O STF, no julgamento da ADI n.º 1.082 (j. 22/5/2014, DJe de 30/10/2014), declarou a constitucionalidade das expressões "ainda que não alegados pelas partes" e "fatos públicos e notórios, dos indícios e presunções [...], ainda que não indicados ou alegados pelas partes [...]" constantes, respectivamente, nos arts. 7º, parágrafo único, e 23, da LC n.º 64/1990.

nos termos do art. 11, § 5º, LE, compete aos Tribunais de Contas informar à Justiça Eleitoral, até a data-limite para o pedido de registro de candidatura, a "relação dos que tiveram suas contas relativas ao exercício de cargos ou funções públicas rejeitadas por irregularidade insanável e por decisão irrecorrível do órgão competente". Em tal situação, a informação de uma possível inelegibilidade (alínea "g" do art. 1º, I, da LC n.º 64/1990) não está dentro dos autos do processo de registro de candidatura, mas o Juiz Eleitoral dela teve conhecimento e poderá apreciá-la para, eventualmente, indeferir o pedido de registro.

Questão importante, com relação à atuação de ofício, é saber até que momento o Juiz Eleitoral pode conhecer e decidir sobre os fatos que cheguem a seu conhecimento e que podem impedir o exercício da elegibilidade. Note-se, ainda, que pode ocorrer de a alegação de descumprimento dos pressupostos de elegibilidade ter sido apresentada por terceiro, mas fora do prazo da notícia de inelegibilidade, ou mesmo numa AIRC intempestiva, casos em que as demandas seriam dadas por prejudicadas pelo descumprimento do prazo previsto em lei para imputação. Em tais situações, seria impossível a análise de ofício e julgamento pelo Juiz Eleitoral? Até quando se permitiria, enfim, ao Juiz conhecer dessas matérias?

Parcela da doutrina aponta que é defeso à Justiça Eleitoral conhecer de ofício de matéria não alegada no prazo previsto para a AIRC ou para a notícia de inelegibilidade, inclusive no tocante às inelegibilidades de ordem constitucional, de modo que essas imputações somente poderiam ser apreciadas em outro momento processual, no âmbito do RCED[57].

Discorda-se desse pensamento. Primeiro, porque não se pode comparar a figura do Juiz Eleitoral com as dos eventuais interessados na impugnação do registro de candidatura ou na apresentação da notícia de inelegibilidade. Com efeito, o magistrado

57. Nesse sentido, cfr. JORGE, Flávio Cheim *et al.*, *Curso de direito eleitoral* ..., cit., p. 628.

eleitoral não tem nenhum interesse no julgamento favorável ou desfavorável ao candidato. Sua posição é de julgador imparcial e, em razão disso, não deve sofrer limitações sobre o que julgar e conhecer acerca da configuração dos pressupostos da elegibilidade, que refletem matéria de ordem pública, com plena relevância de ser devidamente discutida e enfrentada pela Justiça Eleitoral.

Ademais, a prática forense demonstra que o Juiz somente irá ter o primeiro contato com o pedido de registro de candidatura depois de decorrido o prazo de 5 (cinco) dias da publicação do edital, quando então avaliará se houve o ajuizamento de AIRC ou a apresentação de notícia de inelegibilidade, para que possa iniciar o processamento da demanda. A rigor, não lhe cabe apreciar o processo antes de aguardar o prazo de impugnação para evitar a prolação de decisões contraditórias, *v. g.*, deferindo o pedido de registro de candidatura e, depois, no julgamento de eventual AIRC, negando-lhe o registro, por reconhecer uma causa de inelegibilidade incidente. Ora, se o Juiz deve apreciar o pedido de registro de candidatura após o prazo da impugnação, não é razoável impedi-lo de conhecer de ofício de questão atinente ao não atendimento dos pressupostos gerais da elegibilidade apenas porque suscitada fora do referido prazo, eis que ainda pendente sua deliberação sobre o registro de candidatura.

Outro aspecto a ser levado em consideração é que, sob uma ótica de cooperação processual e de atuação com ética e moralidade, é o próprio candidato quem detém as informações sobre eventual descumprimento de condição de elegibilidade ou configuração de inelegibilidade. Sua atuação processual de omitir a informação, tentando levar vantagem em caso de não haver impugnação tempestiva da parte, não pode receber como benefício a vedação da análise de ofício da questão alusiva à ausência de elegibilidade, podendo (e devendo) o Juiz Eleitoral dela conhecer, se ainda não encerrada a sua atuação judicante.

Além disso, conforme será explicado mais adiante, a propositura do RCED, para além dos casos de inelegibilidade infraconstitucional superveniente, serve também para demonstrar a incidência das causas de inelegibilidade constitucionais e da falta de condição de elegibilidade, preexistentes ou supervenientes ao registro de candidatura. Assim, especialmente para estas duas hipóteses, mostra-se totalmente desarrazoado vedar que o Juiz Eleitoral, que já tem conhecimento do motivo que pode acarretar o indeferimento de registro, se abstenha de julgar tão somente porque a informação chegou após o prazo da AIRC, ainda mais quando fatalmente a matéria será objeto de apreciação num futuro RCED, se eleito o candidato.

Inadmissível, portanto, estabelecer a limitação de conhecimento de ofício pela Justiça Eleitoral ao prazo da impugnação de registro de candidatura, visto que tal regra deve atingir apenas os eventuais interessados no indeferimento do pedido de registro do candidato. Nos casos em que a parte perdeu o prazo da AIRC ou da notícia de inelegibilidade, as impugnações, de fato, não devem ser conhecidas e não poderão as partes apresentar quaisquer alegações posteriores ou juntar novos documentos[58]. Mas se as provas por ela apresentadas forem suficientes para demonstrar o descumprimento de uma condição de elegibilidade ou a incidência de inelegibilidade, nada obsta a que o Juiz Eleitoral conheça da questão e decida pelo eventual indeferimento do pedido de registro de candidatura[59].

Não havendo, desta forma, prazo limite para o conhecimento de ofício, pode a Justiça Eleitoral conhecer da questão enquanto no exercício da competência originária, isto é, no primeiro grau da jurisdição eleitoral. Desse modo, se a atuação do TRE (ou do

58. Em sentido um pouco diverso, José Jairo Gomes sustenta, considerando a permissão do TSE de imputação de fato novo no processo de registro de candidatura para atestar o não atendimento dos pressupostos gerais da elegibilidade, que "também se terá de admitir a possibilidade de impugnação ao pedido de registro de candidatura pelo interessado fora do lapso previsto no artigo 3º da LC n.º 64/1990, isto é, quando já vencido o prazo de cinco dias da publicação do pedido de registro de candidatura" (*Direito Eleitoral*..., cit., p. 335).

59. Cfr. decisão do TSE no RO n.º 4618-16, pss. de 15/9/2010: "1. Ainda que a notícia de inelegibilidade tenha sido protocolizada após o prazo de cinco dias a que se refere o art. 38 da Res.-TSE n.º 23.221/2010, o juiz pode conhecer de ofício das causas de inelegibilidade ou da ausência das condições de elegibilidade, nos termos dos arts. 42 e 43 da referida resolução."

TSE) no processo de registro de candidatura for de natureza recursal, mesmo na instância ordinária, não lhe competirá conhecer e decidir de ofício sobre os pressupostos gerais da elegibilidade porque a cognição do órgão julgador está limitada à temática objeto do recurso e, bem assim, porque não se pode perpetuar a apreciação das questões relacionadas à elegibilidade.

5.4 IMPUGNAÇÃO DA ELEGIBILIDADE NO RECURSO CONTRA EXPEDIÇÃO DE DIPLOMA (RCED)

O denominado Recurso contra Expedição de Diploma (RCED) consiste numa ação judicial eleitoral em que se busca a cassação do diploma conquistado pelo candidato eleito. No entanto, em que pese constituir uma autêntica ação judicial, quem julga o RCED é o órgão jurisdicional hierarquicamente superior ao Juízo que apreciou o registro de candidatura e as demandas relacionadas às eleições[60], ressalvada a competência do TSE na eleição presidencial.

Na forma do art. 262, CE, é cabível o RCED nos "casos de inelegibilidade superveniente ou de natureza constitucional e de falta de condição de elegibilidade", devendo a demanda ser ajuizada em 3 (três) dias após "o último dia limite fixado para a diplomação e será suspenso no período compreendido entre os dias 20 de dezembro e 20 de janeiro, a partir do qual retomará seu cômputo" (art. 262, § 3º, CE)[61].

---

60. Cfr. decisões do TSE, no AgR-REspe n.º 252-84, j. 16/2/2006, DJe de 28/4/2006; e no REspe n.º 222-13, j. 2/8/2012, DJe de 28/2/2014, bem assim a Súmula n.º 37 do TSE ("Compete originariamente ao Tribunal Superior Eleitoral processar e julgar recurso contra expedição de diploma envolvendo eleições federais ou estaduais"). Não obstante essa atribuição seja criticada pela doutrina, em razão da evidente supressão de instância para apreciação da causa, o STF julgou improcedente a ADPF n.º 167, j. 7/3/2018, DJe de 12/3/2018, na qual se requeria a fixação da competência dos TREs para julgamento dos RCEDs que versarem sobre diplomas expedidos nas eleições federais e estaduais, fixando textualmente a seguinte tese: "O Tribunal Superior Eleitoral é o órgão competente para julgar os Recursos Contra Expedição de Diploma nas eleições presidenciais e gerais (federais e estaduais)".

61. Rodrigo López Zilio sustenta que cabe RCED em caso de não preenchimento de condição de registrabilidade, citando o exemplo da falsificação da ata da convenção

Vale salientar, como já explicado, que qualquer tipo de impedimento à candidatura pode ser discutido durante o processamento do pedido de registro de candidatura na instância ordinária, mesmo sem impugnação do interessado. Todavia, caso o obstáculo seja de uma das espécies indicadas no art. 262, CE, tais questões poderão ser ainda suscitadas no âmbito do RCED, mas desde que, no caso específico, não tenham sido apontadas previamente em AIRC ou durante a fase de registro de candidatura, visto que, nestas situações, a temática já fora objeto de apreciação pela Justiça Eleitoral e se encontra preclusa a questão[62]. Nesse sentido, o § 1º do art. 262, CE, prevê expressamente que "A inelegibilidade superveniente que atrai restrição à candidatura, se formulada no âmbito do processo de registro, não poderá ser deduzida no recurso contra expedição de diploma".

A primeira hipótese de cabimento do RCED, a *inelegibilidade superveniente*, consiste na causa de inelegibilidade de natureza legal (ou infraconstitucional) que surge depois do marco temporal do pedido de registro de candidatura e *até a data da eleição*, nos termos consolidados pelo teor da Súmula n.º 47 do TSE, pela qual "A inelegibilidade superveniente que autoriza a interposição de recurso contra expedição de diploma, fundado no art. 262 do Código Eleitoral, é aquela de índole constitucional ou, se infraconstitucional, superveniente ao registro de candidatura, e que surge até a data do pleito"[63]. Ocorre que, surpreendentemente, a Lei n.º

partidária, que não fora percebida no momento do julgamento do registro de candidatura (*Direito Eleitoral* ..., cit., p. 633). Com a devida vênia, essa possibilidade não é prevista no art. 262, CE, não se podendo ampliar o sentido da norma em prejuízo ao direito à elegibilidade. Ademais, considerando o exemplo apresentado, se a falsidade revelar a situação de candidato não escolhido em convenção partidária, trata-se, em verdade, de condição de elegibilidade que poderá, sim, ser objeto do RCED.

62. Cfr. decisão do TSE no AgR-REspe n.º 27-53, j. 19/12/2018, DJe de 14/2/2019 e o art. 262, § 1º, CE.

63. No tocante às inelegibilidades do art. 1º, II a VII, da LC n.º 64/1990 (incompatibilidades), a princípio, elas não podem ser objeto do RCED pois são situações que devem ser avaliadas no registro de candidatura, quando já encerrados os prazos de desincompatibilização. Todavia, essa solução vale apenas para a

13.877/2019 incluiu o § 2º ao art. 262, CE para trazer um conceito de inelegibilidade superveniente que contraria a jurisprudência do TSE, estabelecendo que "A inelegibilidade superveniente apta a viabilizar o recurso contra a expedição de diploma, decorrente de alterações fáticas ou jurídicas, deverá ocorrer até a data fixada para que os partidos políticos e as coligações apresentem os seus requerimentos de registros de candidatos."[64].

Na tentativa de dar alguma interpretação razoável a esse dispositivo, Flávio Cheim Jorge, Ludgero Liberato e Marcelo Abelha Rodrigues assinalam que, de acordo com a nova regra, "a inelegibilidade superveniente é aquela que surge entre a data do efetivo *protocolo* do registro de candidatura e o último dia do prazo para o protocolo deste"[65], de modo que a definição do que é inelegibilidade preexistente ou superveniente passa a depender do momento em que for protocolado o pedido de registro de candidatura perante a Justiça Eleitoral, que pode ocorrer após a publicação da ata da convenção partidária de escolha de candidatos, aquela que se verifica entre 20 de julho e 5 de agosto do ano da eleição (art. 8º, LE).

Argumentam os autores que essa nova regra teve por fim corrigir as distorções verificadas no suspeito andamento célere de processos judiciais em momentos próximos do registro de candidatura, para fins de incidência de inelegibilidade aos candidatos,

"desincompatibilização de direito", isto é, a verificação formal do afastamento do candidato da função, cargo ou emprego (cfr. AgR-AI n.º 260-89, j. 19/5/2015, DJe de 6/8/2015), sendo possível apontar no RCED a ausência superveniente de "desincompatibilização de fato", demonstrando que o candidato continuou a exercer na prática as funções que lhe eram vedadas (cfr. AgR-AI n.º 19-76, j. 5/12/2019, DJe de 14/2/2020).

64. Este § 2º foi vetado pelo Presidente da República, sob o argumento de que "a propositura legislativa, ao alterar as condições de elegibilidade e inelegibilidade pela Justiça Eleitoral gera insegurança jurídica para a atuação da Justiça Eleitoral", mas o veto foi rejeitado pelo Congresso Nacional, sendo promulgada a parte vetada em 13/12/2019. Assim, por ter entrado em vigor há menos de um ano da eleição de 2020, a disposição normativa não foi aplicada nas referidas eleições, considerando o princípio da anualidade previsto no art. 16 da CF/88.

65.. Curso de direito eleitoral ..., cit., p. 113.

bem assim que a mudança legislativa se mostrou positiva e trouxe maior segurança jurídica aos candidatos e partidos, evitando dispêndios de tempo e dinheiro desnecessários em caso de declaração superveniente da inelegibilidade; e ao eleitor, que saberá, desde o término do registro de candidatura, a situação de elegibilidade dos candidatos[66].

Em verdade, o que se verifica é que o legislador equiparou indevidamente os tradicionais conceitos jurídicos de preexistência e superveniência de causas legais de inelegibilidade, definindo, de forma contraditória e ilógica, que a inelegibilidade superveniente somente se configura se ocorrer até o marco temporal limite para imputação da inelegibilidade preexistente, isto é, o termo final do pedido de registro de candidatura[67]. Na prática, a regra inviabiliza o ajuizamento de RCED que aborde a situação de inelegibilidade infraconstitucional, já que toda inelegibilidade incidente até o final do prazo de apresentação do pedido de registro de candidatura deve ser impugnada através da AIRC, sob pena de preclusão.

Nesta senda, Rodrigo López Zilio e Edson de Resende Castro explicitam, com toda razão, que essa novel disposição normativa "apresenta graves patologias em sua juridicidade que comprometem em absoluto a sua aplicabilidade, tornando-a um dispositivo desprovido de conteúdo válido"[68]. Para estes autores, o espaço de conformação do legislador não lhe permite criar um ato normativo sem um sentido lógico adequado, sendo certo que, pela estrutura do sistema de aferição das condições de elegibilidade e

66. Cfr. Ibidem, pp. 112-114.

67. Cfr. COSTA FILHO, Ademar Aparecido. "Inelegibilidade superveniente e a nova redação do artigo 262 do Código Eleitoral", 2020. Disponível em: <https://www.jota.info/opiniao-e-analise/artigos/inelegibilidade-superveniente-e-a-nova-redacao-do- artigo-262-do-codigo-eleitoral-29012020>, acesso em: 19/4/2020.

68. Cfr. ZILIO, Rodrigo López; CASTRO, Edson de Resende. "A superveniência às avessas: uma nova modalidade de inelegibilidade? Lei nº 13.877/19 é maior retrocesso do Direito Eleitoral brasileiro desde que adotou-se controle jurisdicional". Disponível em: <https://www.jota.info/opiniao-e-analise/artigos/a-superveniencia-as-avessas-uma-nova-modalidade-de-inelegibilidade-27012020>, acesso em: 24/9/2021.

causas de inelegibilidade, na forma do § 10 do art. 11 da LE, as causas supervenientes são sempre aquelas que surgem depois do marco temporal do pedido de registro de candidatura. Ademais, concluem que o legislador agiu "com manifesta violação à proibição da proteção deficiente"[69] e "inequívoca violação ao princípio da vedação do retrocesso"[70], porquanto sempre se entendeu que o candidato deve manter a sua candidatura íntegra e sem impedimentos desde o pedido de registro e até, no mínimo, a data da eleição, em proteção aos valores catalogados no § 9º do art. 14 da Constituição Federal.

Registre-se, que, contra a referida disposição, entre outras da Lei n.º 13.877/2019, foi ajuizada a ADI n.º 6.297 pelo partido político PODEMOS, em 26/12/2019, sustentando-se a incompatibilidade da nova regra legal em face da previsão do art. 14, § 9º, CF/88. Competirá, portanto, ao STF definir a questão, sendo absolutamente razoáveis e consistentes os argumentos que defendem a inconstitucionalidade do disposto no § 2º do art. 262 do CE.

Assim, desconsiderada a inovação inconstitucional do § 2º do art. 262 do CE e mantido o entendimento exposto na Súmula n.º 47 do TSE, é certo dizer que se a inelegibilidade legal já existia antes do momento de pedido de registro de candidatura (preexistente) e não foi objeto de impugnação ou de apreciação de ofício pelo Juiz Eleitoral, não mais poderá acarretar o indeferimento do registro de candidatura[71]. Do mesmo modo, se essa inelegibilidade surgir depois da eleição, e igualmente não tiver sido apreciado no processo de registro de candidatura, o candidato eleito não sofrerá nenhuma consequência desfavorável na sua diplomação ou no exercício de seu mandato.

69. *Ibidem.*

70. *Ibidem.*

71. Cfr. decisões do TSE, no AgR-REspe n.º 178-73, j. 17/5/2018, DJE de 2/8/2018; e no AgR-REspe n.º 308-13, j. 30/5/2017, DJe de 30/6/2017. Saliente-se, inclusive, que "o perecimento, após da data da eleição, de medida liminar que suspendia os efeitos da inelegibilidade não pode ser considerado para fins de Recurso Contra a Expedição de Diploma" (TSE, AI n.º 30-37, j. 2/6/2015, DJe de 6/4/2017).

Advirta-se, contudo, que esse entendimento do TSE, de estabelecer a data da eleição como marco final para surgimento da inelegibilidade superveniente para fins de RCED, não está em consonância com a posição da mesma Corte Eleitoral que admite que o fato novo que enseja a superação do obstáculo à elegibilidade pode ocorrer até a data da diplomação, havendo, portanto, uma distinção injustificada de situações semelhantes.

No que toca às alterações que atraiam obstáculos à elegibilidade, a posição mais adequada seria permitir o seu aparecimento até a data da diplomação, seja para apreciação ainda no processo de registro de candidatura, seja para ajuizamento do RCED[72]. Primeiro porque, considerando que a fixação desse marco temporal se deu por deliberação jurisprudencial, deveria o TSE ter considerado que, no plano legal, o prazo estabelecido para o ajuizamento do RCED é de 3 (três) dias após a diplomação e não da eleição, o que já indica que o fato jurídico a ser objeto de paradigma temporal é, sem dúvidas, a diplomação dos eleitos.

Ademais, explica Rodrigo Tenório que o conceito de inelegibilidade (legal) superveniente deve ser obtido da interpretação sistemática das normas do ordenamento jurídico eleitoral, que preveem situações fáticas ou jurídicas posteriores à eleição que podem implicar na inexistência ou invalidação do ato de diplomação, tais como a não apresentação de contas de campanha (art. 29, § 2º, LE) e a procedência de representação com base no art. 30-A da LE ou de AIME, que apuram a arrecadação ou execução irregular de gastos de campanhas após a eleição. Assim, não há nenhum sentido ou justificativa plausível para tratamento diferenciado das situações atinentes à inelegibilidade constitucional ou ausência de condição de elegibilidade, que podem incidir posteriormente à eleição, com relação ao surgimento da inelegibilidade legal superveniente, que pode ocorrer apenas até a data da eleição[73].

72. Cfr. ZILIO, Rodrigo López. *Direito Eleitoral* ..., cit., p. 633-634.

73. Cfr. TENÓRIO, Rodrigo. "Inelegibilidades supervenientes e Recurso Contra Expedição de Diploma: um novo viés à luz da teoria do fato jurídico e do caráter sistêmico

Em acréscimo, considerando o precedente do TSE no já citado RO n.º 0600972-44, pss. de 5/12/2018, em que se valorou, no processo de registro de candidatura, um fato superveniente gerador de inelegibilidade legal configurada depois da eleição e antes da diplomação, percebe-se uma nítida incongruência com o teor da Súmula TSE n.º 47, manifestado pelo tratamento jurídico diverso para situações semelhantes, pois, de um lado, admite-se a imputação, no curso do processo de registro de candidatura, de um obstáculo ocorrido até a diplomação; mas, de outro, no RCED, limita-se a ocorrência do óbice superveniente até o dia da eleição.

Com relação às causas de inelegibilidade de natureza constitucional (art. 14, §§ 4º a 8º, CF/88) que também podem ser apreciadas no RCED, não sofrem elas nenhuma restrição temporal, podendo ser objeto de impugnação independentemente do momento de seu surgimento. Mesmo se preexistentes ao registro de candidatura[74], mas desde que não debatidas em AIRC ou no processo de registro, ou se surgidas após as eleições (mas antes da diplomação), as causas de inelegibilidade constitucionais podem ser apontadas no RCED.

De igual forma se sucede com as condições de elegibilidade, uma vez que o Código Eleitoral estabeleceu o mesmo regime de tratamento para sua apreciação pela Justiça Eleitoral àquele manejado às inelegibilidades constitucionais, até porque é certo que a maior parte das condições de elegibilidade têm origem imediata na própria Constituição Federal (art. 14, § 3º), outorgando-se à lei ordinária apenas o encargo de sua regulamentação[75]. Assim, nas situações de inelegibilidade constitucional ou de ausência de condição de elegibilidade, não há dúvidas que o limite temporal

---

do direito", 2014. Disponível em: <http://www.rodrigotenorio.com.br/2014/12/inelegibilidades-supervenientes-e.html>, acesso em: 20/4/2020.

74. Cfr. decisão do TSE no REspe n.º 142-42, j. 7/5/2019, DJe de 12/8/2019.

75. Cfr. GOMES, José Jairo. *Direito Eleitoral* ..., cit., pp. 224 e 919-920.

para ocorrência do fato impeditivo, para fins de ajuizamento do RCED, é a própria data da diplomação[76].

A decisão procedente do RCED cassa o diploma do eleito, mas não constitui uma causa de inelegibilidade específica. A inelegibilidade pode ser um dos fundamentos para deferimento da pretensão, mas ela deve vir previamente demonstrada, assim como a ausência de condição de elegibilidade. E, por fim, diferentemente do que ocorre nas outras demandas eleitorais que redundam em cassação de diploma ou mandato, a decisão proferida no RCED somente produz efeitos a partir do seu trânsito em julgado (art. 216, CE)[77], isto é, quando pronunciada a última deliberação emitida no âmbito da Justiça Eleitoral[78].

5.4.1 Alterações supervenientes ao RCED em benefício do candidato

Já foi anotado que, em regra, a alteração fática ou jurídica que demonstre a superação da ausência de condição de elegibilidade ou o afastamento de inelegibilidade devem se manifestar até a diplomação, data que é considerada pelo TSE como limite de surgimento do fato novo para beneficiar o candidato e possibilitar o deferimento de seu registro de candidatura.

No entanto, é preciso ponderar que, se houver o ajuizamento de RCED contra o eleito, essa data já terá sido ultrapassada, uma vez que o prazo de impugnação da elegibilidade por esse tipo de ação é de 3 (três) dias após a diplomação. Nesse caso, o candidato diplomado poderá ainda demonstrar, no curso do processamento

76. Cfr. decisão do TSE no AgR-AI n.º 704-47, j. 21/2/2019, DJe de 18/3/2019: "A condenação criminal transitada em julgado após o pleito e antes da diplomação pode embasar recurso contra expedição de diploma [...]".

77. Nos casos de aplicação da pena de cassação de registro, diploma ou mandato, nas representações ajuizadas com base nos arts. 30-A, 41-A e 73 ss., LE, ou através de AIJE ou AIME, o afastamento do candidato do cargo ocorre após o julgamento do recurso ordinário interposto perante o Tribunal competente (art. 257, § 2º, CE).

78. Cfr. decisão do TSE no ED-AgR-AI n.º 704-47, j. 11/4/2019, DJe de 29/5/2019.

do RCED, eventual fato superveniente que o beneficie e impeça a cassação do diploma conquistado na eleição?

Antes de responder à indagação, é preciso atentar que, com relação à inelegibilidade legal superveniente como causa de pedir do RCED, o dia da eleição é o marco limite para o seu surgimento. Se o candidato, no dia do pleito, estava inelegível em razão da incidência de inelegibilidade superveniente, será possível o ajuizamento posterior do RCED caso ele seja eleito. Todavia, considerando que se permite o afastamento do obstáculo à elegibilidade até a diplomação, também há de se admitir, no julgamento do RCED, a eventual alteração que tenha ocorrido até essa mesma data em benefício do eleito, doravante réu no RCED.

Com efeito, imagine-se que o candidato, no momento do registro de candidatura, tinha em seu favor decisão judicial que suspendia a condenação do Tribunal de Contas por rejeição de contas públicas, impedindo o surgimento da inelegibilidade do art. 1º, I, "g", da LC n.º 64/1990. Posteriormente, depois do prazo para ajuizamento da AIRC, essa decisão judicial veio a ser cassada, situação que se manteve até o dia da eleição, configurando a inelegibilidade superveniente. O fato não foi apreciado durante a fase de registro de candidatura e o candidato foi eleito, passando a ser um alvo potencial de um futuro RCED, porém, logo após a eleição e antes da diplomação, ele obteve um novo provimento judicial que, mais uma vez, suspendeu a decisão da Corte de Contas, situação que não foi mais alterada. Foi então ajuizado o RCED, desconhecendo o impugnante essa última decisão que afastara o obstáculo à elegibilidade. Nessa hipótese, é de se reconhecer que a situação do candidato eleito, na época da diplomação, era elegível, sendo de rigor o julgamento improcedente do RCED.

Voltando, agora, ao questionamento inicial, a resposta que se apresenta é, a princípio, negativa. A situação fática ou jurídica que estiver configurada na data da diplomação é que valerá para o resultado do julgamento do RCED, sendo irrelevante a alteração que ocorrer posteriormente, mesmo que venha beneficiar o candidato. É necessário que haja um marco temporal em que se estabilizam as relações jurídicas decorrentes da eleição, especialmente em torno da definição da elegibilidade, sendo a diplomação o marco limite para aferição do não atendimento aos pressupostos da elegibilidade.

Entretanto, há precedente do TSE admitindo que um fato posterior ao ajuizamento do RCED pode ser levado em consideração. É o que ocorreu no julgamento do REspe n.º 10-19, j. 1º/3/2016, DJe de 23/5/2016, em que se examinou RCED proposto com base em inelegibilidade superveniente referente à rejeição de contas do gestor público (alínea "g" do art. 1º, I, da LC n.º 64/1990), mas que, em razão de ter havido, posteriormente, o "provimento do recurso de revisão pelo TCM/CE, aprovando as contas do candidato", o RCED foi julgado improcedente[79].

De um lado, como dito, é necessário que se estabilize a demanda judicial para resolver em definitivo a elegibilidade dos cidadãos, mas, de outro, deve-se reconhecer a complexidade de se restringir a elegibilidade em razão, *v. g.*, de um ato ou fato jurídico que indicava a inelegibilidade no dia da diplomação, mas que depois veio a ser invalidado por decisão judicial ou revisto pelo próprio órgão que o produziu. Mostra-se relevante, portanto, discutir se pode ou não a Justiça Eleitoral cassar mandato em razão de uma situação de inelegibilidade no dia da diplomação que, depois, deixou de existir quando do julgamento do RCED.

Ademais, se com relação aos demais meios de impugnações durante o processo de registro de candidatura, o candidato ainda tem condições de tentar alterar o quadro fático e jurídico até a diplomação, no caso do RCED, que é proposto após a diplomação, não há essa possibilidade. O representado fica, então, sujeito a se defender de uma alegação de ausência de condição de elegibilidade ou de incidência de inelegibilidade que se estabilizou no dia

79. No julgado, assentou o TSE que a CF/88 prestigia o direito à elegibilidade e que "desconsiderar uma decisão de mérito do TCM aprovando as contas, além de configurar grave violação à soberania popular, traduzida nos votos obtidos pelos candidatos eleitos e plenamente elegíveis na ocasião do julgamento do RCED na origem, revelaria uma decisão socialmente inexplicável, pois a Justiça Eleitoral retiraria do regular exercício do mandato cidadãos que não têm contra si nenhuma causa de inelegibilidade".

da diplomação e que, mesmo em caso de alteração provisória ou definitiva desse estado jurídico, nada mais poderá ser decidido em seu favor pela Justiça Eleitoral.

É preciso, portanto, no âmbito específico de julgamento do RCED, aceitar a inviabilidade de se estabelecer um marco temporal definitivo para resolução de todas as questões atinentes ao cumprimento dos pressupostos gerais da elegibilidade. Apenas de forma prefacial é que se pode adotar uma data (que é a diplomação) como regra geral a ser observada, sem prejuízo de o fato sob análise indicar, em razão de suas peculiaridades, uma solução distinta. Deve-se, ainda, ter o cuidado de não se propagar um casuísmo sem sentido, mas sim criar uma jurisprudência com parâmetros adequados para justificar decisões que divirjam da regra geral de ser a diplomação o marco final para afastamento do óbice à elegibilidade.

Um dos parâmetros razoáveis é verificar se a alteração fática ou jurídica que afaste a inelegibilidade ou demonstre o cumprimento da condição de elegibilidade está consolidada em definitivo ou se trata apenas de uma solução temporária e precária.

Na primeira situação, se o obstáculo realmente deixou de existir, notadamente por se reconhecer a sua invalidade, torna-se justificada a decisão de improcedência do RCED. É o que se verificou no mencionado REspe n.º 10-19, em que havia uma condenação de rejeição de contas do candidato que fora, posteriormente, revista pelo próprio Tribunal de Contas prolator da decisão. A inelegibilidade foi extinta em definitivo, mostrando-se injusto impor a perda do mandado ao eleito, em que pese sua situação era de inelegível à época da diplomação.

Por outro lado, não se pode aceitar, ao menos para fins de julgamento do RCED, as modificações da situação do candidato que decorrem de decisões judiciais ainda provisórias, que apenas suspendem os efeitos do ato jurídico que ensejou a causa de inelegibilidade. Isso porque a provisoriedade da decisão não confere a necessária garantia da estabilidade para que a Justiça Eleitoral possa, com convicção, entender superado o obstáculo então presente na época da diplomação. Além disso, a depender do momento em que for iniciado e concluído o julgamento do RCED, pode haver uma indesejável e interminável utilização de manobras jurídicas para alterar a situação da elegibilidade do eleito, o que francamente militaria contra o prestígio que ostenta a Justiça Eleitoral perante a sociedade. Enfim, caso constatada a provisoriedade do ato jurídico que reativou a elegibilidade, deverá valer a situação de não elegibilidade que existia na época da diplomação[80].

5.5 APRECIAÇÃO PELA JUSTIÇA ELEITORAL DOS ATOS QUE ENSEJAM O DESCUMPRIMENTO DAS CONDIÇÕES DE ELEGIBILIDADE OU A INCIDÊNCIA DE INELEGIBILIDADE

Para verificação do não atendimento das condições de elegibilidade ou da incidência de inelegibilidade, o Juiz Eleitoral com atribuição para julgar os requerimentos de registro de candidatura precisa apreciar e valorar atos ou fatos jurídicos que configuram o suporte fático dos pressupostos gerais da elegibilidade, tais como as decisões de outros órgãos jurisdicionais, administrativos e políticos que podem indicar a existência de causas de inelegibilidade, notadamente das previstas no art. 1º, I, da LC n.º 64/1990.

Em geral, a apreciação pela Justiça Eleitoral é de natureza simples, apenas para constatar a presença dos requisitos de *existência* e *eficácia* do fato jurídico que revele o descumprimento da condição de elegibilidade ou a ocorrência da inelegibilidade[81].

---

80. Também não se pode admitir que o mero exaurimento do prazo da inelegibilidade ou da situação de ausência de condição de elegibilidade (v. g., o término do período de suspensão dos direitos políticos) após a diplomação possam ser considerados motivos para o indeferimento do RCED. Em tais situações, deve valer a situação jurídica existente quando da diplomação, de modo a ser cassado o diploma do candidato.

81. Ensina Marcos Bernardes de Mello que a "*vida* dos fatos jurídicos" (*Teoria do fato jurídico ...*, cit., p. 134, grifos do autor) se desenvolve em "três planos, o da existência, o da validade, e o da eficácia." (*Ibidem*, p. 134). Quanto à existência, basta "saber se o suporte fáctico se compôs, dando ensejo à incidência" (*Ibidem*, p. 134); com relação à validade, "o direito fará a triagem entre o que é perfeito (que não tem qualquer vício invalidante) e o que está eivado de defeito invalidante" (*Ibidem*, p.

Por exemplo, havendo decisão da Justiça Federal que declare a perda da nacionalidade do brasileiro por atividade nociva ao interesse nacional, cabe ao Juiz Eleitoral apenas confirmar a sua ocorrência e a ausência de causa suspensiva da produção dos seus efeitos para, então, não autorizar o registro de candidatura pelo descumprimento da condição de elegibilidade. De igual modo, se houver condenação por crime previsto na alínea "e" do art. 1º, I, da LC n.º 64/1990, com decisão proferida por órgão colegiado ou com o trânsito em julgado, o Juiz Eleitoral apenas declarará o reconhecimento da causa de inelegibilidade e indeferirá o pedido de registro.

A princípio, não se cogita a possibilidade de o Juiz responsável pelo processamento do pedido de registro de candidatura analisar a *validade* do ato jurídico que desencadeou o óbice à candidatura. Primeiro, porque esse magistrado não tem a competência jurisdicional, administrativa ou política para rever ou reformar a decisão objeto de análise. E, segundo, porque, normalmente, a avaliação sobre a ausência de validade do ato jurídico paradigma enseja discussões aprofundadas sobre questões que não são objeto do processo de registro de candidatura, o que pode atrasar, indevidamente, a resolução da demanda eleitoral.

Além dos aspectos apontados, há situações, sobretudo em certas causas de inelegibilidade, que demandam uma maior atenção e cuidado do Juiz Eleitoral, porque será necessário interpretar a decisão que potencialmente impede a elegibilidade para dela obter os elementos que tipificam a específica causa de inelegibilidade suscitada. Essa atividade de valoração deve ser pautada por diretrizes e orientações para evitar uma incursão exagerada e indevida do Juiz Eleitoral no conteúdo do ato ensejador da inelegibilidade.

Nesse sentido, como regra geral, não compete à Justiça Eleitoral apreciar a correção da decisão que enseja, em tese, o

135); por fim, "o plano da eficácia é a parte do mundo jurídico onde os fatos jurídicos produzem seus efeitos, criando as situações jurídicas, as relações jurídicas, com todo o seu conteúdo eficacial representado pelos direitos ↔ deveres, pretensões ↔ obrigações, ações e exceções, ou os extinguindo" (*Ibidem*, pp. 136-137).

descumprimento dos pressupostos de elegibilidade. Essa orientação foi consagrada nas Súmulas n.os 41, 51 e 52 do TSE[82] e demonstra a necessidade de autocontenção do Juiz Eleitoral para não se tornar uma instância revisora, independentemente de se concordar com o teor do ato decisório que gerou a restrição à elegibilidade[83].

Outrossim, considerando que a inelegibilidade do art. 22, XIV, da LC n.º 64/1990 é uma sanção de natureza pessoal, não se comunicando entre os candidatos da chapa majoritária, é preciso que a Justiça Eleitoral observe, ao julgar o registro de candidatura em que se aponta o impedimento do candidato por condenação em AIJE referente à disputa por cargo majoritário, se foi ele, realmente, a pessoa punida na sanção de inelegibilidade ou o seu parceiro de chapa. Por identidade de razões, nos casos de imputação da inelegibilidade da alínea "j", do art. 1º, I, da LC n.º 64/1990 e, com relação às alíneas "d" e "h", quando geradas por condenações em ações diversas da AIJE (AIME, ação popular etc.), caberá ao

---

82. Súmulas do TSE n.º 41: "Não cabe à Justiça Eleitoral decidir sobre o acerto ou desacerto das decisões proferidas por outros Órgãos do Judiciário ou dos Tribunais de Contas que configurem causa de inelegibilidade"; n.º 51: "O processo de registro de candidatura não é o meio adequado para se afastarem os eventuais vícios apurados no processo de prestação de contas de campanha ou partidárias"; e n.º 52: "Em registro de candidatura, não cabe examinar o acerto ou desacerto da decisão que examinou, em processo específico, a filiação partidária do eleitor".

83. Nicolao Dino, abordando sobre a inelegibilidade do art. 1º, I, "l", da LC n.º 64/1990, explica: "Não cabe à Justiça Eleitoral, no momento da apreciação do pedido de registro de candidatura, revalorar os fundamentos da condenação por improbidade administrativa na Justiça Comum, para, a seu talante, afastar o dolo ou os demais fundamentos da decisão judicial. Dito de outra forma, a Justiça Eleitoral não pode reputar inexistente o dolo na improbidade, quando a condenação na instância judicial comum houver afirmado sua ocorrência, ou vice-versa. Isso implicaria intromissão na competência de outro órgão jurisdicional, transformando-se indevidamente a Justiça Eleitoral em instância revisional dos julgados proferidos pela Justiça Comum, Federal ou Estadual." ("A inelegibilidade como efeito da condenação por ato de improbidade ..." ..., cit., p. 118). Outrossim, com relação à inelegibilidade por condenação criminal (art. 1º, I, "e", da LC n.º 64/1990), importante citar a Súmula n.º 58 do TSE, pela qual "Não compete à Justiça Eleitoral, em processo de registro de candidatura, verificar a prescrição da pretensão punitiva ou executória do candidato e declarar a extinção da pena imposta pela Justiça Comum", porquanto estaria se imiscuindo em função jurisdicional que não lhe pertence.

Juiz Eleitoral analisar detidamente a decisão condenatória que gerou o impedimento para verificar quem foi o causador do ato ilícito indicado no ato condenatório, que será o único a sofrer a incidência de inelegibilidade[84].

O processo de registro de candidatura também não é o espaço adequado para discussão e valoração de condutas que podem configurar, em tese, uma causa de inelegibilidade. O impugnante do registro de candidatura deve, desde a petição inicial, demonstrar a existência concreta e prévia do vício alegado, devidamente configurado e em plena eficácia, não se podendo apreciar a suposta ocorrência do abuso de poder no âmbito do processo judicial de registro, cujo objeto de análise se restringe à verificação do atendimento aos pressupostos materiais e formais da elegibilidade para fins de deferimento ou não da candidatura.

De outro vértice, também há diretrizes no tocante à atividade de extração dos elementos informadores da causa de inelegibilidade. Para tanto, é preciso levar em consideração que a decisão (judicial, administrativa ou política) que enseja, reflexamente, uma das causas de inelegibilidade do art. 1º, I, da LC n.º 64/1990 não foi proferida tendo por objeto imediato essa finalidade específica. Ou seja, não há, nesses casos, condenação em inelegibilidade, de modo que os dados necessários para configuração da causa do impedimento não serão encontrados na parte dispositiva da decisão, mas em razão de sua própria existência como fato jurídico.

A título de ilustração, a decisão do Tribunal de Contas que aprecia as contas do gestor público tem por foco verificar a regularidade do gerenciamento das receitas e despesas públicas e, eventualmente, punir os maus gestores em multas ou na determinação de devolução de valores ao erário. Não pronuncia a Corte

84. Cfr. ZILIO, Rodrigo López. *Direito Eleitoral* ..., cit., p. 250; e a decisão do TSE, no REspe n.º 186-27, j. 30/5/2017, DJe de 24/8/2017, em que se apontou que "Não incide a inelegibilidade do art. 1º, inciso I, alíneas *d* e *j* da LC 64/90 se o candidato teve o seu mandato cassado apenas por força da unicidade e da indivisibilidade da chapa, especialmente quando o acórdão condenatório assenta a falta de provas de sua participação ou anuência com a prática dos ilícitos impugnados".

de Contas, por si só, a inelegibilidade prevista na alínea "g" do art. 1º, I, da LC n.º 64/1990, que constitui apenas um efeito acessório da aludida decisão, a incidir apenas para quem vier a se tornar candidato e desde que sejam reunidos os demais requisitos exigidos para essa hipótese de inelegibilidade.

O que compete ao Juiz Eleitoral é a extração dos elementos configuradores do específico obstáculo à elegibilidade a partir do fato jurídico imputado como suporte da inelegibilidade ou do descumprimento da condição de elegibilidade. Cabe-lhe examinar, *v. g.*, se os pressupostos objetivos para incidência da inelegibilidade da alínea "l" do art. 1º, I, da LC n.º 64/1990, especialmente o "ato doloso de improbidade administrativa que importe lesão ao patrimônio público e enriquecimento ilícito" estão evidenciados na decisão judicial de referência, principalmente na fundamentação adotada para a condenação do indivíduo[85]. Nessa condição e desde que respeitado o conteúdo da decisão paradigma, há plena liberdade ao Juiz Eleitoral para análise e verificação dos elementos demonstradores do impedimento à elegibilidade[86].

Não obstante as orientações anotadas, em certas situações, pode e deve o julgador ser mais proativo, apreciando outras circunstâncias além dos aspectos concernentes à existência, eficácia

---

85. Sobre o exemplo, vale citar a precisa lição de Nicolao Dino: "Muito embora seja defeso à Justiça Eleitoral realizar nova qualificação jurídica dos fatos que, nos termos da instância comum, caracterizam improbidade administrativa, o órgão da Justiça Especializada, ao apreciar a arguição de inelegibilidade, pode extrair da decisão da Justiça Comum os elementos *enriquecimento ilícito* ou *dano ao erário*, a partir da fundamentação da decisão condenatória, ainda que nenhum desses tenha figurado expressamente no dispositivo, ou mesmo que não tenham sido aplicados os consectários legais correspondentes a uma ou outra hipótese". ("A inelegibilidade como efeito da condenação por ato de improbidade ..." ..., cit., pp. 118-119, grifos do autor).

86. André Garcia Xerez Silva, inclusive, cita a decisão do TSE, no REspe n.º 205-33, j. 27/8/2013, DJe de 25/9/2013, em que se considerou, para afastar a inelegibilidade da alínea "g" do art. 1º, I, da LC n.º 64/1990, além da decisão do Tribunal de Contas que rejeitou as contas do gestor público, uma decisão da Justiça Comum que entendeu não configurada a prática de ato de improbidade administrativa referente aos mesmos fatos (*Tribunais de contas e inelegibilidade:* limites da jurisdição eleitoral. Rio de Janeiro: Lumen Juris, 2015, pp. 143-145).

e conteúdo do ato decisório, para avançar na análise de sua *validade*, especialmente em casos de fraudes evidentes que maculam a própria Justiça Eleitoral. É o que se verifica com relativa frequência na prolação de decisões judiciais provisórias que alteram o *status* do candidato para elegível ou inelegível, proferidas nos limites dos marcos temporais permitidos para alteração superveniente ao registro de candidatura e que se revelam como resultado de práticas fraudulentas, não podendo merecer o acatamento da Justiça Eleitoral.

Também são exemplos indicativos de possíveis fraudes a comprovação de negociação de vantagem financeira para prolação do comando judicial ou, mesmo, a obtenção da suspensão da inelegibilidade por decisão de Juiz absolutamente incompetente[87]. Uma outra situação fraudulenta, inclusive reconhecida con-

87. Essa última situação ocorreu no julgamento pelo TSE, do REspe n.º 144-92, j. 19/12/2017, DJe de 15/3/2018. No caso, o TRE da Bahia manteve o indeferimento do registro de candidato a Prefeito na eleição de 2016, mesmo havendo decisão da Justiça Comum proferida na data da diplomação (19/12/2016) que suspendia a inelegibilidade da alínea "g" do art. 1º, I, da LC n.º 64/1990, por considerar que a decisão fora obtida em flagrante violação da competência jurisdicional, porquanto a mesma pretensão havia sido requerida – e indeferida – em outro processo judicial. No âmbito do TSE, o Min. Rel. ADMAR GONZAGA, em razão da manobra fraudulenta, votou pelo desprovimento do REspe e consequente indeferimento do registro, aduzindo: "Vislumbro, portanto, flagrante fraude, diante da má-fé por parte do recorrente, que, mesmo após ter seu pleito indeferido pelo Juízo da 5ª Vara da Fazenda Pública da Comarca de Salvador/BA, ajuizou nova ação, de igual teor, perante o Sistema dos Juizados Especiais da Fazenda Pública, induzindo o juízo a erro, por não mencionar a existência da ação anterior e omitir, consequentemente, a incidência de litispendência e de ofensa ao princípio do juiz natural. Houve, por conseguinte, notório propósito do candidato de burlar a aplicação do entendimento jurisprudencial desta Corte – no sentido de que fato superveniente ao último dia do prazo final para a diplomação dos eleitos não tem o condão de modificar a situação consolidada até essa data -, a fim de se beneficiar. Em face desse contexto, deve-se considerar insubsistente, para fins de afastamento da causa de inelegibilidade da alínea g, a liminar que suspendeu os efeitos dos decretos legislativos referentes à rejeição de contas do recorrente, diante de sua cassação em 26.12.2016 e ainda que após o prazo final para a diplomação dos eleitos". Todavia, o TSE, por maioria, deu provimento ao recurso, aduzindo não ser relevante a posterior cassação do fato surgido na data-limite para a diplomação, dada a "impossibilidade de perquirição de eventual má-fé processual na obtenção do provimento suspensivo da inelegibilidade, sob pena de relativização das Súmulas n.ºs 24 e 41 do TSE".

cretamente pelo TSE, consistiu na atuação em conluio do então Prefeito e da Vice-Prefeita, os quais simularam a existência de doença do primeiro para que a vice-Prefeita assumisse o cargo por determinado período, de forma que, em razão disso, fosse configurada a inelegibilidade reflexa (art. 14, § 7º, CF/88) dos parentes da Vice-Prefeita (pai e irmão), seus adversários políticos, impedindo-os de disputar a eleição seguinte[88]. O TSE, corretamente, não aceitou que uma conduta fraudulenta dessa espécie pudesse gerar a inelegibilidade dos candidatos impugnados, avançando, assim, para além da mera análise fria dos fatos e punindo quem agiu de má-fé e tentou obter vantagem mediante atos espúrios.

Nesses casos excepcionais, portanto, em que se verificar a atuação dolosa e ilícita daquele que se utilizou indevidamente de instrumentos escusos apenas para viabilizar, temporariamente, uma situação de elegibilidade ou inelegibilidade na data-limite permitida, a Justiça Eleitoral, embora impedida de apreciar o acerto ou desacerto da decisão, não deve cegar-se às fraudes praticadas e beneficiar quem agiu em detrimento da lei, em prejuízo dos demais candidatos que seguiram fielmente as diretrizes normativas relativas à elegibilidade.

5.6 CANDIDATOS INELEGÍVEIS OU NÃO REGISTRADOS: NULIDADE E APROVEITAMENTO DOS VOTOS, NOVAS ELEIÇÕES E INDIVISIBILIDADE DA CHAPA MAJORITÁRIA

O cidadão que pretende receber votos, ao apresentar o seu pedido de registro de candidatura, já passa a ser tratado como candidato pela lei eleitoral e pode exercer diversos atos em prol de sua campanha eleitoral, como receber recursos financeiros, efetuar despesas, realizar a propaganda eleitoral, entre outros. Pode até o candidato, excepcionalmente, vir a receber votos mesmo sem o julgamento de seu pedido de registro de candidatura.

88. Cfr. REspe n.º 0600186-74 e REspe n.º 0600187-59, julgados em conjunto em sessão de 10/12/2020.

Na altura da eleição, o ideal é que todos os processos de registro de candidatura estejam julgados definitivamente, permitindo a necessária segurança jurídica aos eleitores e candidatos sobre aqueles que realmente podem ser votados na eleição. Sucede que a realidade da prática forense demonstra que pode ocorrer, em alguns casos, de o pedido de registro se encontrar julgado, no dia da eleição, apenas na instância originária da Justiça Eleitoral ou, mesmo se apreciado em fase de recurso, ainda pendente de manifestação final do TSE.

Nestas situações, o candidato, mesmo sem o registro definitivo, receberá votos dos eleitores na urna eletrônica, sendo necessário, portanto, discernir sobre a validade desses votos, o que dependerá do julgamento futuro de seu pedido de registro de candidatura.

Sobre o tema, o § 3º do art. 175, CE e o *caput* do art. 16-A, LE, analisados em conjunto, estabelecem, a princípio, a nulidade dos votos atribuídos individualmente aos candidatos inelegíveis ou sem registro deferido, impedindo que eles possam ser beneficiados do recebimento de votos dos eleitores. Todavia, as disposições normativas ressalvam a situação do candidato que esteja *sub judice* no momento da eleição, ou seja, com o pedido de registro indeferido por decisão ainda não definitiva, cuja validade dos votos recebidos fica condicionada ao deferimento definitivo de seu registro de candidatura.

É preciso, então, observar e compreender a situação do candidato e o conteúdo da decisão judicial vigente na data da eleição: (i) candidato com pedido de registro *deferido* (ou ainda sem julgamento[89]): seus votos serão contados regularmente e, se eleito, será diplomado e considerado apto para exercer o mandato eletivo,

89. Essa possibilidade está normatizada pelo TSE, que equiparou as situações dos candidatos com registro deferido e daqueles ainda sem julgamento do registro de candidatura na data eleição, inclusive com a previsão de cômputo dos votos recebidos pelo candidato, conforme dispõem, *v. g.*, os arts. 16, III, e 20, III, da Resolução TSE n.º 23.677/2021, que disciplina, entre outros assuntos, a destinação dos votos nas eleições gerais e municipais.

que, todavia, poderá ser cassado posteriormente, caso reformada a decisão que lhe concedeu o registro de candidatura; (ii) candidato com pedido de registro *indeferido*: os votos serão contados em separado e, até que ocorra, se for o caso, a reversão da decisão, o candidato não poderá ser diplomado nem tomar posse no cargo eletivo[90].

Já o § 4º do art. 175, CE e o parágrafo único do 16-A, LE estabelecem regras sobre o aproveitamento, para os partidos políticos, dos votos dados a candidatos nas eleições do sistema proporcional que, ao final, tenham o pedido de registro de candidatura indeferido. Em tais situações, os candidatos não terão nenhum benefício individual com a votação, mas será possível que os partidos a eles vinculados, que também são votados no sistema proporcional, não sofram consequência negativa na validade dos votos recebidos pelo candidato[91].

Assim, permite a lei, excepcionalmente, o cômputo ao partido dos votos recebidos por candidato inelegível ou que, por outro motivo, tenha seu registro de candidatura indeferido, desde que, no momento da eleição, a situação do pedido de registro era de deferimento. Nessa circunstância, ele concorreu validamente no pleito eleitoral e, embora tenha sido revertida a decisão inicial de deferimento do registro, os votos que lhe foram atribuídos serão contados em prol de seu partido. Apenas não haverá esse aproveitamento de votos na hipótese de o candidato estar com o pedido de registro indeferido no momento da eleição e, posteriormente, for confirmada essa situação pelo Tribunal.

Na Resolução n.º 23.611/2019 (art. 196 ss.), que disciplinou os atos gerais do processo eleitoral das eleições de 2020, o TSE inovou na regulamentação da matéria, estabelecendo, desta feita, a nulidade – e o não aproveitamento aos partidos políticos – dos votos recebidos por candidato que, após a eleição, tenha o seu

90. Cfr. GOMES, José Jairo. *Direito Eleitoral* ..., cit., pp. 706-709.

91. Antes da EC n.º 97/2017, que extinguiu as coligações nas eleições proporcionais a partir das eleições de 2020, o aproveitamento dos votos poderia ser dirigido às coligações.

registro cassado por decisão judicial em ação autônoma[92]. Ou seja, nesta situação de prática de ato ilícito eleitoral e posterior cassação do registro de candidatura, e mesmo que a situação à época da eleição fosse de deferimento do registro, os votos dados a esse candidato não poderão ser aproveitados por sua agremiação política. No julgamento do RO n.º 0603900-65 (j. 4/3/2021, DJe de 26/3/2021), o TSE confirmou a validade dessa regra e, inclusive, a aplicou retroativamente a fato relacionado à eleição de 2018, demonstrando, claramente, que o § 4º do art. 175, CE, não prevalece nas situações de prática, em eleição proporcional, de fraude, abuso, coação e outros atos atentatórios à liberdade do voto, conforme disposto nos arts. 222 e 237 do Código Eleitoral.

De outro lado, no caso de candidatos que disputam a eleição majoritária, especialmente aquela destinada aos cargos da chefia do Poder Executivo, o art. 91 do CE determina que o registro de candidatura será feito em "chapa única e indivisível", de modo que, caso algum dos seus integrantes seja considerado inelegível ou tenha seu registro indeferido ou cassado, a nulidade dos votos contaminará toda a chapa e pode ser determinada a realização de novas eleições, na forma do art. 224 do Código Eleitoral[93].

Não obstante, o TSE vem flexibilizando o princípio da indivisibilidade da chapa majoritária, entendendo ser prescindível a anulação das eleições e a realização de pleito suplementar quando se mostrarem presentes circunstâncias que demonstrem a boa-fé dos candidatos e, principalmente, que não houve a prática de atos visando a inserção de candidato sabidamente inelegível, devendo-se, sempre que possível, valorizar a livre manifestação popular

92. Essa disciplina normativa foi mantida na Resolução TSE n.º 23.677/2021 (art. 20 ss.).

93. A eleição suplementar ocorrerá se forem atendidos os requisitos do *caput* ou do § 3º do art. 224, CE, devendo ser observada a decisão do STF na ADI n.º 5.525, j. 8/3/2018, DJe 29/11/2019, em que se julgou inconstitucional a locução "após o trânsito em julgado" contida no § 3º do art. 224, CE (cfr. TSE, ED-REspe n.º 139-25, pss. de 28/11/2016) e se procedeu a uma interpretação conforme à Constituição com relação ao § 4º, para afastar de sua incidência os casos de vacância dos cargos de Presidente, Vice-Presidente da República e de Senador da República.

expressada através do voto. A título de parâmetros para aplicação dessa tese, podem ser citadas as seguintes circunstâncias fáticas que devem estar configuradas: (a) o indeferimento do registro de candidatura ocorreu em segunda instância e/ou em momento próximo ao pleito eleitoral; (b) a chapa inicialmente se encontrava com o registro deferido no prazo fatal para substituição de candidatos; e (c) o registro indeferido se refere ao candidato a vice, que exerce um papel de subordinação em relação ao titular (art. 77, § 1º, CF/88)[94].

94. Nesse sentido, vejam-se as decisões do TSE no ED-AgR-REspe n.º 83-53, j. 26/6/2018, DJe de 14/9/2018; no AgR-REspe n.º 93-09, j. 13/6/2019, DJe de 16/8/2019; e no REspe n.º 0601619-93, pss. de 16/10/2018.

6

CONCLUSÕES

São informadas a seguir as conclusões sobre os temais relevantes e centrais da teoria da elegibilidade, no escopo de fornecer uma síntese das principais ideias apresentadas no livro:

1) O estudo da elegibilidade e da inelegibilidade no Direito Eleitoral brasileiro constitui assunto de alta complexidade e relevância, seja em virtude da sua detalhada normatização na Constituição Federal e nas leis infraconstitucionais, seja pela variada e densa produção doutrinária e jurisprudencial sobre a aplicação dos institutos jurídicos que lhes são relacionados, fundamentais para a preservação do regime democrático. Entre as construções teóricas que estudam de forma sistematizada o direito de ser votado e as causas que limitam a capacidade eleitoral passiva, especialmente a inelegibilidade, defende-se a correção da teoria clássica da elegibilidade em seus aspectos essenciais, sem prejuízo de se reconhecer, considerando o ordenamento jurídico vigente, certos equívocos conceituais dessa posição doutrinária e de se apontar possíveis rumos para aperfeiçoamento.

2) O regime ou sistema democrático de governo está presente na maioria dos Estados civilizados, inclusive no Brasil, e possui como características essenciais, em maior ou menor escala: (i) a previsão de eleições periódicas para escolha dos ocupantes dos cargos de representação política; (ii) o reconhecimento e a valorização dos direitos fundamentais dos cidadãos, neles incluídos os direitos políticos; (iii) a existência de um ordenamento jurídico fundado no interesse público e nos princípios da liberdade, legalidade e igualdade, entre outros; e (iv) a atuação harmônica e interdependente entre os Poderes do Estado. Não existe democracia sem a consagração do princípio reitor da soberania popular, pelo qual se impõe o direito de autogoverno do povo e do qual decorrem os direitos políticos, que possibilitam o exercício da cidadania e dos instrumentos para viabilizar a escolha dos ocupantes de cargos eletivos e para permitir aos cidadãos se lançarem na disputa pelos postos de representação estatal.

3) De modo amplo, os direitos políticos abrangem as prerrogativas atribuídas ao cidadão para participar das atividades do Estado. Todavia, é em sentido restrito que os direitos políticos são tratados na CF/88, englobando o direito de votar (em eleições, plebiscitos, referendos e consultas populares), o direito de ser votado e a iniciativa popular legislativa. Em conceito técnico, o sufrágio equivale aos direitos de votar e de ser votado, assumindo as seguintes características: (i) universalidade dos titulares do direito, admitindo-se apenas restrições de ordem geral e justificadas pelos valores expressos na CF/88; (ii) votação direta, como regra, em que se escolhe o candidato específico ou o partido político; (iii) o voto deve ser pessoal, não se admitindo o seu exercício por procuração; (iv) segredo do conteúdo do voto, para garantia da liberdade de consciência do eleitor; (v) igualdade de valor para cada voto; (vi) obrigatoriedade do voto, salvo exceções constitucionais; (vii) periodicidade do exercício do sufrágio, como marca do princípio republicano; (viii) liberdade no exercício do voto, em respeito à vontade individual de cada eleitor; e (ix) tratamento do sufrágio como cláusula pétrea constitucional.

4) Plebiscito, referendo e consultas populares são formas de obtenção da vontade popular através do voto – e, por isso, expressão direta dos direitos políticos –, para fins de aprovação prévia ou ratificação de atos executivos ou legislativos ou deliberações sobre questões locais dos municípios. As expressões *direito de ser votado*, *elegibilidade* e *capacidade eleitoral passiva* traduzem o mesmo conteúdo jurídico, consistente no direito de o cidadão se lançar à disputa de cargo eletivo, obter votos e, se eleito, assumir o cargo público conquistado. Porém, ao contrário da universalidade direcionada ao direito de votar, existem diversas normas que limitam a titularidade do direito de ser votado, sendo, portanto, mais restrita a prerrogativa de os cidadãos disputarem as eleições. Por fim, a iniciativa popular legislativa constitui um instrumento de exercício da soberania porque permite a elaboração pelo povo das normas de regência da sociedade, sendo que a apresentação de um projeto de lei exige *quórum* qualificado de subscritores e a proposta não ser apropriada por parlamentar nem ter sua essência modificada, sob pena de afronta direta ao regime democrático.

5) A Constituição Federal veda a cassação dos direitos políticos do cidadão, prática que ocorria em tempos de regime autoritário de governo no Brasil, mas prevê, em seu art. 15 e em outras de suas disposições, hipóteses de perda e suspensão desses direitos, a saber: (i) cancelamento da naturalização e aquisição de outra nacionalidade; (ii) incapacidade civil absoluta; (iii) condenação criminal transitada em julgado; (iv) recusa de cumprir obrigação a todos imposta ou prestação alternativa; (v) condenação por ato de improbidade administrativa; (vi) a prestação do serviço militar obrigatório (situação dos conscritos); e (vii) o exercício dos direitos políticos por brasileiros em Portugal. Nas situações de *perda* (*i, iv* e *vii*), o indivíduo deixa de exercer os direitos políticos por um prazo indeterminado e somente poderá reavê-los a pedido e quando extinto o motivo da restrição. Nas de *suspensão* (*iii, v* e *vi*), os direitos ficam suspensos durante um prazo certo, reativando-se imediatamente após seu término. A situação alusiva à incapacidade civil absoluta (*ii*), tecnicamente, é de *impedimento*, pois o absolutamente incapaz, isto é, o menor de 16 (dezesseis) anos, ainda não adquiriu os direitos políticos.

6) A elegibilidade constitui direito fundamental porque integra os direitos políticos e significa a possibilidade de o povo exercer o poder estatal, ocupando cargos que representam os interesses da sociedade. Há duas teorias jurídicas principais que buscam explicar a natureza jurídica da elegibilidade, seus elementos constitutivos, o momento de configuração e a aplicação concreta dos institutos jurídicos correspondentes, notadamente a inelegibilidade. A teoria clássica define a elegibilidade como o direito subjetivo de ser votado, atribuído de forma potencial ao cidadão que atender os pressupostos gerais da elegibilidade, que são o cumprimento das condições de elegibilidade e a não incidência em causas de inelegibilidade, e a um conjunto de requisitos formais para obtenção de decisão da Justiça Eleitoral que autorize o pedido de registro de candidatura numa determinada eleição. No tocante à inelegibilidade, a concepção clássica a define como a restrição à elegibilidade decorrente de certas situações fáticas e jurídicas expressamente previstas em ato normativo formal.

7) A outra teoria, identificada como crítica ou divergente, defende que o direito de ser votado consiste apenas no efeito jurídico que resulta do deferimento do pedido de registro de candidatura. Nessa visão, a elegibilidade, em que pese exija o atendimento dos pressupostos gerais para sua obtenção, está vinculada tão somente à obtenção da chancela judicial que autorize a candidatura do cidadão para a eleição em disputa, não se podendo conceber a existência da elegibilidade antes dessa decisão da Justiça Eleitoral. Já a inelegibilidade é compreendida como o oposto da elegibilidade, abrangendo toda situação que obsta o direito de ser votado, ou seja, tanto o descumprimento das condições de elegibilidade (inelegibilidades inatas) como a incidência de causas de inelegibilidade derivadas de situações ou atos lícitos (inelegibilidades inatas) ou de condutas ilícitas (inelegibilidades cominadas).

8) A teoria clássica é a que melhor estrutura o direito à elegibilidade ao distinguir os conceitos de elegibilidade-direito, no qual se aprecia a configuração do direito de ser votado como expressão maior da soberania, e de elegibilidade-candidatura, que representa apenas o reconhecimento judicial formal da concretização desse direito numa específica eleição. Elegibilidade e candidatura são realidades inconfundíveis, sem vinculação de causa e efeito: aquela é o direito geral, abstrato e potencial que tem o cidadão, desde que atendidos os pressupostos gerais de elegibilidade, de se lançar na disputa por cargos públicos eletivos; esta é o efeito decorrente da autorização judicial ao pedido de candidatura do cidadão. Ademais, o ordenamento jurídico prevê – e a prática forense demonstra – que há situações de deferimento de candidatura sem que efetivamente a elegibilidade tenha se configurado, além de exercício da elegibilidade mesmo com decisão denegatória ainda não definitiva sobre o

pedido de registro do candidato ou na pendência dessa deliberação judicial, tudo a demonstrar a inviabilidade de tratar elegibilidade e candidatura como se expressassem o mesmo conteúdo jurídico.

9) Os arranjos dogmáticos da teoria crítica são ainda incongruentes em dois aspectos relevantes. Primeiro, considerando a noção consagrada de que o direito de ser votado se encerra quando do recebimento de votos na eleição, o exercício permitido legalmente da elegibilidade sem a apreciação judicial sobre o pedido de candidatura implicaria, com base nas ideias da teoria crítica, na absurda situação jurídica de o candidato, no dia da eleição, receber votos sem que o direito de ser votado tenha nascido e, ao mesmo tempo, ver esse mesmo direito exaurido após o término da eleição. O segundo aspecto é que a teoria divergente admite como legal e legítima a possibilidade de renúncia ao registro de candidato, mas olvida que, nesta situação e seguindo suas próprias posições dogmáticas, estar-se-ia renunciando à elegibilidade – vinculada ao registro de candidatura –, o que representa uma situação inadmissível, dada a natureza de direito fundamental e irrenunciável do direito de ser votado.

10) O processo judicial de análise do pedido de registro de candidatura, conforme acertadamente reconhecido pela teoria clássica, representa apenas um pressuposto de natureza formal da elegibilidade. É através desse processo que se declara a elegibilidade preexistente, configurada desde antes da apresentação do requerimento, e se constitui a candidatura, acarretando a partir de então a alteração da situação jurídica da pessoa que pleiteou o registro, que passa a ser candidato e pode, nessa posição jurídica específica, exercer certas prerrogativas no pleito eleitoral, tais como a prática de atos de campanha, arrecadação e gastos eleitorais e ter seu nome submetido ao escrutínio eleitoral para recebimento dos votos.

11) Sobre a inelegibilidade, ambas as teorias a compreendem como a situação fática ou jurídica de impedimento à elegibilidade. Porém, é a doutrina clássica que melhor define a inelegibilidade, pois restringe o seu conteúdo às hipóteses expressamente previstas na CF/88 ou em lei complementar que trazem empecilho à candidatura aos cargos eletivos. A versão crítica, que amplia o sentido da inelegibilidade para alcançar tudo o que impede o exercício da elegibilidade, inclusive mediante classificações sem substrato na realidade jurídica, termina por não apresentar a definição de um conceito próprio da inelegibilidade, servindo apenas de fachada teórica para se obter consequências jurídicas favoráveis a interesses previamente almejados, mas sem embasamento no direito posto, como, por exemplo, a equivocada tese da inconstitucionalidade formal da penalidade de cassação do registro de candidatura prevista nos arts. 41-A e 73 da Lei das Eleições em razão da prática de atos ilícitos eleitorais.

12) O conceito mais adequado para o signo *inelegibilidade* é de natureza restrita e importa tão somente na situação fática ou jurídica, estabelecida na Constituição Federal ou em lei complementar, que impede o exercício da elegibilidade. Inviável se mostra a ampliação de seu conteúdo jurídico para abranger outras situações que não foram expressamente identificadas nessa tipologia em ato normativo, apenas sob o argumento linguístico de que tudo que contraria ou impede a elegibilidade deve ser entendido como inelegibilidade. As causas de inelegibilidade obedecem ao princípio da tipicidade estrita, que tem dúplice aplicação: (i) delimita que somente é inelegibilidade as situações tipificadas no art. 14, §§ 4º a 8º, da CF/88, e nos arts. 1º, I a VII, e 22, XIV, da LC n.º 64/1990; e (ii) impede a incidência de outras supostas hipóteses de inelegibilidade não contidas nos normativos citados, considerando especialmente o teor do art. 14, § 9º, CF/88, o que acarretaria insegurança jurídica em permitir a cada Juiz Eleitoral a apreciação concreta da moralidade da vida pregressa dos candidatos.

13) A criação de uma hipótese de inelegibilidade, notadamente a de natureza infraconstitucional, tem por objetivo principal impedir a participação nas eleições de pessoas cujas condutas pretéritas indicam objetivamente a existência de riscos à legitimidade do processo eleitoral ou ao exercício do cargo eletivo. As situações fáticas a serem objeto das causas de inelegibilidade devem tutelar os objetos e valores expressos no § 9º do art. 14 da CF/88, assim sintetizados: (i) defesa da probidade administrativa; (ii) proteção da moralidade para o exercício do mandato, considerada a vida pregressa do candidato; (iii) defesa da normalidade e legitimidade das eleições; e (iv) combate à influência do poder econômico ou o abuso do exercício de função, cargo ou emprego na administração direta ou indireta. Considerando essa base normativa constitucional, as inelegibilidades da LC n.º 64/1990 não afrontam a Convenção Americana sobre

Direitos Humanos, seja em razão da inferioridade hierárquica deste ato normativo em face da CF/88, seja considerando a razoabilidade e proporcionalidade das atuais causas de inelegibilidade infraconstitucionais, conforme decidido pelo STF no julgamento de constitucionalidade da Lei da Ficha Limpa.

14) Das diversas classificações doutrinárias sobre as causas de inelegibilidade (*absolutas* e *relativas*, no tocante à abrangência a todos ou a alguns cargos eletivos; *nacionais*, *estaduais* e *municipais*, quanto ao local de incidência; *preexistentes e supervenientes*, com relação ao momento de sua configuração; *processuais e definitivas*, quanto ao marco temporal para início do impedimento; *diretas ou reflexas*, se a origem da inelegibilidade resulta de fato causado pelo candidato ou por terceiro; em *sentido amplo* ou *restrito*, a envolver todos os obstáculos à elegibilidade ou as hipóteses assim tipificadas no ordenamento jurídico; *inatas* e *cominadas*, a depender da legalidade do seu fato gerador), a classificação mais importante é a que distingue as inelegibilidades em *constitucionais*, previstas no art. 14, §§ 4º a 8º da CF/88, e *legais*, contidas na LC n.º 64/1990. As inelegibilidades de natureza constitucional podem ser apontadas em qualquer fase do processo de registro de candidatura, inclusive após a diplomação, não se sujeitando à preclusão; as legais devem ser imputadas no momento inicial do processo de registro de candidatura, sob pena de preclusão, salvo se forem supervenientes.

15) As causas de inelegibilidade devem ser criadas com a fixação do prazo final de incidência do impedimento, já que o óbice à elegibilidade é sempre de natureza temporária. Na LC n.º 64/1990, foi estabelecido, em regra, um prazo de 8 (oito) anos de duração das inelegibilidades, sendo que, com relação às previsões das alíneas "e" "l" do art. 1º, I, LC n.º 64/1990, o período se inicia somente após o cumprimento da pena, o que pode acarretar situações ampliadas de restrição à elegibilidade, semelhantes à cassação de direitos políticos. Os termos finais dessas especificas causas de inelegibilidade são desproporcionais porquanto há alternativa menos lesiva e que produz a mesma intensidade de satisfação dos interesses e valores defendidos no art. 14, § 9º, CF/88, bastando ver a fixação comum do prazo de 8 (oito) anos nas demais alíneas do artigo 1º, inciso I, da LC n.º 64/90, com o seu exaurimento relacionado a um termo inicial certo e definido, em geral, a data da condenação.

16) *Elegibilidade* e *inelegibilidade* não expressam, no âmbito técnico-jurídico, conteúdos e sentidos opostos, apenas são institutos situados em planos de aplicação jurídica distintos. A elegibilidade é o direito de ser votado e a inelegibilidade consiste numa das situações que impedem o exercício da elegibilidade: se é certo que a inelegibilidade acarreta a ausência da elegibilidade, nem toda situação de perda ou ausência do direito de ser votado corresponde à presença de uma causa de inelegibilidade. Para expressar adequadamente o termo jurídico contrário ao da elegibilidade, deve-se utilizar a locução *não elegibilidade*, que abrange o gênero das seguintes situações restritivas da capacidade eleitoral passiva: (i) descumprimento das condições de elegibilidade; (ii) não atendimento aos requisitos formais do pedido de registro de candidatura; (iii) configuração de causa de inelegibilidade da CF/88 ou da LC n.º 64/1990; (iv) incidência das penas de cassação ou cancelamento do registro de candidatura, do diploma ou mandato pela prática de atos ilícitos eleitorais na campanha eleitoral; e (v) cominação da sanção de inabilitação para o exercício de função pública.

17) Podem ser apontadas as seguintes diferenças entre os pressupostos gerais da elegibilidade: (i) as *condições de elegibilidade* são aquelas previstas na CF/88 ou em lei ordinária; constituem requisitos objetivos que o candidato deve implementar; e revelam critérios básicos de habilitação do candidato para disputa nas eleições; (ii) as *causas de inelegibilidade* devem constar na CF/88 ou em lei complementar; representam requisitos de ordem negativa, que não devem ser ostentados pelos candidatos; e se fundam nos valores contidos no art. 14, § 9º, CF/88, com vistas a proteger a legitimidade das eleições e o exercício do cargo eletivo. Estas características básicas servem como orientações para a atividade do legislador na instituição de novas condições de elegibilidade ou causas de inelegibilidade.

18) As situações relacionadas ao analfabetismo e às incompatibilidades constituem hipóteses de inelegibilidade, conforme definido na CF/88 e na LC n.º 64/1990. Não obstante, não há óbice jurídico a um eventual e futuro tratamento normativo do analfabetismo como condição de elegibilidade, mediante a imposição, *v. g.*, da obrigação de o candidato comprovar que é alfabetizado. Tal solução não é possível quanto à incompatibilidade porque o ato de se desincompatibilizar é apenas uma faculdade para o candidato afastar a situação de incompatibilidade, não se tratando de um dever objetivo imposto a todos. De outro vértice, não há contradição entre a previsão da condição de elegibilidade referente ao dever de alistamento e a indicação da situação do inalistável como inelegibilidade: na primeira acepção, trata-se de um requisito objetivo mínimo que todos devem comprovar; na outra, alude-se ao indivíduo que enfrenta obstáculo jurídico inafastável para se alistar no corpo de eleitores, por ser estrangeiro, conscrito ou menor de 16 (dezesseis) anos, sendo, portanto, inelegível.

19) As condições de elegibilidade representam os requisitos objetivos que devem ser atendidos por todos os cidadãos que pretendem ser candidatos na eleição. São exigências mínimas para avaliação inicial da existência do direito à elegibilidade, que se encontram previstas notadamente na CF/88, embora se permita à lei ordinária a regulação, integração e a criação de outras condições, desde que respeitados o escopo de abrangência e os princípios constitucionais atinentes ao direito à elegibilidade. No art. 14, § 3º, CF/88, constam como condições de elegibilidade: (i) nacionalidade brasileira, permitindo-se ainda a elegibilidade aos portugueses em caso de reciprocidade de direitos aos brasileiros em Portugal; (ii) alistamento eleitoral; (iii) pleno exercício dos direitos políticos; (iv) domicílio eleitoral na circunscrição, no prazo de 6 (seis) meses antes da eleição; (v) filiação partidária, em igual prazo; e (vi) idades mínimas a depender do cargo em disputa. Em acréscimo, a Lei das Eleições prevê as seguintes condições de elegibilidade: (vii) pagamento de certas multas aplicadas pela Justiça Eleitoral; (viii) prestação de contas de campanha, para quem já foi candidato; e (ix) escolha do candidato em convenção partidária, exigência decorrente e justificada pelo princípio do pluripartidarismo.

20) Com relação à condição de elegibilidade do pleno exercício dos direitos políticos, pela qual o eleitor não pode incidir numa das causas de perda ou suspensão desses direitos, a Lei das Eleições estabelece, como requisito formal, a apresentação da certidão de quitação eleitoral para fins de registro de candidatura, a ser emitida pela Justiça Eleitoral e que deve abranger a informação do cumprimento dos seguintes encargos: (i) plenitude do gozo dos direitos políticos; (ii) regular exercício do voto; (iii) atendimento a convocações da Justiça Eleitoral; (iv) inexistência de multas aplicadas pela

Justiça Eleitoral; e (v) apresentação de contas de campanha eleitoral, não se exigindo, porém, a aprovação das contas.

21) Das aludidas obrigações, a certificação das três primeiras se justifica porque o seu desatendimento implica diretamente na incidência das situações de perda ou suspensão dos direitos políticos. De igual modo, também se admite a anotação na certidão de quitação sobre o pagamento das multas eleitorais impostas especificamente como medidas alternativas ao descumprimento dos encargos de votar ou de atender às convocações da Justiça Eleitoral, os quais estão vinculados à espécie de perda dos direitos políticos atinente à escusa de consciência. As outras exigências (demais multas eleitorais e prestação de contas), todavia, são condições de elegibilidade previstas em lei, pois não dizem respeito às hipóteses constitucionais de restrição dos direitos políticos, sendo importante asseverar que: (i) não é razoável impor o pagamento de outras espécies de multas aplicadas pela Justiça Eleitoral, conquanto tais cominações pecuniárias têm origens as mais diversas e apenas constituem renda do Estado, sem repercussão na elegibilidade dos cidadãos; e (ii) mostra-se adequado o dever de apresentar contas de campanha, pois o candidato utiliza recursos financeiros de pessoas físicas e do Estado e deve, inclusive por expressa disposição constitucional, prestar contas dos valores obtidos.

22) O processo judicial de apreciação do pedido de registro de candidatura tem por objetivo avaliar, através do atendimento das denominadas condições de registrabilidade, se o candidato cumpriu os pressupostos gerais do direito de ser votado, resultando em decisão que declarará a elegibilidade e constituirá a situação de candidato do requerente. Esse processo individual, que é analisado após a verificação da regularidade dos atos partidários e da formação de coligações, tem natureza jurisdicional, seja pela característica de imutabilidade da decisão transitada em julgado, seja pela possibilidade de imputação, por terceiros ou pela atuação de ofício do Juiz Eleitoral, de eventual óbice ao deferimento da candidatura, assegurando-se o contraditório e a ampla defesa ao candidato. Além dos documentos que já são de conhecimento da Justiça Eleitoral, devem ser apresentados, entre outros: (i) a ata da convenção partidária de escolha dos candidatos e de formação das coligações;

(ii) certidões de antecedentes criminais; (iii) prova de alfabetização; e (iv) comprovante de desincompatibilização, se necessário.

23) A discussão sobre a natureza sancionatória ou não da inelegibilidade implica, como fator de relevância jurídica concreta, a aferição da necessidade de aplicação dos valores e princípios jurídicos relacionados ao devido processo legal sancionador para fins de incidência de uma causa de inelegibilidade. Essa temática, a despeito da não percepção pela doutrina e jurisprudência, somente tem sentido com referência ao estudo diferenciado, de um lado, da maioria das hipóteses do art. 1º, I, da LC n.º 64/1990 e, de outro, daquela estipulada no art. 22, XIV, da mesma LC, sendo que as demais causas previstas no ordenamento (art. 14, §§ 4º a 8º da CF/88 e art. 1º, II a VII da LC n.º 64/1990) tratam de fatos lícitos, não se podendo cogitar de apenação pelo Estado. Para delimitar a questão, impõe-se ainda, como premissa conceitual, afastar a utilização de um conceito jurídico amplo de sanção, no sentido de toda consequência negativa relacionada a um fato ilícito, devendo-se utilizar uma acepção mais restrita, que vincula a sanção apenas à penalidade específica determinada no ato normativo para punição direta em face do ato ilícito praticado.

24) As causas de inelegibilidade do art. 1º, I, da LC n.º 64/1990 são desencadeadas como efeito indireto e anexo de uma decisão judicial, política ou administrativa, possuindo como fato gerador imediato a condenação prolatada por outra instância de apreciação do ato jurídico ilícito e não a aferição da prática da conduta irregular. Esse ato condenatório não acarreta ao infrator, formalmente, a situação de inelegível, conquanto o objeto principal da demanda diz respeito apenas à verificação da ocorrência da conduta irregular e sua apenação na forma prevista na lei, que não inclui o sancionamento em inelegibilidade. Ademais, se inexistente a aludida condenação, não incidirá o cidadão em inelegibilidade e, mesmo que haja provas do ilícito e de seu autor, não se poderá constituir o impedimento na impugnação ofertada no processo de registro de candidatura, no qual não se apreciam os fatos que motivariam, em tese, o surgimento da inelegibilidade, apenas se reconhece a existência prévia da hipótese de inelegibilidade devidamente constituída.

25) A classificação doutrinária que separa as inelegibilidades em inatas e cominadas, em razão da licitude ou ilicitude dos fatos remotos ensejadores do impedimento, tem apenas utilidade didática e não serve para atribuir a natureza de sanção à inelegibilidade, até porque essa categorização parte do pressuposto da utilização do conceito de sanção em sentido amplo. A causa de inelegibilidade contida no art. 1º, I, da LC n.º 64/1990 não consiste em sanção (em sentido estrito), mas apenas numa das outras medidas de coerção estipuladas pelo Direito em defesa de suas disposições normativas. Nessa perspectiva conceitual, será despiciendo ao Juiz Eleitoral obedecer rigorosamente ao *due process of law* para incidência concreta desse tipo de inelegibilidade, eis que a materialidade e autoria do ilícito já se encontram definidas e porque, tratando-se de mero efeito indireto, permite-se a aplicação retrospectiva do impedimento e o início de sua fruição independentemente do trânsito em julgado da decisão condenatória que gerou a inelegibilidade.

26) A causa de inelegibilidade do art. 22, XIV, da LC n.º 64/1990, por sua vez, configura uma efetiva penalidade jurídica ao cidadão que for condenado na "sanção de inelegibilidade", prevista como resultado do julgamento na AIJE. As circunstâncias de serem iguais os efeitos dessa inelegibilidade e daquelas do art. 1º, I, da LC n.º 64/1990 e, bem assim, da eventual incidência do condenado em AIJE também nas inelegibilidades das alíneas "d" ou "h" do art. 1º, I, da LC n.º 64/1990, não constituem razões suficientes para igualar suas naturezas jurídicas. Primeiro, porque todas as situações que obstam a elegibilidade, *v. g.*, o descumprimento das condições de elegibilidade, acarretam o idêntico efeito de impedir a candidatura do cidadão, o que revela a inutilidade desse critério. Segundo, a despeito da possibilidade fática de incidência concomitante do candidato em mais de uma causa de inelegibilidade, o caráter de sanção da espécie prevista no art. 22, XIV, da LC n.º 64/1990 é definido pelo seu substrato fático, consistente na deliberação judicial na AIJE que valorou o ato ilícito e condenou o cidadão diretamente na sanção de inelegibilidade, configurando a aplicação de uma sanção jurídica em sentido estrito.

27) Sem embargo das fundadas críticas sobre eventual atecnia legislativa, a específica previsão de sanção judicial em inelegibilidade não pode ser desconsiderada pela doutrina clássica, nem prejudica os marcos dogmáticos dessa teoria, devendo-se reconhecer o caráter sancionatório da inelegibilidade do art. 22, XIV, da LC n.º

64/1990, que resulta diretamente da avaliação judicial da prática do abuso de poder político, econômico ou dos meios de comunicação social. Por essa razão, para aplicação dessa espécie de inelegibilidade, devem ser adotados todos os valores e princípios jurídicos atinentes ao processo legal estatal repressor, cabendo ao Estado-Juiz avaliar os fatos reputados ilícitos em sua inteireza e decidir com o pleno respeito à ampla defesa e contraditório, bem como observar a natural vedação da retroatividade das normas jurídicas a situações já definitivamente julgadas, sendo admissível, no entanto, o início da incidência concreta desta inelegibilidade a partir da decisão judicial colegiada.

28) É importante perceber, como anotado no livro, as semelhanças e divergências entre as causas de inelegibilidade das alíneas "d" e "h" do art. 1º, I, da LC n.º 64/1990 (sem natureza de sanção) e a do art. 22, XIV, da LC n.º 64/1990 (consistente em sanção jurídica). Tratando a AIJE de matéria fática relacionada a abuso de poder político e econômico, haverá a dúplice incidência de causas de inelegibilidade, tanto a do art. 22, XIV, como das alíneas "d" ou "h" do art. 1º, I, todas da LC n.º 64/1990, ou seja, inelegibilidades de perfil sancionatório e não sancionatório, aplicando-se, em tese, as diferentes regras e valores jurídicos para incidência de cada tipo de impedimento. Entretanto, na prática forense, essa mesma circunstância denota a reduzida importância da discussão dogmática sobre o art. 22, XIV, da LC n.º 64/1990, porquanto as inelegibilidades das alíneas "d" ou "h" do art. 1º, I, da mesma LC, que não têm natureza de pena, incidem concretamente sem a necessidade de aplicação dos condicionantes jurídicos específicos para a hipótese de inelegibilidade-sanção (art. 22, XIV, LC n.º 64/1990).

29) A incidência de uma causa de inelegibilidade a fatos ocorridos anteriormente à vigência da norma que criou o impedimento é tema que decorre diretamente da prévia avaliação sobre a natureza sancionatória da inelegibilidade. Considerando que a elegibilidade é sempre analisada com base na norma vigente ao tempo da eleição e tendo em vista o disposto no art. 14, § 9º, CF/88, que alude à verificação da vida pregressa do cidadão para criação de inelegibilidade, é possível a aplicação retrospectiva das inelegibilidades instituídas ou alteradas pela LC n.º 135/2010 e tipificadas no art. 1º, I, da LC n.º 64/1990 – que não são sanções –, inclusive para aumento do período do impedimento então fixado, não se verificando ofensa ao direito adquirido, à coisa julgada ou ao princípio da segurança jurídica. Nesta situação, não se cogita de retroatividade para anular as autorizações de candidaturas concedidas em eleições passadas, apenas se reconhece que, de acordo com a norma em vigor, a inelegibilidade alcança uma situação pretérita que passou a ser tipificada como restrição à elegibilidade ou que teve, se já era prevista formalmente na LC n.º 64/1990, seu regramento modificado.

30) A solução jurídica deve ser diferente, porém, com relação à inelegibilidade do art. 22, XIV, da LC n.º 64/1990, que tem natureza de sanção jurídica. Nesse caso, a retroatividade se mostra inaplicável, uma vez que a inelegibilidade fora determinada por decisão judicial que estabeleceu expressamente o prazo fixado para duração do impedimento, devendo-se respeitar o conteúdo decisório transitado em julgado. No entanto, nas situações de incidência concomitante da inelegibilidade do art. 22, XIV e das alíneas "d" ou "h" do art. 1º, I, da LC n.º 64/1990, será então possível a aplicação retroativa, mas apenas no tocante a estas últimas hipóteses de inelegibilidade, solução jurídica que, de modo mais bem fundamentado, acompanha a conclusão da doutrina clássica da elegibilidade sobre a questão, que defende a possibilidade de retroação de todas as inelegibilidades da LC n.º 64/1990.

31) A fixação do momento de início da inelegibilidade a partir da decisão proferida por órgão judicial colegiado, nas causas previstas no art. 1º, I, ou no art. 22, XIV, da LC n.º 64/1990, não implica em infringência ao princípio constitucional da presunção de inocência ou da não culpabilidade penal. Primeiro, porque esse princípio tem aplicação restrita essencialmente ao Direito Penal, não se irradiando, em toda a sua extensão, aos demais ramos do ordenamento jurídico, inclusive o Eleitoral, em cujo processo de registro de candidatura se aprecia apenas temática cível sobre a incidência ou não da inelegibilidade, e não a punição pelo ato ilícito praticado. Segundo, e mais importante, o marco temporal fixado na LC n.º 64/1990 é compatível com as normas da CF/88 atinentes ao direito à elegibilidade, por obedecer aos princípios da proteção do núcleo essencial dos direitos fundamentais, da razoabilidade e da proporcionalidade, quando do cotejo entre o direito individual do candidato de ser votado e os interesses da coletividade dos cidadãos, notadamente os explicitados no art. 14, § 9º, CF/88.

32) Não configura inelegibilidade a sanção de cassação do registro, diploma ou mandato, aplicada em representações por infração aos arts. 30-A, 41-A e 73 ss., LE, ao art. 22, XIV, da LC n.º 64/1990, e ao art. 14, § 10, CF/88, que apuram a prática de captação ou gastos irregulares na campanha, captação ilícita de sufrágio, condutas vedadas aos agentes públicos, abuso de poder político ou econômico, corrupção ou fraude, todas reveladoras de atos gravosos e atentatórios à democracia e que merecem a proteção estatal. Nestas demandas, não se aprecia a questão relacionada à obtenção ou configuração do direito à elegibilidade, mas apenas a ocorrência da específica conduta ilícita praticada na campanha eleitoral, que pode ensejar, a depender do momento de prolação da decisão e da espécie de ação judicial eleitoral, a cassação do registro, do diploma ou do mandato, além de multa. Não obstante, considerando que a cassação repercute negativamente na capacidade eleitoral passiva, eis que impede o exercício do cargo eletivo pretendido, deve tal hipótese ser compreendida doutrinariamente, ao lado da inelegibilidade, como uma das espécies do gênero de situações de não elegibilidade.

33) De modo semelhante, a penalidade de cancelamento do registro de candidatura por infração ao inciso VI ou ao § 1º do art. 45 da LE, pelos quais se veda a participação do candidato ou referências a seu nome em programas de rádio e televisão desde antes do início da propaganda eleitoral, também implica numa situação de não elegibilidade. De fato, não se trata de condição de elegibilidade porque a lei eleitoral não impõe o encargo objetivo a ser cumprido pelo candidato para fugir à incidência das disposições normativas, tampouco se trata de requisito mínimo e pessoal a ser atendido por todos. De outro lado, apesar de as proibições expressarem valores constitucionais relacionados à regularidade das eleições, as regras não são inelegibilidade porque não se encontram expressamente tipificadas na CF/88 ou em lei complementar nesta formatação jurídica, não se vinculam diretamente à elegibilidade e não podem ser objeto de deliberação no processo de registro de candidatura. As prescrições revelam apenas mais uma das possibilidades que o Direito Eleitoral prevê para punição de candidatos que praticam atos ilícitos que repercutem negativamente nas eleições, no contexto maior de proteção do jurisdicionado eleitoral e de resguardo do regime democrático.

34) No mesmo sentido, a inabilitação para o exercício de função pública não encerra uma causa de inelegibilidade. Trata-se de sanção política ou judicial aplicada em virtude da prática de crime de responsabilidade do agente político e, em regra, em conjunto com a pena de perda do cargo público, impedindo temporariamente o condenado de exercer qualquer função pública, inclusive cargos eletivos. Mesmo que a inabilitação repercuta negativamente na elegibilidade, eis que o cidadão fica vedado temporariamente de disputar eleições, não se pode concebê-la como condição de elegibilidade, posto que não restringe a integralidade dos direitos políticos, nem inelegibilidade, dado o princípio da tipicidade estrita e em razão da distinção do plano de aplicação e objetivos dos institutos jurídicos. A inabilitação para o exercício de função pública deve, portanto, também ser categorizada como uma das espécies de não elegibilidade.

35) O processo judicial, de competência da Justiça Eleitoral, em que se aprecia e se delibera sobre os pedidos de registro de candidatura é o palco para concretização do direito à elegibilidade e sua impugnação, no qual se distinguem duas fases ou instâncias de processamento: (i) a ordinária é a fase do processo judicial em que se permite, no âmbito da competência originária ou recursal, o exame completo dos fatos e fundamentos jurídicos; (ii) a extraordinária é aquela em que não há a reavaliação da matéria fática já decidida, apenas se analisa o suposto desrespeito da decisão às normas do ordenamento jurídico. No corpo do livro, foram indicadas outras características relevantes do processo de registro de candidatura, tais como a existência, composição e competências dos órgãos jurisdicionais, inclusive a depender da espécie de eleição em disputa, os marcos temporais previstos para apresentação do pedido de registro e impugnação da elegibilidade e, por fim, as fases do processo eleitoral depois da eleição, a culminar com a diplomação e posse dos eleitos.

36) A Lei das Eleições define que as condições de elegibilidade e a não incidência em situações de inelegibilidade devem ser avaliadas e aferidas no momento do requerimento de registro de candidatura, cuja data-limite é o dia 15 de agosto do ano da eleição.

Permite a lei, no entanto, de forma expressa, que as alterações, fáticas ou jurídicas, posteriores a este marco temporal, que afastem a inelegibilidade, sejam levadas em consideração pela Justiça Eleitoral quando da deliberação sobre o pedido de registro, em benefício do candidato. Por construção jurisprudencial, também a superveniência do cumprimento da condição de elegibilidade deve ser apreciada em benefício da elegibilidade do cidadão.

37) Não há, na legislação, a fixação do marco temporal limite para surgimento do fato superveniente em benefício do candidato. Em que pese o coerente posicionamento doutrinário que aponta a data da eleição como o momento relevante para verificação, pelo eleitor, da elegibilidade do candidato, o TSE definiu, como regra geral, que a superação do óbice à elegibilidade pode ocorrer até a diplomação dos candidatos eleitos. Também não há na lei a indicação sobre a instância do processo judicial de registro de candidatura em que se admite a valoração e apreciação do fato superveniente em favor do candidato, sendo permitido pelo TSE a possibilidade de análise mesmo se o feito judicial estiver na instância extraordinária. É criticável a omissão legislativa na definição dessas importantes questões, não sendo adequado deixá-las ao alvedrio de definição jurisprudencial, notadamente em razão da possibilidade, inclusive já demonstrada em concreto, de exceções às regras gerais, sempre em torno das excepcionais circunstâncias dos casos concretos sob apreciação.

38) O exaurimento do prazo de suspensão de direitos políticos, depois de apresentado o pedido de registro de candidatura, não constitui alteração jurídica apta a viabilizar a elegibilidade do cidadão, uma vez que não mais será possível cumprir a condição de elegibilidade da filiação partidária, que estava inválida durante o período da referida suspensão. Já com relação ao término superveniente do prazo de incidência de uma causa de inelegibilidade, será possível considerá-lo para permitir o deferimento da candidatura desde que o fato incida até a eleição, consoante entendimento atual do TSE.

39) Uma das situações mais usuais de alterações jurídicas supervenientes consiste na deliberação judicial, em geral de natureza cautelar e provisória, que afasta a eficácia dos atos jurídicos ensejadores das causas de inelegibilidade, fundamentada no poder geral de cautelar atribuídos a todos os magistrados. Além disso, no art. 26-C da LC n.º 64/1990 fixou-se a possibilidade de suspensão da inelegibilidade diretamente pelo órgão colegiado do Tribunal que apreciar, em grau recursal, a decisão que configurou as causas de inelegibilidade das alíneas "d", "e", "h", "j", "l" e "n" do art. 1º, I, da LC n.º 64/1990. Contudo, a par de sua pouca utilidade prática, o valor jurídico desse art. 26-C foi reduzido pelo TSE, especialmente o disposto no seu § 2º, ao se determinar que a revogação da decisão que suspendeu a inelegibilidade não acarreta de imediato a perda do mandato obtido, porquanto, além de ser necessária a oitiva do impugnado (o que é justificado pelo devido processo legal), essa alteração deve se manifestar no mesmo prazo preclusivo definido para a imputação das causas de inelegibilidade superveniente, e não durante todo o mandado do eleito, entendimento que terminou por ensejar a descaracterização do citado dispositivo legal.

40) Apresentado o pedido de registro de candidatura pelo candidato ou partido político, é possível que terceiros legitimados ofereçam impugnação da elegibilidade do requerente, mediante o ajuizamento da AIRC ou pela apresentação da "notícia de inelegibilidade", apontando o descumprimento de condição de elegibilidade ou a ocorrência de causa de inelegibilidade. Também se permite que a Justiça Eleitoral indefira o requerimento se constatar, por atuação de ofício, o não atendimento aos pressupostos gerais da elegibilidade, desde que a atuação judicial ocorra ainda no âmbito da competência jurisdicional originária. Conforme entendimento do TSE, e de modo semelhante ao que ocorre com relação às alterações fáticas e jurídicas que favorecem o candidato, é possível a imputação de obstáculos à elegibilidade preexistentes ou supervenientes ao pedido de registro de candidatura, os quais podem ser apreciados durante o curso do processo de registro de candidatura, não sendo necessário aguardar o momento permitido para ajuizamento do RCED.

41) Também à míngua de definição legislativa sobre o tema, o TSE deliberou que o momento limite para surgimento do fato superveniente que implique no afastamento da elegibilidade é o dia da eleição, o que demonstra incongruência com a definição da diplomação como marco temporal para incidência da alteração que prestigia a elegibilidade e favorece o candidato. No tocante à fase processual para apreciação do fato superveniente em desfavor do candidato ainda no processo de registro de candidatura, o TSE entende que deve ocorrer apenas se o feito judicial estiver na instância ordinária, também diferentemente do que aponta a Corte Eleitoral com relação à superação do óbice à elegibilidade, em que se permite a apreciação ainda que o processo esteja na instância extraordinária.

42) A outra forma de impugnação da elegibilidade se dá através do ajuizamento do RCED, no prazo de 3 (três) dias após a diplomação, que tem cabimento nas seguintes situações: (i) incidência superveniente de causa de inelegibilidade infraconstitucional; (ii) existência de inelegibilidade de natureza constitucional; e (iii) ausência de condição de elegibilidade. A inelegibilidade superveniente legal deve ocorrer até a data da eleição (dada a inconstitucionalidade do § 2º do art. 262, CE) e, nas demais hipóteses, não há restrição temporal, podendo até serem preexistentes ao registro de candidatura. Aponte-se, contudo, que se a inelegibilidade legal superveniente, a inelegibilidade constitucional ou o descumprimento da condição de elegibilidade já foram apreciados no curso do processo de registro de candidatura, o que é autorizado pelo TSE, não será possível sua repetição no RCED, em razão da preclusão de análise da Justiça Eleitoral.

43) Excepcionalmente se admite que, depois de ajuizado o RCED, o candidato demonstre uma alteração jurídica que possibilite o afastamento do óbice à elegibilidade apontado na ação judicial. Embora seja a data da diplomação o marco limite entendido pelo TSE para estabilização das relações jurídicas resultantes da eleição, considerando que essa data já estará ultrapassada no ajuizamento do RCED, a análise do caso concreto é que permitirá a avaliação da eventual superação da falha apontada, sugerindo-se como critério adequado que a alteração fática ou jurídica seja de natureza definitiva, a importar numa caracterização efetiva da fruição do direito à elegibilidade pelo candidato eleito e diplomado.

44) A jurisprudência e a doutrina eleitorais estabelecem orientações para a apreciação pela Justiça Eleitoral da configuração dos atos que ensejam o descumprimento dos pressupostos gerais da elegibilidade, especialmente os que implicam nas inelegibilidades do art. 1º, I, da LC n.º 64/1990, podendo-se citar as seguintes diretrizes: (i) não compete ao Juiz Eleitoral apreciar a correção da decisão que enseja o obstáculo à elegibilidade; (ii) para verificação da incidência de inelegibilidade imputada ao candidato, deve-se verificar, com base na decisão paradigma, se foi ele efetivamente o responsável pela prática da conduta ilícita ou abusiva; (iii) não se discute no processo de registro de candidatura ou na AIRC a constituição da inelegibilidade, que deve ser preexistente e devidamente provada; e (iv) o julgador eleitoral pode (e deve) extrair, do fato jurídico considerado suporte da causa de inelegibilidade ou do descumprimento da condição de elegibilidade, os elementos configuradores do específico óbice à elegibilidade, desde que se respeite o conteúdo da decisão sob apreciação. Sem embargo, em prol do resguardo à dignidade da função jurisdicional eleitoral e da proteção à isonomia entre os candidatos nas eleições, sugere-se um maior envolvimento da Justiça Eleitoral nas hipóteses em que estiver evidenciada a má-fé ou a prática de fraude pelo candidato ou impugnante, admitindo-se, em tais casos, a desconsideração do ato jurídico que demonstraria a situação de elegibilidade ou de não elegibilidade do candidato.

45) Como regra geral, serão nulos os votos atribuídos individualmente aos candidatos inelegíveis ou sem registro deferido, mas a lei ressalva a situação do candidato *sub judice*, cuja validade dos votos está condicionada ao posterior deferimento do seu pedido de registro de candidatura. De outro lado, com relação aos candidatos a cargos do sistema proporcional que não tenham obtido o registro de candidatura, será possível o cômputo ou aproveitamento dos votos obtidos em favor do partido político (ou coligação) a ele vinculado, desde que, na época da eleição, estava o candidato com a situação de deferimento do seu pedido de registro de candidatura, salvo se a cassação do registro ocorreu em razão da condenação por ato ilícito eleitoral em ação judicial autônoma. Por fim, como consequência da nulidade dos votos dados aos candidatos eleitos à Chefia do Executivo (titular ou vice), poderá ser determinada a realização de novas eleições, na forma do art. 224 do Código Eleitoral, salvo se, no caso concreto, houver circunstâncias que demonstrem a boa-fé dos candidatos e partidos, que não objetivaram apenas indicar um candidato sabidamente inelegível.

BIBLIOGRAFIA

ADEODATO, João Maurício. *Uma teoria retórica da norma jurídica e do direito subjetivo.* 2ª ed., rev. e ampl., São Paulo: Noeses, 2014.

ANDRADE, José Carlos Vieira de. *Os direitos fundamentais na Constituição portuguesa de 1976.* 4ª ed., Coimbra: Edições Almedina, 2010.

AGRA, Walber de Moura. Requisitos de registrabilidade. In: FUX, Luiz; PEREIRA, Fernando Casagrande; AGRA, Walber de Moura (coord.); PECCININ, Luiz Eduardo (org.). *Elegibilidade e inelegibilidades*: tratado de direito eleitoral. vol. 3, Belo Horizonte: Fórum, 2018, pp. 237-252.

________. *Temas Polêmicos do Direito Eleitoral.* 2ª ed., rev., ampl. e atual., Belo Horizonte: Fórum, 2018.

ALMEIDA, Roberto Moreira de. Alistabilidade e elegibilidade dos indígenas no ordenamento jurídico brasileiro. In: RAMOS, André de Carvalho (coord.). *Temas de Direito Eleitoral no Século XXI.* Brasília: Escola Superior do Ministério Público da União, 2012, pp. 69-107. Disponível em: <http://escola.mpu.mp.br/publicacoes/obras -avulsas/e-books/ temas-de-direito-eleitoral-no-seculo-xxi>, acesso em: 13/8/2019.

________. *Curso de direito eleitoral.* 10ª ed., rev., ampl. e atual. Salvador: Ed. Juspodivm, 2016.

ALVES, José Carlos Moreira. Pressupostos de Elegibilidade e Inelegibilidade. In: Tribunal Superior Eleitoral, *Estudos Eleitorais*, vol. 11, n.º 2, Brasília, 2016, pp. 229-239. Disponível em: <http://bibliotecadigital.tse.jus.br/xmlui/handle/bdtse/4755>, acesso em: 28/8/2019. Artigo publicado originariamente em BUGARIN, Bento *et al.* (coord.). *Estudos de Direito Público em homenagem a Aliomar Baleeiro.* Brasília: Universidade de Brasília, 1976.

ALVIM, Frederico Franco. A elegibilidade e seus impedimentos no Direito Comparado e nos pactos internacionais. In: FUX, Luiz; PEREIRA,

Fernando Casagrande; AGRA, Walber de Moura (coord.); PECCININ, Luiz Eduardo (org.). *Elegibilidade e inelegibilidades*: tratado de direito eleitoral. vol. 3, Belo Horizonte: Fórum, 2018, pp. 35-88.

AMARAL, Roberto; CUNHA, Sérgio Sérvulo da. *Manual das eleições*. 4ª. ed., rev. e atual., São Paulo: Saraiva, 2010.

ASCENSÃO, José de Oliveira. Norma jurídica. In: *Dicionário jurídico da administração pública*. vol. 6, Lisboa, 1994, pp. 140-157.

________. Direitos humanos: uma lacuna no tratado de amizade luso-brasileiro? *Revista da Faculdade de Direito da Universidade de Lisboa*, vol. 43, n.º 1, Coimbra: Coimbra Editora, 2002, pp. 27-30.

ÁVILA, Humberto. A distinção entre princípios e regras e a redefinição do dever de proporcionalidade. *Revista de Direito Administrativo*, n.º 215, Rio de Janeiro, 1999, pp. 151-179. Disponível em: <http://bibliotecadigital.fgv.br/ojs/index.php/rda/article/view/47313>, acesso em: 6/5/2020.

________. *Teoria dos Princípios:* da definição à aplicação dos princípios jurídicos. 11ª ed., rev., São Paulo: Malheiros Editores, 2010.

BARREIROS NETO, Jaime. *Direito eleitoral.* 10ª ed., rev., atual. e ampl., Salvador: Ed. Juspodivm, 2020.

BARROSO, Luís Roberto, *Curso de direito constitucional contemporâneo:* os conceitos fundamentais e a construção do novo modelo. 6ª ed., São Paulo: Saraiva, 2017.

BOBBIO, Norberto, *Teoria da norma jurídica*. Trad. de Ariani Bueno Sudatti e Fernando Pavan Batista, apresentação de Alaôr CAffé Alves, 6ª ed., São Paulo: Edipro, 2016.

BORN, Rogério Carlos, O transconstitucionalismo dos direitos políticos entre os países de língua portuguesa. *Revista Ius Gentium*, vol. 3, n.º 2, Curitiba, 2011, pp. 69-87. Disponível em: <https://www.uninter.com/iusgentium/index.php/iusgentium/issue/view/6>, acesso em: 7/8/2019.

BRITO, Cezar; ROLLEMBERG, Gabriela. A evolução do conceito de quitação eleitoral na jurisprudência do Tribunal Superior Eleitoral e suas implicações para as eleições municipais de 2012. In: ROLLEMBERG, Gabriela; DIAS, Joelson; KUFA, Karina (org.). *Aspectos polêmicos e atuais no direito eleitoral*. Belo Horizonte: Arraes Editores, 2012, pp. 89-107.

CANAS, Vitalino. *O princípio da proibição do excesso na conformação e controlo dos atos legislativos*. Coimbra: Almedina, 2017.

CÂNDIDO, Joel José. *Direito eleitoral brasileiro*. 16ª ed., rev., atual. e ampl., São Paulo: Edipro, 2016.

CANOTILHO, José Joaquim Gomes. *Direito Constitucional e Teoria da Constituição.* 7ª ed., Coimbra: Almedina, 2003.

________; MOREIRA, Vital. *Constituição da República Portuguesa Anotada.* vol. I, 4ª ed., rev., Coimbra: Coimbra Editora, 2007.

CARVALHO, João Fernando Lopes de. Inelegibilidades constitucionais. In: ROLLO, Alberto (org.). *Elegibilidade e inelegibilidade:* visão doutrinária e jurisprudencial atualizada. Caxias do Sul: Plenum, 2008, pp. 81-144.

CARVALHO, Volgane Oliveira, *Manual das inelegibilidades: condições de elegibilidade e causas de inelegibilidade na jurisprudência atual do TSE*, Curitiba, Juruá, 2016.

________; LIMA, Viviane Medeiros. O Recurso Especial Eleitoral sob análise: da teoria geral à aplicação jurisprudencial de seus requisitos de admissibilidade. In: Tribunal Regional Eleitoral de Santa Catarina, *Resenha Eleitoral*, vol. 25, n.º 1, Florianópolis, 2021, pp. 139-164. Disponível em: <https://revistaresenha.emnuvens.com.br/revista/article/view/136>, acesso em: 17/1/2022.

CASTRO, Edson de Resende. *Curso de Direito Eleitoral.* 8ª ed., rev. e atual., Belo Horizonte: Del Rey, 2016.

CAVALCANTE, André Nogueira. *Ficha limpa e presunção de inocência:* da inelegibilidade por condenação criminal não definitiva. 1ª ed., São Paulo: Letras Jurídicas, 2016.

CERQUEIRA, Thales Tácito Pontes Luz de Pádua; CERQUEIRA, Camila Albuquerque. *Reformas eleitorais comentadas*: lei n. 12.034/2009. São Paulo: Saraiva, 2010.

COELHO, Marcus Vinicius Furtado. A mudança de paradigmas decorrente da Lei Complementar nº 135. In: REIS, Márlon Jacinto; CASTRO, Edson de Resende; OLIVEIRA, Marcelo Roseno de (coord.). *Ficha Limpa:* Lei complementar n.º 135, de 4.6.2010 – interpretada por juristas e responsáveis pela iniciativa popular. Bauru: Edipro, 2010, pp. 55-66.

________. *Direito eleitoral, direito processual eleitoral e direito penal eleitoral.* 4ª ed., Belo Horizonte: Fórum, 2016.

________; REIS, Márlon Jacinto. A cautelar suspensiva da inelegibilidade e a competência dos órgãos judiciários. In: REIS, Márlon Jacinto; CASTRO, Edson de Resende; OLIVEIRA, Marcelo Roseno de (coord.). *Ficha Limpa:* Lei complementar n.º 135, de 4.6.2010 – *interpretada por juristas e responsáveis pela iniciativa popular*. Bauru: Edipro, 2010, pp. 249-252.

CONEGLIAN, Olivar Augusto Roberti. A Justiça Eleitoral: o Poder Executivo das Eleições, uma Justiça diferente. In: TEIXEIRA, Sálvio de Figueiredo (coord.). *Direito eleitoral contemporâneo:* doutrina e jurisprudência. Belo Horizonte: Del Rey, 2003, pp. 57-75.

________. *Inelegibilidade:* inelegibilidade e proporcionalidade, inelegibilidade e abuso de poder. Curitiba, Juruá, 2008.

________. Inelegibilidade: o conflito de teorias. In: Tribunal Regional Eleitoral do Paraná, *DIREITO ELEITORAL CONTEMPORÂNEO – 70 Anos da Redemocratização Pós-Ditadura Vargas e da Reinstalação da Justiça Eleitoral*, Curitiba, 2016, pp. 223-249.

COSTA, Adriano Soares da. *Instituições de Direito Eleitoral:* Teoria da Inelegibilidade – Direito Processual Eleitoral, 10ª ed., rev. e ampl., Belo Horizonte: Fórum, 2016.

________. Retroatividade da sanção de inelegibilidade: possibilidades e limites. In: PEREIRA JÚNIOR, Antonio Jorge; BARBOSA, Milton Gustavo Vasconcelos (org.). *Supremos Erros:* decisões inconstitucionais do STF. Porto Alegre: Ed. Fundação Fênix, 2020, pp. 145-160. Disponível em: <https://www.fundarfenix.com.br/44-supremos-erros-decis%C3%B5es-inconsti>, acesso em: 29/10/2021.

COSTA, Tito. *Recursos em matéria eleitoral.* 9ª ed., rev., atual. e ampl., São Paulo: Revista dos Tribunais, 2010.

COSTA FILHO, Ademar Aparecido. Inelegibilidade superveniente e a nova redação do artigo 262 do Código Eleitoral. 2020. Disponível em: <https://www.jota.info/opiniao-e-analise/artigos/inelegibilidade-superveniente-e-a-nova-redacao-do-artigo-262-do-codigo-eleitoral-29012020>, acesso em: 19/4/2020.

CUNHA, André Luiz Nogueira da. *Direitos políticos:* representatividade, capacidade eleitoral e inelegibilidades. São Paulo: Editora Juarez de Oliveira, 2004.

DECOMAIN, Pedro Roberto. *Elegibilidade e inelegibilidades.* 2ª ed., São Paulo: Dialética, 2004.

DENARDI JÚNIOR, Adriano. Prestação de contas de campanha, quitação eleitoral e inelegibilidade. In: Tribunal Regional Eleitoral de Minas Gerais, *Revista de Doutrina e Jurisprudência*, n.º 18, Belo Horizonte, 2008, pp. 9-17. Disponível em: <http://www.tre-mg.jus.br/jurisprudencia/publicacoes/revista-de-doutrina-e-jurisprudencia>, acesso em: 14/5/2020.

DIDIER JR., Fredie. *Curso de direito processual civil:* introdução ao direito processual civil, parte geral e processo do conhecimento. 22ª ed., Salvador: Ed. Juspodivm, 2020.

DINO, Nicolao. A inelegibilidade como efeito da condenação por ato de improbidade administrativa: aspectos controvertidos. In: 5ª Câmara de Coordenação e Revisão do Ministério Público Federal, *Coletânea de artigos:* avanços e desafios no combate à corrupção após 25 anos de vigência da Lei de Improbidade Administrativa, Brasília, 2018, pp. 108-121. Disponível em: <http://www.mpf.mp.br/atuacao-tematica/ccr5/publicacoes/05_18_coletanea_de_artigos.pdf>, acesso em: 6/8/2019.

DUARTE, Fabrício Souza; PEREIRA, Rodrigo Ribeiro. Cautelar para suspensão da inelegibilidade. In: SILVA JÚNIOR, Arnaldo; PEREIRA, Rodrigo

Ribeiro (coord.). *Ficha limpa e sua aplicabilidade nos tribunais eleitorais*: comentários às alterações promovidas pela Lei Complementar n. 135/2010 após o julgamento do Supremo Tribunal Federal. Belo Horizonte: Del Rey, 2012, pp. 159-167.

FERREIRA, Marcelo Ramos Peregrino. *O controle de convencionalidade da lei da ficha limpa:* direitos políticos e inelegibilidades. 2ª ed., Rio de Janeiro: Lumen Juris, 2016.

FERREIRA, Pinto. O problema da inelegibilidade. *Revista Forense*, vol. 186, ano 56, Rio de Janeiro, 1959, pp. 20-28.

________. *Comentários à Constituição Brasileira.* vol. 1, São Paulo: Saraiva, 1989.

FERREIRA FILHO, Manoel Gonçalves. *Curso de direito constitucional.* 36ª ed., rev. e atual., São Paulo: Saraiva, 2010.

FRANÇA, Edilson Alves de. *Teoria e prática dos prazos eleitorais.* Natal: Feedback, 2014.

FRAZÃO, Carlos Eduardo. Revisitando o art. 22, XIV, da LC n. 64/1990: a inconsistência teórica da dicotomia entre inelegibilidades como efeitos secundários (art. 1º, I) e como sanção (art. 22, XIV) e a discussão no RE 929.670/DF. In: ANPR – Associação Nacional de Procuradores da República (org.). *Pontos Controvertidos sobre a Lei da Ficha Limpa.* Belo Horizonte: Del Rey, 2016, pp. 77-93. Disponível em: <http://www.mpf.mp.br/pge/ficha-limpa>, acesso em: 20/4/2020.

FUX, Luiz. Problematizando o art. 26-C, *caput* e § 2º, da Lei Complementar n. 64/1990: análises descritiva e prescritiva da atual jurisprudência do TSE. In: ANPR – Associação Nacional de Procuradores da República (org.). *Pontos Controvertidos sobre a Lei da Ficha Limpa.* Belo Horizonte: Del Rey, 2016, pp. 169-180. Disponível em: <http://www.mpf.mp.br/pge/ficha -limpa>, acesso em: 21/9/2021.

GAGLIANO, Pablo Stolze; PAMPLONA FILHO, Rodolfo. *Manual de Direito Civil.* vol. único, São Paulo: Saraiva, 2017.

GARCIA, Emerson; ALVES, Rogerio Pacheco. *Improbidade administrativa.* 9ª ed., São Paulo: Saraiva, 2017.

GOLAMBIUK, Paulo Henrique. A evolução da ação de investigação judicial eleitoral e a atual posição preferencial que ostenta no combate aos abusos praticados frente aos demais instrumentos existentes no ordenamento. In: FUX, Luiz; PEREIRA, Fernando Casagrande; AGRA, Walber de Moura (coord.). PECCININ, Luiz Eduardo (org.). *Direito Processual Eleitoral*: tratado de direito eleitoral. vol. 6, Belo Horizonte: Fórum, 2018, pp. 177-188.

GOMES, José Jairo. *Direito Eleitoral.* 14ª ed., rev., atual. e ampl., São Paulo: Atlas, 2018.

GONÇALVES, Luiz Carlos dos Santos. *Direito Eleitoral.* 3ª ed., rev., atual. e ampl., São Paulo: Atlas, 2018.

GUEDES, Néviton de Oliveira Batista. Comentários aos artigos 14 a 16 da Constituição Federal. In: CANOTILHO, José Joaquim Gomes; MENDES, Gilmar Ferreira; SARLET, Ingo Wolfgang; STRECK, Lenio Luiz (coord.). *Comentários à Constituição do Brasil.* São Paulo: Saraiva/Almedina/IDP, 2013, pp. 654-689.

JARDIM, Torquato. *Direito Eleitoral Positivo, conforme a nova lei eleitoral.* 2ª ed., Brasília: Livraria e Editora Brasília Jurídica, 1998.

JORGE, Flávio Cheim; LIBERATO, Ludgero; RODRIGUES, Marcelo Abelha. *Curso de direito eleitoral.* 3ª ed., rev., ampl. e atual., Salvador: Ed. Juspodivm, 2020.

JORGE, José Alfredo Luiz, *Direito eleitoral:* causas legais de inelegibilidade: ação de impugnação de registro: ausência de prova de desincompatibilização. Campinas: Millennium Editora, 2004.

KELSEN, Hans. *Teoria pura do direito.* Trad. de Dr. João Baptista Machado. 4ª ed., Coimbra: Armênio Amado, 1976.

KIM, Richard Pae. Elegibilidade, condições de elegibilidade, inelegibilidade e a Lei da Ficha Limpa: fundamentalidade dos direitos políticos e a moldura constitucional. In: GUILHERME, Walter de Almeida; KIM, Richard Pae; SILVEIRA, Vladmir Oliveira da (coord.). *Direito eleitoral e processual eleitoral:* temas fundamentais. São Paulo: Revista dos Tribunais, 2012, pp. 97-132.

________; SIQUEIRA JUNIOR, Paulo Hamilton. Inelegibilidade e a lei da ficha limpa: consequências do julgamento pelo Supremo Tribunal Federal (ADC 29 e 30 e da ADIN 4.578). In: CAGGIANO, Monica Herman (org.). *Ficha limpa:* impacto nos tribunais: tensões e confrontos. São Paulo: Revista dos Tribunais, 2014, pp. 73-98.

LEITE FILHO, José; GUIMARÃES JÚNIOR, Juraci. *Reforma eleitoral:* comentários à Lei n.º 12.034/2009, comentários à Lei Complementar n.º 135/2010. 1ª ed., Leme: Imperium Editora, 2011.

LENZ, Carlos Eduardo Thompson Flores. Inelegibilidade no direito brasileiro. In: *Estudos Jurídicos,* vol. 20, n.º 48, 1987, pp. 75-86.

________. Pressupostos de elegibilidade e inelegibilidades no Direito Constitucional brasileiro. *Revista de Doutrina da 4ª Região,* n.º 58, Porto Alegre, 2014. Disponível em: <https://bdjur.stj.jus.br/jspui/handle/2011/74208>, acesso em: 20/4/2020.

MARINHO, Josaphat. Inelegibilidades no Direito Brasileiro. *Revista de Informação Legislativa,* vol. 2, n.º 6, Brasília, 1965, pp. 3-12. Disponível em: <http://www2.senado.leg.br/ bdsf/item/id/180750>, acesso em: 14/5/2020.

MELLO, Marcos Bernardes de. *Teoria do fato jurídico:* plano da existência. 17ª ed., São Paulo: Saraiva, 2011.

MELLO, Ruy Nestor Bastos. Aplicação e dosimetria das sanções da Lei de Improbidade Administrativa. In: DOBROWOLSKI, Samantha Chantal (org.). *Questões práticas sobre improbidade administrativa*. Brasília: Escola Superior do Ministério Público da União, 2011, pp. 184-212. Disponível em: <http://escola.mpu.mp.br/publicacoes/obras-avulsas/e-books/questoes-praticas-sobre-improbidade-administrativa>, acesso em: 7/8/2019.

________. O princípio da proporcionalidade como instrumento de controle das restrições normativas à elegibilidade nos sistemas jurídicos do Brasil e de Portugal. In: Tribunal Regional Eleitoral da Bahia, *Revista Populus,* vol. 6, Salvador, 2019, pp. 205-247. Disponível em: <http://eje.tre-ba.jus.br/course/ view.php?id=58>, acesso em: 18/1/2022.

________. O ativismo judicial do STF em face do Legislativo: identificação de limites da jurisdição constitucional e análise crítica de decisões sobre a reforma política. In: Tribunal Regional Eleitoral da Bahia, *Revista Populus,* vol. 11, Salvador, 2021, pp. 167-256. Disponível em: <https://eje.tre-ba.jus.br/mod/page/view.php?id=221>, acesso em: 18/1/2022.

________; MAGALHÃES, Jarbas Santana. A inelegibilidade da rejeição de contas dos gestores públicos: incidência da inelegibilidade na hipótese de rejeição das contas de gestão dos chefes do Poder Executivo pelos tribunais de contas. In: Tribunal Regional Eleitoral da Bahia, *Revista Populus,* vol. 2, Salvador, 2016, pp. 139-168. Disponível em: <http://eje.tre-ba.jus.br/course/view.php?id=67>, acesso em: 22/5/2020.

MELLO FILHO, José Celso de. *Constituição Federal Anotada*. 2ª ed., São Paulo: Saraiva, 1986.

MENDES, Antônio Carlos. *Introdução à teoria das inelegibilidades*. São Paulo: Malheiros, 1994.

MENDES, Gilmar Ferreira; BRANCO, Paulo Gustavo Gonet. *Curso de Direito Constitucional*. 14ª ed., rev. e atual., São Paulo: Saraiva, 2019.

MENDES, Maria de Fátima Abrantes; MIGUÉIS, Jorge. *Lei Eleitoral da Assembleia da República*. 4ª reedição, atualizada, anotada e comentada com os resultados eleitorais de 1976 a 2002, Torres Novas: Gráfica Almondina, 2005.

MENDES, Renato Geraldo. *A quarta dimensão do direito: nova teoria sobre a norma jurídica:* superação da visão tridimensional do direito – abordagem essencial do direito, Curitiba: Zênite, 2013.

MIGUÉIS, Jorge. O contencioso e a jurisprudência eleitoral em Portugal. *Revista de Assuntos Eleitorais* n.º 9, Lisboa, 2005, pp. 59-77.

MIRANDA, Jorge. *Direito Eleitoral*. Coimbra: Edições Almedina, 2018.

MORAES, Alexandre de. *Direito Constitucional.* 31ª ed., São Paulo: Atlas, 2015.

MORAIS, Carlos Blanco de. *O Sistema Político*. Coimbra: Almedina, 2017.

NASCIMENTO, Tupinambá Miguel Castro do. *Lineamentos de Direito Eleitoral:* comentários e legislação. Porto Alegre: Síntese, 1996.

NIESS, Pedro Henrique Távora. *Direitos Políticos:* elegibilidade, inelegibilidade e ações eleitorais. 2ª ed., rev. e atual., Bauru: Edipro, 2000.

NOGUEIRA, Alexandre de Castro. *Decisão judicial na justiça eleitoral:* lei de inelegibilidades e interpretação teleológica. Curitiba: Juruá, 2015.

________. A incompatibilidade da autoaplicabilidade do art. 15, III, da Constituição Federal com a plenitude do gozo dos direitos políticos: uma releitura hermenêutica da jurisprudência. In: FUX, Luiz; PEREIRA, Fernando Casagrande; AGRA, Walber de Moura (coord.); PECCININ, Luiz Eduardo (org.). *Elegibilidade e inelegibilidades*: tratado de direito eleitoral, vol. 3, Belo Horizonte: Fórum, 2018, pp. 175-195.

OLIVEIRA, João Paulo. *Direito Eleitoral.* 2ª ed., rev., atual. e ampl., Salvador: Ed. Juspodivm, 2018.

OLIVEIRA, Marcelo Roseno de. As inelegibilidades decorrentes da prática de ilícitos eleitorais: reflexões sobre o perfil da nova alínea "j", do art. 1º, inciso I, da Lei Complementar nº 64/1990. In: REIS, Márlon Jacinto; CASTRO, Edson de Resende; OLIVEIRA, Marcelo Roseno de (coord.). *Ficha Limpa:* Lei complementar n.º 135, de 4.6.2010 – interpretada por juristas e responsáveis pela iniciativa popular. Bauru: Edipro, 2010, pp. 197-223.

PANUTTO, Peter. *Inelegibilidades:* um estudo dos direitos políticos diante da lei da ficha limpa. 1ª ed., São Paulo: Editora Verbatim, 2013.

PAZZAGLINI FILHO, Marino, *Lei de inelegibilidade comentada:* legislação e jurisprudência atualizadas, leis da ficha limpa e da minirreforma eleitoral. São Paulo: Atlas, 2014.

PELELLA, Eduardo. A Justiça Eleitoral e o Ministério Público Eleitoral: considerações sobre o sistema de administração, regulação, normatização e controle das eleições no Brasil. In: RAMOS, André de Carvalho (coord.). *Temas de Direito Eleitoral no Século XXI.* Brasília: Escola Superior do Ministério Público da União, 2012, pp. 133-201. Disponível em: <http://escola.mpu.mp.br/publicacoes/obras-avulsas/e-books/temas-de-direito-eleitoral-no-seculo-xxi>, acesso em: 8/8/2019.

PINTO, Djalma. *Elegibilidade no direito brasileiro.* São Paulo: Atlas, 2008.

________; PETERSEN, Elke Braid. *Comentários à lei da ficha limpa.* São Paulo: Atlas, 2014.

PINTO JÚNIOR, Nilo Ferreira. *Direito eleitoral e moralidade*: a vida pregressa do candidato como condição autônoma de elegibilidade. Curitiba: Juruá, 2014.

PIOVESAN, Flávia. Direitos sociais, econômicos e culturais e direitos civis e políticos. *SUR – Revista Internacional de Direitos Humanos*, ano 1, n.º 1,

São Paulo, 2004, pp. 21-47. Disponível em: <http://sur.conectas.org/home/edicao-01/>, acesso em: 21/5/2019.

________. *Temas de direitos humanos.* 9ª ed., rev., ampl. e atual., São Paulo: Saraiva, 2016.

PONTES DE MIRANDA, Francisco Cavalcanti. *Tratado de Direito Privado.* Tomo I, atualizado por MARTINS-COSTA, Judith; HAICAL, Gustavo; FERREIRA DA SILVA; Jorge Cesa. São Paulo: Revista dos Tribunais, 2012.

PUMO, Caetano Cuervo Lo; SANTOS, Everson Alves dos. O direito de ser candidato e suas limitações por lei ordinária. In: FUX, Luiz; PEREIRA, Fernando Casagrande; AGRA, Walber de Moura (coord.); PECCININ, Luiz Eduardo (org.). *Elegibilidade e inelegibilidades.* tratado de direito eleitoral. vol. 3, Belo Horizonte: Fórum, 2018, pp. 253-271.

QUEIROZ, Luiz Viana. Lei da Ficha Limpa e respeito à coisa julgada. In: ROLLEMBERG, Gabriela; DIAS, Joelson; KUFA, Karina (org.). Aspectos polêmicos e atuais no direito eleitoral. Belo Horizonte: Arraes Editores, 2012, pp. 25-42.

RAMAYANA, Marcos. *Direito Eleitoral.* 16ª ed., Rio de Janeiro: Impetus, 2018.

RAMIÃO, Rúben. O que é uma Norma Jurídica? In: MIRANDA, Jorge (diretor). *O Direito,* ano 150, n.º 1, Coimbra: Edições Almedina, 2018, pp. 109-118.

RAMOS, André de Carvalho. Aspectos controvertidos da inelegibilidade prevista na alínea 'e' da Lei Complementar n. 64/1990. In: ANPR – Associação Nacional de Procuradores da República (org.). *Pontos Controvertidos sobre a Lei da Ficha Limpa.* Belo Horizonte: Del Rey, 2016, pp. 11-36. Disponível em: <http://www.mpf.mp.br/pge/ficha-limpa>, acesso em: 2/4/2020.

RÉ, Mônica Campos de. A ficha limpa e a inelegibilidade: avanço histórico e democrático. In: RAMOS, André de Carvalho (coord.). *Temas de Direito Eleitoral no Século XXI.* Brasília: Escola Superior do Ministério Público da União, 2012, pp. 109-131. Disponível em: <http://escola.mpu.mp.br/publicacoes/obras-avulsas/e-books/temas-de-direito-eleitoral-no-seculo-xxi>, acesso em: 8/8/2019.

REALE, Miguel. *Lições preliminares de direito.* 6ª ed., São Paulo: Saraiva, 1979.

REIS, Márlon Jacinto. A Constitucionalidade do art. 41-A da Lei das Eleições. *Revista Paraná Eleitoral,* n.º 56, Curitiba, 2005, pp. 115-123. Disponível em: <http://www.tre-pr.jus.br/o-tre/revista-parana-eleitoral/acervos-1/parana-eleitoral-acervo>, acesso em: 19/4/2020.

________. O princípio constitucional da proteção e a definição legal da inelegibilidades. In: REIS, Márlon Jacinto; CASTRO, Edson de Resende; OLIVEIRA, Marcelo Roseno de (coord.). *Ficha Limpa*: Lei complementar n.º 135, de 4.6.2010 – interpretada por juristas e responsáveis pela iniciativa popular, Bauru: Edipro, 2010, pp. 23-54.

________. Inelegibilidades restauradas. 2012. Disponível em: <https://congressoemfoco. uol.com.br/reportagem/inelegibilidades-restauradas/>, acesso em: 15/1/2022.

REZEK, José Rubens. A proibição de alistamento eleitoral dos conscritos e o princípio da plenitude do gozo dos direitos políticos. *Revista Jus Navigandi*, ano 15, n.º 2484, Teresina, 2010. Disponível em: <https://jus.com.br/artigos/14720>, acesso em: 4/11/2019.

RIBEIRO, Fávila. *Abuso de poder no direito eleitoral.* 2ª ed., rev., atual. e ampl., Rio de Janeiro: Forense, 1993.

________. *Direito Eleitoral.* 5ª ed., Rio de Janeiro: Forense, 2000.

ROCHA, Virgínia Afonso de Oliveira Morais da; BITTENCOURT, Mateus Salles. A presunção de inocência no Brasil contemporâneo: aspectos eleitorais e criminais. In: FUX, Luiz; PEREIRA, Fernando Casagrande; AGRA, Walber de Moura (coord.); PECCININ, Luiz Eduardo (org.). *Elegibilidade e inelegibilidades*: tratado de direito eleitoral. vol. 3, Belo Horizonte: Fórum, 2018, pp. 321-338.

RODRIGUES, Cibele. *Da obrigatoriedade e da facultatividade do direito de voto.* Tese de Doutorado em Direito, sob orientação do Professor Doutor Sérgio Rezende de Barros, apresentada à Universidade de São Paulo, São Paulo, 2016. Disponível em: <https://sucupira.capes.gov.br/sucupira /public/consultas/coleta/trabalhoConclusao/view TrabalhoConclusao.jsf?popup=true&id_trabalho=4002944>, acesso em: 21/2/2019.

ROLLO, Alberto Lopes Mendes. O art. 41-A da Lei nº 9.504/97. In: TEIXEIRA, Sálvio de Figueiredo (coord.). *Direito eleitoral contemporâneo:* doutrina e jurisprudência. Belo Horizonte: Del Rey, 2003, pp. 173-191.

ROLLO, Alberto Luis Mendonça. Desincompatibilização. In: ROLLO, Alberto (org.). *Elegibilidade e inelegibilidade:* visão doutrinária e jurisprudencial atualizada. Caxias do Sul: Plenum, 2008, pp. 219-240.

ROLLO, Alexandre Luis Mendonça. Princípios de direito eleitoral e hermenêutica eleitoral In: GUILHERME, Walter de Almeida; KIM, Richard Pae; SILVEIRA, Vladmir Oliveira da (coord.). *Direito eleitoral e processual eleitoral:* temas fundamentais. São Paulo: Revista dos Tribunais, 2012, pp. 51-76.

ROLLO, Artur Luis Mendonça. Condições de elegibilidade. In: ROLLO, Alberto (org.). *Elegibilidade e inelegibilidade:* visão doutrinária e jurisprudencial atualizada. Caxias do Sul: Plenum, 2008, pp. 41-79.

SALES, José Edvaldo Pereira. As condições de elegibilidade e as inelegibilidades: (des)construções e aproximações(fissuras) teóricas – um olhar a partir da Lei da Ficha Limpa e da jurisprudência. *Revista do Ministério Público do Estado do Pará*, vol. 7, Belém, 2012, pp. 67-88. Disponível em: <https://www2.mppa.mp.br/consultas/revista-do-ministerio-publico.htm>, acesso em: 8/8/2019.

SAMPAIO, José Adércio Leite. *A Constituição reinventada pela jurisdição constitucional.* Belo Horizonte: Del Rey, 2002.

SARLET, Ingo Wolfgang; MARINONI, Luiz Guilherme; MITIDIERO, Daniel. *Curso de Direito Constitucional.* 3ª ed., rev., atual. e ampl., São Paulo: Revista dos Tribunais, 2014.

SARMENTO, Daniel; SOUZA NETO, Cláudio Pereira de. *Direito Constitucional:* teoria, história e métodos de trabalho. 2ª ed., Belo Horizonte: Fórum, 2017.

SCARPINO JR., Luiz Eugênio. *Moralidade eleitoral e juristrocacia:* análise crítica da Lei da ficha limpa – Lei complementar n. 135/10. Rio de Janeiro: Lumen Juris, 2016.

SEREJO, Lourival. *Direito eleitoral:* atualizado. Belo Horizonte: Del Rey, 2016.

SILVA, André Garcia Xerez. *Tribunais de contas e inelegibilidade:* limites da jurisdição eleitoral. Rio de Janeiro: Lumen Juris, 2015.

SILVA, Guilherme de Abreu e. Inelegibilidades decorrentes do abuso de poder: interpretação restritiva e conformação jurisprudencial sobre as alíneas "d" e "h" do inciso I, do art. 1º da LC nº 64/90. In: FUX, Luiz; PEREIRA, Fernando Casagrande; AGRA, Walber de Moura (coord.); PECCININ, Luiz Eduardo (org.). *Elegibilidade e inelegibilidades*: tratado de direito eleitoral. vol. 3, Belo Horizonte: Fórum, 2018, pp. 349-368.

SILVA, José Afonso da. *Aplicabilidade das normas constitucionais.* 8ª ed., 2ª tiragem, São Paulo: Malheiros, 2015.

________. *Curso de direito constitucional positivo.* 42ª ed., rev. e atual., São Paulo: Malheiros, 2019.

SILVA, Paulo Thadeu Gomes da. Inclusão eleitoral e efetivação dos direitos políticos. In: RAMOS, André de Carvalho (coord.). *Temas de Direito Eleitoral no Século XXI.* Brasília: Escola Superior do Ministério Público da União, 2012, pp. 37-67. Disponível em: <http://escola.mpu.mp.br/publicacoes/obras-avulsas/e-books/temas-de-direito-eleitoral-no-seculo-xxi>, acesso em: 8/8/2019.

________; VARGAS, Marco Antonio Martin. Aspectos históricos da Lei Complementar 135/2010. In: CAGGIANO, Monica Herman (org.). *Ficha limpa:* impacto nos tribunais – tensões e confrontos. São Paulo: Revista dos Tribunais, 2014, pp. 57-71.

SILVA, Virgílio Afonso da. O proporcional e o razoável. *Revista dos Tribunais* (RT) n.º 798, São Paulo, 2002, pp. 23-50.

SILVEIRA, Hélio Freitas de Carvalho; ANDRADE, Marcelo Santiago de Pádua. Escolha de candidatos, voto eletrônico e diplomação: breves constatações, críticas e sugestões. In: GUILHERME, Walter de Almeida; KIM, Richard Pae; SILVEIRA, Vladmir Oliveira da (coord.). *Direito eleitoral e processual eleitoral:* temas fundamentais. São Paulo: Revista dos Tribunais, 2012, pp. 211-229.

SILVEIRA, Vladmir Oliveira da; COUTO, Mônica Bonetti. Perda e suspensão dos direitos políticos: breves reflexões em torno do art. 15, III, da CF/1988. In: GUILHERME, Walter de Almeida; KIM, Richard Pae; SILVEIRA, Vladmir Oliveira da (coord.). *Direito eleitoral e processual eleitoral*: temas fundamentais. São Paulo: Revista dos Tribunais, 2012, pp. 133-150.

SOUSA, Patrícia Brito e. *Inelegibilidade decorrente de contas públicas*. Rio de Janeiro: Forense, 2010.

STOCO, Rui; STOCO, Leandro de Oliveira. *Legislação eleitoral interpretada:* doutrina e jurisprudência. 6ª ed., rev., atual. e ampl., São Paulo: Revista dos Tribunais, 2016.

TEIXEIRA, António Braz. Norma jurídica e valor. *De legibus: revista da Faculdade de Direito da Universidade Lusófona de Humanidades e Tecnologias*, Lisboa, n.º 6, 2018, pp. 165-171.

TEIXEIRA, José Elaeres Marques. *A doutrina das questões políticas no Supremo Tribunal Federal*, dissertação de Mestrado em Direito, sob a orientação do Professor Doutor Silvio Dobrowolski, apresentada à Universidade Federal de Santa Catarina, Florianópolis, 2004. Disponível em: <http://repositorio.ufsc.br/xmlui/handle/123456789/87028>, acesso em: 19/4/2020.

TENÓRIO, Rodrigo. *Direito Eleitoral*. São Paulo: Método, 2014.

________. Inelegibilidades supervenientes e Recurso Contra Expedição de Diploma: um novo viés à luz da teoria do fato jurídico e do caráter sistêmico do direito. 2014. Disponível em: <http://www.rodrigotenorio.com.br/2014/12/inelegibilidades-supervenientes-e.html>, acesso em: 20/4/2020.

VASCONCELOS, Arnaldo. *Teoria da Norma Jurídica*. 6ª ed., São Paulo: Malheiros Editores, 2006.

VELLOSO, Carlos Mário da Silva; AGRA, Walber de Moura. *Elementos de Direito Eleitoral*. São Paulo: Saraiva, 2009.

ZILIO, Rodrigo López. *Direito Eleitoral*. 6ª ed., Porto Alegre: Verbo Jurídico, 2018.

________. Detração da inelegibilidade: entre a raposa e o porco-espinho. *Revista do TRE-RS*, ano 25, n.º 49, julho/dezembro de 2020, pp. 11-44. Disponível em: <https://bibliotecadigital.tse.jus.br/xmlui/handle/bdtse/8252>, acesso em: 15/11/2021.

________; CASTRO, Edson de Resende. A superveniência às avessas: uma nova modalidade de inelegibilidade? Lei nº 13.877/19 é maior retrocesso do Direito Eleitoral brasileiro desde que adotou-se controle jurisdicional. Disponível em: <https://www.jota.info/opiniao-e-analise/artigos/a-superveniencia-as-avessas-uma-nova-modalidade-de-inelegibilidade-27012020>, acesso em: 24/9/2021.

EDITORA JusPODIVM
www.editorajuspodivm.com.br

RENOVA GRAF
www.renovagraf.com.br